	Voornaamste maatregelen van interne controle
Dienstverleningsbedrijven	
Dienstverlenende bedrijven met een goederenbeweging	
Met doorstroming van eigen goederen	Registratie opdracht klant in (geautomatiseerd) systeem, normen voor bereiding, beoordelen verantwoorde omzet m.b.v. verbruik, inventarisatie
Met doorstroming van goederen van derden, behandeld: autoreparatie	Registratie opdracht door receptie, normen voor reparatie, betrouwbaar werkplaatsorderbestand, beoordelen verbruik onderdelen, inventarisatie, beoordelen bezetting werkplaats
Met levering via vaste leidingen, behandeld: waterleiding	Aansluitplan, vaste tarieven, meterbeweging, vast recht = standenregister, inventarisatie meterstanden
Die informatiediensten leveren	Geautoriseerde tarieven, technische beveiliging ongeautoriseerde downloads, aantal downloads x tarief = verantwoorde opbrengsten
Dienstverlenende bedrijven met beschikbaarstellen van ruimtes	
Met specifieke reservering	Max capaciteit – leegstand volgens administratie = verantwoorde bezetting volgens reservering
Zonder specifieke reservering	Aantal kaarten x tarief = omzet, toegangscontrole
Overige dienstverleningsbedrijven	Beschikbare personele capaciteit – indirecte uren = verantwoorde uren, verantwoorde uren x tarief = verantwoorde omzet
Financiële instellingen	
Verzekeringsbedrijven, behandeld: schade	Controletechnische functiescheiding, tekeningsbevoegdheid, verzekerdenadministratie, betrouwbaar premiebestand, verzekerden x premies = verantwoorde premieopbrengsten
Banken	Controletechnische functiescheiding, tekeningsbevoegdheid, krediettransactie- en positiebewaking, inventarisatie saldi, verbanden tussen betaalde rente en schulden aan klanten, verbanden tussen ontvangen rente en vorderingen op klanten
Huishoudingen die zonder tussenkomst van de markt leveren	
Overheidshuishoudingen	Toetsen hoogte en karakter werkelijke uitgaven aan goedgekeurde begrotingen
Privaatrechtelijke organisaties	
Verenigingen	Ontvangen contributie = aantal leden volgens ledenadministratie x tarief, toetsen hoogte en werkelijke uitgaven aan door ledenraad goedgekeurde begroting
Stichtingen	Ontvangen subsidies sluiten aan op beschikkingen, besteding subsidie conform subsidieregeling

© Noordhoff Uitgevers bv

Bestuurlijke Informatieverzorging in perspectief

Relevante en betrouwbare informatie voor sturing en beheersing

Prof.dr. O.C. van Leeuwen RA / Drs. J.B.T. Bergsma RA

Noordhoff Uitgevers Groningen / Houten

© Noordhoff Uitgevers bv

Ontwerp omslag: Rocket Industries, Groningen
Omslagillustratie: Getty Images

Eventuele op- en aanmerkingen over deze of andere uitgaven kunt u richten aan: Noordhoff Uitgevers bv, Afdeling Hoger Onderwijs, Antwoordnummer 13, 9700 VB Groningen, e-mail: info@noordhoff.nl

Aan de totstandkoming van deze uitgave is de uiterste zorg besteed. Voor informatie die desondanks onvolledig of onjuist is opgenomen, aanvaarden auteur(s), redactie en uitgever geen aansprakelijkheid. Voor eventuele verbeteringen van de opgenomen gegevens houden zij zich aanbevolen.

1 / 13

Deze uitgave is gedrukt op FSC-papier.

© 2012 Noordhoff Uitgevers bv Groningen/Houten, The Netherlands.

Behoudens de in of krachtens de Auteurswet van 1912 gestelde uitzonderingen mag niets uit deze uitgave worden verveelvoudigd, opgeslagen in een geautomatiseerd gegevensbestand of openbaar gemaakt, in enige vorm of op enige wijze, hetzij elektronisch, mechanisch, door fotokopieën, opnamen of enige andere manier, zonder voorafgaande schriftelijke toestemming van de uitgever. Voor zover het maken van reprografische verveelvoudigingen uit deze uitgave is toegestaan op grond van artikel 16h Auteurswet 1912 dient men de daarvoor verschuldigde vergoedingen te voldoen aan Stichting Reprorecht (postbus 3060, 2130 KB Hoofddorp, www.reprorecht.nl). Voor het overnemen van gedeelte(n) uit deze uitgave in bloemlezingen, readers en andere compilatiewerken (artikel 16 Auteurswet 1912) kan men zich wenden tot Stichting PRO (Stichting Publicatie- en Reproductierechten Organisatie, postbus 3060, 2130 KB Hoofddorp, www.stichting-pro.nl).

All rights reserved. No part of this publication may be reproduced, stored in a retrieval system, or transmitted, in any form or by any means, electronic, mechanical, photocopying, recording, or otherwise, without the prior written permission of the publisher.

ISBN 978 90 01 81743 5
NUR 786

Woord vooraf

Het boek *Bestuurlijke Informatieverzorging in Perspectief* heeft als doel studenten op te leiden in het vakgebied Bestuurlijke Informatieverzorging. Het behandelt de belangrijkste modellen en beginselen van het vak en leert je die toe te passen. Het sluit volledig aan op de eindtermen voor het vakgebied Bestuurlijke Informatieverzorging van de Commissie Eindtermen Accountantsopleiding.

Organisaties kunnen niet bestuurd worden zonder relevante en betrouwbare informatie. Dat maakt het vakgebied Bestuurlijke Informatieverzorging tot een onmisbaar vak voor managers, toezichthouders, controllers, automatiseringsdeskundigen en accountants. Dit boek is dan ook zeer geschikt als tekstboek voor opleidingen op het gebied van accountancy, automatisering, bedrijfskunde en controlling. Met gerichte verwijzingen naar de gerenommeerde werken van Starreveld e.a. stelt het je in staat om je kennis desgewenst nog verder te verdiepen als je daar behoefte aan hebt.

Het boek neemt het besturen en beheersen van organisaties als uitgangspunt en laat zien welke informatie daarvoor noodzakelijk is. Vervolgens behandelt het boek de maatregelen die nodig zijn voor de betrouwbaarheid van deze informatie. Daarna wordt ingegaan op de vraag hoe je de bestuurlijke informatieverzorging in een organisatie kunt ontwerpen en beheren. Dat kennis van informatietechnologie daarbij een belangrijke rol speelt zal niemand verbazen.

De schrijvers van dit boek hebben uiteraard niet alleen onderling overleg gevoerd over de inhoud en opbouw van het boek. Bij de uitwerking van de verschillende hoofdstukken is dankbaar gebruikgemaakt van de adviezen en medewerking van anderen. We willen hierbij van harte de volgende personen bedanken:
Deel 1 Interne beheersing: J. Droogsma RA en drs. J. Nicolai-Dijkstra RA.
Deel 2 Betrouwbaarheid: drs. F.L.M. Mooijman RA en drs. B.D. Bergh RA voor hun bijdragen aan het gehele deel 2. Daarnaast bedanken wij drs. J.G.I. van den Belt RA, drs. R.L. Langenberg RA, drs. M. Rovers RC en drs. L.H. Schreuders RA voor hun bijdrage aan de tabellen die in hoofdstuk 7 en 8 van dit deel zijn opgenomen.
Deel 3 Relevantie: voor dit deel heeft het boek *Management en Informatie, de kunst van het kiezen* model gestaan. Wij willen derhalve de medeauteurs van dit boek, drs. R. van Schoubroeck en drs. R. van Breemen RA, speciaal bedanken voor hun medewerking aan *Bestuurlijke Informatieverzorging in Perspectief*.
Deel 4 Ontwerpen van administratieve processen: drs. M. Rovers RC en A.A.J. van Opstal RA.
Deel 5 Bestuurlijke informatieverzorging en automatisering: drs. J.G.I van den Belt RA, C.P.J.M. Bongers en A.A.J. van Opstal RA.

Deel 6 Beheer van de bestuurlijke informatieverzorgingsfunctie: drs. R. Uiterlinden RC.
Ten slotte willen wij H. Kwakkel van AVK Rewag BV bedanken voor de gelegenheid om enkele foto's te mogen nemen.

Voorjaar 2012, Drs. J.B.T. Bergsma RA en Prof. dr. O.C. van Leeuwen RA

Website

www.bivinperspectief.noordhoff.nl
Voor studenten:
- presentaties van colleges en films met gesproken woord
- toepassingscasussen
- antwoorden op de tussenvragen.

Voor docenten:
- uitwerkingen toepassingscasussen.

Inhoud

1 BIV in perspectief 11

1.1 Bestuurlijke informatieverzorging aan de hand van een alledaags voorbeeld 11
1.2 Wat is bestuurlijke informatieverzorging? 13
1.3 Kwaliteit van informatie 15
1.4 De onderdelen van het bestuurlijke informatieverzorgingssysteem 16
1.5 De zes delen van dit boek 16
1.6 Studiewijzer 18

Deel 1
Interne beheersing 21

2 Wat is beheersing? 23

2.1 Wat betekent beheersen in de praktijk van alledag? 23
2.2 Regelkringgedachte 25
2.3 Interne beheersingssysteem met daaraan verbonden vragen 25
2.4 Modellen voor interne beheersing 27

3 Beheersing volgens Robert Simons 31

3.1 Four levers of control: een andere kijk op beheersen 31
3.2 Belief systems 33
3.3 Boundary systems 34
3.4 Diagnostic control systems 34
3.5 Interactive control systems 37

4 De COSO-modellen 41

4.1 Geschiedenis van de COSO-modellen 41
4.2 COSO Internal Control – Integrated Framework 42
4.3 COSO Enterprise Risk Management – Integrated Framework 55
4.4 Internal Control over Financial Reporting – Guidance for Smaller Public Companies 63

5 Procesbeheersing volgens KAD 65

5.1 Opbouw KAD-model 65
5.2 Productmodule 65
5.3 Procesmodule 66
5.4 Structuurmodule 69
5.5 Gevolgen voor de informatiebehoefte 70
5.6 KAD-model in vergelijking met andere modellen 71

Deel 2
Betrouwbaarheid 75

6 Betrouwbaarheid en beheersing 77

6.1 Het interne beheersingssysteem 77
6.2 Intern betrouwbaarheidssysteem of systeem van interne controlemaatregelen 78
6.3 Relatie tussen intern betrouwbaarheidssysteem en intern beheersingssysteem 79

7 Interne controle 81

7.1 Controleren en interne controle 81
7.2 Beperkingen van maatregelen van interne controle 82
7.3 Stelsel van interne controlemaatregelen 83
7.4 Preventieve maatregelen van interne controle 84
7.5 Repressieve maatregelen van interne controle 93

8 Betrouwbaarheidstypologie 101

8.1 Betrouwbaarheidstypologie van Starreveld 101
8.2 Handelsbedrijven 104
8.3 Industriële bedrijven 108
8.4 Agrarische en extractieve bedrijven 113
8.5 Dienstverleningsbedrijven 119
8.6 Financiële instellingen 135
8.7 Huishoudingen die zonder tussenkomst van de markt leveren 140

9 Procestypologie 147

9.1 Procestypologie en cyclebenadering 147
9.2 Inkoopproces 148
9.3 Crediteurenproces 152
9.4 Opslagproces 155
9.5 Productieproces 157
9.6 Verkoopproces 161
9.7 Debiteurenproces 164
9.8 Personeelsproces 166

Deel 3
Relevantie 171

10 Tolmodel 173

10.1 Functie van informatie voor sturen en beheersen 173
10.2 Het tolmodel 174
10.3 Relevantietypologie 175

11 Bovenkant van de tol 177

11.1 Onderdelen van de bovenkant van de tol 178
11.2 Missie 179
11.3 Kritische succesfactoren 179
11.4 Doelen en doelstellingen 179
11.5 Balanced business scorecard 180
11.6 Strategie 181
11.7 Stappenplan toepassing bovenkant tolmodel 183

12 Midden van de tol: de processen en structuur 185

12.1 Informatiebehoeften gerelateerd aan de factor processen 186
12.2 Het midden van de tol: structuren 194

13 Onderkant van de tol 203

13.1 Managementstijl 203
13.2 Cultuur 208

14 Contingentiebenadering: toepassen van het tolmodel 215

14.1 Aanpak 217
14.2 Een voorbeeld: de rapportageset van Beterdak BV 218

15 Relevantietypologie 221

15.1 Relevantietypologie als referentiemodel 221
15.2 Relevantietypologie in hoofdlijnen 222
15.3 Wijze van toepassing van de relevantietypologie 223
15.4 Charismatische organisaties: de pionier en de zwerver 224
15.5 Bureaucratieën: de doelgerichte en ongerichte bureaucratie 235
15.6 De concern-organisatie: het doelgerichte en het ongerichte concern 248
15.7 De professionele organisatie: de maatschappelijke en de eenzijdige professional 257
15.8 De netwerkorganisatie: het maatschappelijke en het eenzijdige netwerk 267

16 Andere toepassingen van de relevantietypologie 279

16.1 Mogelijke toepassingen 279
16.2 Veranderingsrichtingen binnen de relevantietypologie 280
16.3 Organisatieveranderingen 281
16.4 Een voorbeeld: De speelgoedtol 283

Deel 4
Ontwerpen van administratieve processen 289

17 Ontwerpen van administratieve processen 291

17.1 Stappenplan voor het ontwerpen van administratieve processen 291
17.2 Stap 1: Uitvoeren van een bedrijfsverkenning 294
17.3 Stap 2: Analyseren van bestaande processen 301
17.4 Stap 3: Ontwerpen van nieuwe verbeterde administratieve processen 304
17.5 Stap 4: Implementatie 311

Deel 5
Bestuurlijke informatieverzorging en automatisering 315

18 Bestuurlijk informatieverzorgingsbeleid en informatieplan 317

18.1 Onderdelen van een geautomatiseerd informatieverzorgingssysteem 317
18.2 Bestuurlijk informatieverzorgingsbeleid en ondernemingsstrategie 319
18.3 Informatieplan 321

19 Ontwikkelen van nieuwe bestuurlijke informatieverzorgingssystemen 325

19.1 Algemene uitgangspunten bij het ontwikkelen van informatiesystemen 325
19.2 Risico's en beheersingsmaatregelen bij systeemontwikkeling in het algemeen 327
19.3 Fasen in de levenscyclus van een geautomatiseerd informatiesysteem 328
19.4 Drie veelgebruikte methoden voor systeemontwikkeling 329

20 General en application controls 341

20.1 General control framework 341
20.2 Application control framework 346

Deel 6
Beheer van de bestuurlijke informatieverzorgingsfunctie 357

21 Organisatie van de bestuurlijke informatieverzorgingsfunctie 359

21.1 Wat is BIV-beheer? 359
21.2 Organisatie van het beheer 363
21.3 Objecten van beheer van bestuurlijke informatieverzorging 370
21.4 Efficiëntie van administratieve processen 375
21.5 BIV-beheer en de relevantietypologie 380

22 Vastleggen van de bestuurlijke informatieverzorging 385

22.1 Integrale benadering bij vastleggen BIV 385
22.2 Doel en reikwijdte van de BIV-vastlegging 386
22.3 Doelgroepen voor de BIV-vastlegging 388
22.4 Inhoud die vastgelegd moet worden 389
22.5 Bepalen vorm en technieken voor vastleggen 391
22.6 De vastleggingsmix als basis voor het handboek BIV 401
22.7 Vastleggen van interne controlemaatregelen 402
22.8 Gebruik van softwarepakketten bij het vastleggen van de BIV 404
22.9 Het proces rond het beheer van de BIV-vastleggingen 407

Begrippenlijst 409

Literatuurlijst 422

Illustratieverantwoording 425

Register 426

1
BIV in perspectief

1.1 Bestuurlijke informatieverzorging aan de hand van een alledaags voorbeeld
1.2 Wat is bestuurlijke informatieverzorging?
1.3 Kwaliteit van informatie
1.4 De onderdelen van het bestuurlijke informatieverzorgingssysteem
1.5 De zes delen van dit boek
1.6 Studiewijzer

In dit hoofdstuk laten we je eerst zien hoe je bestuurlijke informatieverzorging in de praktijk van alledag kunt tegenkomen. Vervolgens definiëren we het begrip bestuurlijke informatieverzorging en bepalen we de belangrijkste kwaliteitseisen die aan het product informatie gesteld kunnen worden. Bovendien laten we zien uit welke onderdelen het bestuurlijke informatieverzorgingssysteem is opgebouwd. We besluiten dit inleidende hoofdstuk met een korte impressie van de zes delen waaruit dit boek is opgebouwd. De studiewijzer geeft aan hoe je dit boek het beste kunt bestuderen.

1.1 Bestuurlijke informatieverzorging aan de hand van een alledaags voorbeeld

Veel organisaties voeren schijnbaar moeiteloos de meest gecompliceerd lijkende processen uit. Neem bijvoorbeeld een wintersportvakantie. Je ontvangt lang voor het winterseizoen begint via je smartphone een herinnering van de reisorganisatie Oostenrijk Travels waar je vorig jaar je reis hebt geboekt. Je bezoekt de site van de reisorganisatie en kijkt of er op de gewenste datum en locatie in Oostenrijk nog plaats is voor jou en je familie. Er is gelukkig nog plaats in het hotel van je keuze en je boekt jouw wintersportvakantie bij Oostenrijk Travels. Een week voor je vertrek

ontvang je de reispapieren. Hierin staat vermeld dat je vrijdagavond om 18.30 uur per bus zal vertrekken van de dichtstbijzijnde opstapplaats en dat je geacht wordt circa een half uur voor vertrek aanwezig te zijn.
Als de bus aankomt, meld je je bij de chauffeur. Deze wijst jou en je familie de plaatsen in de bus aan die voor jullie gereserveerd zijn. Circa 12 uur later arriveert de bus op de plaats van bestemming: Kaprun in Oostenrijk. Je wordt afgezet bij het hotel (Alpen Freude) en de bus rijdt weer verder. Het is even spannend, maar jawel, bij de receptie van Alpen Freude weet men al dat je komt. Sterker nog: de skipassen liggen al klaar. Je vult zelf op een computerscherm van het hotel je gegevens in (naam, adres, woonplaats, beroep, nationaliteit), ontvangt een sleutel en gaat naar je kamer. Daar besluit je gebruik te maken van de locale WiFi-internetvoorziening om even te twitteren en te tweeten. Na een opknapbeurt ga je via de bar naar het restaurant.
's Avonds laat je nog een drankje op je kamer komen. Je hebt niets contant betaald, alleen je kamernummer opgegeven en een bonnetje getekend.
De volgende week, na het middageten, meld je je af bij de receptie; je geeft je sleutel af, ontvangt de rekening en voldoet deze bij de kassier. Vervolgens komt de bus voorrijden, die je weer veilig naar Nederland terugbrengt.

Terug in Nederland bekijk je nog eens je hotelrekening. Op de rekening zie je niet alleen de logieskosten, maar ook de kosten van het internetgebruik, de kosten van de film die je hebt gekeken en de kosten van de consumpties aan de bar, in het restaurant en op je kamer. Blijkbaar heeft de hotelleiding maatregelen getroffen om de door jou gebruikte faciliteiten (internet, betaaltelevisie, bar, restaurant, roomservice) door te geven aan degene die de rekening op heeft gemaakt.
Dit voorbeeld laat zien waar het vak Bestuurlijke Informatieverzorging zoal betrekking op heeft. Bestuurlijke informatie laat jouw wintersportvakantie vlekkeloos verlopen. Als de bestuurlijke informatieverzorging goed is ingericht wordt het verhaal over je wintersport eigenlijk een beetje saai. Heel anders wordt het als je bijvoorbeeld verkeerde informatie hebt ontvangen van Oostenrijk Travels over je opstapplaats of het tijdstip van vertrek of als hotel Alpen Freude geen plek voor je blijkt te hebben! Voor je het weet doe je dan mee aan het tv programma 'Red mijn vakantie'. Een goede bestuurlijke informatieverzorging zorgt er echter voor dat dit soort zaken voorkomen worden.

De leiding van Oostenrijk Travels wil overigens net als jij niet alleen dat de reis vlekkeloos verloopt, maar wenst ook meer in het algemeen op de hoogte te worden gehouden van de gang van zaken (aantal boekingen aantal en aard van de klachten, wat zijn de financiële resultaten van de afgelopen maand et cetera). De procedures (voorschriften) die Oostenrijk Travels hanteert, hebben dan ook niet alleen betrekking op de regeling van uitvoerende handelingen, maar zullen ook moeten voorzien in de informatiebehoeften van het management. De informatieverzorging is als het ware de smeerolie die de reisorganisatie soepel laat functioneren.

FIGUUR 1.1 Zonder BIV, geen skivakantie!

1.2 Wat is bestuurlijke informatieverzorging?

Met dit boek kun je jezelf bekwamen in het vak Bestuurlijke Informatieverzorging of kortweg BIV. Het is een uitgebreid vakgebied dat je overal tegenkomt.
Bestuurlijke informatieverzorging definiëren wij in navolging van Starreveld, Van leeuwen en Van Nimwegen (2002) als:

Bestuurlijke informatieverzorging

> Alle activiteiten met betrekking tot het systematisch verzamelen, vastleggen en verwerken van gegevens, gericht op het verstrekken van informatie ten behoeve van het besturen-in-engere-zin (kiezen uit alternatieve mogelijkheden), het doen functioneren en het beheersen van een huishouding en ten behoeve van de verantwoordingen die daarover moeten worden afgelegd.

Het gaat er bij bestuurlijke Informatieverzorging dus om informatie te produceren waarmee:
1 managers beslissingen kunnen nemen (besturen-in-engere zin)
2 managers organisaties kunnen beheersen
3 medewerkers hun functie kunnen uitvoeren (doen functioneren)
4 managers en medewerkers verantwoording kunnen afleggen

Let hierbij op de volgende punten:
- Om informatie te verkrijgen zul je gegevens moeten (laten) vastleggen binnen een organisatie. Informatie draagt bij aan het kennisbeeld van de gebruiker. Wat voor de één een gegeven is, kan voor de ander informatie zijn. Zo is de weekomzet van hotel Alpen Freude in Kaprun, waar jij verbleef, voor de hoteldirectie informatie maar voor jou zelf hooguit een saai gegeven.
- Het woord 'systematisch' betekent in dit geval dat medewerkers volgens vaste vooraf bepaalde procedures gegevens vastleggen. Dit betekent dat de informatiebehoefte van tevoren bepaald moet zijn, zodat het systeem daarop is ingericht. In dit boek richten wij ons met name op deze gestructureerde informatievoorziening. In het voorbeeld krijgt de directie van de reisorganisatie door middel van de reservering via de site van Oostenrijk Travels wekelijks informatie over de omzet per reis. Informatie over toekomstige trends met betrekking tot de verhouding tussen het geld dat wordt besteed aan wintersport en zomervakanties, kunnen niet op deze systematische wijze vastgelegd worden.
- Informatie is belangrijk voor het nemen van beslissingen. Hiermee wordt bedoeld dat een manager moet kiezen uit alternatieve mogelijkheden. In het voorbeeld kan de directie van de reisorganisatie op basis van informatie over de ontwikkeling van het aantal deelnemers aan de reis naar Kaprun in vergelijking tot de begroting, besluiten om tot prijsacties over te gaan, bijvoorbeeld door twee maanden voor het vertrek de reis met 30% korting te gaan aanbieden.
- Medewerkers gebruiken informatie om hun dagelijkse functie te kunnen uitoefenen. Je moet dan vooral denken aan operationele informatie. Zo kan de chauffeur van de bus op basis van de afgegeven tickets zien wie hij waar moet ophalen. De directie van het hotel in Kaprun weet op basis van de reserveringen die Oostenrijk Travels bij hen heeft gemaakt, welke gasten er komen en of ze wel of geen skipassen besteld hebben et cetera.
- Managers en medewerkers leggen door middel van informatie verantwoording af over de uitgevoerde activiteiten, de genomen beslissingen en het gevoerde beleid. De reisorganisatie Oostenrijk Travels heeft bijvoorbeeld een beursnotering. De directie van Oostenrijk Travels verantwoordt zich per kwartaal over de gerealiseerde omzet en jaarlijks via de publicatie van de jaarrekening over de behaalde resultaten.

FIGUUR 1.2 Met een betere bus reis je comfortabel naar de plaats van bestemming!

1.3 Kwaliteit van informatie

Informatie kun je beschouwen als een product dat aan kwaliteitseisen moet voldoen. De Financial Accounting Standards Board publiceerde in 1980 een veel gebruikt kwaliteitsprofiel, waaraan wij figuur 1.3 ontlenen.

FIGUUR 1.3 Kwaliteit van informatie

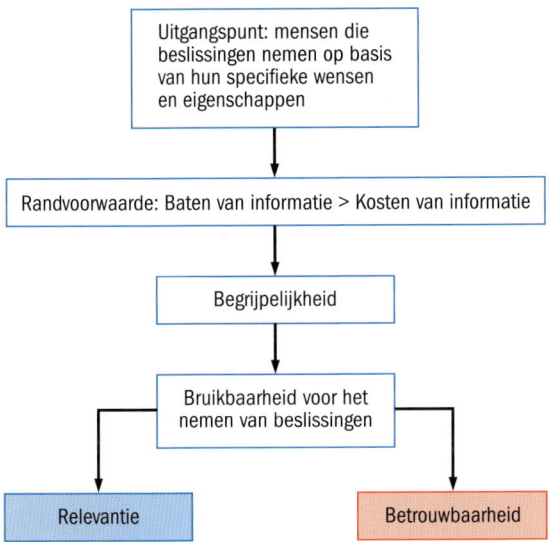

Zoals je in dit schema kunt zien, moet je om de kwaliteit van informatie te kunnen beoordelen de gebruikers van deze informatie als uitgangspunt nemen. De informatie is immers bedoeld om hen te helpen betere besluiten te nemen. Mensen kunnen overigens sterk verschillen in hun behoefte aan informatie en hun mogelijkheden om die te verwerken.
Verder zul je niet méér aan informatie moeten uitgeven (betalen) dan dat je ermee kunt verdienen. Dit betekent dat bestuurlijke informatieverzorging niet meer mag kosten dan het oplevert. In de praktijk is het vaak heel lastig te bepalen wat bestuurlijke informatie nu precies oplevert. Je zult dan ook op je gezond verstand (of professional judgement) af moeten gaan.
Begrijpelijkheid heeft te maken met de vorm waarin de informatie ter beschikking gesteld wordt. De vorm moet uitnodigen om deze informatie te verwerken. Je wilt de bestuurlijke informatie zo verstrekken dat de gebruikers van die informatie het ook begrijpen. Dit is natuurlijk afhankelijk van het bevattingsvermogen en de wensen van de gebruikers.
Maar het belangrijkste dat uit figuur 1.3 blijkt, is dat de bruikbaarheid van informatie bepaald wordt door twee zaken: relevantie en betrouwbaarheid. Informatie is relevant als het je helpt een beter besluit te nemen. Relevantie is afhankelijk van het soort beslissingen dat een gebruiker moet nemen. Het hoofd verkoop heeft hele andere informatiebehoeften dan het hoofd personeelszaken. Verkopers moeten immers hele andere beslissingen nemen omdat ze een andere functie hebben. Informatie is betrouwbaar als de

inhoud klopt. Betrouwbaarheid is een eis die elke gebruiker zal stellen aan de informatie die hij voor zijn besluiten nodig heeft, ongeacht zijn functie.
In de rest van dit boek hanteren wij relevantie en betrouwbaarheid als de belangrijkste kwaliteitseisen die je aan informatie kan stellen.

1.4 De onderdelen van het bestuurlijke informatieverzorgingssysteem

Relevante en betrouwbare informatie worden geproduceerd door het bestuurlijke informatieverzorgingssysteem. Het bestuurlijke informatieverzorgingssysteem bestaat uit veel onderdelen. Het bestaat niet alleen uit de gegevensverzamelingen en de programmatuur en hardware waarmee informatie geproduceerd kan worden. Het omvat ook zaken als begrotingen, procedures, regelgeving, functie- en taakverdelingen, de inrichting van administratie en de controleactiviteiten. Je begrijpt dat er een sterke wisselwerking bestaat tussen de inrichting van het bestuurlijke informatieverzorgingssysteem en de organisatie waar dit systeem deel van uitmaakt. De kwaliteit van het bestuurlijke informatieverzorgingssysteem en daarmee van het product informatie wordt dus mede bepaald door de kwaliteit van de samenstellende onderdelen (zie figuur 1.4).

FIGUUR 1.4 Samenstellende onderdelen van het bestuurlijke informatieverzorgingssysteem

Het bestuurlijke informatieverzorgingssysteem
- Organisatieleden, functieverdeling
- Begrotingen, normen, tarieven
- Procedures, wet- en regelgeving richtlijnen,
- Inrichting administratie
- Informatieverschaffing
- Gegevens
- Programmatuur
- Hardware
- Controleactiviteiten

1.5 De zes delen van dit boek

In figuur 1.5 tref je de zes delen aan waaruit dit boek is opgebouwd en hun onderlinge samenhang.

FIGUUR 1.5 De zes delen van dit boek

Besturen en Beheersen

**Deel 1
Interne Beheersing**

2 Wat is beheersing?
3 Beheersing volgens Simons
4 COSO-modellen
5 Procesbeheersing met het KAD-model

Bestuurlijke Informatie

**Deel 2
Betrouwbaarheid**

6 Betrouwbaarheid en beheersing
7 Interne controle
8 Betrouwbaarheidstypologie
9 Procestypologie

**Deel 3
Relevantie**

10 Tolmodel
11 Bovenkant van de tol
12 Midden van de tol
13 Onderkant van de tol
14 Contingentiebenadering en tolmodel
15 Relevantietypologie
16 Andere toepassingen relevantie-typologie

Inrichten Bestuurlijke Informatieverzorging

**Deel 4
Ontwerpen van administratieve processen**

17 Ontwerpen van administratieve processen

**Deel 5
BIV en Automatisering**

18 Informatiebeleid en informatieplan
19 Ontwikkelen van informatiesystemen
20 General & application controls

**Deel 6
Beheer van de BIV-functie**

21 Organisatie van de BIV-functie
22 Vastleggen van de BIV

Om bestuurlijke informatie te kunnen verstrekken moet je weten hoe organisaties en processen bestuurd en beheerst worden. Het boek begint na deze inleiding daarom met deel 1 over Interne Beheersing. Het BIV-systeem zorgt ervoor dat de organisatieprocessen goed kunnen verlopen en het management van de organisatie de juiste besluiten kan nemen om de organisatie te beheersen. Wanneer het BIV-systeem goed is ingericht, levert het dus een positieve bijdrage aan de interne beheersing.

Om een organisatie te kunnen sturen en beheersen heb je betrouwbare en relevante informatie nodig (deel 2 en deel 3). Immers, om een organisatie te kunnen sturen moet je beslissingen nemen en die beslissingen zal je moeten baseren op informatie. Welke informatie relevant is, wordt bepaald door tal van factoren die we in deel 3 verder uitwerken. Om een organisatie te kunnen beheersen heb je informatie nodig over de werkelijkheid die betrouwbaar is. De maatregelen die voor betrouwbaarheid van de informatie moeten zorgen, behandelen wij in deel 2.

In de delen 4, 5 en 6 houden wij ons bezig met de inrichting van de bestuurlijke informatieverzorging. In deel 4 gaan we in op de vraag hoe je processen die bestuurlijke informatie opleveren (zogenaamde administratieve processen) moet ontwerpen. In deel 5 richten wij ons met name op de ontwikkeling en het beheer van het geautomatiseerde informatiesysteem dat de betrouwbare en relevante informatievoorziening moet produceren. In deel 6 kun je lezen hoe de verantwoordelijkheid voor de BIV-functie in de organisatie is belegd. Tevens gaan wij in op de inhoud en structuur van de wijze waarop de bestuurlijke informatieverzorging van een organisatie beschreven (vastgelegd) kan worden.

1.6 Studiewijzer

Het vakgebied Bestuurlijke Informatieverzorging heeft zich de afgelopen jaren zowel verbreed als verdiept. In dit boek staat relevante (deel 3) en betrouwbare (deel 2) informatie centraal.

Zo werk je het beste met dit boek:
- Blader het boek rustig door. Neem hiervoor een half uur. Je zult vast dingen tegenkomen die je bekend voorkomen. Misschien zie je ook al dingen die je bijzondere interesse hebben.
- Bestudeer figuur 1.5. Deze laat je de samenhang tussen delen zien en hun globale inhoud. Bekijk vervolgens de algehele inhoudsopgave. Je zou nu moeten begrijpen waar de verschillende hoofdstukken ongeveer over gaan.
- Neem de inleidingen tot je die aan het begin van elk deel en hoofdstuk staan. Ze leggen uit hoe de delen en hoofdstukken in elkaar zitten.
- Lees de theorie van elk hoofdstuk en probeer de toepassing daarvan in de voorbeeldcasussen zo goed mogelijk te volgen.
- Maak de tussenvragen en check je antwoord op de website of vraag je docent om uitleg.
- Maak de cases die per hoofdstuk op de website staan. Ze geven je een indruk wat er van je verwacht gaat worden op het tentamen.
- Het register achterin kan je gebruiken om belangrijke begrippen op te zoeken die je gedurende je studie of in de praktijk tegen zal komen.
- Besef dat er boeken op dit vakgebied zijn met een veel grotere omvang en diepgang dan dit studieboek. Dit betekent dat je een zekere voorkennis van het vakgebied BIV moet hebben. De verwijzingen naar de literatuur kan je gebruiken wanneer je meer wilt of moet weten over een bepaald onderwerp.

Zo zit dit boek in elkaar:
- Het bestaat uit zes delen die onderling met elkaar samenhangen.
- Elk deel heeft zijn eigen kleur. Wij hebben kleuren gekozen die voor ons gevoel samenhangen met het onderwerp van de delen.
  - Groen associëren wij met rust en beheersing. Daarom is dit de themakleur van het deel over interne beheersing (deel 1).
  - Rood associëren wij met risico's. Daarom is dit de kleur die wij gekozen hebben voor het deel over betrouwbaarheid, dat maatregelen geeft om betrouwbaarheidsrisico's af te dekken (deel 2).
  - Blauw associëren wij met analyse. Daarom is dit de kleur voor het deel over relevante informatie die na een analyse van de informatiebehoefte met het tolmodel bepaald kan worden (deel 3).
  - Oranje is de kleur die aangeeft dat je vaart moet minderen om je te bezinnen. Daarom is dit de kleur van deel 4 waarin onder andere bestaande administratieve processen worden geanalyseerd om nieuwe te ontwerpen.
  - Betrouwbare en relevante informatie komt meestal uit een geautomatiseerd informatiesysteem. Wanneer je blauw en rood, de kleuren van het deel over relevantie en betrouwbaarheid, mengt krijg je paars. Daarom is dit de kleur van het deel over BIV en automatisering.
  - De handboeken BIV/AO vormen de formele vastlegging van de BIV en worden door veel mensen als saai ervaren! Wij vinden echter dat je daar ook creatief mee om kunt gaan en kiezen voor lila in deel 6.
- Elk deel bevat foto's waarvan wij vinden dat ze de inhoud kernachtig illustreren.
- In elk hoofdstuk laten wij de toepassing van de theorie zien met een aan de praktijk ontleende casus.
- Elk hoofdstuk eindigt met een samenvatting.
- Op de bijbehorende website www.bivinperspectief.noordhoff.nl staan de antwoorden van de tussenvragen.
- Op de website staan eveneens uitgebreide cases die je kan gebruiken ter voorbereiding op het tentamen.

Samenvatting

In dit hoofdstuk heb je kunnen kennismaken met het begrip bestuurlijke informatieverzorging. De in 1.2 gegeven definitie is belangrijk om dit begrip te kunnen afbakenen. Omdat betrouwbaarheid en relevantie de belangrijkste kwaliteitseisen zijn die je aan informatie kunt stellen, zul je die in de rest van het boek regelmatig tegenkomen. Het bestuurlijk informatieverzorgingssysteem is veel meer dan alleen een computer met programma's. Kijk daarvoor nog eens naar figuur 1.4. Het boek bestaat uit zes met elkaar samenhangende delen. Deze delen hebben elk hun eigen kleur.

De zes delen van dit boek

Besturen en Beheersen

**Deel 1
Interne Beheersing**

2 Wat is beheersing?
3 Beheersing volgens Simons
4 COSO-modellen
5 Procesbeheersing met het KAD-model

Bestuurlijke Informatie

**Deel 2
Betrouwbaarheid**

6 Betrouwbaarheid en beheersing
7 Interne controle
8 Betrouwbaarheidstypologie
9 Procestypologie

**Deel 3
Relevantie**

10 Tolmodel
11 Bovenkant van de tol
12 Midden van de tol
13 Onderkant van de tol
14 Contingentiebenadering en tolmodel
15 Relevantietypologie
16 Andere toepassingen relevantietypologie

Inrichten Bestuurlijke Informatieverzorging

**Deel 4
Ontwerpen van administratieve processen**

17 Ontwerpen van administratieve processen

**Deel 5
BIV en Automatisering**

18 Informatiebeleid en informatieplan
19 Ontwikkelen van informatiesystemen
20 General & application controls

**Deel 6
Beheer van de BIV-functie**

21 Organisatie van de BIV-functie
22 Vastleggen van de BIV

DEEL 1

Interne beheersing

2   **Wat is beheersing? 23**
3   **Beheersing volgens Robert Simons 31**
4   **De COSO-modellen 41**
5   **Procesbeheersing volgens KAD 65**

De kwaliteit en inhoud van het bestuurlijke informatieverzorgingssysteem wordt mede bepaald door de kwaliteit en inhoud van de interne beheersing van een organisatie. De kwaliteit van de interne beheersing van een organisatie is afhankelijk van vele factoren. Daarbij kun je bijvoorbeeld denken aan de opleiding en ervaring van medewerkers, de inhoud en kwaliteit van de beheersmaatregelen, de integriteit van de leiding en de medewerkers, en de wijze van communiceren. Maar ook de kwaliteit van de bestuurlijke informatie is uiteraard van belang. Tussen de interne beheersing en het bestuurlijke informatieverzorgingssysteem bestaat daarom een voortdurende wisselwerking.
In dit deel leer je een aantal methodes toepassen voor interne beheersing.

2
Wat is beheersing?

2.1 Wat betekent beheersen in de praktijk van alledag?
2.2 Regelkringgedachte
2.3 Interne beheersingssysteem met daaraan verbonden vragen
2.4 Modellen voor interne beheersing

In dit hoofdstuk bespreken we wat je onder beheersing in het algemeen moet verstaan. Dit doen we door eerst aan de hand van een alledaags voorbeeld te laten zien wat er allemaal bij beheersing komt kijken. Vervolgens behandelen we de regelkring die een belangrijke rol speelt bij management control en laten we zien welke modellen er zijn voor interne beheersing.

2.1 Wat betekent beheersen in de praktijk van alledag?

Personen die aan het hoofd van een organisatie staan, worden met vele titels aangeduid. Soms worden ze managers genoemd, soms directie, soms raad van bestuur en soms eenvoudigweg leiding. Wij richten ons in dit boek op organisaties die een doel (menen te) hebben en dit doel op een zo effectief en efficiënt mogelijke manier proberen te behalen. Van de leiding van een dergelijke organisatie wordt verwacht dat zij ervoor zorgt dat de processen in de organisatie beheerst verlopen en dat de verantwoording die de organisatie over de behaalde resultaten aflegt, betrouwbaar is. Kenmerkend voor veel schandalen waarin organisaties de laatste jaren verwikkeld zijn geraakt, is dat er door de leiding onbetrouwbaar is gerapporteerd over de behaalde resultaten om de suggestie te wekken dat de leiding de gang van zaken goed beheerste (in control was), terwijl dit in werkelijkheid niet het geval was.

Wat betekent 'beheersing' nu eigenlijk en wat komt erbij kijken om een organisatie te kunnen beheersen? Een verhaal uit het alledaagse leven van een gezin dat een uitstapje maakt, kan dit verduidelijken.

Jack heeft in Lelystad een zeiljacht, de Blue Enterprise, gehuurd en wil met zijn gezin de oversteek naar Enkhuizen maken. Het gezin bestaat uit zijn vrouw Mirjam en twee kinderen. Ze vertrekken in de ochtend om 10.00 uur en plannen om 14.00 uur in Enkhuizen te zijn. Het is een mooie oostenwind met windkracht 3. Alles verloopt naar wens en rond 11.30 uur kan jongste zoon Thijmen in de verte al een toren zien liggen. Dit moet volgens Jack, die minder goede ogen heeft, Enkhuizen zijn. Rond 12.00 uur is dit inderdaad voor iedereen aan boord goed zichtbaar. De wind is inmiddels iets toegenomen en naar het noorden gedraaid. Het zeiljacht Blue Enterprise maakt een aardige helling, maar Enkhuizen lijkt niet ver meer weg. Jack besluit dus om geen zeil te minderen, hoewel Mirjam, die niet veel ervaring heeft, benauwd begint te kijken. Thijmen klaagt dat hij misselijk begint te worden, wat best mogelijk is omdat de golven dwars op het zeiljacht staan. De zon verdwijnt achter de wolken en het lijkt wel alsof er een donderbui aankomt. Opeens raakt de kiel van het jacht de bodem en lopen ze vast. Jack is vergeten om de dieptemeter in de gaten te houden. Door de noordenwind en de golven wordt het zeiljacht steeds verder richting de dijk van Lelystad naar Enkhuizen geduwd. Jack roept wat krachttermen en schreeuwt tegen Mirjam dat zij het roer moet nemen, dan zal hij de zeilen strijken en zullen ze op de motor proberen om los te komen. Bij Mirjam ontstaat totale paniek, de kinderen beginnen te huilen en kapitein Jack…, die heeft de zaak al lang niet meer in de hand!

Vanaf de wal, waar zich zoals bekend de beste stuurlui bevinden, zijn achteraf de volgende observaties te maken:
- Hoewel Jack in eerste instantie een duidelijk doel had (om 14.00 uur in Enkhuizen zijn), werd zijn plan door de draaiende wind steeds minder realistisch.
- Jack was zo druk bezig met het halen van zijn doel en het geruststellen van de bemanning (zijn gezin), dat hij geen rekening had gehouden met de mogelijkheid om vast te lopen.
- Hij hield de dieptemeter niet in de gaten.
- Hij wijzigde zijn koers niet toen de wind toenam en ging draaien.
- De kennis en kunde van de overige bemanningsleden was zeer beperkt. Dit maakte de mogelijkheid om in noodsituaties te reageren erg lastig.
- De wijze waarop Jack zijn orders communiceerde droeg totaal niet bij aan de sfeer en het bereiken van het doel.
- Eindconclusie: kapitein Jack en zijn familie waren niet in control!

Het avontuur met het zeilschip de Blue Enterprise, dat overigens redelijk goed afliep (Jack en zijn gezin werden veilig afgesleept naar de haven van Enkhuizen.), vertoont veel parallellen met de gang van zaken binnen een organisatie:
- Immers ook daar staat een kapitein aan het roer die de leiding heeft en een koers bepaalt (strategie).
- Ook daar wordt de mogelijkheid om deze strategie te realiseren mede bepaald door de kennis en kunde van de medewerkers en de stijl van leidinggeven van de directeur.
- Ook daar moet men zich bewust zijn van mogelijke risico's die het realiseren van de strategie zouden kunnen beletten.
- Ook daar bevindt de organisatie zich in een dynamische omgeving die reageren van de directeur en zijn medewerkers noodzakelijk maakt.
- Ook daar zal men achteraf door het plan met de werkelijke uitvoering te vergelijken, komen tot een bijstelling van de activiteiten.

Interne beheersingssysteem

De wijze waarop de directie de organisatie tracht te beheersen noemen wij het interne beheersingssysteem. Dit omvat 'het door de leiding van een organisatie aangestuurde en toegepaste proces ten behoeve van het beheersen van de uit te voeren bedrijfsactiviteiten'.

2.2 Regelkringgedachte

Wat is de regelkringgedachte?

Traditioneel wordt over interne beheersing of management control nagedacht vanuit de regelkringgedachte. In een regelkring wordt allereerst een plan gemaakt, vervolgens vindt uitvoering plaats en ten slotte wordt de werkelijkheid vergeleken met het plan en nagegaan waardoor er verschillen zijn ontstaan (evaluatie). Dit is dan weer de basis voor een bijgesteld plan. Figuur 2.1 laat zien hoe de regelkring eruitziet voor het productieproces van een fietsenfabriek.

FIGUUR 2.1 Voorbeeld van een regelkring: de fietsenfabriek

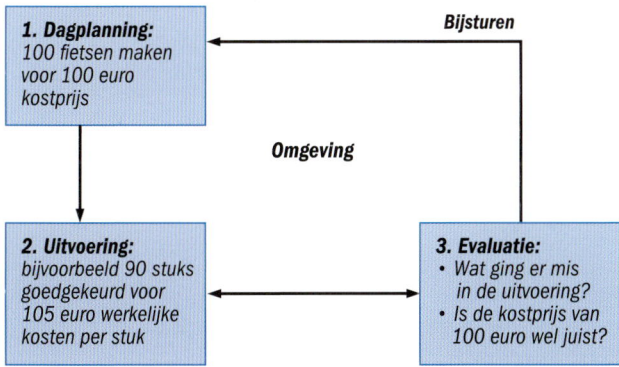

De regelkring voor de fietsenfabriek bestaat uit drie elementen: **Regelkring**
1. *Dagplanning.* Het bedrijfsbureau geeft de productieafdeling de opdracht om 100 fietsen te maken tegen een standaard kostprijs van 100 euro.
2. *Meten uitvoering.* De werkelijke productie die dag was 90 stuks met een werkelijke kostprijs van 105 euro.
3. *Evaluatie.* Het vergelijken van de planning met de werkelijkheid: het geplande aantal fietsen is niet geproduceerd en bovendien ligt de werkelijke kostprijs hoger. Wat ging er mis in de uitvoering of waren de planning en de standaard kostprijs niet goed? Op basis van de evaluatie wordt de uitvoering en/of de planning voor de volgende dag bijgestuurd.

2.3 Interne beheersingssysteem met daaraan verbonden vragen

Welke elementen maken deel uit van het interne beheersingssysteem?

De interne beheersing van het productieproces maakt deel uit van het **Interne** interne beheersingssysteem van de gehele onderneming. Het interne **beheersings-** beheersingssysteem zoals dat in Van Leeuwen en Starreveld (2002) wordt **systeem** beschreven, omvat meerdere elementen. In tabel 2.2 zie je, toegepast op het voorbeeld van de fietsenfabriek, welke elementen dit zijn. Indien je de gestelde vragen met 'ja' kunt beantwoorden, beheerst de fietsenfabriek het productieproces!

TABEL 2.2 Het interne beheersingssysteem

Intern beheersingssysteem	Omschrijving	Toepassing voor een fietsenfabriek
Beoordeling van de vaardigheid om toekomstgerichte informatie op te stellen: verwachtingsbeoordeling	Zijn de verwachtingen en berekeningen waarvan bij de bepaling van het beleid werd uitgegaan, als zodanig juist gebleken?	Is de verkoopbegroting met de daarvan afgeleide productiebegroting een realistische weergave van de werkelijkheid geweest?
Beoordeling van het feitelijke bedrijfsgebeuren:		
• *Beleidsbeoordeling*	Zijn de beslissingen die werden genomen en de opdrachten die aan ondergeschikten werden gegeven, inhoudelijk juist geweest?	Zijn de productieopdrachten van het bedrijfsbureau aan de productieafdelingen juist geweest?
• *Uitvoeringsbeoordeling*	Zijn de opdrachten die op verschillende niveaus van de organisatie zijn gegeven, juist uitgevoerd?	Zijn de productieopdrachten juist uitgevoerd? (Uitgewerkt in deelvragen, zie hieronder.)
• *Voortgangsbeoordeling*	Is steeds op het juiste moment gehandeld en maken de verschillende werkzaamheden voldoende voortgang?	Hebben de productiemedewerkers zich aan de planning gehouden en hebben ze het werk op tijd af?
• *Doelmatigheidsbeoordeling*	Is efficiënt gehandeld?	Hebben de productiemedewerkers niet te veel manuren, machine-uren en materialen verbruikt bij de productie?
• *Kwaliteitsbeoordeling*	Voldoen de producten respectievelijk de geleverde diensten aan de daaraan te stellen kwaliteitseisen?	Zijn de geproduceerde fietsen conform de kwaliteitsnormen?
Beoordeling van de gehanteerde normen	Zijn de bij de beoordeling en controle gehanteerde normen juist?	Is de standaardkostprijs uitdagend en haalbaar? Zijn de kwaliteitsnormen uitdagend en haalbaar?

Om de vragen ten aanzien van het interne beheersingssysteem met 'ja' te kunnen beantwoorden, zul je wel wat moeten doen. Interne beheersing gaat niet vanzelf! Gelukkig zijn er een aantal modellen die je afhankelijk van de situatie voor beheersing kunt gebruiken. Je hoeft dus niet zelf het wiel uit te vinden.

Een goed systeem van interne beheersing biedt veel voordelen voor een organisatie. Zo geeft het vertrouwen aan management en medewerkers dat de doeleinden behaald worden, het geeft aan hoe de organisatie functio-

neert en het helpt verrassingen te voorkomen. Indien aan bepaalde eisen wordt voldaan (zoals tijdige en betrouwbare rapportages aan betrokkenen bij de organisatie), helpt het om toegang tot de kapitaalmarkten te krijgen en vreemd en eigen vermogen aan te kunnen trekken (zie *Internal Control - Integrated Framework*, COSO 2011).
Een goed systeem van interne beheersing draagt zorg voor:
a betrouwbare en relevante informatie ter ondersteuning van de besluitvorming door het management
b betere en snellere uitvoering en afhandeling van transacties op basis van betrouwbare boekingen en gegevens
c onderbouwing van genomen besluiten

Uiteraard kost het onderhouden van een intern beheersingssysteem ook geld. Uiteindelijk zullen alleen die beheersingsmaatregelen worden getroffen waarvan de baten groter zijn dan de kosten. In het algemeen zijn de kosten van een intern beheersingssysteem redelijk goed meetbaar. Je kunt hierbij zowel denken aan directe kosten (personeel voor het uitvoeren van de interne beheersingsmaatregelen) als indirecte kosten (training van medewerkers, implementeren van een ICT-systeem).
Met name de baten van een intern beheersingssysteem zijn in de praktijk meestal lastig te bepalen. De uiteindelijke afweging door het management van de kosten en de baten van een intern beheersingssysteem heeft daardoor vaak een enigszins subjectief karakter.

2.4 Modellen voor interne beheersing

In dit deel behandelen we de meest bekende modellen voor interne beheersing. Deze modellen hebben elk hun eigen toepassingsgebied, maar overlappen elkaar ook. Vergelijk het met het gereedschap dat een bouwvakker gebruikt om iets te bevestigen. Soms zal hij dat met een hamer en spijkers doen, andere keren met een boormachine met schroeven en pluggen en weer een andere keer met montagekit.

Welke modellen voor interne beheersing zijn er?

In tabel 2.3 staan de modellen die we in dit deel zullen behandelen.

TABEL 2.3 De in deel 1 behandelde modellen

Model	Motivatie
Simons' levers of control	Dit model is tevens bruikbaar voor het ontwikkelen van nieuwe ondernemingsstrategieën in tijden van onzekerheid.
COSO: ERMF	Het enige COSO-model dat mede gericht is op het behalen van reeds geformuleerde strategische doelstellingen.
COSO: Internal control	Good old COSO gericht op beheersing van tactische en operationele activiteiten.
COSO: Small Business	COSO-model dat zich specifiek richt op de betrouwbaarheid van de jaarrekening.
KAD (Kwaliteit Administratieve Dienstverlening)	Dit is een model gericht op de inrichting en beheersing van processen.

Van de COSO-modellen behandelen wij eerst het Internal Control Framework, omdat dit model minder ingewikkeld is dan het ERMF-model, zodat je de materie beter kunt begrijpen. Van het COSO-model voor Small Business laten we wel de opzet zien, maar een uitgebreide bespreking blijft achterwege. Het KAD-model is geschikt voor het beheersen van operationele processen.

We zullen de mogelijkheden voor het gebruik van deze modellen in de praktijk illustreren aan de hand van fietsenfabriek Cycle Luxe BV.

Cycle Luxe is een fietsenfabriek die zich richt op het segment voor luxe sport- en toerfietsen. De fabriek bestaat reeds dertig jaar en is gevestigd in het noorden van het land. Bij Cycle Luxe werken circa 350 mensen. Ondanks de grote prijsdruk die er in de fietsenmarkt bestaat, is Cycle Luxe tot nu toe nog steeds in staat geweest om zich te handhaven, met name door de uitstekende kwaliteit fietsen die zij produceren en de goede service die zij leveren.
Onlangs heeft zich bij Cycle Luxe een zogenaamde management buy-out voorgedaan. Een deel van het management van Cycle Luxe (Piet de Vries en Hans de Boer) heeft toen deels met geleend geld dat beschikbaar is gesteld door de bank, de bestaande aandeelhouder uitgekocht en is nu zelf volledig eigenaar van de fietsenfabriek. De vroegere directeur-groot aandeelhouder van Cycle Luxe, Jan Klein, is van dit geld gaan rentenieren.
De huidige leiding en het eigendom berusten nu bij Piet de Vries (commercieel directeur) en Hans de Boer (financieel directeur). Piet de Vries en Hans de Boer vormen samen het managementteam. Hans de Boer heeft recentelijk een financieel-economische opleiding afgesloten en wil de bedrijfsvoering enigszins moderniseren met behulp van de kennis die hij in zijn deeltijdstudie heeft opgedaan.
De vorige directeur (Jan Klein) was een bevlogen ondernemer die, hoewel hij een goed zakelijk inzicht had, toch een man van de oude stempel was. Hans had in het verleden wel eens geprobeerd om Jan te overtuigen van de mogelijkheden die de nieuwe methodes van beheersing Cycle Luxe zouden kunnen bieden. Jan had dan echter altijd zijn schouders opgehaald en gezegd: 'Zorg jij nu maar dat de administratie klopt, dan bemoei ik me wel met de productie van de fietsen en de leiding van de organisatie.'
Nu Hans het zelf samen met Piet voor het zeggen had gekregen, was hij echter vastbesloten om het een en ander te veranderen. Een van zijn aandachtspunten vormt het ontwikkel- en productieproces van de fietsen, dat tot nu toe steeds het domein was geweest van Jan Klein.

In de volgende hoofdstukken wordt tegen deze achtergrond getoond hoe de verschillende beheersingsmodellen op Cycle Luxe kunnen worden toegepast.

Samenvatting

In dit hoofdstuk heb je kunnen lezen wat de algemene principes zijn voor het beheersen van een proces. Beheersen betekent bijna altijd:
- het stellen van een norm of verwachting
- de uitvoering van activiteiten
- het meten van de werkelijkheid
- het vergelijken van de norm of verwachting met de werkelijkheid en het op grond daarvan (laten) aanpassen van de uitvoering of de norm

Voor beheersing zijn verschillende modellen. In dit deel zullen de volgende modellen behandeld worden:
- four levels of control van Simons (hoofdstuk 3)
- COSO-modellen (hoofdstuk 4)
- KAD-model (hoofdstuk 5)

3
Beheersing volgens Robert Simons

3.1 **Four levers of control: een andere kijk op beheersen**
3.2 **Beliefs systems**
3.3 **Boundary systems**
3.4 **Diagnostic control systems**
3.5 **Interactive control systems**

In dit hoofdstuk behandelen we de visie van Robert Simons op beheersing in de vorm van de volgende vier beheersingssystemen: beliefs systems, boundary systems, diagnostic control systems en interactive control systems.

3.1 Four levers of control: een andere kijk op beheersen

Robert Simons gaf in zijn artikel 'Control in an age of empowerment' (1995) een nieuwe kijk op het begrip beheersing. Hij schreef zijn artikel als reactie op een groot aantal schandalen die aan het begin van de jaren negentig aan het licht waren gekomen.
Veel organisaties zochten de oplossing voor het voorkomen van zulke schandalen in het uitbreiden van procedures en controles. Volgens Robert Simons was dit alleen effectief in situaties waarin sprake is van een standaard product met weinig variatie in een weinig dynamische omgeving. De productieafdeling van de fietsenfabriek is hier een voorbeeld van. Het proces doorloopt elke keer dezelfde stappen en je kunt van tevoren nauwkeurig de taken en procedures bepalen waaraan de productiemedewerkers zich moeten houden.

Robert Simons

Het zijn echter niet de medewerkers op de werkvloer die de schandalen veroorzaken, maar juist de hoger geplaatste functionarissen. Deze hoger geplaatste functionarissen hebben echter voor het effectief uitvoeren van hun taken meer handelsvrijheid nodig. Er wordt een beroep gedaan op de creativiteit en flexibiliteit van deze vaak hoog opgeleide mensen. In zo'n situatie pakt het invoeren van extra procedures en controles averechts uit. Creativiteit wordt in de kiem gesmoord en de medewerkers voelen zich niet langer betrokken bij de organisatie.

Simons houdt met zijn beheersingsmodel rekening met de vrijheid van handelen die de hoger geplaatste functionarissen nodig hebben en biedt daarmee een alternatief voor het invoeren van meer procedures en controles.

De financieel directeur van Cycle Luxe, Hans de Boer, kent de theorie van Simons vanuit zijn studie. Hij is van mening dat hij het productieproces goed kan beheersen met de COSO-systematiek. Voor het ontwikkelproces van de fietsenfabriek wil Hans echter Simons gaan gebruiken. Bij ontwikkeling werken 35 relatief hoog opgeleide mensen. De oud-directeur zei vroeger altijd: 'Ze zijn verdraaid eigenwijs, maar op de fiets geboren.'

FIGUUR 3.1 Geslaagd ontwerp!

Welke levers of control zijn er?

Beheersing van een organisatie kan in de optiek van Simons effectief plaatsvinden door gebruik te maken van vier beheersingssystemen (zie figuur 3.2). Dit zijn:
1 belief systems
2 boundary systems
3 diagnostic control systems
4 interactive control systems

FIGUUR 3.2 De levers of control van Simons

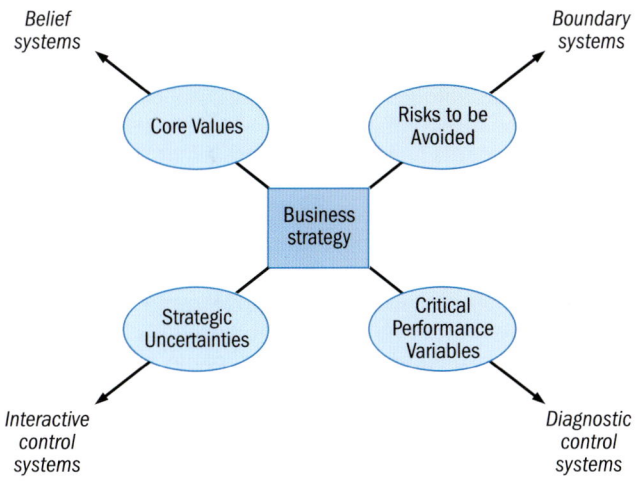

3.2 Belief systems

Wat zijn beliefs systems?

Belief systems vertolken de gemeenschappelijke kernwaarden binnen een organisatie. De beliefs zijn vaak terug te vinden in een zogenaamde gedragscode of 'code of conduct' van een organisatie. Ook de missie van een organisatie moet deze kernwaarden in zich dragen. In tabel 3.3 zie je als voorbeeld missies van enkele bekende bedrijven.

Belief systems

TABEL 3.3 Voorbeelden van missies

Albert Heijn	Het alledaagse betaalbaar, het bijzondere bereikbaar
Shell	Shell helpt!
Volkswagen	Volkswagen, wie anders?

Het is noodzakelijk dat ieder organisatielid op de hoogte is van deze missie en deze ook onderschrijft. Door de waarden die achter de missie liggen te geloven en daarnaar te handelen, streven de medewerkers automatisch de richting na die door het topmanagement is aangewezen zonder daarvoor in detail instructies te hoeven hebben. De creativiteit van de medewerkers wordt dus niet begrensd.

De beliefs zijn bij Cycle Luxe terug te voeren op de missie: 'Alleen het beste is goed genoeg voor de Nederlandse fietser.' Dit vormt voor de medewerkers van de ontwikkelafdeling het uitgangspunt bij hun werk.

3.3 Boundary systems

Wat zijn boundary systems?

Boundary systems

De richting aangeven waarin medewerkers hun creativiteit moeten ontplooien is in het algemeen niet voldoende voor een organisatie. Medewerkers hebben ook grenzen (boundaries) nodig.

Boundary systems geven heldere grenzen aan waarbinnen de medewerkers hun creativiteit kunnen ontplooien. Door helder aan te geven wat per se niet mag, blijft er ruimte voor eigen handelen. Hoe gedetailleerder de grenzen zijn, hoe minder ruimte er over blijft voor zelfontplooiing.

Simons geeft het voorbeeld van een bank waarvoor het voortbestaan en succes in hoge mate gebaseerd is op de zorgvuldig opgebouwde reputatie. De boundaries binnen deze bank zijn gericht op alle activiteiten van medewerkers die schadelijk kunnen zijn voor deze reputatie, bijvoorbeeld zaken doen met bedrijfstakken die een slechte reputatie hebben, zelf illegaal gokken of rijden onder invloed. Het overtreden van boundaries blijft voor medewerkers niet zonder gevolgen, zoals bijvoorbeeld een manager moest ervaren die ten onrechte 50 dollar had gedeclareerd en op staande voet werd ontslagen.

De belief en boundary systems vullen elkaar aan en kunnen elkaar versterken. Zij geven medewerkers de kans om zich te ontplooien in de gewenste richting binnen heldere grenzen.

Bij Cycle Luxe zijn er ten aanzien van de creativiteit van het personeel dat werkt op de ontwikkelafdeling een beperkt aantal heldere grenzen gesteld:
- *Het gebruik van minder dan A-kwaliteit onderdelen is niet toegestaan.*
- *Het ontwerpen van fietsen die niet aan alle Europese veiligheidseisen voldoen is niet toegestaan.*

Zolang de medewerkers van de ontwikkelafdeling binnen deze grenzen blijven, hebben ze de vrijheid om hun talenten te ontplooien. Overtreding van deze grenzen heeft echter gevolgen! Toen vorig jaar de elektrische fiets van Cycle Luxe in het nieuws kwam omdat er een ontwerpfout zat in het stuurprogramma waardoor deze op hol kon slaan, is de verantwoordelijke ontwikkelaar op non-actief gesteld.

3.4 Diagnostic control systems

Wat zijn diagnostic control systems?

Diagnostic control system

Het diagnostic control system komt overeen met de gebruikelijke manier van denken over beheersing die voor Simons gemeengoed was. Simons onderkent wel de waarde van deze manier van denken, maar vult deze aan met de belief, boundary en interactive control systems. Het diagnostic control system is vooral geschikt voor de beheersing van voorspelbare processen in een stabiele omgeving.

Het diagnostic control system bestaat uit periodieke managementinformatie die werkelijke cijfers toont in relatie tot begrotingen, budgetten en vorige periodes. Op basis van deze informatie wordt, uitgaande van tevoren

bepaalde meetpunten, een periodieke diagnose gesteld van de gang van zaken bij de organisatie.
De regelkringgedachte ligt aan dit beheersingssysteem ten grondslag (zie figuur 3.4).

FIGUUR 3.4 Regelkring

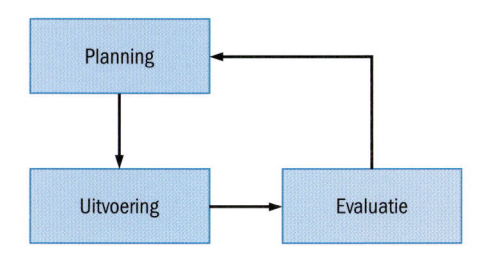

```
Planning ──┐
   │       │
   ▼       │
Uitvoering ──► Evaluatie
```

Het diagnostic control system is te vergelijken met de cockpit van een vliegtuig (zie figuur 3.5). In de cockpit zitten meters voor hoogte, snelheid, brandstofvoorraad, temperatuur, toeren enzovoorts. De meters hebben vaak ook kritische waarden. De brandstofvoorraad mag niet onder een bepaald niveau komen en de temperatuur mag niet boven een bepaald niveau komen. Toch storten er nog wel eens vliegtuigen neer terwijl de meters allemaal in het groene bereik stonden. De meters meten namelijk slechts een beperkt gedeelte van de werkelijkheid die van invloed kan zijn op het vliegtuig. Zo kan bijvoorbeeld het aluminium ouderdomsverschijnselen vertonen, waardoor de vleugel scheurt zonder dat dit gemeten wordt. De meters zijn soms ook niet betrouwbaar.

FIGUUR 3.5 Diagnostic control systems kunnen vergeleken worden met een vliegtuigcockpit

De cockpit van een organisatie wordt gevormd door de managementrapportage en de directievergadering waarin deze rapportage wordt besproken. De rapportage kan zowel financiële (winst, omzet) als niet-financiële kengetallen (klanttevredenheid, omloopsnelheid van de voorraad) in relatie tot begroting en de norm weergeven.

Wanneer managers beloond worden op basis van het al of niet behalen van bepaalde doelstellingen, zullen zij er veel aan doen om ervoor te zorgen dat de scores op het terrein van deze doelen zo goed mogelijk zijn. Dit vereist een zorgvuldige keuze van de doelen. Het gedrag van de managers kan echter ook ten kosten gaan van het totale ondernemingsbelang.

Soms vinden er veranderingen plaats in de omgeving, waardoor zaken belangrijk worden die niet bij de opzet van het beheersingssysteem zijn meegenomen. Het diagnostic control system is gebaseerd op het beeld van de werkelijkheid dat de opsteller had en dat kan verouderd raken. Het moet daarom periodiek bijgesteld worden.

Bij de fietsenfabriek Cycle Luxe heeft Hans een jaar geleden de managementrapportage opnieuw ontworpen. Hij heeft daarvoor toen het tolmodel (zie figuur 3.6 en deel 3 van dit boek) gebruikt.

FIGUUR 3.6 Tolmodel

Dit betekende een aanzienlijke uitbreiding van de informatie ten opzichte van vroeger toen de informatie hoofdzakelijk uit financiële elementen bestond. Ten aanzien van het ontwikkelproces krijgt de directie nu de volgende informatie gerapporteerd:
- *werkelijke voortgang van ontwikkelprojecten per fase ten opzichte van de planning*
- *werkelijke kosten van de ontwikkelprojecten per fase ten opzichte van de planning*
- *verhouding tussen de directe en de indirecte uren van de ontwikkelaars*
- *mate van tevredenheid onder medewerkers van de ontwikkelafdeling*
- *het aantal geslaagde ontwerpen per ontwikkelteam*

3.5 Interactive control systems

Wat zijn interactive control systems?

De interactive control systems stellen de organisatie in staat om van strategie te veranderen indien dit noodzakelijk mocht zijn. Elke organisatie heeft zijn eigen beeld van de werkelijkheid en zet op basis hiervan de koers uit. Op basis van dit beeld zijn de belief, boundary en diagnostic control systems ingericht. De vraag is echter: hoe komt de organisatie erachter dat de ingezette strategie niet meer juist is?

Interactive control systems

Het Volkswagenconcern ging begin jaren zeventig bijna ten onder. Dit kwam omdat de directie te lang bleef vasthouden aan het recept dat Volkswagen groot had gemaakt. Alle Volkswagens hadden een luchtgekoelde motor achterin. Dit recept, dat voor het eerst toepassing had gekregen in de Kever, was echter begin jaren zeventig hopeloos ouderwets (figuur 3.7). De Kever en de andere daarop gebaseerde modellen golden als benzine slurpende en lawaaiige auto's die door de concurrentie inmiddels al lang voorbij gestreefd waren. De directie was tot de komst van de eerste Golf in 1974 doof geweest voor de wensen van de klant. De geluiden van dealers die hun omzet zagen slinken, werden niet gehoord. Toch stond de kwaliteit van de auto's buiten kijf en gold binnen hun klasse als een voorbeeld.

FIGUUR 3.7 Het laatste model Kever

Het einde van een concept waarmee Volkswagen groot was geworden, maar ook bijna aan ten onder ging.

Bij kleine organisaties is de afstand tussen leiding en medewerkers en tussen de organisatieleden onderling relatief gering. De directeur kent zijn mensen en klanten en drinkt in de pauze vaak een kopje koffie met de medewerkers. Zo blijft hij op de hoogte van belangrijke ontwikkelingen die aanpassing van de organisatie kunnen vereisen. Voorbeelden van wat de directeur onder het koffie drinken zoal te horen kan krijgen, zijn:
- promotionele acties van de concurrentie
- behoeftes bij de klant waar het bestaande product niet in voorziet
- onvrede bij de medewerkers over de werkomstandigheden

Als organisaties groter worden, worden de managementrapportages weliswaar steeds uitgebreider, maar neemt de afstand tussen leiding en medewerkers en klanten ook toe. Het kopje koffie schiet er vaak bij in. Om dit gemis op te vangen, introduceert Simons het interactive control system. Dergelijke interactieve beheersingssystemen worden gekenmerkt door gestructureerde periodieke bijeenkomsten waar uitwisseling van informatie plaatsvindt. Tijdens dit soort overleggen kan de leiding de huidige strategische richting toetsen aan de behoeften die bij de klanten en medewerkers leven en de ontwikkelingen in de markt. Het interactive control system is daarmee vooral geschikt om de strategische onzekerheden in kaart te brengen waar managers 's nachts wakker van liggen. Op basis van deze informatie kan indien nodig de strategie veranderd worden voordat het diagnostic control system tegenvallende resultaten laat zien.

Hans de Boer heeft voor het ontwikkelproces van Cycle Luxe BV het volgende interactive control system opgezet:
- *Eenmaal per halfjaar vindt er een bijeenkomst plaats van Piet met een kring van fietsenhandelaren waar geïnformeerd wordt naar ideeën voor ontwerpen en waar de mening gevraagd wordt over getoonde prototypes.*
- *Cycle Luxe heeft een eigen website met daarop een forum waar gebruikers hun ideeën en suggesties kunnen melden voor verbeteringen van het ontwerp.*
- *Een keer per twee maanden bezoeken Piet en hij alle afdelingen van Cycle Luxe gedurende twee uur om met de werknemers de stand van zaken en mogelijke kansen of bedreigingen door te spreken.*

Samenvatting

In dit hoofdstuk heb je kunnen lezen hoe je een organisatie met de levers of control van Simons kunt beheersen. Simons wil medewerkers de vrijheid geven om hun creativiteit te ontplooien binnen gestelde grenzen. Beheersing van een organisatie kan in de optiek van Simons effectief plaatsvinden door gebruik te maken van vier beheersingssystemen. Dit zijn:
1 *Belief systems.* Deze vertolken de gemeenschappelijke kernwaarden van de organisatie. Je vindt ze ook terug in de missie van het bedrijf.
2 *Boundary systems.* Dit zijn heldere grenzen die aan het handelen van de medewerkers gesteld worden. Deze begrenzen dus de vrijheid van handelen. Op het overtreden zijn zware sancties gesteld. Een voorbeeld hiervan is een groot kledingconcern dat ten aanzien van de productie van kleding het gebruik van kinderarbeid verbiedt.

3 *Diagnostic control systems.* Dit zijn de traditionele beheersinstrumenten zoals budgettering en het verschaffen van periodieke managementinformatie.
4 *Interactive control systems.* Hierbij gaat het om gestructureerde uitwisseling van informatie met belangrijke stakeholders die tot bijstelling van een geformuleerde strategie kan leiden. Een voorbeeld is het maandelijkse overleg van de directie met vertegenwoordigers waar signalen uit de markt kunnen worden opgevangen.

4
De COSO-modellen

4.1 Geschiedenis van de COSO-modellen
4.2 COSO Internal Control – Integrated Framework
4.3 COSO Enterprise Risk Management – Integrated Framework
4.4 Internal Control over Financial Reporting – Guidance for Smaller Public Companies

In dit hoofdstuk behandelen we de drie modellen die de COSO-organisatie heeft opgesteld, namelijk de 'COSO Internal Control – Integrated Framework', de 'COSO Enterprise Risk Management – Integrated Framework' en de 'Internal Control over Financial Reporting – Guidance for Smaller Public Companies'. Maar eerst gaan we kort in op de geschiedenis van de COSO-modellen.

4.1 Geschiedenis van de COSO-modellen

In 1985 werd na een reeks van fraudeschandalen in de Verenigde Staten The National Commission on Fraudulent Financial Reporting gevormd, beter bekend als The Treadway Commission. Deze commissie had als doelstelling te onderzoeken wat de oorzaken waren van boekhoudfraudes en hoe deze in de toekomst konden worden voorkomen. In deze commissie hadden zowel de opstellers en controleurs van jaarrekeningen als wetenschappers zitting. De commissie kwam tot het inzicht dat er algemeen aanvaarde criteria noodzakelijk zijn voor de opzet en beoordeling van interne beheersingssystemen.

In 1992 verscheen het bekende COSO-rapport, afkomstig van een werkgroep in opdracht van de Treadway commissie. De precieze benaming van het rapport is *Internal Control – Integrated Framework*. COSO staat voor Committee of Sponsoring Organizations (of the Treadway Commission). Later zou de COSO-organisatie nog twee modellen uitbrengen. In 2004 verscheen het *COSO Enterprise Risk Management Framework* en in 2006

Treadway commissie

het COSO-rapport speciaal gericht op voor Amerikaanse begrippen kleinere ondernemingen, de *Internal Control over Financial Reporting – Guidance for Smaller Public Companies*.

Welke drie COSO-modellen worden in dit boek behandeld?

In Nederland en de Verenigde Staten wordt de COSO-methodiek veel gebruikt door de leiding van organisaties om een beheersingssysteem op te zetten dat noodzakelijk is om aannemelijk te maken dat de leiding in control is ten aanzien van de financiële verslaggeving. Een dergelijke verklaring moet steeds vaker worden afgegeven volgens de geldende corporate governance-bepalingen, zoals de Nederlandse Corporate Governance Code en de Amerikaanse Corporate Governance Code zoals vastgelegd in de Sarbanes-Oxley wet (zie hoofdstuk 21).

4.2 COSO internal control – integrated framework

Wat is internal control volgens COSO?

Internal control

Internal control, hier vertaald als interne beheersing, wordt door COSO als volgt gedefinieerd:

> Internal control is een proces, in gang gezet door de leiding van een organisatie en het overige personeel, gericht op het met redelijke mate van zekerheid bereiken van doelen op het vlak van:
> 1. effectiviteit en efficiëntie van de bedrijfsprocessen
> 2. de betrouwbaarheid van de financiële verslaggeving
> 3. het zich houden aan wet- en regelgeving
> 4. het zorgen dat activa niet onrechtmatig aan de organisatie worden onttrokken (safeguarding of assets)

Let op: In de Exposure Draft van *COSO Internal Control – Integrated Framework* van 2011 wordt 'safeguarding of assets' niet expliciet als doel genoemd. Het is de bedoeling dat deze Exposure Draft na verwerking van het ontvangen commentaar eind 2012 definitief wordt.

In deze definitie vallen de volgende punten op:
- *Interne beheersing is een proces.* Met andere woorden: interne beheersing is dynamisch. Voortdurend moet gekeken worden of de doelstellingen behaald kunnen worden met het bestaande beheersingssysteem, ook wanneer de omstandigheden wijzigen.
- *Interne beheersing begint bij de top van de organisatie en wordt doorgegeven aan alle onderliggende lagen.* Merk nu al op hoe kritisch dus de attitude en kwaliteit van de top van de organisatie is voor een effectieve beheersing.
- *Interne beheersing is gericht op het met redelijke mate van zekerheid bereiken van doelstellingen.* Redelijke mate van zekerheid omdat volledige zekerheid niet mogelijk is. Beheersing wordt ook beïnvloed door niet-beheersbare factoren (zoals de toestand van de algemene

economie, natuurrampen, ziekte etc.) en omdat interne beheersingsmaatregelen geld kosten.
- *De doelen zijn gegroepeerd in categorieën.* De individuele invulling verschilt sterk per organisatie.

De volgende categorieën doelen kunnen worden onderscheiden:
1. Effectiviteit en efficiëntie van de bedrijfsprocessen
2. Betrouwbaarheid van de financiële verslaggeving
3. Het houden aan wet- en regelgeving (ook wel 'compliance' genoemd)
4. Zorgen dat activa niet onrechtmatig aan de organisatie worden onttrokken ('safeguarding of assets')

Ad 1 Categorie 'Effectiviteit en efficiëntie van de bedrijfsprocessen'
Deze categorie doelen is georiënteerd op het beheersen van de bedrijfsprocessen en levert de onderneming geld op. Effectiviteit betekent het bereiken van het gewenste resultaat. Efficiëntie oftewel doelmatigheid betekent het verkrijgen van het grootst mogelijke effect in verhouding tot de middelen.

Voorbeelden van doelen van de fietsenfabriek Cycle Luxe zijn afgebeeld in tabel 4.1.

TABEL 4.1 Categorie effectiviteit en efficiëntie van de bedrijfsprocessen bij de fietsenfabriek

	Effectiviteit	**Efficiëntie**
Verkoopproces	Marktaandeel vergroten	Reductie van de marketingkosten bij gelijkblijvende omzet
Inkoopproces	Inkoop van hoge kwaliteit materiaal	Verlagen van de inkoopkosten
Productieproces	Hoge productiekwaliteit	Verlagen van productiekosten
Personeelsproces	Werven van goed opgeleid personeel	Verlagen van personeelskosten

De doelen kunnen verder gekwantificeerd worden tot doelstellingen. Bijvoorbeeld het doel 'marktaandeel vergroten' kan vertaald worden naar de doelstelling 'het bereiken van een marktaandeel van 50 procent'. Een doelstelling is dus een gekwantificeerd doel.

Ad 2 Categorie 'Betrouwbaarheid van de financiële verslaggeving'
Betrouwbaarheid van de financiële verslaggeving door de leiding van een organisatie is een belangrijk doel. In het algemeen gaat het dan om de vraag of de financiële verantwoordingen (met name balans en verlies- en winstrekening) een getrouw beeld van de werkelijkheid geven. Betrouwbaarheid speelt niet alleen op het niveau van de jaarrekening een rol, maar ook op het niveau van de informatievoorziening inzake individuele processen.

Betrouwbaarheidsdoelen van de fietsenfabriek zijn in tabel 4.2 weergegeven.

TABEL 4.2 Voorbeelden van betrouwbaarheidsdoelen

Post	Doelstelling
Omzet	Volledigheid afzet en juistheid prijs
Productiekosten	Juistheid
Voorraad fietsen	Bestaan en waardering
Debiteuren	Bestaan en waardering

Betrouwbaarheid van de financiële verslaggeving speelt dus zowel binnen de organisaties een rol wanneer functionarissen zich moeten verantwoorden over hoe ze gepresteerd hebben, als ook in de verslaggeving door de leiding van de organisatie naar de buitenwereld. De verschillende codes voor corporate governance verlangen van het bestuur van de organisatie dat deze in control zijn op het vlak van de betrouwbaarheid van de financiële verslaggeving. Organisaties maken vaak gebruik van de COSO-systematiek om dit aannemelijk te kunnen maken voor de controlerend accountant.

In deel 2 van dit boek worden de organisatorische maatregelen die voor betrouwbaarheid van de informatie kunnen zorgen, in het kort beschreven.

Ad 3 Categorie 'Het houden aan wet- en regelgeving'
Organisaties worden in de praktijk geconfronteerd met vele vormen van regelgeving waaraan zij moeten voldoen. Voorbeelden van dergelijke regelgeving zijn niet alleen de wet- en regelgeving inzake jaarverslaggeving, maar ook de fiscale wetten en voorschriften, de milieuwetten en -voorschriften, de Wet gelijke behandeling en brancheafhankelijke regelgevingen zoals bijvoorbeeld die voor banken en verzekeringsbedrijven. Daarnaast vaardigt de leiding van een organisatie vaak zelf ook een aantal regels uit waarin iedereen wordt geacht zich te houden.

Bij het opstellen van de jaarrekening moet de directie van de fietsenfabriek zich houden aan BW 2, titel 9 en de Richtlijnen voor de Jaarverslaggeving. En de fietsenfabriek is bijvoorbeeld gehouden aan allerlei regelgeving met betrekking tot de verkeersveiligheid van de fietsen.

Ad 4 Categorie 'Zorgen dat activa niet onrechtmatig aan de organisatie worden onttrokken'
Het gaat hier om het voorkomen van diefstal van goederen en geld. Voorkomen dat gebruik gemaakt wordt van bedrijfseigendommen (bijvoorbeeld transportmiddelen) voor eigen gebruik et cetera.

Bij de fietsenfabriek wil de directie bijvoorbeeld voorkomen dat kostbare onderdelen, zoals versnellingsnaven, door het personeel mee naar huis worden genomen.

Welke structuur biedt COSO voor het bereiken van de doelstellingen?

Zoals uit de voorbeelden blijkt, zullen er binnen elke organisatie meerdere doelen bestaan. Teneinde een redelijke mate van zekerheid te verkrijgen dat deze bereikt kunnen worden, maakt het COSO-model gebruik van vijf onderling samenhangende componenten. Deze componenten gezamenlijk vormen het interne beheersingssysteem. Figuur 4.3 illustreert dit.

FIGUUR 4.3 COSO-piramide volgens internal control integrated framework

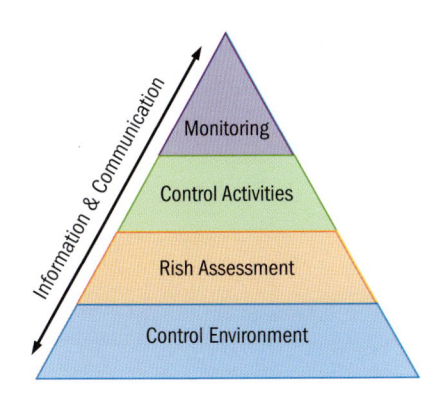

[Piramide met van boven naar beneden: Monitoring, Control Activities, Rish Assessment, Control Environment. Pijl langs de zijkant: Information & Communication]

4.2.1 Control environment

Welke elementen omvat de control environment of interne beheersomgeving?

De beheersomgeving (control environment) omvat in het COSO-model: **Control environment**
1 integriteit en ethische waarden
2 beloningsstructuur
3 voorbeeldgedrag van de leiding
4 opleiding en competenties van de medewerkers van de organisatie
5 kwaliteit van het toezicht dat wordt uitgeoefend op de organisatie door de Raad van Commissarissen
6 manier van leidinggeven
7 wijze waarop de organisatie gestructureerd is
8 delegatie van verantwoordelijkheden en bevoegdheden
9 beleid op het gebied van personeelszorg

We bespreken deze elementen kort.

Ad 1 Integriteit en ethische waarden
Niet alleen waarden en normen van medewerkers, maar vooral die van de leiding van de organisatie zijn bepalend voor de control environment.

Ad 2 Beloningsstructuur
Prestatieafhankelijk belonen kan medewerkers aanzetten tot gewenst, maar ook tot ongewenst gedrag om de gestelde doelen te realiseren. Een omzetbonus kan er bijvoorbeeld toe leiden dat verkopers ook ethisch ongewenst gedrag vertonen om de gewenste targets te behalen.

Ad 3 Voorbeeldgedrag van de leiding
Voorbeeldgedrag van de leiding op het gebied van waarden en normen en heldere communicatie naar de medewerkers in de vorm van een gedragscode of 'code of conduct' is belangrijk voor de kwaliteit van de control environment.

Code of conduct

Wat is een code of conduct?

Een code of conduct is een set gedragsregels waaraan de leden van de organisatie zich bij in dienst treden verbinden. Vele organisaties hebben dergelijke gedragsregels.

Dat het hebben van een code of conduct niet altijd voldoende is, toont het voorbeeld van Woningbouwcoöperatie Rochdale aan. De eerste letters van de kernwaarden waar medewerkers van Rochdale zich aan dienen te houden, vormen het woord PRIMA:
- *Professioneel (d.i. resultaat- en klantgericht)*
- *Integer*
- *Maatschappelijk verantwoord*
- *Aanspreekbaar*

De directeur van Rochdale kwam echter in 2009 in opspraak door vermeende zelfverrijking. Zo reed hij een dure Maserati op kosten van de coöperatie en ging het gerucht dat hij steekpenningen zou hebben ontvangen bij de verkoop van onroerend goed beneden de marktwaarde aan een vastgoedbedrijf. In ieder geval liet hij niet het voorbeeldgedrag zien dat verwacht wordt van de leiding van een organisatie.

Ad 4 Opleiding en competenties van de medewerkers
Voor het realiseren van doelstellingen is het noodzakelijk dat de medewerkers de gewenste opleiding en competenties bezitten.

Ad 5 Kwaliteit van het toezicht
De vraag is in hoeverre de toezichthouders onafhankelijk staan ten opzichte van de leiding. Effectief toezicht door een onafhankelijke raad van commissarissen versterkt de control environment.

Ad 6 Manier van leidinggeven
In de praktijk bestaan grote verschillen in de manier waarop managers leiding geven. Op veel vlakken zijn verschillen mogelijk, zoals in de bereidheid om risico's te lopen, maar bijvoorbeeld ook in de houding ten opzichte van interne controle-activiteiten (variërend van zeer nuttig tot bureaucratische ballast).

Ad 7 Wijze waarop de organisatie gestructureerd is
De structuur van de organisatie zou in overeenstemming moeten zijn met de te bereiken doelstellingen en de processen.

Ad 8 Delegatie van verantwoordelijkheden en bevoegdheden
Bevoegdheden en verantwoordelijkheden van managers en medewerkers moeten goed op elkaar aansluiten.

Ad 9 Beleid op het gebied van personeelszorg
Beleid op het gebied van personeelszorg (human resourcemanagement) en de uitvoering daarvan is van grote invloed op de kwaliteit van de control environment. Welke maatregelen zijn genomen om ervoor te zorgen dat bekwaam en eerlijk personeel wordt geworven? Worden deze maatregelen ook nageleefd?

De inhoud van de verschillende elementen van de 'control environment' moet met elkaar in overeenstemming zijn. Prestatieafhankelijk belonen kan bijvoorbeeld risico's met zich meebrengen ten aanzien van de betrouwbaarheid van de verstrekte verantwoordingen en zal dus tot een andere opzet van het interne beheersingssysteem moeten leiden dan wanneer dit niet het geval is. De mogelijkheden om bepaalde doelstellingen te halen is vaak rechtstreeks afhankelijk van de opleiding en competenties van de organisatieleden, en dit kan dus niet achteraf gecorrigeerd worden door andere beheersingsactiviteiten. Telkens weer blijkt ook dat het management een belangrijke voorbeeldfunctie heeft die de kwaliteit van de interne beheersing kan verzwakken of versterken. Bij minder grote organisaties zal weliswaar niet altijd sprake zijn van een formeel vastgelegde code of conduct, maar kan de directe aanwezigheid van de leiding op de werkvloer hiervoor een compenserende factor zijn.

Stel dat fietsenfabriek Cycle Luxe ten aanzien van het productieproces de volgende doelen heeft:
- *produceren van een zeer hoge kwaliteit fietsen met een uitvalpercentage van 5%*
- *produceren van deze fietsen tegen aanvaardbare kosten*

De invulling van de control environment voor Cycle Luxe kan er dan uitzien als in tabel 4.4 is afgebeeld.

TABEL 4.4 Control environment voor Cycle Luxe

	Hoge kwaliteit	**Aanvaardbare kosten**
Control environment	• Kwaliteitsbewustzijn bij de medewerkers en ook door de leiding onderschreven in de missie. • Alle medewerkers hebben een relevante technische opleiding en zijn geselecteerd op het precies kunnen werken. • Trainingsbehoefte wordt jaarlijks vastgesteld door middel van persoonlijke ontwikkelplannen. • Medewerkers die fietsen assembleren zonder uitval of garantieclaims krijgen extra beloning.	• Binnen de fietsenfabriek is een samenhangend stelsel van kostenbegrotingen en rapportages over gemaakte kosten. • De leiding is zelf kostenbewust. Dit blijkt uit voorbeeldgedrag ten aanzien van bijvoorbeeld eigen vervoer, lunches etc.

4.2.2 Risk assessment

Uit welke stappen bestaat het risk assessment proces?

Bij risk assessment gaat het om het op een systematische wijze identificeren en beoordelen van de risico's ten aanzien van de te bereiken doelen. Merk op dat de risico's dus afhankelijk zijn van de gekozen doelen. Deze doelen, en daarmee de risico's, kunnen per organisatie en proces sterk verschillen. In de praktijk wordt het COSO-model veel gebruikt om risico's te beheersen ten aanzien van de betrouwbaarheid van de financiële verslaggeving, maar dat is dus slechts één categorie doelen van het model. Het onderkennen en analyseren van risico's is een proces op zichzelf.

Risk assessment

Bij risk assessment behandelt het internal control framework:
- het stellen van doelen ten aanzien van effectiviteit en efficiëntie van de bedrijfsprocessen, het houden aan wet- en regelgeving, betrouwbaarheid van financiële verslaggeving
- het identificeren van de risico's ten aanzien van de doelen
- het schatten van de omvang van het risico's (meestal in geldeenheden)
- het schatten van de kans dat de risicovolle gebeurtenis zich voordoet
- het overwegen van de noodzakelijke beheersingsactiviteiten. Grote risico's met een hoge kans op voorkomen vragen veel aandacht, kleine risico's met een kleine kans op voorkomen vragen weinig aandacht.

Veranderende omstandigheden kunnen het noodzakelijk maken om de risicobeoordeling opnieuw te laten plaatsvinden. Voorbeelden van dergelijke omstandigheden zijn:
- nieuw personeel
- nieuwe technologie
- snelle groei
- nieuwe producten
- reorganisaties
- activiteiten in het buitenland

De invulling van risk assessment voor het productieproces van de fietsenfabriek Cycle Luxe zou er als volgt uit kunnen zien. Het management (Piet en Hans) analyseert en beoordeelt regelmatig de risico's die de fietsenfabriek loopt ten aanzien van het productieproces. Op basis van deze systematische beoordeling en analyse zijn de risico's in tabel 4.5 vastgelegd die door middel van beheersingsactiviteiten gereduceerd moeten worden.

TABEL 4.5 Risk assessment voor Cycle Luxe

	Doel: hoge kwaliteit	**Doel: aanvaardbare kosten**
Risk assessment	• Slecht ontwerp • Inferieure materialen • Slecht gereedschap • Hoge werkdruk	Inefficiënt produceren (te veel uren per fiets) als gevolg van: • uitval van machines • niet-optimale planning • vakantie en ziekte

Merk op dat een aantal van de onderkende risico's ten aanzien van het productieproces gerelateerd zijn aan andere processen.

4.2.3 Control activities

Welke control activities (beheersingsactiviteiten) zijn er?

Control activities

Beheersingsactiviteiten (control activities) worden getroffen om de onderkende risico's af te dekken. Ze kunnen in veel verschillende vormen voorkomen. Het COSO Internal Control Framework behandelt de volgende voorbeelden van beheersingsactiviteiten:

- *Top level reviews.* Dit omvat het uitvoeren van een cijferbeoordeling door de leiding, waarbij bijvoorbeeld de werkelijke cijfers met de begrote cijfers vergeleken worden.
- *Direct functional or activity management.* Hier valt het dagelijkse toezicht onder dat het management uitvoert op de activiteiten van anderen.
- *Information processing.* Hieronder vallen de beheersingsmaatregelen die gericht zijn op de juiste en volledige verwerking van gegevens tot informatie. Deze hangen samen met de general en application controls die in deel 5 van dit boek behandeld worden.
- *Physical controls.* Dit omvat het veilig bewaren van voorraden en andere waarden en deze regelmatig inventariseren.
- *Performance indicators.* Het gebruik van prestatie-indicatoren. Wanneer bijvoorbeeld de werkelijke omloopsnelheid van een voorraad onder een bepaalde grens komt, is dat het signaal dat er actie moet worden ondernomen.

Opvallend in de voorbeelden is de belangrijke plaats van cijferbeoordeling door de leiding en het dagelijks toezicht door het management. De structuur van preventieve en repressieve maatregelen van interne controle (zie deel 2 van dit boek), die zo typerend is voor de Nederlandse theorie, zie je bij het COSO-model dus niet expliciet terug.
In kleinere organisaties zijn vaak minder geformaliseerde beheersingsmaatregelen te onderscheiden dan in grote organisaties. Een compenserende factor is immers de directe aanwezigheid van de directie op de werkvloer.

Voor de beheersing ten aanzien van het risico van te hoge productiekosten zie je in tabel 4.6 voorbeelden van beheersingsactiviteiten.

TABEL 4.6 Control activities voor Cycle Luxe

Control activities	Risico: te hoge productiekosten
Top level reviews	Beoordeling van de werkelijke productiekosten per afdeling in relatie tot de toegestane kosten
Direct functional or activity management	Toezicht door de productiehoofden op efficiënt werken
Information processing	Bijvoorbeeld: • de logische toegangsbeveiliging tot het productieorderbestand • aansluitingen tussen de productieadministratie en de voorraad gereed product, rekening houdend met uitval
Physical controls	Het bewaren van kostbare versnellingsnaven in een gesloten magazijn en deze maandelijks inventariseren
Performance indicators	Werkelijk uitvalpercentage in vergelijking met normaal uitvalpercentage

FIGUUR 4.7 Geproduceerde fietsen worden steekproefsgewijs door TNO getest

4.2.4 Information and communication

Wat is informatie?

Information and communication

Kijkend naar figuur 4.3 van het COSO-model valt op dat information and communication geen aparte laag is, maar een stroom langs en door de lagen heen. Dit komt omdat informatie en communicatie over alle lagen van het COSO-model van belang is voor het functioneren van een goed beheersingssysteem. Onder informatie verstaan we: 'datgene wat het bewustzijn van de mens bereikt, en bijdraagt tot zijn kennisbeeld'. Onder communicatie verstaan we: 'de overdracht van gegevens van de ene mens of machine naar de andere'. Zie Starreveld, Van Leeuwen en Van Nimwegen (2002).

Informatie
Binnen een organisatie heb je volgens COSO allerlei vormen van informatie. Zo heb je niet alleen interne informatie, maar ook externe informatie. En de informatieoverzichten binnen een organisatie zijn sterk verschillend, maar op elk niveau van de organisatie nodig voor beheersing. De directie ontvangt de periodieke managementrapportage. Het hoofd bedrijfsbureau ontvangt een overzicht met de afgesloten verkooporders. De magazijnmeester ontvangt een lijst met te ontvangen zendingen.
De kwaliteit van deze informatie is erg belangrijk. COSO Internal Control – Integrated Framework, Exposure Draft 2011, onderscheidt de volgende kwaliteitscriteria van informatie:

- sufficient (is er voldoende informatie op het juiste detailniveau beschikbaar)
- timely (informatie komt beschikbaar uit de informatiesystemen als daar behoefte aan is)
- current (informatie komt uit systemen die bij zijn)
- correct (de onderliggende informatie is correct en volledig)
- accessible (de informatie is eenvoudig te verkrijgen door medewerkers die daar behoefte aan hebben)
- protected (alleen medewerkers met de juiste bevoegdheid mogen de informatie lezen en bewerken)
- verifiable (informatie wordt ondersteunt door bronverwijzing)
- retained (informatie is beschikbaar gedurende een langere periode om nader onderzoek mogelijk te maken)

Wij vatten deze kwaliteitscriteria als volgt samen:
- *relevantie*: sufficient, timely, accessible, retained
- *betrouwbaarheid*: current, correct, protected, verifiable

In deel 2 behandelen we het onderwerp betrouwbaarheid van informatie. Voor het verstrekken van relevante en betrouwbare informatie is de betrouwbare en continue werking van het geautomatiseerde informatiesysteem van groot belang. Hierover gaat deel 5. Voor het bepalen van de periodieke managementinformatie is het tolmodel (zie figuur 4.8) en de toltypologie uiterst bruikbaar. In dit boek wordt het tolmodel en de daarbij behorende typologie behandeld in deel 3.

FIGUUR 4.8 Het tolmodel omvat de factoren die de managementinformatie bepalen

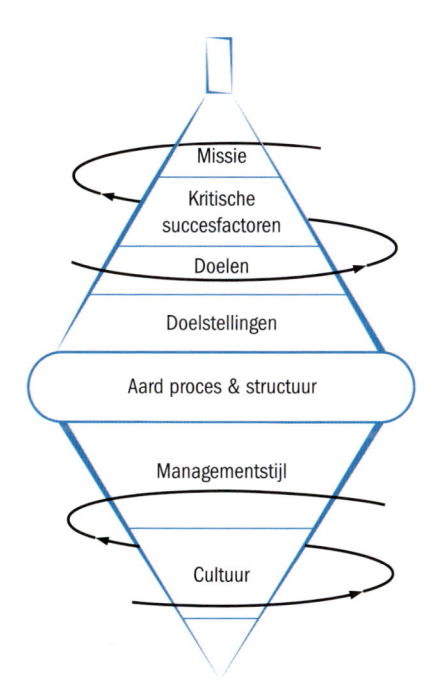

Communicatie

Behalve informatie is ook de kwaliteit van de communicatie bij COSO een essentieel element bij de interne beheersing van een organisatie. Communicatie dient niet alleen top-down plaats te vinden, maar ook bottom-up. Zaken die gecommuniceerd dienen te worden zijn bijvoorbeeld taken en verantwoordelijkheden, gedragsregels en doelstellingen van de organisatie. Het moet voor medewerkers ook mogelijk zijn om anoniem misstanden te communiceren (klokkenluidersregeling). De mate waarin het management open staat voor verbeteringen die vanaf de werkvloer aangedragen worden, is op lange termijn bepalend voor de intensiteit van de communicatie. Goede communicatie is een voorwaarde voor beheersing. De leiding moet helder naar anderen het belang van het beheersingssysteem communiceren. De medewerkers moeten in staat zijn om te communiceren met het management. Ook met klanten en andere externe stakeholders moet goed gecommuniceerd worden.

In kleinere organisaties is informatie en communicatie vaak minder formeel en gestructureerd dan in grote organisaties.

Voor de beheersing van het productieproces bij de fietsenfabriek Cycle Luxe kan de component 'informatie en communicatie' als volgt worden vormgegeven.
De productiemedewerkers worden tijdig door Piet de Vries en Hans de Boer op de hoogte gesteld van eventuele veranderingen in het productieproces en worden ook in staat gesteld om hun mening hierover te geven. Het wordt gewaardeerd als medewerkers met suggesties komen waardoor het productieproces kan worden verbeterd.
Ten aanzien van het productieproces ontvangt het management wekelijks van de administratie de informatie in tabel 4.9.

TABEL 4.9 Informatie bij Cycle Luxe

	Hoge kwaliteit	**Aanvaardbare kosten**

Informatie	• Werkelijk percentage uitval in relatie tot begroting
	• Percentage garantieclaim van de afzet
	• Percentage afgekeurd materiaal
	• Storingstijd
	• Percentage overuren
		• Onderhoudsrapporten van de machines
		• Voortgang trainingsplan
		• Ziektepercentage
		• Vakantieplanning
		• Per afdeling:
		  – efficiencyresultaten
		  – bezettingsresulaten
		  – uitvalresultaat
		  – afvalresultaat

4.2.5 Monitoring

Wat is monitoring?

Monitoring

Monitoring is het toezicht houden op de goede werking van het interne beheersingssysteem. De invulling die er in de praktijk gegeven wordt aan monitoring volgens COSO, is vooral het controleren of de beheersingsmaatregelen nageleefd worden.

In tabel 4.10 vind je voorbeelden van deze vorm van monitoring bij Cycle Luxe.

TABEL 4.10 Monitoringactiviteiten gericht op de naleving van beheersingsactiviteiten bij Cycle Luxe

Control activity	Monitoringactiviteiten gericht op de naleving
Inventarisatieprocedure	Controleren of de wijze van inventariseren en het aantal malen dat geïnventariseerd is, overeenkomt met de voorschriften vanuit het interne beheersingssysteem
Factuurcontrole	Controleren of de facturen inderdaad gecontroleerd worden zoals is voorgeschreven
Nacalculatie en verschillenanalyse	Controleren of de nacalculatie en verschillenanalyse inderdaad wordt uitgevoerd zoals voorgeschreven
Offerteprocedure	Controleren of de offertes inderdaad zijn aangevraagd zoals voorgeschreven

In het COSO Internal Control Framework worden hierop echter twee belangrijke aanvullingen gegeven. De eerste aanvulling is dat monitoring zich niet beperkt tot de controle op de naleving van de beheersingsactiviteiten (zoals in tabel 4.10 omschreven), maar zich ook richt op de vraag in hoeverre het interne beheersingssysteem nog in opzet toereikend is om de gegeven doelstelling te bereiken. De tweede aanvulling is dat monitoring niet alleen beperkt blijft tot separate evaluations.

In tabel 4.11 vind je voorbeelden van monitoringactiviteiten voor Cycle Luxe die zich richten op de opzet van het interne beheersingssysteem. Uiteraard kan het niet naleven van een beheersingsmaatregel betekenen dat de opzet van het interne beheersingssysteem niet goed meer is. Je kunt dus naleving en opzet tegelijkertijd beoordelen.

TABEL 4.11 Monitoringactiviteiten gericht op de opzet van het interne beheersingssysteem bij Cycle Luxe

Control activity	Monitoringactiviteiten gericht op de opzet van het interne beheersingssysteem
Inventarisatieprocedure	Beoordelen of de wijze van inventariseren (bijvoorbeeld integraal) nog volstaat gegeven de grootte van de voorraadverschillen en de waarde van de voorraad in het kader van safeguarding of assets
Factuurcontrole	Beoordelen of de wijze waarop facturen volgens voorschriften gecontroleerd moeten worden, toereikend is in het kader van de betrouwbaarheid van de inkoopkosten
Nacalculatie en verschillenanalyse	Beoordelen of de wijze van nacalculatie en verschillenanalyse zoals die zijn voorgeschreven, toereikend is in het kader van de betrouwbaarheid van de productiekosten
Offerteprocedure	Beoordelen of de offerteprocedure zoals die voorgeschreven is, nog toereikend is in het kader van de betrouwbaarheid van de inkoopkosten

Welke soorten van monitoring onderscheidt COSO?

Zoals gezegd maakt het COSO Internal Control Framework een onderscheid tussen twee vormen van monitoring:
- *Ongoing monitoring.* Dit zijn de dagelijkse activiteiten waarmee toezicht gehouden wordt op de effectieve werking van het interne beheersingssysteem.
- *Separate evaluations.* Dit zijn de afzonderlijke evaluaties van het interne beheersingssysteem zoals die uitgevoerd kunnen worden door bijvoorbeeld het hoofd Administratie, de controller of de interne accountantsdienst.

Ongoing monitoring

Ongoing monitoring

Het COSO Internal Control Framework geeft voorbeelden van ongoing monitoring.

Door het uitvoeren van leidinggevende activiteiten krijgt het management een indruk van de effectiviteit van het interne beheersingssysteem. Wanneer bijvoorbeeld de verkoopmanager een omzetrapport krijgt waarin volgens hem de omzet veel te laag is, zal hij aan de bel trekken omdat hij aan de betrouwbaarheid van het rapportagesysteem twijfelt.

Berichten van externe partijen kunnen interne informatie aangaande beheersingsproblemen bevestigen. Bijvoorbeeld klanten die niet betalen omdat er problemen met het factureringsproces zijn.

Door het invoeren van functiescheiding en het houden van toezicht kunnen tekortkomingen in het beheersingssysteem gesignaleerd worden.

Separate evaluations

Separate evaluations

De afzonderlijke evaluaties (separate evaluations) richten zich rechtstreeks op de effectiviteit van het interne beheersingssysteem. Degene die de evaluatie uitvoert, kijkt of het interne beheersingssysteem nog wel effectief is ten aanzien van het gestelde doel (zie ook deel 6 van dit boek). De controller kan, wanneer hij de effectiviteit van het interne beheersingssysteem ten aanzien van de betrouwbaarheid van de financiële verslaggeving over de voorraad wil vaststellen, bijvoorbeeld controleren of er inderdaad geïnventariseerd is zoals de vastgestelde control activities verlangen.
In kleinere organisaties zal monitoring vaak minder formeel van aard zijn dan in grotere organisaties als gevolg van de directe betrokkenheid van de leiding.

Bij Cycle Luxe zijn ten aanzien van het productieproces vormen van monitoring te onderkennen als afgebeeld in tabel 4.12.

TABEL 4.12 Ongoing en separate monitoring activities bij Cycle Luxe

Monitoringactiviteiten t.a.v. kwaliteitsbeheersingssysteem	Voorbeelden
Ongoing	• De beoordeling van het zeer regelmatig gerapporteerde uitvalpercentage door het hoofd productie op basis van zijn kennis van de productieactiviteiten. Wanneer hij twijfelt aan de rapportage zal hij aan de bel trekken. Hiermee houdt hij toezicht op de werking van het kwaliteitsbeheersingssysteem. • Klachten van klanten over de kwaliteit van de fietsen kunnen de indruk bevestigen dat het kwaliteitsbeheersingssysteem niet effectief is.
Separate evaluations	• Jaarlijks vaststellen door de controller dat er kwaliteitskeuring heeft plaatsgevonden zoals in de voorschriften is bepaald. • Jaarlijks evalueren van de gebruikte kwaliteitsnormen door de controller in overleg met het bedrijfsbureau en hoofd productie.

4.3 COSO enterprise risk management – integrated framework

Waarin verschilt COSO ERM van het eerste COSO-rapport?

In 2004 kwam de COSO-organisatie met een tweede rapport. Het tweede model (zie figuur 4.13) staat bekend als hét risicomanagementmodel van de COSO-organisatie. De belangrijkste punten waarin het COSO ERMF-model verschilt van het in 1992 verschenen model zijn:
- Uitbreiding van de categorieën doelen met de categorie 'strategisch'.
- Het uitsplitsen van de component risk assessment in de componenten objective setting, event identification, risk assessment en risk response.
- Ook bij de andere componenten ligt de focus op risicomanagement.

COSO ERMF-model

De volgende definitie van risicomanagement wordt gehanteerd:

Risicomanagement

> 'Enterprise risk management is a process, effected by an entity's board of directors, management and other personnel, applied in strategy setting and across the enterprise. It is designed to identify potential events that may affect the entity, and manage risk to be within the entity's risk appetite, to provide reasonable assurance regarding the achievement of entity objectives.'

FIGUUR 4.13 Het COSO enterprise risk management framework

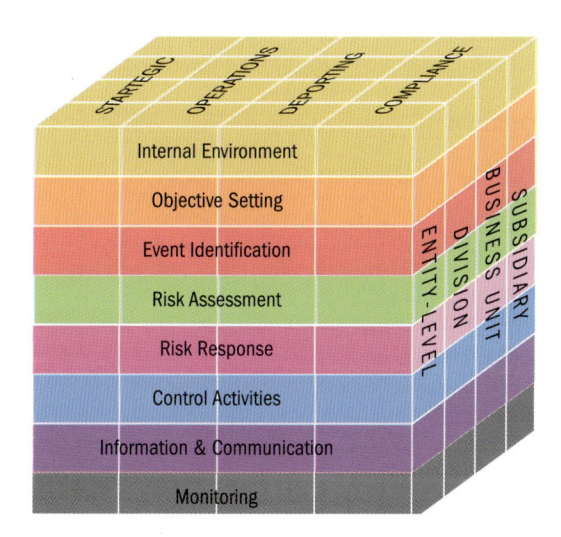

Welke componenten omvat het COSO ERMF?

In figuur 4.13 is het Enterprise risk management-model weergegeven. Het geeft achtereenvolgens de acht componenten weer waaruit het risicomanagementproces bestaat, de doelen waarop risicomanagement zich kan richten en het niveau in de organisatie waarop risicomanagement zich kan

richten. De acht onderling samenhangende componenten van het risicomanagementmodel zijn:
1 internal environment
2 objective setting
3 event identification
4 risk assessment
5 risk response
6 control activities
7 information & communication
8 monitoring

De risico's die beheerst moeten worden liggen op vier terreinen (bovenkant kubus):
- strategisch
- operationeel
- verslaggeving
- wet- en regelgeving

Merk op dat het risicomanagementmodel zich dus zowel op strategische en operationele als op risico's op het gebied van het rapportagesysteem richt, alsmede op hun onderlinge relatie. Daarnaast moeten organisaties voldoen aan wetten en regels. Dit laatste wordt ook wel aangeduid met de term compliance.
Aan de zijkant van de kubus valt te zien dat risicobeheersing op verschillende niveaus binnen de organisatie plaats kan vinden. Van holding niveau tot vestigingsniveau.
Hieronder worden de acht componenten waaruit het model bestaat kort besproken. De acht componenten vormen een verdieping en verbreding van het Internal Control Framework met de focus op risicomanagement.

4.3.1 Internal environment

Welke onderdelen heeft de internal environment van COSO ERMF?

Internal environment

Internal environment is voor een groot gedeelte te vergelijken met de control environment uit het eerste COSO-model, alleen is het nu expliciet op risicobeheersing gericht. De internal environment bestaat uit de volgende onderdelen:
1 *Risk management philosophy*. Dit zijn de algemene waarden en normen binnen een organisatie hoe met risico's omgegaan moet worden, variërend van strategiebepaling tot operationele activiteiten.
2 *Risk appetite*. Dit is de hoeveelheid risico die een organisatie bereid is te lopen, variërend van laag, gemiddeld tot hoog.
3 *Kwaliteit van toezicht door bijvoorbeeld een raad van commissarissen.* Heel algemeen gesteld is de kwaliteit van het toezicht door de raad van commissarissen mede bepalend voor de vraag of er wel of niet verantwoord met risico's wordt omgegaan.
4 *Integriteit en waarden en normen.* De leiding heeft uiteraard een voorbeeldfunctie bij het uitdragen van de waarden en normen. Beloningsstructuren kunnen soms ongewenst ethisch handelen zoals boekhoudfraude in de hand werken. Een code of conduct is belangrijk, maar er dient wel voor gezorgd te worden dat alle medewerkers zich ook gedragen zoals de code of conduct vereist.

5 *Commitment to competence*. Het management dient er zorg voor te dragen dat de mensen met de juiste training, ervaring en houding op de plek binnen de organisatie komen te zitten die bij hen past.
6 *Organisatiestructuur*. De organisatiestructuur moet passen bij de doelstellingen van de organisatie en effectief risicomanagement niet beletten.
7 *Delegatie van bevoegdheden en verantwoordelijkheden*. Vergaande delegatie kan weliswaar de betrokkenheid en reactiesnelheid op lagere niveaus vergroten, maar kan ook leiden tot risico's als gevolg van eigenmachtig handelen in strijd met centraal bepaalde doelstellingen.
8 *Human resource standards*. Wat voor soort mensen worden er geworven gelet op houding, opleiding en ervaring? Worden er nog aanvullende opleidingen aangeboden? Hoe is de beloningsstructuur? Dit zijn allemaal factoren die effectief risicomanagement kunnen versterken of verzwakken.

Er kan niet genoeg benadrukt worden hoe belangrijk de invulling van de interne omgeving voor effectief risicomanagement is. Effectief risicomanagement kan slechts plaatsvinden indien er een match is tussen de interne omgeving en de overige elementen van het risicomanagementproces. De kwaliteit van de interne omgeving kan het systeem van risicobeheersing aldus verzwakken of versterken.

Wanneer je nog even het voorbeeld van de fietsenfabriek Cycle Luxe in herinnering roept, dan zou ten opzichte van de bij de Internal Control Framework behandelde beheersingsomgeving, nog extra aandacht geschonken kunnen worden aan het risicoaspect. Zo zou je bijvoorbeeld na een analyse tot de conclusie kunnen komen dat de behoefte om risico's te lopen onder de oud-directeur Jan Klein zeer gering was en nu onder leiding van het nieuwe managementteam (Piet en Hans) gemiddeld. Piet en Hans hebben het voornemen meer verantwoordelijkheden en bevoegdheden te delegeren aan hun medewerkers.

4.3.2 Objective setting

Welke typen doelen worden in het objective setting-proces door COSO ERMF onderkend?

Objective setting gaat over de wijze waarop de organisatie doelstellingen formuleert. Het Enterprise Risk Management Framework maakt een onderscheid naar doelen op het vlak van de volgende categorieën:
- strategische doelen
- operationele doelen op het gebied van efficiency en effectiviteit van de bedrijfsprocessen
- doelen met betrekking tot de betrouwbaarheid van de rapportages, zowel de financiële als de niet-financiële
- doelen met betrekking tot het zich houden aan wet- en regelgeving

In vergelijking met het eerder besproken Internal Control Framework zijn de doelstellingen grotendeels gelijk, behalve dat er één categorie is bijgekomen namelijk 'strategische doelstellingen', en dat het doel van de betrouwbaarheid van de rapportages zich niet alleen beperkt tot de financiële, maar nu ook de betrouwbaarheid van de niet-financiële rapportages omvat.
Voor het beoordelen van de kwaliteit van het proces van doelstellingen formuleren (objective setting) voor een organisatie kunnen de volgende vragen gesteld worden:

Objective setting

- Is er binnen de organisatie sprake van een formele vastlegging van doelen of zitten deze met name in het hoofd?
- Zijn de doelen gekwantificeerd in meetbare doelstellingen? Bijvoorbeeld: doel 'hoge kwaliteit van het fietsenproductieproces' met als gekwantificeerde doelstelling maximaal 2 procent uitval gedurende het productieproces van de fietsen.
- Zijn de doelstellingen realistisch en haalbaar?
- Worden doelstellingen hoofdzakelijk bepaald door het topmanagement of wordt er ook gebruikgemaakt van de input van andere medewerkers?

Voor het voorbeeld van de fietsenfabriek zou dit betekenen dat ten opzichte van het Internal Control Framework aandacht geschonken moet worden aan het strategieformuleringsproces. Onder leiding van Jan Klein was er geen sprake van een expliciete strategie, maar was deze impliciet in zijn hoofd aanwezig. Van de nieuwe directie mag verwacht worden dat zij zich expliciet bezighouden met strategieformulering. In dit opzicht zouden Hans en Piet bijvoorbeeld heel goed tot de conclusie kunnen komen dat de fietsenfabriek door zich vooral te richten op de productie van luxe fietsen, kiest voor een focusstrategie.

4.3.3 Event Identification

Wat is het event identification-proces?

Event identification

Na het bepalen van de doelstellingen, is het noodzakelijk om de gebeurtenissen (events) in kaart te brengen die het realiseren van de doelstellingen kunnen beïnvloeden. Gebeurtenissen kunnen een positieve dan wel een negatieve invloed uitoefenen. In het geval van een positieve invloed spreekt men van kansen. In het geval van een negatieve invloed spreekt men van risico's. Om al deze gebeurtenissen in kaart te kunnen brengen is het noodzakelijk dat de interne en externe omgeving in de volle breedte wordt verkend (event identification).

Denk bij de externe omgeving bijvoorbeeld aan de volgende categorieën gebeurtenissen:
- economische gebeurtenissen als inflatie, veranderende invoerrechten en ontwikkeling van aandelenkoersen
- natuur- en weersinvloeden, met gebeurtenissen als aardbevingen en droogte
- sociale invloeden als vergrijzing
- technologische uitvindingen met nieuwe ontwikkelingen in de markt op het vlak van informatietechnologie

Denk bij de interne omgeving bijvoorbeeld aan de volgende categorieën gebeurtenissen:
- op het gebied van de infrastructuur, met als voorbeeld het uitvoeren van onderhoud
- op het gebied van personeel, met als voorbeeld bedrijfsongevallen en fraude door het personeel
- op het gebied van de bedrijfsprocessen, met als voorbeeld inefficiënte productieprocessen of het gebruik van slecht materiaal
- op het gebied van technologie, met als voorbeeld uitval van stroomvoorzieningen

Voor het beoordelen van de kwaliteit van 'event identication' door een organisatie zijn de volgende vragen relevant:

- Is het management zich bewust van gebeurtenissen die het realiseren van doelstellingen kunnen beïnvloeden?
- Worden gebeurtenissen regelmatig en gestructureerd in kaart gebracht en vastgelegd?
- Maakt de organisatie onderscheid tussen gebeurtenissen met een negatieve impact (risico's) en gebeurtenissen met een positieve impact (kansen)?

Voor de fietsenfabriek zijn, toen Jan Klein directeur was, gebeurtenissen nooit op een systematische wijze geïnventariseerd. Jan hield niet van doemdenkers en dromers. Hij stond met beide benen op de grond. Hans had in het verleden, toen hij een paper schreef voor het vak risicomanagement, wel eens de risico's voor Cycle Luxe geïdentificeerd. Hij kwam toen op wel meer dan honderd risico's. Hieronder staan er een aantal:
- *slecht ontwerp*
- *slechte kwaliteit van de productie*
- *slechte kwaliteit van onderdelen uit China*
- *uitval productie door brand*

4.3.4 Risk assessment

Hoe verloopt risk assessment?

Na de mogelijke gebeurtenissen in kaart te hebben gebracht die het realiseren van de doelstellingen kunnen beïnvloeden, dient de omvang van het risico te worden ingeschat. Hiervoor worden in het Enterprise Risk Management Framework negatieve gebeurtenissen (bedreigingen) gewaardeerd door hieraan een kans en een financiële impact te koppelen. Hoewel deze wijze van berekenen weliswaar theoretisch juist is, stuit hij in de praktijk op een aantal bezwaren:
- Het inschatten van de kans op een bedreiging is in de praktijk lastig.
- Niet alle gebeurtenissen zijn vooraf bekend (niets is zo moeilijk als voorspellen, vooral als het over de toekomst gaat).
- Beslissers zijn vaak niet risiconeutraal, maar eerder risicoavers. De beslisser blijkt over het algemeen liever minder risico te willen lopen met een lagere verwachte beloning, dan meer risico met een hogere verwachte beloning.

Voor het beoordelen van de kwaliteit van het 'risk assessment'-proces van een organisatie, zijn de volgende vragen relevant:
- Wordt de verwachte waarde van kansen en gebeurtenissen daadwerkelijk gekwantificeerd of blijft het meer een verbale onderbouwing?
- Wordt de inschatting later geëvalueerd aan de hand van de werkelijke uitkomst?

Bij Cycle Luxe zijn de risico's in tabel 4.14 beoordeeld op kans en impact:

TABEL 4.14 Risk assessment Cycle Luxe

Risico	Kans	Impact
• Slecht ontwerp	• Gemiddeld	• Gemiddeld
• Slechte kwaliteit van de productie	• Gemiddeld	• Gemiddeld
• Slechte kwaliteit van onderdelen afkomstig uit China	• Hoog	• Hoog
• Uitval van de productie door brand	• Laag	• Hoog

4.3.5 Risk response

Vanuit de risk assessment is bekend wat de kans en impact zijn die bij de negatieve gebeurtenissen horen. Grafisch kan dit worden weergegeven door de kans en de impact in een assenstelsel tegenover elkaar te zetten. Een veel gebruikte voorstelling omtrent het verband tussen kans en impact zie je in figuur 4.15. Tevens zie je daar hoe de organisatie reageert op de risico's (risk response), afhankelijk van kans en impact.

Risk response

FIGUUR 4.15 Risk response is afhankelijk van kans en impact

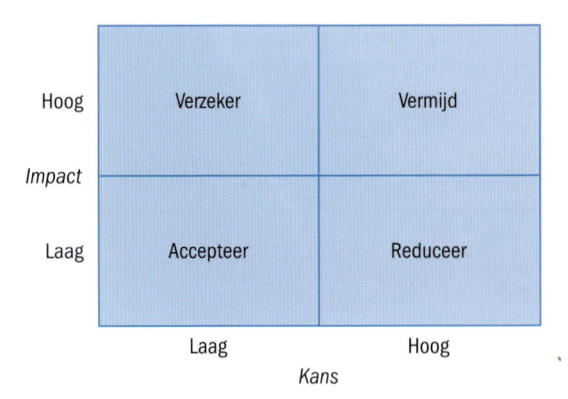

Impact	Laag (Kans)	Hoog (Kans)
Hoog	Verzeker	Vermijd
Laag	Accepteer	Reduceer

De risk appetite vanuit de internal environment bepaalt welk niveau van risico nog wel acceptabel is en welke niet.

Welke reacties zijn er mogelijk op de onderkende risico's?

Figuur 4.15 laat zien welke vier reacties er mogelijk zijn op de gemaakte risico-inschatting:

1 *Accepteer (accept).* Het risico wordt geaccepteerd. Dit type reactie op het risico is logisch wanneer de kans klein en de impact laag is. De kosten van een beheersingsactiviteit overstijgen dan snel het nut. Het is een risico dat de leiding wil nemen conform de bij de internal environment bepaalde risk appetite. In de figuur is dit het gebied linksonder.
2 *Verzeker (share).* Het risico wordt bij een derde verzekerd. Hoewel de impact zo groot is dat er iets moet gebeuren, is de kans dat de gebeurtenis zich voordoet laag, dus is verzekeren vaak de beste oplossing. Denk bijvoorbeeld aan een brandverzekering als goedkoper alternatief voor het zelf hebben van een eigen brandweer. Het is een risico dat na verzekeren valt binnen de bepaalde risk appetite. In figuur 4.15 is dit het gebied linksboven.
3 *Reduceer (reduce).* Het risico wordt gereduceerd tot aanvaardbare proporties door middel van het uitvoeren van een beheersingsactiviteit (ook wel aangeduid als control activity, zie hiervoor). Het risico komt zo vaak voor, dat de baten van het uitvoeren van de beheersingsactiviteiten opwegen tegen de kosten. De impact is niet zo hoog dat een absolute reductie van het risico tot nul noodzakelijk is. Het is een risico dat door het uitvoeren van de beheersingsactiviteiten valt binnen de risk appetite. In figuur 4.15 is dit het gebied rechtsonder.
4 *Vermijd (avoid).* De organisatie besluit om dit risico niet te lopen gegeven de grote kans en de hoge impact, bijvoorbeeld door niet langer door te

gaan met investeren in een oorlogsgebied. De kans op verlies van alle activa door bijvoorbeeld bombardementen is groot en de impact is hoog. Het risico laat zich niet bij een derde onderbrengen (verzeker), noch zelf reduceren. Het is een risico dat buiten de grenzen van het aanvaardbare valt op basis van de veronderstelde risk appetite. In figuur 4.15 is dit het gebied rechtsboven.

Hans nam in zijn paper over het risicomanagement van Cycle Luxe ook een overzicht op waarin hij de vastgestelde risico's combineerde met de risicorespons, zie tabel 4.16. Ten aanzien van de door hem onderkende risico's van Cycle Luxe stelde hij de volgende beheersingsmaatregelen voor.

TABEL 4.16 Mogelijke risk responses bij Cycle Luxe

Risico	Actie (respons)
• Slecht ontwerp	• Reduceren door beheersingsactiviteiten
• Slechte kwaliteit van de productie	• Reduceren door beheersingsactiviteiten
• Slechte kwaliteit van onderdelen afkomstig uit China	• Vermijd dit risico door geen onderdelen uit China, maar uit een ander land te gebruiken
• Uitval van de productie door brand	• Verzeker dit risico door het afsluiten van een brandverzekering

FIGUUR 4.17 Brand komt als het goed is niet vaak voor, maar de gevolgen zijn groot: dus verzekeren!

4.3.6 Control activities

Welke control activities onderkent COSO ERMF?

Indien het management kiest voor het reduceren van de risico's, dan zijn beheersingsmaatregelen nodig. De aard van de te treffen beheersingsmaatregelen is afhankelijk van de doelstelling en de aard van het risico en kan daarom zeer gevarieerd van inhoud zijn.
Voor de doelstelling 'kwaliteit van het productieproces' is slecht materiaal een risico dat kan leiden tot uitval. Dit risico kan gereduceerd worden door maatregelen, waaronder zorgvuldige leveranciersselectie en kwaliteitskeuring. Of deze maatregelen worden getroffen hangt af van de kans op en impact van het risico.

Voor de doelstelling 'betrouwbaarheid van informatie' is het ten onrechte afkeuren van fietsen een risico wat kan leiden tot een onvolledige omzetverantwoording. Om dit risico te reduceren kunnen maatregelen worden getroffen als functiescheiding tussen de productieafdeling en de keurmeester, en het leggen van een verband tussen de ongekeurde productie, de goedgekeurde productie en de uitval. Het Enterprise Risk Management Framework geeft als voorbeelden van de vele mogelijke beheersingsmaatregelen die kunnen worden getroffen op het vlak van betrouwbaarheid van informatie:

- top-level reviews, waaronder de analyse van het management van informatie over de werkelijkheid in relatie tot de begroting en de vorige periode
- directe beheersingsactiviteiten, zoals het controleren of een product aan de kwaliteitsnormen voldoet
- beheersingsmaatregelen gerelateerd aan de juistheid en volledigheid van de informatie voortkomend uit de transactiegegevens, bijvoorbeeld een invoercontrole- of kredietwaardigheidscheck bij acceptatie van een order
- beheersingsmaatregelen gericht op fysieke beveiliging van apparatuur, voorraden, geld etc.
- het stellen van prestatie-indicatoren en het analyseren van de afwijkingen tussen werkelijkheid en norm
- functiescheidingen

In deel 2 van dit boek behandelen wij de beheersingsmaatregelen die kunnen worden genomen om de betrouwbaarheid van de informatie te waarborgen.
In het COSO Enterprise Risk Management Framework worden de beheersingsmaatregelen om risico's te reduceren die gerelateerd zijn aan informatiesystemen apart behandeld. Dit model maakt net als het Internal Control – Integrated Framework het onderscheid tussen general en application controls. In deel 2 van dit boek besteden wij apart aandacht aan de beheersmaatregelen rond automatisering.

Voor de risico's die de fietsenfabriek Cycle Luxe wil reduceren, zijn de beheersingsactiviteiten al genoemd bij het Internal Control Framework in subparagraaf 4.2.3.

4.3.7 Information & communication

Informatie speelt een belangrijke rol bij risicobeheersing. Door informatie kunnen risico's geïdentificeerd en beoordeeld worden. Goede communicatie over het belang van risicobeheersing door het management met het personeel is uiteraard belangrijk. Belangrijk is ook dat de communicatie binnen de organisatie zo open is dat medewerkers zonder gevaar voor positie misstanden kunnen melden. Zie ook subparagraaf 4.2.4.

Hoe de informatievoorziening en communicatie bij de fietsenfabriek Cycle Luxe ingericht kan worden, is reeds bij de bespreking van het Internal Control Framework behandeld. Aanvullend zou gezegd kunnen worden, dat de informatieset uitgebreid moet worden ten aanzien van risico's die toen nog niet onderkend waren.

4.3.8 Monitoring

Het borgen van het Enterprise Risk Management-systeem is noodzakelijk omdat omstandigheden, processen, doelstellingen en naleving van procedures aan verandering onderhevig zijn, waardoor het systeem niet meer past bij de feitelijke situatie en als gevolg daarvan geen effectieve bijdrage meer levert aan de beheersing van de risico's. Signalen dat aanpassing van het Enterprise Risk Management-systeem noodzakelijk is, kunnen voortkomen uit:
- ongoing monitoring
- separate evaluations

Zie ook subparagraaf 4.2.5.

Hans is van plan om de werking van het risicobeheersingssysteem van Cycle Luxe jaarlijks te laten evalueren met behulp van een externe adviseur.

4.4 Internal control over financial reporting – guidance for smaller public companies

Welke stappen omvat COSO Internal Control over Financial Reporting – Guidance for Smaller Public Companies?

In 2006 verscheen een COSO-rapport speciaal gericht op voor Amerikaanse begrippen kleinere ondernemingen, genaamd *Internal Control over Financial Reporting – Guidance for Smaller Public Companies* (zie figuur 4.18). Om volledig te zijn laten we dit COSO for Small Companies zien, maar blijft een uitgebreide bespreking in dit boek achterwege. Dit model richt zich specifiek op de betrouwbaarheid van de informatieverzorging en wel op de betrouwbaarheid van de jaarrekening.

COSO for Small Companies

De stappen (risk assessment, control environment, control activities, information & communication en monitoring) die in dit model worden doorlopen zijn alle op de betrouwbaarheid van de informatieverzorging gericht. Eerst moet je van de posten in de jaarrekening de doelen met betrekking tot financiële verslaggeving bepalen, en vervolgens richt je het beheersingsmodel in.

FIGUUR 4.18 Internal control over financial reporting – guidance for smaller public companies

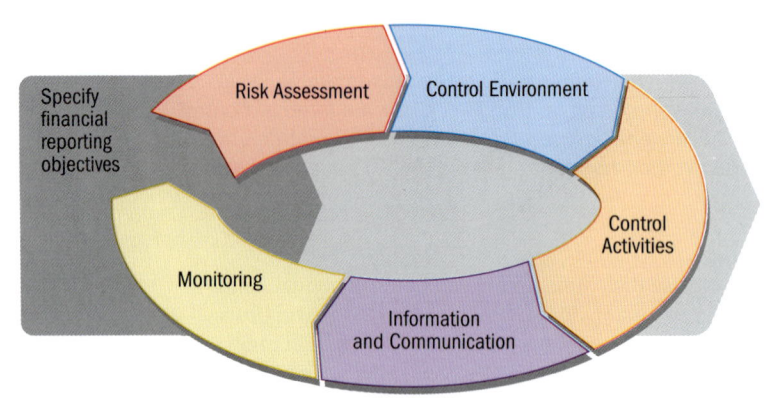

Specify financial reporting objectives

Risk Assessment
Control Environment
Control Activities
Information and Communication
Monitoring

Bron: http://www.moonshadow.be, 3-11-2011

Samenvatting

In hoofdstuk 4 zijn de drie COSO-modellen behandeld. Het eerste model, het COSO Internal Control Framework, bestaat uit de volgende componenten:
- control environment: de beheersomgeving
- risk assessment: het systematisch beoordelen van de risico's
- control activities: de beheersactiviteiten
- information and communication
- monitoring: het bewaken van de werking van de interne beheersing

Later heeft de COSO-organisatie nog het Enterprise Risk Management Framework en het Internal Control over Financial Reporting – Guidance for Smaller Public Companies uitgebracht. Het Enterprise Risk Management Framework is vooral gericht op risicomanagement. COSO for Smaller Public Companies richt zich op de beheersing van de betrouwbaarheid van het verslaggevingsproces.

5
Procesbeheersing volgens KAD

5.1 Opbouw KAD-model
5.2 Productmodule
5.3 Procesmodule
5.4 Structuurmodule
5.5 Gevolgen voor de informatiebehoefte
5.6 KAD-model in vergelijking met andere modellen

In dit hoofdstuk wordt het KAD-model behandeld. Je kunt lezen wat de inhoud van de drie modules is waaruit dit model bestaat, namelijk de product-, proces- en structuurmodule. Daarnaast leer je het model toe te passen.

5.1 Opbouw KAD-model

Hoe is het KAD-model opgebouwd?

Het KAD-model richt zich met name op de beheersing van operationele processen. KAD staat voor Kwaliteit Administratieve Dienstverlening. Dit model is speciaal ontwikkeld voor het beheersen van administratieve processen, maar is ook toepasbaar op de beheersing van de productie en andere processen. Het KAD-model bestaat uit drie modules:
1 de productmodule
2 de procesmodule
3 de structuurmodule

KAD-model

5.2 Productmodule

In de productmodule worden de kwaliteitskenmerken van het product vastgesteld. Het gaat dan niet alleen om interne eisen, maar vooral ook om klanteisen. De klanten van een verzekeringsbedrijf zullen het bijvoorbeeld

Productmodule

belangrijk vinden dat het administratieve product 'offerte' aan de volgende eisen voldoet:
- inhoudelijk juist: naam, adres, woonplaats, tarief, voorwaarden
- tijdigheid: bijvoorbeeld binnen een week

5.3 Procesmodule

Welke regelkringen onderkent de procesmodule van het KAD-model?

Nadat de aan het product te stellen eisen gedefinieerd zijn, is het nodig om de processen zo in te richten dat aan deze eisen kan worden voldaan. Dit gebeurt bij de methode KAD in de procesmodule. Eerst laten we zien uit welke regelkringen de procesmodule is opgebouwd (subparagraaf 5.3.1). Vervolgens bespreken we het verschil tussen een standaard- en maatwerkproces (subparagraaf 5.3.2).

5.3.1 De regelkringen

Procesmodule

De procesmodule bestaat uit een viertal regelkringen:
1. regeling invoer
2. doorvoerregeling vooruit
3. doorvoerregeling terug
4. regeling uitvoer

FIGUUR 5.1 Samenhang regelkringen bij procesmodule methode KAD

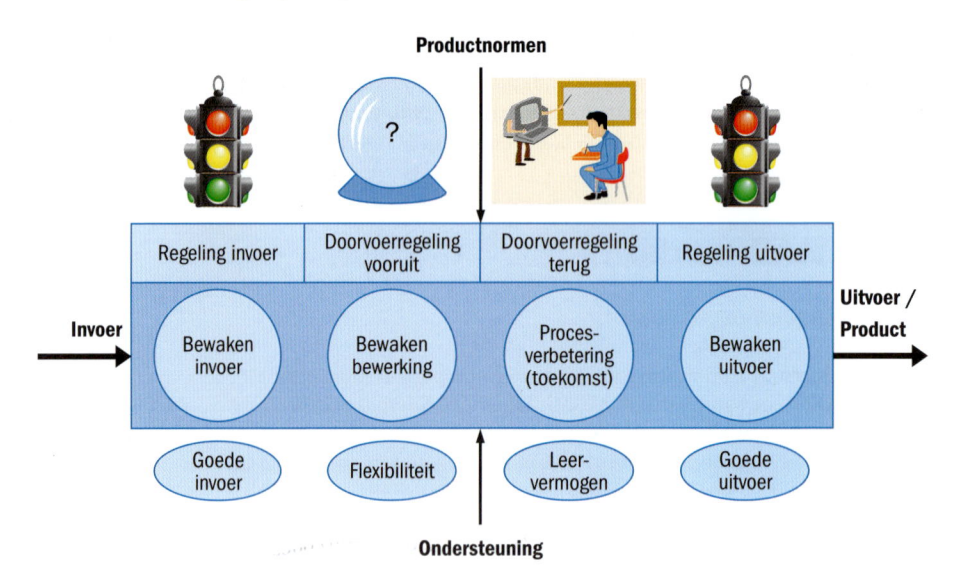

Ad 1 Regeling invoer (inputgeoriënteerde sturing)

Regeling invoer

Regeling invoer omvat die activiteiten die er in het proces zorg voor moeten dragen dat de invoer in de juiste hoeveelheid en kwaliteit wordt aangetrokken, zodat deze in het proces verwerkt kan worden. Deze regelkring richt zich op:
- het aantrekken van invoer en toetsen van de kwaliteit daarvan
- het blokkeren van de invoer die niet aan de gestelde kwaliteitseisen voldoet (zie stoplicht in figuur 5.1)
- het coderen van de invoer waardoor deze in het verwerkingsproces in behandeling kan worden genomen

Administratieve processen beginnen bijvoorbeeld vaak met het aanleveren van een formulier of het invullen van een invoerscherm. Indien de gegevens die hierop staan niet juist of volledig zijn, dan verstoort dit de verdere verwerking in het proces. Vaak leidt dit tot uitval. Dergelijke formulieren kunnen niet in behandeling worden genomen.

Ad 2 Doorvoerregeling vooruit (flexibiliteit)

Doorvoerregeling vooruit of flexibiliteit heeft betrekking op de mogelijkheden om de processtappen na de invoer aan te passen. Deze procesaanpassing kan zowel betrekking hebben op de capaciteit van het proces als de inhoud en volgorde van de processtappen. Bij de verzekeringsmaatschappij zou het bijvoorbeeld zo kunnen zijn dat er voor de zomervakantie een extra vraag is naar offertes voor reisverzekeringen. Door middel van bijvoorbeeld extra oproepkrachten kan dan tijdelijk de capaciteit van het offerteproces uitgebreid worden. Dit is een voorbeeld van flexibiliteit met betrekking tot de verwerkende capaciteit.

Doorvoerregeling vooruit

Een voorbeeld van de noodzaak van aanpassingen met betrekking tot inhoud en volgorde van de processtappen is het uitbrengen van arbeidsongeschiktheidsverzekeringen aan ondernemers. Het gaat hier immers om een complex proces waar verschillende specialisten voor geraadpleegd moeten worden, mede afhankelijk van de branche waarin de onderneming actief is. Zo kan de procesvolgorde en de inhoud van de stappen voor het uitbrengen van een offerte voor een arbeidsongeschiktheidsverzekering van geval tot geval verschillen.

Ad 3 Doorvoerregeling terug (feedback)

Doorvoerregeling terug heeft betrekking op de terugkoppeling over de werking van het (administratieve) proces zelf. Dit kan uitgelegd worden aan de hand van het offerteproces voor reisverzekeringen. Er wordt bijvoorbeeld wekelijks informatie verstrekt inzake het percentage offertes dat is uitgebracht binnen de gestelde tijdsnorm van vijf werkdagen. Indien de norm (95% van de offertes moet binnen vijf dagen uitgebracht worden) gehaald wordt, dan loopt het proces goed en zijn er geen verdere aanpassingen nodig. Indien de norm wordt overschreden, zal het proces opnieuw bekeken moeten worden om te kijken op welke wijze door herinrichting tijdswinst te behalen is. Zo bekeken heeft doorvoerregeling terug betrekking op het leervermogen van de organisatie.

Doorvoerregeling terug

Ad 4 Regeling uitvoer

Regeling uitvoer richt zich op:
- het toetsen van de kwaliteit van de uitvoer aan de in de productmodule bepaalde eisen; eventueel ontstane uitval als gevolg van deze toets kan opnieuw herbewerkt worden
- het blokkeren van uitvoer die niet aan de gestelde eisen voldoet
- het decoderen van de uitvoer waarbij bijvoorbeeld interne codes die voor de afnemer niet relevant zijn, worden verwijderd
- het doen gebruiken van uitvoer, bijvoorbeeld door het toevoegen van een gebruiksaanwijzing of het vermelden van een klachtenlijn

Regeling uitvoer

Het verzekeringsbedrijf heeft de regel dat elke offerte voor arbeidsongeschiktheid boven een bepaald bedrag door het hoofd van de commerciële afdeling en het hoofd van de verzekeringtechnische afdeling moet worden gecontroleerd. Tevens worden allerlei technische berekeningen verwijderd en wordt een aanbiedingsbrief toegevoegd waarin de verdere procedure en de gemaakte afspraken zijn opgenomen. De resulterende offerte is als gevolg hiervan getoetst op het risico dat de verzekeringsmaatschappij wil lopen en is voor de klant aantrekkelijk om te zien en inhoudelijk juist.

5.3.2 Onderscheid in standaard-, samengestelde en maatwerkprocessen

Wat is het verschil tussen standaard- en maatwerkprocessen?

De mogelijkheid om de diverse regelkringen te kunnen toepassen wordt bepaald door de aard van het proces. In dit verband worden drie soorten processen onderscheiden, te weten:
1 standaardproces
2 maatwerkproces
3 samengesteld proces

Standaardproces

Ad 1 Standaardproces
Een standaardproces kent een routinematige procesgang zonder keuzemomenten met als resultaat een eenvormig product. Regeling invoer is de belangrijkste regelkring voor de beheersing van gestandaardiseerde processen, aangevuld met doorvoerregeling terug. Immers, als de invoer voldoet aan de eisen (regeling invoer) zal het proces als een machine alle aangeboden invoer verwerken tot standaard uitvoer. Elke invoer doorloopt hetzelfde traject. Aanvullend kan het nodig zijn om de standaardprocesgang aan te passen als blijkt dat te veel standaardproducten niet aan de producteisen voldoen (doorvoerregeling terug).

Maatwerkproces

Ad 2 Maatwerkproces
Maatwerkprocessen leveren een grote verscheidenheid aan producten, waarbij in extreme gevallen de procesgang volledig wordt bepaald door de productspecificaties voor een specifieke klant. Doorvoerregeling vooruit en regeling uitvoer zijn de belangrijkste regelkringen voor de beheersing van maatwerkprocessen. Immers, het proces moet telkens aangepast worden aan de specifieke eisen van de klant (doorvoerregeling vooruit) of om de gewenste doorlooptijd te realiseren. Controle of het product voldoet aan de producteisen is elke keer van belang (regeling uitvoer).

Samengesteld proces

Ad 3 Samengesteld proces
Samengestelde processen leveren een beperkte verscheidenheid aan producten op, die tot stand komt als gevolg van enkele veelal vooraf bepaalde keuzemomenten in de procesgang. Regeling invoer en doorvoerregeling vooruit zijn de belangrijkste regelkringen voor de beheersing van samengestelde processen.

De belangrijkste verschillen tussen standaardprocessen, samengestelde processen en maatwerkprocessen zijn in tabel 5.2 weergegeven. Doordat de belangrijkste regelkring per procestype verschilt, krijgt ook de managementinformatie per procestype een andere invulling.

TABEL 5.2 Eigenschappen per procestype (Hartog e.a., 1992)

Proceskenmerk	Standaard	Samengesteld	Maatwerk
Invoer	Eenvormig, gestandaardiseerd	Variabel, binnen marges	Uniek, qua aard en aantal
Doorvoer	Gestandaardiseerd, geen variatie/flexibiliteit toekomstvast	Samengesteld, modulair, redelijk flexibel, verschillende routingsmogelijkheden	Maatwerk, zeer grote mate van flexibiliteit
Uitvoer	Eenvormig, gestandaardiseerd	Vooraf gedefinieerde mogelijkheden, differentiatie	Uniek
Beheersing	Routing vast, eenmalige vastlegging van proces, periodieke planning en control	Mengvorm van standaard- en maatwerkbeheersing	Planning, routing en bewaking voortgang per opdracht
Proces gestuurd door	Input	Input	Output
Belangrijkste regelkring	Regeling invoer	Regeling invoer én doorvoerregeling vooruit	Doorvoerregeling vooruit én regeling uitvoer

5.4 Structuurmodule

De kenmerken van het product en de eigenschappen van het proces hebben gevolgen voor de structuur van de organisatie. In het KAD-model wordt dit weergegeven in de (structuurmodule). De structuur van de organisatie moet aansluiten bij de productmodule en de procesmodule. Voor standaardprocessen geldt over het algemeen dat deze het meest efficiënt uitgevoerd kunnen worden door organisaties met een functionele structuur. Voor maatwerkprocessen is een dergelijke organisatiestructuur minder geschikt. Maatwerkprocessen vragen om meer flexibiliteit en kunnen beter uitgevoerd worden binnen een product- of klantgerichte structuur. De lezer wordt voor verdere studie ten aanzien van het structureringsprobleem verwezen naar literatuur over management en organisatie.

Structuurmodule

Een voorbeeld van de toepassing van het KAD-model bij Cycle Luxe kan er als volgt uitzien. Hans de Boer wil het productie- en ontwikkelproces optimaliseren met de methode KAD. Het productieproces is volgens hem een samengesteld proces. De fietsen voldoen namelijk aan standaard eisen, maar er worden veel verschillende types geproduceerd en er is ook sprake van een seizoenspatroon. Op basis van deze typering zou volgens Hans de nadruk moeten liggen op regeling invoer en doorvoerregeling vooruit (zie tabel 5.3). Natuurlijk is ook doorvoerregeling terug van belang.

TABEL 5.3 Toepassing methode KAD voor productieproces Cycle Luxe

Productieproces	Beheersingsmaatregelen
Regeling invoer	• Standaardkostprijs per type fiets • Vaststellen dat materialen voldoen aan standaard-kwaliteitseisen • Controleren instellingen machines
Doorvoerregeling vooruit	• Inzetten extra krachten tijdens hoogseizoen
Doorvoerregeling terug	• Productieresultaten en aanpassen van de uitvoering aan de hand van de maandelijkse bespreking in het productie MT

Het ontwikkelproces typeert Hans als maatwerk. Immers, geen ontwikkelproject is gelijk. De ontwikkelafdeling zal in overleg met de afdeling verkoop en de directie de eisen aan de te ontwikkelen fiets vaststellen. Het hoofd van de ontwikkelafdeling zal niet snel zeggen: 'Dit kunnen wij niet ontwerpen.' Er is dus nauwelijks sprake van Regeling invoer (zie tabel 5.4). Omdat elk project weer anders is, zullen ook de werkzaamheden per project verschillen. Doorvoerregeling vooruit is dus zeer belangrijk. Natuurlijk zullen de ontwikkelaars ook de uren en voortgang vastleggen ten aanzien van het ontwikkelproject. Op basis van deze registratie kan gecontroleerd worden of het project op schema loopt (doorvoerregeling terug). Het prototype van elke ontwikkelde fiets zal uitgebreid beoordeeld moeten worden op commerciële haalbaarheid en technische kwaliteit (regeling uitvoer).

TABEL 5.4 Toepassing methode KAD voor ontwikkelproces Cycle Luxe

Ontwikkelproces	Beheersingsmaatregelen
Doorvoerregeling vooruit	• Opstellen projectplanning • Toewijzen personeel o.b.v. kwalificaties
Doorvoerregeling terug	• Vastleggen werkelijke uren en voortgang • Rapportage over verschillen
Regeling uitvoer	• Testen door TNO • Voorleggen aan klantenpanel

5.5 Gevolgen voor de informatiebehoefte

De opzet van het beheersingssysteem volgens het KAD-model heeft gevolgen voor de informatiebehoefte. Het management wil natuurlijk weten of de processen inderdaad beheerst worden zoals gepland. Dit betekent dat je in ieder geval moet meten of producteisen zoals bepaald in de product-module gerealiseerd worden.

Stel, het verzekeringsbedrijf bepaalt dat offertes die uitgebracht worden aan de volgende eisen moeten voldoen:
- inhoudelijk juist: naam, adres, woonplaats, tarief, voorwaarden
- tijdigheid: bijvoorbeeld binnen een week

De leiding wil dan weten hoeveel procent van de uitgebrachte offertes inhoudelijk juist was en binnen een week uitgebracht.
Bovendien heeft de inrichting van de procesmodule gevolgen voor de informatiebehoefte. Indien het uitbrengen van offertes een standaardproces is, dan wil de leiding van het verzekeringsbedrijf weten in hoeverre de regeling invoer en de doorvoerregeling terug adequaat hebben gefunctioneerd. In deel 3, dat over relevante informatie gaat, komen wij hier op terug.

5.6 KAD-model in vergelijking met andere modellen

Het in dit hoofdstuk behandelde KAD-model is een van de vijf modellen voor interne beheersing die in dit deel aan de orde kwamen. Elk model heeft zijn eigen toepassingsgebied. In tabel 5.5 vatten we de belangrijkste kenmerken van alle behandelde modellen nog een keer samen.

TABEL 5.5 Componenten en toepassingsgebied van de modellen voor interne beheersing

Model	Componenten	Toepassingsgebied
Four levers of control van Robert Simons (hoofdstuk 3)	Belief systems Boundary systems Diagnostic control systems Interactive control systems	Dit model is zelfs geschikt voor beheersing wanneer de te volgen strategie onzeker is. De interactive control systems bieden mogelijkheden om informatie te verkrijgen die nodig is om een bestaande strategie te evalueren en mogelijk te veranderen.
COSO Enterprise Risk Management Framework (paragraaf 4.3)	Internal environment Event identification Risk assessment Risk response Control activities Information & communication Monitoring	Dit meest uitgebreide COSO-model is het enige COSO-model dat strategische doelen voor de beheersing meeneemt. Het model is specifiek gericht op risicomanagement.
COSO Internal Control Framework (paragraaf 4.2)	Control environment Risk assessment Control activities Information & communication Monitoring	Het eerste COSO-model dat allround toepasbaar is om tactische en operationele doelen te beheersen. Dit model wordt in de praktijk het meest gebruikt.
COSO Internal Control over Financial Reporting – Guidance for Smaller Public Companies (paragraaf 4.4)	Special financial reporting objectives Risk assessment Control environment Information & communication Monitoring	Dit model is ontwikkeld voor naar Amerikaanse begrippen kleinere ondernemingen die toch aan wet- en regelgeving met betrekking tot de betrouwbaarheid van de jaarrekening moeten voldoen.
KAD-model (hoofdstuk 5)	Productmodule Procesmodule Structuurmodule	Door onderscheid te maken in standaard-, samengestelde en maatwerkprocessen is dit model bijzonder geschikt voor procesbeheersing.

Samenvatting

In hoofdstuk 5 hebben we het KAD-model behandeld dat bijzonder geschikt is voor procesbeheersing. Het bestaat uit drie modules:
1 De *productmodule* waarin je de eisen die aan het product gesteld worden vanuit klantperspectief bepaalt. Bijvoorbeeld de klanten van een verzekeringsbedrijf willen een foutloze offerte binnen een periode van twee werkdagen ontvangen.
2 De *procesmodule* waarin je de inrichting van de regelkringen voor het te beheersen proces bepaalt. Daarbij was het onderscheid tussen een standaard-, samengesteld en maatwerkproces bepalend voor de inrichting. Bij een standaardproces ligt de nadruk op de regeling invoer en de doorvoerregeling terug. Bij een maatwerkproces ligt de nadruk op de doorvoerregeling vooruit en de regeling uitvoer. Het samengesteld proces is een combinatie van het standaardproces en maatwerkproces.
3 De *structuurmodule* waarin je de structuur van de organisatie afstemt op de producten en de gekozen wijze van procesbeheersing. Standaardprocessen kunnen efficiënt uitgevoerd worden door organisaties met een functionele structuur. Maatwerkprocessen vragen om meer flexibiliteit die je kunt bereiken met een product- of marktgerichte structuur.

Om je te helpen dit model wat toepassingsgebied betreft te kunnen vergelijken met de andere in dit deel behandelde modellen, hebben we in paragraaf 5.7 een overzicht gemaakt van de four levers of control van Simons, de COSO-modellen en het KAD-model.

De zes delen van dit boek

Besturen en Beheersen

Deel 1
Interne Beheersing

2 Wat is beheersing?
3 Beheersing volgens Simons
4 COSO-modellen
5 Procesbeheersing met het KAD-model

Bestuurlijke Informatie

Deel 2
Betrouwbaarheid

6 Betrouwbaarheid en beheersing
7 Interne controle
8 Betrouwbaarheidstypologie
9 Procestypologie

Deel 3
Relevantie

10 Tolmodel
11 Bovenkant van de tol
12 Midden van de tol
13 Onderkant van de tol
14 Contingentiebenadering en tolmodel
15 Relevantietypologie
16 Andere toepassingen relevantie-typologie

Inrichten Bestuurlijke Informatieverzorging

Deel 4
Ontwerpen van administratieve processen

17 Ontwerpen van administratieve processen

Deel 5
BIV en Automatisering

18 Informatiebeleid en informatieplan
19 Ontwikkelen van informatiesystemen
20 General & application controls

Deel 6
Beheer van de BIV-functie

21 Organisatie van de BIV-functie
22 Vastleggen van de BIV

DEEL 2

Betrouw-
baarheid

6 Betrouwbaarheid en beheersing 77
7 Interne controle 81
8 Betrouwbaarheidstypologie 101
9 Procestypologie 147

Betrouwbaarheid is naast relevantie de belangrijkste kwaliteitseis die je aan informatie kunt stellen. De door het bestuurlijke informatiesysteem geproduceerde informatie moet overeenkomen met de werkelijkheid. Om dit te kunnen realiseren zul je het systeem zo moeten opzetten dat de risico's om onbetrouwbare informatie te verstrekken voldoende worden ondervangen.
In hoofdstuk 6 behandelen we het interne betrouwbaarheidssysteem en laten we zien dat er een samenhang is tussen betrouwbaarheid en beheersing.
In hoofdstuk 7 kun je eerst lezen hoe je in het algemeen kan zorgen voor betrouwbare informatie. Dit gebeurt door middel van preventieve en repressieve maatregelen van interne controle.

In hoofdstuk 8 kun je leren hoe je per type bedrijf deze algemene structuur vormgeeft. Dit gebeurt aan de hand van de betrouwbaarheidstypologie van Starreveld.

Ten slotte behandelen we in hoofdstuk 9 de voornaamste interne controlemaatregelen van de processen van de waardekringloop die je in de meeste organisaties tegenkomt. Dit gebeurt aan de hand van de procestypologie.

In dit deel moeten we ons, gezien de opzet van dit boek, beperken tot de hoofdlijnen. Wil je meer weten over een bepaald onderwerp, dan raden we je aan hierover te lezen in de reeks *Bestuurlijke Informatieverzorging* (Starreveld e.a., 2002, 2004 en 2008).

6
Betrouwbaarheid en beheersing

6.1 Het interne beheersingssysteem
6.2 Intern betrouwbaarheidssysteem of systeem van interne controlemaatregelen
6.3 Relatie tussen intern betrouwbaarheidssysteem en intern beheersingssysteem

In dit hoofdstuk behandelen we het interne betrouwbaarheidssysteem. We laten je zien dat het bij betrouwbaarheid om meer gaat dan alleen betrouwbare informatie. Het is ook belangrijk dat medewerkers hun bevoegdheden niet overschrijden en dat medewerkers of derden zich niet onrechtmatig waarden van de organisatie toe-eigenen.

6.1 Het interne beheersingssysteem

Relevantie en betrouwbaarheid zijn de twee belangrijkste kwaliteitscriteria van informatie. Het beschikken over betrouwbare informatie ter controle van de werkelijkheid, heeft alleen maar zin wanneer de gang van zaken binnen de organisatie ook in andere opzichten betrouwbaar is.
De directie van een organisatie is in de praktijk niet alleen geïnteresseerd in de betrouwbaarheid van de informatie, maar ook in de betrouwbaarheid van de medewerkers. Betrouwbaarheid van de medewerkers betekent:
- dat ze handelen binnen de aan hen toegekende bevoegdheden en zich ook houden aan wet- en regelgeving
- dat ze geen spullen stelen of zich op andere manieren verrijken ten koste van het bedrijf

Betrouwbaarheid is voor de directie een startpunt, maar geen eindpunt: de medewerkers moeten eveneens bekwaam zijn en goed werk leveren. Deze gedachtegang vind je ook terug bij het vak Bestuurlijke Informatieverzorging. Naast een intern betrouwbaarheidssysteem is er ook een intern beheersingssysteem.

In deel 1 heb je kunnen lezen welke methodes van interne beheersing in de praktijk veel gebruikt worden. Daarnaast heb je geleerd om verschillende modellen (Simons, COSO en KAD) te gebruiken voor beheersing van een organisatie. In tabel 6.1 vind je aan de hand van een zevental vragen een korte samenvatting van het intern beheersingssysteem.

TABEL 6.1 Onderdelen van het intern beheersingssysteem

Intern beheersingssysteem	Welke vragen?
1 Verwachtingsbeoordeling (beoordeling van de vaardigheid om toekomstgerichte informatie (prognoses, budgetten etc.) op te stellen)	Zijn de verwachtingen en berekeningen waarvan bij de bepaling van het beleid werd uitgegaan, als zodanig juist gebleken?
2 Beleidsbeoordeling	Zijn de beslissingen die werden genomen en de opdrachten die aan ondergeschikten werden gegeven, inhoudelijk juist geweest?
Beoordeling van het feitelijke bedrijfsgebeuren:	
3 Uitvoeringsbeoordeling	Zijn de opdrachten juist uitgevoerd?
4 Voortgangsbeoordeling	Maken de verschillende werkzaamheden voldoende voortgang?
5 Doelmatigheidsbeoordeling	Is efficiënt gehandeld?
6 Kwaliteitsbeoordeling	Voldoen de producten respectievelijk de geleverde diensten aan de daaraan te stellen kwaliteitseisen?
Het daadwerkelijk uitvoeren van interne controlemaatregelen:	
7 Normbeoordeling (beoordeling van de gehanteerde normen)	Zijn de bij de controle gehanteerde normen juist?

Indien de gang van zaken binnen een organisatie beheerst verloopt, dan zal de directie op de vragen in deze tabel een overwegend positief antwoord geven.

6.2 Intern betrouwbaarheidssysteem of systeem van interne controlemaatregelen

Tabel 6.2 bevat een korte samenvatting van het intern betrouwbaarheidssysteem. De vragen die je kunt stellen bij de drie aspecten, kun je beschouwen als de informatiebehoefte die de leiding van een organisatie heeft op het terrein van het intern betrouwbaarheidssysteem. Uit de tabel blijkt dat het intern betrouwbaarheidssysteem bestaat uit een drietal onderdelen:
- Is voldaan aan wet- en regelgeving (compliance)?
- Zijn de waarden van de organisatie aanwezig of terecht verbruikt?
- Is de verstrekte informatie wel betrouwbaar?

In het Nederlands spraakgebruik wordt het intern betrouwbaarheidssysteem ook wel aangeduid met de term 'systeem van interne controlemaatregelen'. In dit boek zullen wij beide termen als synoniemen van elkaar beschouwen en door elkaar hanteren.

Intern betrouwbaarheidssysteem

Welke vragen kun je stellen om het intern betrouwbaarheidssysteem te beoordelen?

TABEL 6.2 Onderdelen van het intern betrouwbaarheidssysteem

Intern betrouwbaarheidssysteem	Welke vragen?
1 Het voldoen aan wet- en (interne) regelgeving waaronder bevoegdheidscontrole	Heeft iedereen binnen het bedrijf zich gehouden aan de wetten en regels en gehandeld binnen zijn bevoegdheden?
2 Bewaringscontrole	Zijn alle waarden van de organisatie (geld, vorderingen, handelsgoederen, vaste activa etc.) aanwezig of terecht verbruikt?
3 Informatiecontrole	Is de verstrekte informatie volledig en juist, dat wil zeggen: betrouwbaar?

6.3 Relatie tussen intern betrouwbaarheidssysteem en intern beheersingssysteem

Het intern beheersingssysteem kan alleen goed functioneren wanneer er betrouwbare informatie beschikbaar is. Als het goed is, begrijp je inmiddels dat betrouwbaarheid en beheersing dus niet los van elkaar gezien kunnen worden. Laat de volgende stelling goed op je inwerken:

| **Betrouwbaarheid is een voorwaarde voor beheersing!**

Deze stelling zal je inmiddels wel hebben begrepen.
Als de directie geen betrouwbare informatie krijgt over de werkelijke gang van zaken, is het heel goed mogelijk dat zij de verkeerde beslissingen neemt. Als zij verkeerde beslissingen neemt, zal de organisatie niet goed beheerst worden. De verstrekte informatie moet daarom op betrouwbaarheid worden gecontroleerd *(informatiecontrole)*.

Informatiecontrole

Als de medewerkers zich niet houden aan hun bevoegdheden en aan wet- en regelgeving, dan kunnen er beslissingen genomen worden door de verkeerde mensen, of regels worden overtreden waarvan de leiding zich niet bewust is. Dit moet dus worden gecontroleerd *(bevoegdheidscontrole)*.

Bevoegdheidscontrole

Als de medewerkers of derden zich onrechtmatig waarden toe-eigenen, dan tast dit de financiële gezondheid van het bedrijf aan. Er dienen maatregelen genomen te worden om te voorkomen dat goederen en geld op onrechtmatige wijze het bedrijf kunnen verlaten. Er moet gecontroleerd worden of alle goederen en het geld dat aan het begin van een meetperiode aanwezig was, aan het eind van de meetperiode nog steeds aanwezig zijn tenzij controleerbaar is vast te stellen dat deze goederen en het geld terecht zijn afgegeven *(bewaringscontrole)*.

Bewaringscontrole

De leiding van een organisatie vertrouwt erop dat de interne betrouwbaarheids- of interne controlemaatregelen niet alleen in opzet aanwezig zijn, maar ook op een correcte wijze worden uitgevoerd. Dit is onderdeel van het monitoringproces dat behandeld is in deel 1. Voor bedrijven die in Nederland onder de Amerikaanse Sarbanes Oxley-wet vallen of onder de Nederlandse Corporate Governance Code moet de leiding van een bedrijf hier zelfs over rapporteren.

Daarom is het verstandig het uitvoeren van de interne controlehandelingen ook te documenteren, zodat helder is welke controlehandeling precies is uitgevoerd en wat hiervan het resultaat was. Er komen momenteel steeds meer geautomatiseerde applicaties op de markt die het documenteren van het uitvoeren van interne controlemaatregelen ondersteunen.

Overigens wil niet alleen de leiding van een organisatie werken met betrouwbare informatie. Ook de toezichthouders en aandeelhouders (en andere betrokkenen bij het bedrijf) willen graag dat de directie hen goed informeert over de prestaties van de organisatie. Deze informatieverstrekking vindt veelal plaats via de jaarrekening en het jaarverslag van een organisatie. Hoe een dergelijke jaarrekening eruit moet zien is veelal wettelijk geregeld. Dit is het domein van het vakgebied Externe Verslaggeving.

XBRL

Binnen Nederland zijn sommige organisaties sinds kort tevens verplicht om informatie over de organisatie op gestandaardiseerde wijze bij het Centraal Bureau voor de Statistiek aan te leveren via XBRL. Het ligt voor de hand dat de leiding van een organisatie bij het ontwerpen van het interne beheersings- en betrouwbaarheidssysteem vanuit het oogpunt van efficiëntie zo veel mogelijk tracht aan te sluiten op de eisen die gelden vanuit een externe verslaggevingsoptiek (jaarrekening, jaarverslag en XBRL).

Samenvatting

Je hebt inmiddels begrepen dat betrouwbaarheid verder gaat dan alleen betrouwbaarheid van informatie (informatiecontrole), en dat er een samenhang is tussen betrouwbaarheid en beheersing. Bovendien is het zo dat betrouwbaarheids- en beheersingsmaatregelen moeten aansluiten op de specifieke organisatie, de omstandigheden en de voorschriften die van toepassing zijn.

In dit deel zal verder de nadruk liggen op het stelsel van maatregelen dat kan zorgen voor betrouwbare informatie.

7
Interne controle

7.1 Controleren en interne controle
7.2 Beperkingen van maatregelen van interne controle
7.3 Het stelsel van interne controlemaatregelen
7.4 Preventieve maatregelen van interne controle
7.5 Repressieve maatregelen van interne controle

Hoofdstuk 7 gaat over interne controle. We bespreken eerst kort wat interne controle in het algemeen is. Vervolgens kun je lezen wat de belangrijkste beperkingen van interne controle-activiteiten zijn. We laten zien hoe de preventieve en repressieve maatregelen van interne controle samen een stelsel vormen. Ten slotte behandelen we uitvoerig welke preventieve en repressieve maatregelen van interne controle er zijn.

7.1 Controleren en interne controle

De uitspraak dat informatie betrouwbaar is, kun je pas doen nadat je dit gecontroleerd hebt. Dit is een belangrijk uitgangspunt om de algemene structuur ten aanzien van betrouwbaarheid te kunnen begrijpen. Wat is controleren? De volgende omschrijvingen herken je ongetwijfeld:
- Controleren is: toetsen van de werkelijkheid aan de norm.
- Controleren is: vergelijken van ist met soll.

Controleren

Controleren betekent dat je de informatie (ist-positie) over bijvoorbeeld gerealiseerde omzet, aanwezige voorraad etc. vergelijkt met andere informatie (soll-positie: zo zou het moeten zijn). De soll-positie kan verschillende vormen aannemen:
- Het kan een *verwachting* zijn in de vorm van bijvoorbeeld een prognose, begroting, budget, voorcalculatie of standaardkostprijs. Je zal dan bijna altijd een verschil zien tussen de werkelijkheid en de norm.

- Het kan de *registratie van een andere afdeling* zijn. Bijvoorbeeld de geregistreerde inkopen in een periode moeten aansluiten bij de ontvangsten door het magazijn. Verschillen moet je dan kunnen verklaren uit 'wel besteld, maar nog niet ontvangen'.
- Het kan een *fysieke waarneming* zijn van bijvoorbeeld de aanwezige voorraad.
- Het kan een *schriftelijk stuk van een derde* zijn. Bijvoorbeeld een ontvangstbevestiging van een afnemer.

De kunst van het controleren van de betrouwbaarheid van de informatie is om dit zo efficiënt en effectief mogelijk te doen. Efficiënt betekent in dit geval zo goedkoop mogelijk: maak zo veel mogelijk gebruik van activiteiten en handelingen die toch al plaatsvinden in het kader van de bedrijfsuitoefening. Effectief betekent in dit geval dat na controle voldoende zekerheid moet bestaan over de betrouwbaarheid van de informatie.

Interne controle

Betrouwbaarheid van informatie kan je bevorderen door het invoeren van een passend stelsel van interne controlemaatregelen. Interne controle is een term die op veel manieren gebruikt wordt. In dit boek is ervoor gekozen om het begrip interne controle synoniem te laten zijn aan het begrip interne betrouwbaarheid (zie tabel 6.2) en daarbij het accent te leggen op de informatiecontrole. Een interne controlemaatregel zoals bijvoorbeeld inventarisatie, moet ertoe leiden dat de verstrekte informatie over de waarde van de voorraad betrouwbaar is.

7.2 Beperkingen van maatregelen van interne controle

Maatregelen van interne controle

Maatregelen van interne controle leveren een belangrijke bijdrage aan de betrouwbaarheid van de informatie. De maatregelen kennen echter een aantal beperkingen, die je vindt in tabel 7.1. Je moet met deze beperkingen rekening houden wanneer je de interne controlemaatregelen (ook wel het interne betrouwbaarheidssysteem) van een bedrijf wilt beoordelen of opzetten.

TABEL 7.1 Inherente beperkingen maatregelen van interne controle

Beperkingen interne controle	Toelichting
Kan doorbroken worden door de leiding; het gevaar van 'management override'	Een zeer belangrijke maatregel om betrouwbaarheid van informatie te waarborgen is het aanbrengen van controletechnische functiescheiding. De leiding van een bedrijf kan een dergelijke zelf aangebrachte functiescheiding echter altijd doorbreken. Bij een groot aantal bekende boekhoudschandalen van de laatste jaren (Satyam, World Com, Ahold) was hiervan sprake.
Samenspanning	Medewerkers kunnen onderling besluiten om samen te spannen om daarmee aan het bedrijf goederen of geld te onttrekken. Medewerkers kunnen ook samenspannen met een derde buiten de organisatie, bijvoorbeeld een leverancier.

TABEL 7.1 Inherente beperkingen maatregelen van interne controle (vervolg)

Beperkingen interne controle	Toelichting
Menselijke fouten	Door onopzettelijke fouten, zoals slordigheid, kunnen de maatregelen van interne controle zelf niet goed werken. Er is daarom zelden sprake van één controlemaatregel, maar veelal van een combinatie van maatregelen. Daarnaast wordt veelal ook weer apart gecontroleerd of de interne controlemaatregelen goed worden uitgevoerd.
Kosten-baten afweging	Telkens zal de afweging gemaakt moeten worden tussen de baten van interne controlemaatregelen (verlaging risico, verlies aan waarden) en de kosten van interne controlemaatregelen (directe personele kosten, maar ook indirecte kosten zoals vertragen besluitvorming). Dit betekent dat er altijd risico's overblijven die niet afgedekt zijn door maatregelen van interne controle.

Interne controlemaatregelen (interne betrouwbaarheidsmaatregelen) kunnen dus nooit volledige zekerheid bieden. De aard en omvang van de interne controlemaatregelen is niet alleen afhankelijk van de omvang van het betrouwbaarheidsrisico, maar ook van de cultuur van het bedrijf en de risicohouding van het management.

7.3 Stelsel van interne controlemaatregelen

In welke twee hoofdcategorieën kun je interne controlemaatregelen indelen?

De maatregelen van interne controle vormen samen een stelsel. Het stelsel van interne controlemaatregelen valt uiteen in twee groepen:
1 Organisatorische maatregelen, ook wel bekend als preventieve maatregelen van interne controle. Deze werken we verder uit in paragraaf 7.4.
2 Daadwerkelijke controlehandelingen gericht op het vaststellen van de werking en naleving van de preventieve maatregelen, ook wel bekend als repressieve maatregelen van interne controle. Deze werken we verder uit in paragraaf 7.5.

Preventieve maatregelen zijn alleen maar effectief als je de werking en naleving controleert door middel van repressieve maatregelen. In figuur 7.2 zie je rechts naast elke preventieve maatregel van interne controle een repressieve maatregel van interne controle staan die daarop betrekking heeft. Ook is in de tabel telkens een verwijzing opgenomen naar de subparagraaf waarin het onderdeel behandeld wordt.
Het gebruik van de interne controlemaatregelen wordt toegelicht aan de hand van een korte casus. Deze casus gaat over een handelsbedrijf met tien filialen in bouwmaterialen.

Easy Fix It BV is een handelsbedrijf in bouwmaterialen. Het bedrijf richt zich voornamelijk op de particuliere markt. Het assortiment is zeer uitgebreid. Het varieert van betonmortel en gereedschappen tot complete tuinhuizen. Het hoofdkantoor is gevestigd in het westen van het land. Aldaar bevindt zich ook het centrale magazijn van waar uit de bevoorrading naar de tien filialen plaatsvindt. Op het hoofdkantoor bevinden zich de volgende afdelingen:

- *Inkoop*
- *Marketing*
- *Logistiek*
- *Magazijn*
- *Automatisering*
- *Administratie*

FIGUUR 7.2 Het stelsel van interne controlemaatregelen

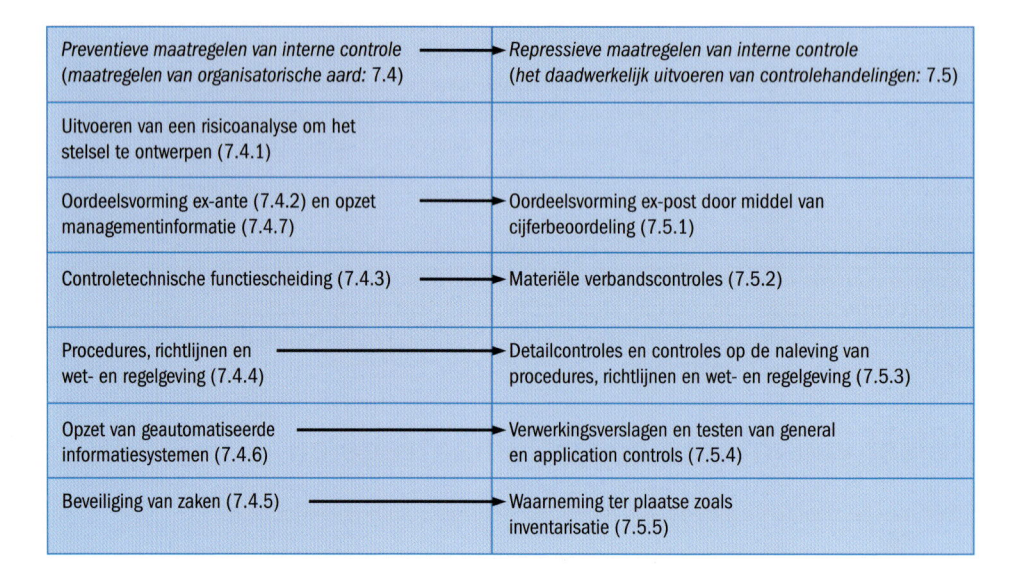

Preventieve maatregelen van interne controle (maatregelen van organisatorische aard: 7.4)	Repressieve maatregelen van interne controle (het daadwerkelijk uitvoeren van controlehandelingen: 7.5)
Uitvoeren van een risicoanalyse om het stelsel te ontwerpen (7.4.1)	
Oordeelsvorming ex-ante (7.4.2) en opzet managementinformatie (7.4.7)	Oordeelsvorming ex-post door middel van cijferbeoordeling (7.5.1)
Controletechnische functiescheiding (7.4.3)	Materiële verbandscontroles (7.5.2)
Procedures, richtlijnen en wet- en regelgeving (7.4.4)	Detailcontroles en controles op de naleving van procedures, richtlijnen en wet- en regelgeving (7.5.3)
Opzet van geautomatiseerde informatiesystemen (7.4.6)	Verwerkingsverslagen en testen van general en application controls (7.5.4)
Beveiliging van zaken (7.4.5)	Waarneming ter plaatse zoals inventarisatie (7.5.5)

De filialen hebben een beperkte personele bezetting bestaande uit:
- *bedrijfsleider*
- *bedienend personeel*
- *administratieve kracht*

De verkoop van de goederen vindt plaats door middel van 'point of sale'-apparatuur. In deze point of sale-apparatuur bevinden zich zowel het artikelbestand (artikelcode, aantal, omschrijving, inkoopprijs, verkoopprijs, filiaalcode) als het verkoopbestand (verkoopordernummer, artikelcode, aantal, code pin/contant, filiaalcode, datum en tijdstip). De point of sale-apparatuur is gekoppeld aan de server van het hoofdkantoor. Op deze wijze kan het hoofdkantoor mutaties in het artikelbestand (prijs, artikelcode) doorgeven en op de hoogte blijven van onder andere de omvang en ouderdom van de voorraad. Bij dit type handelsbedrijf komt het helaas voor dat er regelmatig goederen gestolen worden.

7.4 Preventieve maatregelen van interne controle

De organisatorische maatregelen van interne controle hebben een preventief karakter. Doel is de organisatie zo in te richten, dat onjuiste informatie, het niet naleven van bevoegdheden en het houden aan wet- en regelgeving of het verdwijnen van waarden vooraf zo veel mogelijk wordt voorkomen.

We onderscheiden de volgende zeven categorieën van preventieve maatregelen van interne controle:

1 *Het uitvoeren van een risicoanalyse* om betrouwbaarheidsrisico's op te sporen die door maatregelen afgedekt moeten worden.
2 *Het vooraf vormen van een verwachting over de werkelijkheid* (oordeelsvorming ex ante) in de vorm van begrotingen, standaardkostprijzen, tarieven etc. De verwachtingen die je vormt over de toekomst kan je dus niet alleen gebruiken voor het nemen van beslissingen, maar ook om de betrouwbaarheid van de informatie over de werkelijke uitvoering te beoordelen.
3 *Het verdelen van taken en bevoegdheden* onder medewerkers waar mogelijk rekening houdend met betrouwbaarheidsrisico's: niet alleen het onderscheid tussen beschikkende, bewarende, uitvoerende, registrerende en controlerende functies (zogenaamde controletechnische functiescheiding), maar ook het stellen van limieten.
4 *Het uitvaardigen van procedures* (vast voorgeschreven handelswijze) en richtlijnen (het geven van de richting van de handelswijze vaak binnen een bepaalde bandbreedte). Het vaststellen van de relevante wet- en regelgeving die van toepassing is op de organisatie.
5 *Beveiliging van zaken.*
6 *Het opzetten van een (geautomatiseerd) informatiesysteem* met voldoende aandacht voor betrouwbaarheidsrisico's in de vorm van passende general en application controls (zie hoofdstuk 20). Het in samenhang hiermee vastleggen van gegevens in bestanden.
7 *Het inrichten van managementinformatie.* De directie kan door middel van effectief ingerichte managementinformatie betrouwbaarheidsproblemen op het spoor komen.

Welke interne controlemaatregelen van organisatorische aard kan je onderkennen?

7.4.1 Het uitvoeren van een risicoanalyse

Voordat de organisatie een intern betrouwbaarheidssysteem met maatregelen van interne controle kan opzetten, zal je eerst een risicoanalyse moeten uitvoeren. In lijn met de COSO-modellen omvat een risicoanalyse de volgende drie stappen:

1 Het bepalen van de betrouwbaarheidsdoelstellingen die betrekking kunnen hebben op de informatie, de naleving van bevoegdheden, wet- en regelgeving en de bewaring. Deze worden deels door de betrouwbaarheidstypologie bepaald (zie hoofdstuk 8) en deels door organisatiespecifieke kenmerken.
2 Het bepalen van mogelijke gebeurtenissen die een negatieve impact op de betrouwbaarheid kunnen hebben.
3 Het bepalen van de kans en impact van deze negatieve gebeurtenissen. Immers, wanneer deze gering zijn, zullen de kosten van interne controle-maatregelen de baten overtreffen.

7.4.2 Oordeelsvorming ex ante

Oordeelsvorming ex ante wil zeggen het zich vooraf vormen van een verwachting over de werkelijkheid. Managers moeten zich een mening vormen over wat er morgen, overmorgen en op de middellange termijn gaat gebeuren. Immers regeren is vooruitzien. Dit vooruitzien of prognosticeren duiden wij aan met de term oordeelsvorming ex ante. Binnen een

bedrijf zijn er vele vormen van oordeelsvorming ex ante. Je kan daarbij denken aan:
- *planning en begroting*: strategisch plan, tactisch plan waaronder ook zaken vallen als verkoopbegrotingen, productiebegrotingen, inkoopbegrotingen, personeelsbegrotingen en maandplanningen, weekplanningen, dagplanningen
- *voorcalculaties en normen*: zoals standaardkostprijzen, kortingsregelingen en vaste verkoopprijzen

Deze vormen van oordeelsvorming ex ante kunnen verschillen voor wat betreft de tijdshorizon en de omvang. Bij strategie kijk je een aantal jaren vooruit, terwijl je bij een dagplanning niet verder dan een dag vooruitkijkt. En het strategisch plan raakt alle organisatiedelen terwijl een kortingsregeling maar betrekking heeft op een beperkt onderdeel daarvan.

Je kan oordeelsvorming ex ante gebruiken voor:
- de planning van activiteiten
- de beheersing van activiteiten door het vergelijken van de werkelijke uitkomst met de verwachting en het gebruiken van deze informatie om de processen bij te sturen (zie deel 1)
- het beoordelen van de betrouwbaarheid van de verstrekte informatie

Door het vergelijken van de verwachting met de werkelijkheid, zou je bij grote afwijkingen je kunnen afvragen of de informatie die je gebruikt voor het maken van een prognose wel betrouwbaar is.
Indien je gebruik wilt maken van oordeelsvorming ex ante om onder meer de betrouwbaarheid van informatie te beoordelen, dan moet deze aan een aantal eisen voldoen. Belangrijke eisen zijn:
- De wijze van totstandkoming moet zorgvuldig en herleidbaar zijn.
- De gebruikte basisgegevens moeten op betrouwbaarheid zijn te controleren.
- De informatie moet zijn goedgekeurd (geautoriseerd) door de leiding.

Bij de directie van Easy Fix It BV zijn verschillende vormen van oordeelsvorming ex ante aanwezig:
- *strategisch plan van Easy Fix It BV gebaseerd op een differentiatiestrategie*
- *stelsel van begrotingen, waaronder verkoopbegrotingen, inkoopbegrotingen, huisvestingsbegrotingen (inclusief een detaillering per filiaal)*
- *brutomarges per artikelgroep*
- *normen voor omloopsnelheden van diverse categorieën bouwmaterialen*
- *normen voor diefstal*

Al deze vormen van oordeelsvorming ex ante zijn gebaseerd op marktonderzoek, gesprekken met de medewerkers en ervaringscijfers, en worden door de directie specifiek geaccordeerd.

7.4.3 Controletechnische functiescheiding

De vraag of de medewerkers gehandeld hebben conform hun bevoegdheden binnen hun functieomschrijving wordt in het betrouwbaarheidssysteem omschreven als bevoegdheidscontrole. Bij het inrichten van de functies binnen een organisatie en het in samenhang hiermee toewijzen van taken en bevoegdheden, is de mogelijkheid aanwezig om te controleren of iemand zich wel houdt aan zijn of haar bevoegdheden (bevoegdheidscontrole).

Functiescheiding kun je laten aansluiten op de arbeidsverdeling die ontstaat wanneer een bedrijf groeit en de directie taken moet delegeren. Dit is handig omdat het aanbrengen van functiescheiding dan geen extra geld kost. Indien je de nadruk legt op het aanbrengen van functiescheiding om beter interne controlemaatregelen te kunnen uitvoeren, dan spreek je van *controletechnische functiescheiding*. Deze kan vaak samenvallen met de bestaande arbeidsverdeling. Indien controletechnische functiescheiding alleen wordt ingevoerd vanwege betrouwbaarheidsrisico's, dan gaat dit de onderneming extra geld kosten. Je hoopt ook dan natuurlijk dat de baten van dergelijke controletechnische functiescheiding (verlagen betrouwbaarheidsrisico's) de kosten (arbeidskosten) overstijgen.

Controletechnische functiescheiding

Het doel van functiescheiding in het kader van de betrouwbaarheid van de informatie is om over een en dezelfde zaak of activiteit in ieder geval twee verantwoordingsverslagen te krijgen van functionarissen met een tegengesteld illegitiem belang.

Elke functionaris heeft een *legitiem belang*, dat je kan omschrijven als samenwerken in het belang van de organisatie. Functionarissen kunnen ook een *illegitiem belang* hebben. Hiermee bedoelen wij: het onrechtmatig onttrekken van waarden aan het bedrijf om zichzelf te verrijken. Dit leggen we uit aan de hand van drie functionarissen die binnen een handelsbedrijf werken: de inkoper, de magazijnmeester en de verkoper.

TABEL 7.3 Voorbeelden van illegitieme belangen

Functionaris	Illegitiem belang
Inkoper	De omvang van de inkopen hoger verantwoorden dan de werkelijke inkoopwaarde (aantal en prijs)
Magazijnmeester	Ontvangsten lager verantwoorden dan de werkelijk ontvangen hoeveelheid goederen
	Afgiften van goederen hoger verantwoorden dan de werkelijke hoeveelheid
Verkoper	De omvang van de verkopen lager verantwoorden dan de werkelijke verkoopwaarde (aantal en prijs)

Op basis van tabel 7.3 kun je zien dat de volgende tegengestelde illegitieme belangen bestaan:

Inkoper ←→ Magazijnmeester ←→ Verkoper (tegengesteld illegitiem belang in aantallen goederen).

Door de registraties van inkoper, magazijnmeester en verkoper met elkaar te vergelijken, kan de administratie de betrouwbaarheid van de goederenbeweging in aantallen vaststellen. De inkoper heeft immers het illegitieme belang de inkopen hoger te verantwoorden, maar de magazijnmeester wil juist minder verantwoorden. Omgekeerd heeft de magazijnmeester het illegitieme belang de afgifte voor verkoop hoger te verantwoorden, terwijl de verkoper juist lager wil. Als het de magazijnmeester lukt om een grotere afgifte te verantwoorden dan de werkelijkheid, dan kan hij 'overtollige' bouwmaterialen mee naar huis nemen! Als de hoeveelheden overeenkomen is er niet illegitiem gehandeld. Voor het magazijn geldt derhalve dat de *beginvoorraad* + de *inkopen* – de *eindvoorraad* gelijk moet zijn aan de *verkopen*.

Het principe van controletechnische functiescheiding berust op een beperking van bevoegdheden (gebaseerd op Starreveld, Van Leeuwen en Van Nimwegen, 2002, p. 399), zodat:
1 werknemers slechts een beperkt aantal schakels van het omloopproces van goederen kunnen beïnvloeden
2 beslissingen tot het beschikken over zaken alleen kunnen worden genomen door werknemers die niet met de bewaring belast zijn
3 uitvoerende medewerkers niet gedurende langere tijd goederen en geld onder zich hebben tenzij er regelmatige controle op de bewaring is
4 mogelijkheden worden geschapen tot het verkrijgen van elkaar wederzijds controlerende verantwoordingsverslagen van personen met niet-identieke en zo mogelijk tegengestelde illegitieme belangen
5 werknemers die zich bezighouden met beschikkende, bewarende en uitvoerende taken niet verantwoordelijk zijn voor het voeren van de administratie waarmee hun taak wordt gecontroleerd. In de praktijk zie je natuurlijk wel vaak dat werknemers gegevens vastleggen (uitvoerend ten aanzien van de registrerende functie) in bestanden. Daarnaast komt het ook nog voor dat de afdeling administratie op basis van aangeleverde opdrachtbonnen de registratie uitvoert
6 ten aanzien van delen van de administratie die een bewarend karakter hebben (debiteuren, crediteuren) de controle in handen wordt gelegd van een ander dan degene die deze administratie bijhoudt

De werking van functiescheiding kan tenietgedaan worden door samenspanning of andere beperkingen van interne controlemaatregelen (zie tabel 7.1).

Bij Easy Fix It BV kan op verschillende manieren gebruik gemaakt worden van de taakverdelingen die er vanuit oogpunt van arbeidsverdeling door de directie zijn aangebracht.
In de eerste plaats kan de beperkte personele omvang op de filialen opgevangen worden door bepaalde taken met een hoog betrouwbaarheidsrisico (bijvoorbeeld prijsbepaling, assortimentsbepaling, leveranciersselectie) voor te behouden aan het hoofdkantoor.
In de tweede plaats is er binnen het hoofdkantoor functiescheiding tussen:
- *inkoop, die een beschikkende taak heeft ten aanzien van assortimentsbepaling en leveranciersselectie en het sluiten van inkoopcontracten*
- *marketing, die een beschikkende taak heeft betreffende het bepalen van de prijs en het organiseren van kortingsacties*
- *logistiek, die een intern beschikkende taak heeft ten opzichte van het regelen van de goederenstroom van het centraal magazijn naar de filialen*
- *de magazijnmeester, die een bewarende taak heeft ten opzichte van de goederen*
- *automatisering, die een uitvoerende taak heeft*
- *administratie, waar de medewerkers een registrerende functie hebben en het hoofd een controlerende functie.*

In de derde plaats is er binnen de filialen een beperkte functiescheiding tussen:
- *De bedrijfsleider, die in beperkte mate beschikkend is ten opzichte van het bestellen van goederen bij het hoofdkantoor. Het kasgeld wordt*

dagelijks gestort bij de bank. Hier heeft de bedrijfsleider een bewarende/uitvoerende rol.
- De bediendes, die uitvoerend zijn ten aanzien van het bedienen van de point of sale-apparatuur en bewarend ten aanzien van het kasgeld en de filiaalvoorraad. Het blijft altijd een levendige discussie onder vakgenoten wat de functie is van degene die het point of sale-systeem bedient. Sommigen spreken nog van een functievermenging tussen beschikken en bewaren. Anderen spreken van alleen uitvoerend omdat de bediende ook niet bij het kasgeld kan komen aangezien dat zich in een afgesloten cassette bevindt.
- De administratieve kracht op het filiaal, die uitvoerend is ten opzichte van de registrerende functie op het hoofdkantoor.

Behalve door functiescheiding zijn bevoegdheden beperkt door bijvoorbeeld het stellen van limieten aan te bestellen hoeveelheden artikelen.
De verdeling van functies kan je weergeven in een waardekringloop. De waardekringloop van Easy Fix It BV zie je in figuur 7.4.

FIGUUR 7.4 Waardekringloop Easy Fix It BV

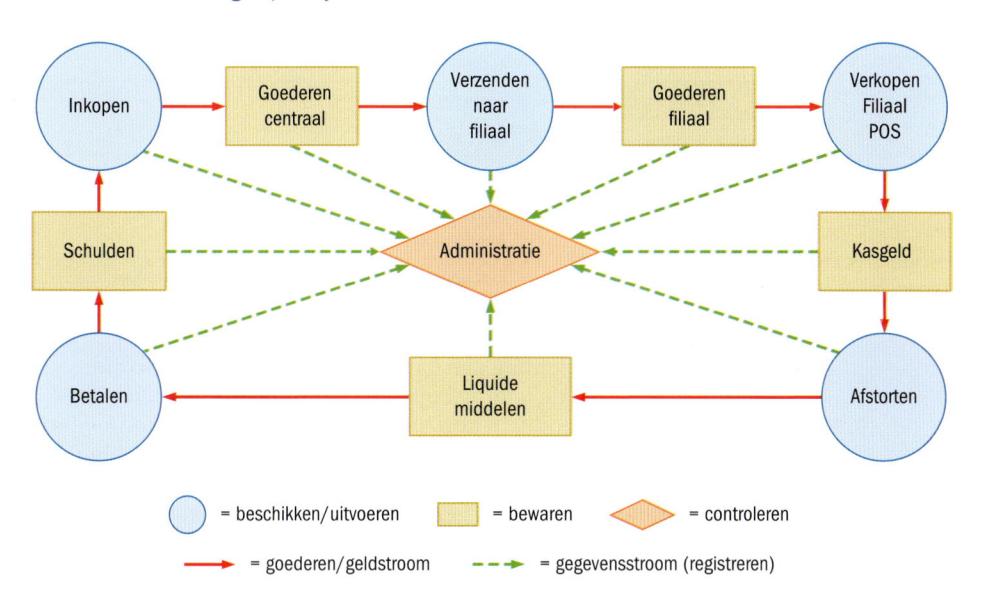

Teken de waardekringloop van een handelsbedrijf

7.4.4 Procedures, richtlijnen en wet- en regelgeving

Een procedure is een vaste wijze van handelen die door de leiding is voorgeschreven. Een procedure bestaat vaak uit een aantal stappen. Wanneer de leiding besluit tot het invoeren van procedures, dan is dit om medewerkers uniform te laten handelen en daarmee onder andere betrouwbaarheidsrisico's af te dekken. Een nadeel maar ook een voordeel van procedures is dat deze medewerkers geen ruimte hebben voor een eigen interpretatie. Dit is een nadeel omdat zich in de praktijk situaties kunnen voordoen waar bij het opstellen van de procedure geen rekening mee is gehouden.

procedure

De medewerker kan dan niet verder en moet zijn superieur raadplegen. Het is een voordeel omdat de uitvoering van procedures geen ruimte overlaat voor eigen interpretatie en daarmee makkelijk te controleren is door middel van detailcontroles.

Procedures kunnen de betrouwbaarheid van informatie bevorderen, bijvoorbeeld wanneer de procedure aangeeft:
- welke vastleggingen gemaakt moeten worden
- wie er wat moet doen

Tabel 7.5 geeft voorbeelden van betrouwbaarheidsrisico's met procedures. Als je meer wilt weten over de inhoud van de procedures, dan kun je dit nalezen in deel 2A, *Fasen van de waardekringloop* van Starreveld, Van Leeuwen en Van Nimwegen (2004).

TABEL 7.5 Voorbeelden van betrouwbaarheidsrisico's met daaraan gekoppeld procedures

Betrouwbaarheidsrisico	Procedure
Juistheid verkoopprijs	Procedure vaststelling verkoopprijzen en het verlenen van kortingen
Juistheid verkoopkorting	Kortingsprocedure
Juistheid inkoopprijs	Offerteprocedure
Sleepgevaar kasgeld	Kasprocedure
Oninbaarheid debiteuren	Klantacceptatieprocedure
	Aanmanings- en incassoprocedure
Juistheid productiekosten	Procedure voor nacalculatie en verschillenanalyse

Een *richtlijn* geeft de richting aan van handelen voor medewerkers, meestal met een door de leiding bepaalde bandbreedte. Medewerkers hebben soms ruimte nodig in hun handelen omdat een procedure niet echt praktisch is. Neem bijvoorbeeld een autoverkoper, hij mag binnen een bepaalde marge korting geven. Die marge heeft hij nodig als ruimte voor de onderhandeling. Dit is gebruikelijk in de autohandel. Of een inkoper die partijen inkoopt. Die inkoper heeft onderhandelingsruimte nodig. Hij krijgt daarom een richtlijn met betrekking tot het soort artikelen dat hij mag inkopen en de te betalen prijs. Dergelijke richtlijnen zijn een norm bij de controle van de betrouwbaarheid van de werkelijk verantwoorde inkoopprijzen.

Relevante *wet- en regelgeving* is vaak organisatiespecifiek. Deze wet- en regelgeving zal verankerd moeten worden in *procedures*. Neem als voorbeeld de Voedsel- en warenwet die vereist dat een restauranthouder op producten in zijn koelkast de datum registreert waarop deze in de koelkast zijn opgeslagen.

Bij Easy Fix It BV zijn er vele procedures. Denk bijvoorbeeld aan de prijsprocedure, kasprocedure, retourprocedure en bestelprocedure.

Deze procedures richten zich op activiteiten met een relatief hoog betrouwbaarheidsrisico die elke keer volgens vaste stappen uitgevoerd kunnen worden. Er zijn ook richtlijnen bij Easy Fix It BV. Denk daarbij aan de richtlijn ten aanzien van het te voeren assortiment. Van tevoren is niet precies vast te stellen welke artikelen wel of niet in het assortiment opgenomen mogen worden. De inkoper heeft daarvoor een zekere bandbreedte nodig.

7.4.5 Beveiliging van zaken

Binnen een bedrijf vind je tal van maatregelen die moeten voorkomen dat goederen en geld het bedrijf onrechtmatig verlaten (genoemd: beveiliging van zaken). De omvang van deze maatregelen worden niet alleen bepaald door de impact van het mogelijk verlies, maar ook door de cultuur binnen het bedrijf. Sommige bedrijven hebben een groter vertrouwen in hun klanten en medewerkers dan andere bedrijven en kiezen daarom voor een lager niveau van beveiliging. In bedrijven kan je tal van voorbeelden van dergelijke preventieve beveiligingsmaatregelen aantreffen. Een aantal voorbeelden zie je in tabel 7.6. De vraag of deze maatregelen gewerkt hebben, kan veelal pas achteraf (repressief) vastgesteld worden.

Beveiliging van zaken

TABEL 7.6 Voorbeelden van beveiligingsmaatregelen

Voorbeeld van een beveiligingsmaatregel	Type risico dat wordt afgedekt
Afgrenzen door middel van hekken	Inbraak, diefstal van goederen en geld
Cameratoezicht	Inbraak, diefstal van goederen en geld
Oogtoezicht	Diefstal van goederen en geld
Kluizen	Diefstal van goederen en geld
Gesloten magazijn	Diefstal van goederen
Diefstalpoortjes	Diefstal van goederen

Zoals je regelmatig kunt lezen in de krant, is diefstal in de detailhandel een groot probleem. Bij Easy Fix It BV is de beveiliging van de voorraad, die zich immers in de winkel bevindt, daarom een belangrijk onderwerp. Er is bij Easy Fix It gekozen voor cameratoezicht in combinatie met het aanbrengen van een diefstalstrip op de goederen. Goederen zijn zo onopvallend mogelijke beveiligd dat een alarm afgaat wanneer een 'klant' met niet-betaalde bouwmaterialen door de detectiepoortjes loopt. Vanuit het hoofdkantoor bezoeken inspecteurs regelmatig de filialen om de naleving van de voorschriften te controleren.

FIGUUR 7.7 Beveiligingscamera's Houden Toezicht!

7.4.6 Opzet van het geautomatiseerde informatiesysteem

Aangezien informatie vrijwel altijd geproduceerd wordt door een geautomatiseerd systeem, wordt de betrouwbaarheid van de geproduceerde informatie voor een belangrijk deel bepaald door de kwaliteit van de interne controlemaatregelen van en rondom het geautomatiseerde systeem. Deze interne controlemaatregelen duiden wij aan met de termen 'application controls' en 'general controls' (zie deel 5). Van de general controls zijn met name boundary controls en van de application controls zijn met name processing controls aan organisatorische maatregelen van betrouwbaarheid gerelateerd. De boundary controls (of logische toegangsbeveiliging) regelen wie er wat in het geautomatiseerde systeem mag doen en moeten dus in overeenstemming zijn met de functiescheiding. De processing controls ondersteunen het geautomatiseerd leggen van verbanden waarmee je de werking van de controletechnische functiescheiding kan controleren.
Zie hiervoor verder hoofdstuk 20 van deel 5.

Bij Easy Fix It BV neemt het point of sale-systeem een belangrijke plaats in wanneer het om de betrouwbaarheid van de verantwoorde opbrengsten gaat. Relevante toepassingen van boundary controls en processing controls waaraan je dan kan denken zijn:
- *Het artikelbestand is dusdanig beveiligd door middel van userid's en passwords, dat op de filialen geen prijsgegevens kunnen worden aangepast.*
- *De kassamedewerkers zijn niet in staat om het verkoopbestand af te boeken wanneer zij goederen retour nemen. Die bevoegdheid is voorbehouden aan de bedrijfsleider.*
- *Wanneer het artikel afgeboekt wordt uit het artikelbestand (dat bij een POS tevens de functie van voorraadbestand heeft) wordt door middel van scannen automatisch het verkoopbestand opgeboekt. Dit is een toepassing van een processing control.*

De hierboven behandelde procedures voorzien vaak in het vastleggen van gegevens in bestanden (of soms nog op formulieren). Om de uitvoering van de werkzaamheden te kunnen controleren is het noodzakelijk dat medewerkers hun activiteiten systematisch verantwoorden in administraties (uitvoerend ten opzichte van de registrerende functie). Tevens is het zo dat de vastlegging van de ene functionaris gebruikt kan worden om die van de andere te kunnen controleren en vice versa (zie functiescheiding, subparagraaf 7.4.3).

7.4.7 Het inrichten van de managementinformatie

Op basis van de risicoanalyse en kenmerken van de betrouwbaarheidstypologie en de procestypologie kun je de managementinformatie bepalen die voorziet in de informatiebehoefte van de directeur ten aanzien van de betrouwbaarheidsrisico's. Indien de opzet van de managementinformatie in dit opzicht onvoldoende is, dan wordt de directeur onvoldoende geïnformeerd over betrouwbaarheidsproblemen.

Welke rol speelt managementinformatie op het vlak van interne controle?

7.5 Repressieve maatregelen van interne controle

In paragraaf 7.4 heb je kunnen lezen dat de leiding van een bedrijf door middel van organisatorische (preventieve) maatregelen van interne controle probeert om voldoende waarborgen te scheppen, waardoor:
- de betrouwbaarheid van de informatie bevorderd wordt
- wordt gehandeld binnen wet- en regelgeving en meer specifiek conform de aan de medewerker toegekende bevoegdheden, en
- de waarden (geld, vorderingen, handelsgoederen en vaste activa) van de organisatie bewaard zijn gebleven of terecht zijn aangewend

Welke repressieve interne controlemaatregelen passen bij de preventieve maatregelen van interne controle?

De maatregelen van organisatorische aard hebben bijpassende repressieve maatregelen van interne controle (zie figuur 7.8). In deze paragraaf richten wij ons op de repressieve maatregelen die nodig zijn om de preventieve maatregelen te controleren.

Repressieve maatregelen van interne controle

FIGUUR 7.8 Stelsel van interne controlemaatregelen

Preventieve maatregelen van interne controle (maatregelen van organisatorische aard: 7.4)	Repressieve maatregelen van interne controle (het daadwerkelijk uitvoeren van controlehandelingen: 7.5)
Uitvoeren van een risicoanalyse om het stelsel te ontwerpen (7.4.1)	
Oordeelsvorming ex-ante (7.4.2) en opzet managementinformatie (7.4.7)	Oordeelsvorming ex-post door middel van cijferbeoordeling (7.5.1)
Controletechnische functiescheiding (7.4.3)	Materiële verbandscontroles (7.5.2)
Procedures, richtlijnen en wet- en regelgeving (7.4.4)	Detailcontroles en controles op de naleving van procedures, richtlijnen en wet- en regelgeving (7.5.3)
Opzet van geautomatiseerde informatiesystemen (7.4.6)	Verwerkingsverslagen en testen van general en application controls (7.5.4)
Beveiliging van zaken (7.4.5)	Waarneming ter plaatse zoals inventarisatie (7.5.5)

Overigens kan soms met een bepaalde controlehandeling de goede werking van meerdere controlemaatregelen vastgesteld worden. Zo wordt met een inventarisatie bijvoorbeeld zowel gecontroleerd of de activa aanwezig zijn als de goede werking van vele andere voorgaande controles (zoals verbands- en detailcontroles) vastgesteld. Wij beogen in deze paragraaf enkele voorbeelden te geven van de voornaamste controlehandelingen. Voor een meer uitgebreide behandeling verwijzen wij naar de serie *Bestuurlijke Informatieverzorging* (Starreveld, Van Leeuwen, Van Nimwegen, 2002).
In het algemeen worden de in deze paragraaf te behandelen controlemaatregelen uitgevoerd door medewerkers die onafhankelijk zijn van de medewerkers die de transacties van de organisatie uitvoeren. Dit is veelal de administratie. Bij grotere organisaties wordt deze rol soms vervuld door specifieke afdelingen interne controle, compliance afdelingen of interne accountantsafdelingen.

Oordeelsvorming ex post

7.5.1 Oordeelsvorming ex post door cijferbeoordeling

Oordeelsvorming ex post

Binnen een bedrijf zijn er vele vormen van verwachtingen (prognoses) die vooraf geformuleerd zijn. Het formuleren van verwachtingen vooraf (oordeelsvorming ex ante) heeft weinig zin als je ook niet kijkt wat daar achteraf (ex post) van terecht is gekomen. Deze vergelijking tussen de verwachting vooraf en de realisatie achteraf is om meerdere redenen zinvol:
- Je kunt door de kennis die je daarmee opdoet nieuwe verwachtingen kwalitatief verbeteren.
- Je krijgt een beeld van de kwaliteit van de uitvoering door de medewerkers.
- Je kunt fouten in de informatie die je krijgt over de werkelijkheid (dus de betrouwbaarheid) op het spoor komen.

Dit laatste wordt cijferbeoordeling genoemd en is een maatregel om de betrouwbaarheid van informatie te kunnen beoordelen. Wij spreken van **beoordelen in plaats van controleren omdat bij controleren het** uitgangspunt is dat er geen afwijking bestaat tussen soll- en ist-positie, en bij beoordelen is de verwachting dat er waarschijnlijk wel afwijkingen zullen zijn tussen planning en werkelijkheid.

Cijferbeoordeling is een kritische, bedrijfseconomisch getinte, beschouwing van de verantwoorde posten (beweringen), waarbij opvallende ontwikkelingen nader worden onderzocht. Je kan cijferbeoordeling toepassen door de verantwoording over de werkelijke gang van zaken naast de verwachting te leggen.

Cijferbeoordeling

Dit doe je bijvoorbeeld wanneer je per post de begroting vergelijkt met de werkelijkheid. Indien de begroting sterk afwijkt van de werkelijkheid, dan kan dit een aantal redenen hebben:
- De werkelijke gang van zaken is anders dan verwacht.
- De verstrekte informatie over de werkelijke gang van zaken is onbetrouwbaar.
- De verwachting was niet goed.

Cijferbeoordeling voer je niet alleen uit door de werkelijke cijfers met de begroting te vergelijken. Cijferbeoordeling kan je ook gebruiken om verwachtingen ten aanzien van veronderstelde relaties tussen posten te beoordelen. Als de debiteuren sterk stijgen, zou je ceteris paribus ook een stijging van de omzet verwachten, anders heeft de organisatie mogelijk een probleem ten aanzien van oninbaarheid.

Bij Easy Fix It BV zal de controller de door het geautomatiseerde informatiesysteem geproduceerde managementinformatie aan cijferbeoordeling onderwerpen voordat deze informatie aan de directeur wordt verstrekt. De controller beoordeelt dan omzet, brutomarge, voorraadverschillen en kasverschillen per filiaal en tussen de filialen onderling in relatie tot de begroting en de vorige periode. Indien één filiaal sterk afwijkt, dan zal hij nader willen onderzoeken of:
- *de verstrekte informatie wel betrouwbaar is (informatiecontrole)*
- *bevoegdheden niet zijn overschreden door de bedrijfsleider (bevoegdheidscontrole)*
- *goederen wel betrouwbaar worden bewaard (bewaringscontrole).*

Cijferbeoordeling zet hem dus op het spoor van eventuele betrouwbaarheidsproblemen, maar zal altijd gevolgd moeten worden door nader onderzoek.

7.5.2 Materiële verbandscontroles

Waarom wordt de BETA-formule zo genoemd?

Verbandscontroles zijn controlehandelingen die een verband leggen tussen twee of meer stadia van de waardekringloop. Verbandscontroles hebben een belangrijke functie voor het controleren van de betrouwbaarheid en dan met name de volledigheid van de verstrekte informatie. Verbanden kun je pas leggen als je weet wat de relatie is die zou moeten bestaan tussen de te controleren informatiestromen.

Verbandscontroles

Een bekend voorbeeld van een verbandscontrole bij een handelsbedrijf is:

Beginvoorraad + Inkopen − Eindvoorraad = Verkocht

Wat is een omspannende verbandscontrole?

Zo'n verbandscontrole wordt ook wel een omspannende materiële verbandscontrole genoemd. Met 'omspannend' wordt bedoeld dat hij de schakels in de waardekringloop in totaal omvat. Vaak zijn deze totalen in de boekhouding terug te vinden als totaalmutaties (geaggregeerde bedragen) van grootboekrekeningen of van de dagboeken die het grootboek voeden. Achter de verschillende schakels schuilen de verschillende afdelingen. Met 'materieel' wordt bedoeld dat de verbandscontrole betrekking heeft op het bedrijfsproces.

Door middel van een materiële verbandscontrole wordt de informatie van de ene afdeling met die van de andere vergeleken. Als het goed is, dan zie je dat in de verbandscontrole terugkomen:
Beginvoorraad + Inkopen − Eindvoorraad = Verkocht.
In feite wordt met de verbandscontrole de informatie van het magazijn, de afdeling inkoop en de afdeling verkoop vergeleken.

BETA-formule Dit verband wordt ook wel de BETA-formule genoemd.

Als het verband sluit, dan zou je er dus van uit mogen gaan dat de informatie van deze afdelingen betrouwbaar is. Maar zo eenvoudig is het echter helaas niet, want:
1 *De functiescheiding kan doorbroken zijn.* De functiescheiding tussen deze afdelingen kan doorbroken zijn (of niet bestaan). Het gevaar bestaat dan dat een medewerker het verband sluitend gemaakt heeft om te suggereren dat de informatie betrouwbaar is en met wellicht als doel om waarden aan het bedrijf te onttrekken. Vooral de controller (of hoofd Administratie) is in een positie om dit te doen.
2 *Fouten kunnen elkaar compenseren.* Fouten kunnen elkaar compenseren waardoor de suggestie van betrouwbaarheid wordt gewekt. Voordat je kan vertrouwen op de verbandscontrole beginvoorraad + inkopen − eindvoorraad = verkocht, zal je moeten controleren of de in de verbandscontrole gebruikte informatiestromen overeenkomen met de fysieke werkelijkheid. Bij organisaties die voor hun bedrijfsproces gebruikmaken van goederen, gebeurt dit door de inventarisatie van de voorraden. De inventarisatie (zie subparagraaf 7.5.5) is dan 'het sluitstuk van de geld-goederenbeweging'.
3 *Er kunnen verstoringen zijn in de goederenbeweging.* Verstoringen in de goederenbeweging kunnen het gevolg zijn van bijvoorbeeld uitval, bederf, diefstal, maar ook boekingsfouten.

Bij een geautomatiseerd informatiesysteem moet bij de ontwikkeling al rekening gehouden worden met de later te leggen materiële verbandscontroles. Indien dit goed gebeurt, dan biedt een dergelijk systeem tevens de mogelijkheid om op transactieniveau de verbanden te leggen. Verbanden kunnen namelijk ook op transactieniveau gelegd worden.

Als Easy Fix It 20 rode dakpannen heeft besteld en er 75 had liggen, zal na de ontvangst van de dakpannen de voorraad gestegen zijn tot 95. Ook per transactie geldt dus dat beginvoorraad (75) plus inkopen (20) gelijk zijn aan de eindvoorraad (95).

Bij Easy Fix It BV is bij de ontwikkeling van het geautomatiseerde informatiesysteem uitgegaan van de in figuur 7.4 afgebeelde waardekringloop. De volgende geprogrammeerde verbandscontroles worden in eerste instantie op transactieniveau uitgevoerd en in tweede instantie op totaal (bestands)niveau binnen het geautomatiseerde informatiesysteem:
- Afboeking inkoopbestand = Opboeking voorraadbestand centraal = Opboeking crediteurenbestand (tegen kostprijs);
- Afboeking crediteurenbestand = Afboeking bank;
- Afboeking voorraadbestand centraal = Opboeking artikelbestand filiaal;
- Afboeking artikelbestand filiaal = Opboeking verkoopbestand filiaal (tegen verkoopwaarde);
- Afboeking verkoopbestand via pincodes = Opboeking bank;
- Afboeking verkoopbestand code contant = kasprotocol + kasverschil = Opboeking bank via kasstorting.

Door periodiek de voorraad goederen te inventariseren en de getelde voorraad te vergelijken met de voorraad volgens het voorraadbestand filiaal en centraal, kan de administratie de voorraadverschillen per locatie bepalen. Door per dag de telling van de kas te vergelijken met het verkoopbestand code contant, kan de administratie per filiaal kasverschillen bepalen.

7.5.3 Detailcontroles
Terwijl de verbandscontroles kunnen worden uitgevoerd op transactie- of bestandniveau, richten de detailcontroles zich op de aspecten van een transactie. Detailcontroles zijn met name geschikt om de juistheid van de verstrekte informatie te controleren. Met een detailcontrole kan je bijvoorbeeld de juistheid van een verantwoorde prijs of tarief controleren.

Detailcontrole

Door het uitvoeren van zo'n detailcontrole controleert de administratie of bijvoorbeeld het gegeven 'prijs rode dakpan opgenomen in verkoopbestand Easy Fix It BV' overeenkomt met het gegeven 'prijs rode dakpan' op de door de directie van Easy Fix It geautoriseerde prijslijst. Tevens zal de administratie controleren of de directie in het geautomatiseerde systeem de prijslijst heeft geautoriseerd.

Met detailcontroles kan de administratie ook controleren of medewerkers zich houden aan de wijze van werken zoals die door de directie is voorgeschreven in procedures en bepaald wordt door wet- en regelgeving. De administratie kan bijvoorbeeld controleren of de afdeling inkoop inderdaad offertes heeft aangevraagd voor bepaalde inkopen zoals dit is voorgeschreven in de offerteprocedure en volgens Europese aanbestedingsregels. Indien dergelijke detailcontroles worden uitgevoerd door alle aspecten van een bepaalde procedure na te lopen, noemen we dit een lijncontrole. Hiermee kan zowel geconstateerd worden of de procedure aanwezig is (bestaan), als geconstateerd worden of alle binnen de handeling uit te voeren handmatige en geautomatiseerde activiteiten goed zijn uitgevoerd (werking).

Indien de administratie van een transactie in detail controleert of de gegevens juist zijn en of de gevolgde procedure juist is, dan controleer je zowel of de gegevens juist zijn opgenomen in de bestanden als de goede werking van het voorgeschreven proces (compliance). Je kan je voorstellen dat dit in de praktijk veel voorkomt, want waarom zou je niet meteen controleren of bijvoorbeeld zowel de prijs als de gevolgde procedure juist is. Dergelijke detailcontroles noemt men dan 'dual purpose' controles. De toegangscontrole bij een pretpark is ook een voorbeeld van een dual purpose test. Hierbij controleer je zowel de geldigheid van het toegangsbewijs als de juiste werking van de verkoopprocedure.

Wanneer je door het controleren van een aantal transacties iets wilt zeggen over de betrouwbaarheid van het totaal, dan is het noodzakelijk om gebruik te maken van statistische methoden. Je kan dan onder bepaalde voorwaarden met een bepaald betrouwbaarheidspercentage (bijvoorbeeld 95%) een uitspraak doen over de betrouwbaarheid van een in de administratie verantwoorde post.

Bij Easy Fix It BV zal de controller bijvoorbeeld detailcontroles gebruiken om:
- *de juistheid van de verkoopprijs te controleren door de prijs uit het artikelbestand te vergelijken met de door de directeur geautoriseerde prijslijst*
- *de juistheid van kasverschillen per filiaal te controleren door kasprotocollen te vergelijken met de kas die aanwezig zou moeten zijn volgens het verkoopbestand, rekeninghoudend met de vaste beginkas.*

7.5.4 Testen van general controls en application controls

Nadat geautomatiseerde systemen getest en geaccepteerd zijn, vragen gebruikers van deze systemen zich af of ze daadwerkelijk met het door hen geaccepteerde systeem hebben gewerkt en of dit systeem nog steeds goed werkt.
Gebruikers kunnen voor de vraag of het systeem nog steeds goed werkt gebruikmaken van verwerkingsverslagen en foutlijsten. Vele application controls zijn geprogrammeerd bij de ontwikkeling van het informatiesysteem (zie hoofdstuk 20 van deel 5). Het informatiesysteem produceert met behulp van deze application controls verwerkingsverslagen en foutlijsten op basis van de verwerkte transacties. Op grond van deze verwerkingsverslagen en foutlijsten kan de controller vaststellen of het systeem goed gewerkt heeft. Tevens zal hij controleren of het versienummer van de gebruikte programmatuur klopt.
Het antwoord op de vraag of zij daadwerkelijk met het door hen geteste en geaccepteerde systeem gewerkt hebben, is een vraag naar de werking van de general controls. Het is mogelijk dit apart te laten controleren door een deskundige op het gebied van automatisering.

7.5.5 Waarneming ter plaatse

In het kader van de controle van de betrouwbaarheid van de verstrekte informatie, zal je regelmatig moeten controleren of de situatie zoals de administratie die weergeeft overeenkomt met de werkelijkheid. In tabel 7.9 vind je voorbeelden van waarneming ter plaatse.

Waarneming ter plaatse

TABEL 7.9 Voorbeelden van waarnemingen ter plaatse

Vormen van waarnemingen ter plaatse	Doel
Inventarisatie van voorraden	Niet alleen om de werkelijke omvang van de voorraad vast te stellen, maar ook om de naleving te controleren van de voorschriften rond het bijhouden van de voorraadadministratie.
Saldocontrole debiteuren	Het verzenden van zogenaamde saldobiljetten naar debiteuren met de vraag te bevestigen dat zij het door hen nog niet betaalde saldo op een bepaald moment naar hun mening daadwerkelijk verschuldigd zijn.
Leegstandscontrole bij een hotel	Om de werkelijke leegstand vast te stellen en daarmee de betrouwbaarheid van de verantwoorde bezetting. Dit doe je, ervan uitgaande dat er meer kamers bezet zijn dan er leeg staan.

Bij Easy Fix It zal de controller regelmatig de opdracht geven om de voorraden in de filialen te inventariseren. Aangezien het point of sale-systeem een voorraadadministratie per artikelsoort heeft, kan de voorraad van een beperkt aantal artikelsoorten geïnventariseerd worden. Met een dergelijke partieel roulerende inventarisatie controleert de controller de werking van de preventieve maatregelen rond het bijhouden van het point of sale-systeem.

Als directie van een organisatie of als controleur ga je soms ook gewoon kijken of alles wel zo gaat als in de richtlijnen is aangegeven.

Zo let de directie van Easy Fix It er bij vestigingsbezoeken bijvoorbeeld op of het bedienend personeel wel alle artikelen die klanten willen kopen inscant en of de beschadigde artikelen die worden afgeboekt inderdaad onverkoopbaar zijn.

Samenvatting

Zoals je hebt kunnen lezen zijn er preventieve interne controlemaatregelen en repressieve interne controlemaatregelen. De passende combinatie van deze preventieve en repressieve maatregelen van interne controle vormen een effectief stelsel van maatregelen, dat zorgt voor betrouwbare informatie. Of de aantallen uit de voorraadadministratie juist zijn, zal worden gecontroleerd door inventarisatie. Of alles er wel ligt (volledigheid), daar heb je functiescheiding voor nodig. Immers, de inkoper koopt in en de magazijnmeester ontvangt de voorraad. De administratie zal door een verband te leggen tussen de bestelde en ontvangen goederen, de functiescheiding en daarmee dus ook de volledigheid van het aantal goederen kunnen controleren. Dit alles onder voorbehoud van de beperkingen die verbonden zijn aan de maatregelen van interne controle.

8 Betrouwbaarheidstypologie

8.1 Betrouwbaarheidstypologie van Starreveld
8.2 Handelsbedrijven
8.3 Industriële bedrijven
8.4 Agrarische en extractieve bedrijven
8.5 Dienstverleningsbedrijven
8.6 Financiële instellingen
8.7 Huishoudingen die zonder tussenkomst van de markt leveren

In hoofdstuk 7 heb je kunnen lezen hoe je met maatregelen van interne controle de betrouwbaarheid van de verstrekte informatie, de naleving van bevoegdheden en van wet- en regelgeving en het integer bewaren kunt bevorderen en controleren. Omdat bedrijven sterk van elkaar verschillen, zal de inhoud van het stelsel van interne controlemaatregelen per bedrijf verschillen. Ondanks al deze verschillen kan je in de praktijk zien dat bedrijven met soortgelijke bedrijfsactiviteiten vaak hetzelfde type interne controlemaatregelen hebben om de volledigheid van de verantwoorde opbrengsten en juistheid van de verantwoorde kosten te kunnen controleren.

8.1 Betrouwbaarheidstypologie van Starreveld

Starreveld heeft op basis van zijn observaties als eerste in 1962 een typologieschema (Starreveld en Van Leeuwen, 2008) gemaakt waarin organisaties ingedeeld worden aan de hand van kenmerkende bedrijfsactiviteiten. In de loop der tijd is dit schema iets aangepast. De typologie is gericht op het vaststellen van de betrouwbaarheid van de informatie en noemen we daarom betrouwbaarheidstypologie. De indeling aan de hand van de kenmerkende bedrijfsactiviteiten gebaseerd op verschillen in de waardekringloop van de bedrijfsactiviteiten, staat hierbij centraal.

Betrouwbaarheidstypologie

Hoe hoger een type huishouding in het schema staat, des te makkelijker kan je de controle van de volledigheid van de opbrengsten baseren op het binnen het waardekringloopproces te onderkennen rationeel verband tussen opgeofferde en verkregen zaken. Hoe lager het type in het schema staat, des te meer aanvullende maatregelen van interne controle (vooral functiescheiding) je nodig zal hebben.

Een waarschuwing bij het gebruik van het typologieschema is op zijn plaats. Het typologieschema is niet meer dan een hulpmiddel. De beschrijvingen van de verschillende typen bedrijven zijn niet meer dan karakterschilderingen. De werkelijkheid is echter buitengewoon gevarieerd en aan verandering onderhevig. Je moet de typologie dan ook zien als een hulpmiddel dat aangeeft welke interne controlemaatregelen je zou kunnen verwachten. Voor een aantal veelvoorkomende typen organisaties vind je:
- de belangrijkste aanknopingspunten voor de volledigheid van de opbrengsten en juistheid van de kosten. Dit is de absolute kern.
- een samengevat overzicht van de preventieve en repressieve maatregelen van interne controle zoals behandeld in de paragrafen 7.4 en 7.5. Deze overzichten hebben een structuur zoals je in tabel 8.1 kunt zien.

TABEL 8.1 Structuur voor behandelen betrouwbaarheidstypen

Onderdelen	Behandeld in subparagraaf:
Betrouwbaarheidsrisico's	7.4.1 Het uitvoeren van een risicoanalyse
Organisatorische (preventieve) maatregelen	
Begroting, normen, tarieven	7.4.2 Het zich vooraf vormen van een verwachting over de werkelijkheid (oordeelsvorming ex ante)
Controletechnische functiescheiding	7.4.3 Controletechnische functiescheiding
Procedures, wet- en regelgeving, richtlijnen	7.4.4 Het uitvaardigen van procedures & richtlijnen en het vaststellen van relevante wet- en regelgeving
Belangrijke periodieke managementinformatie in relatie tot begroting en vorige periode	7.4.7 Het inrichten van de managementinformatie
Essentiële bestanden (zie deel 5)	7.4.6 Het opzetten van een (geautomatiseerd) informatiesysteem met voldoende aandacht voor betrouwbaarheidsrisico's in de vorm van passende general en application controls
Repressieve maatregelen van interne controle	
Cijferanalyse	7.5.1 Oordeelsvorming ex post door middel van cijferbeoordeling
Verbandscontroles	7.5.2 Materiële verbandscontroles
Detailcontroles	7.5.3 Detailcontroles en controles op de naleving van procedures
Waarneming ter plaatse	7.5.5 Inventarisatie en andere waarnemingen ter plaatse

De preventieve maatregelen ten aanzien van beveiliging (subparagraaf 7.4.5) en de repressieve maatregelen ten aanzien van automatisering (subparagraaf 7.5.4) laten we buiten beschouwing omdat deze veelal onafhankelijk zijn van het type organisatie. De beschrijvingen van de verschillende typen bedrijven zijn zeer beknopt gehouden in de vorm van overzichtelijke tabellen. Bovendien werken we in hoofdstuk 9 nog een aantal processen in detail uit. In tabel 8.2 zie je de behandelde typen met een verwijzing naar Starreveld en Van Leeuwen (2008).

Welke typen organisaties onderkent de betrouwbaarheidstypologie en wat zijn per type organisatie de voornaamste maatregelen van interne controle?

TABEL 8.2 Te behandelen betrouwbaarheidstypen

Type	Starreveld & Van Leeuwen deel 2B (2008)	Hoofdstuk 8 van dit boek
Huishoudingen die voor de markt leveren		
Handelsbedrijven	XIV	8.2
Handelsbedrijven op rekening	XIV, A	8.2.1
Handelsbedrijven tegen contante betaling, behandeld: filiaalbedrijf	XIV, B	8.2.2
Industriële bedrijven	XV	8.3
Heterogene massafabricage		8.3.1
Stukproductie		8.3.2
Agrarische en extractieve bedrijven	XVI	8.4
Veeteelt		8.4.1
Akkerbouw		8.4.2
Extractieve bedrijven, behandeld: oliewinning		8.4.3
Dienstverleningsbedrijven	XVII	8.5
Dienstverlenende bedrijven met een goederenbeweging:		
• met doorstroming van eigen goederen	XVII, p. 207	8.5.1
• met doorstroming van goederen van derden, behandeld: autoreparatie	XVII, p. 214	8.5.2
• met levering via vaste leidingen, behandeld: waterleiding	XVII, p. 218	8.5.3

TABEL 8.2 Te behandelen betrouwbaarheidstypen (vervolg)

Type	Starreveld & Van Leeuwen deel 2B (2008)	Hoofdstuk 8 van dit boek
• die informatiediensten leveren	XVII, p. 220	8.5.4
Dienstverlenende bedrijven met beschikbaarstellen van ruimtes:		
• met specifieke reservering	XVII, p. 223	8.5.5
• zonder specifieke reservering	XVII, p. 226	8.5.6
Overige dienstverlenings-bedrijven	XVII, p. 228	8.5.7
Financiële instellingen		8.6
Verzekeringsbedrijven, behandeld: schadeverzekerings-bedrijf	XVIII	8.6.1
Banken	XIX	8.6.2
Huishoudingen die zonder tussenkomst van de markt leveren		8.7
Overheidshuishoudingen	XX	8.7.1
Privaatrechtelijke organisaties:	XXI	
• Verenigingen		8.7.2
• Stichtingen		8.7.3

8.2 Handelsbedrijven

Bij handelsbedrijven maken we een onderscheid tussen handelsbedrijven die in hoofdzaak op rekening leveren en handelsbedrijven die tegen contante betaling leveren. Bij handelsbedrijven die op rekening leveren kun je denken aan een groothandel, postorderbedrijven, im- en exporteurs en internetwinkels. Ze handelen op basis van een bepaald productassortiment.

8.2.1 Handelsbedrijven op rekening

Handelsbedrijven die in hoofdzaak op rekening leveren

De voornaamste interne controlemaatregelen van handelsbedrijven die in hoofdzaak op rekening leveren hangen samen met het volgen van de verbanden binnen de waardekringloop en zijn in tabel 8.4 weergegeven. De risico's en maatregelen van interne controle voor het inkoop-, crediteuren-, opslag-, verkoop- en debiteurenproces kun je per processtap in hoofdstuk 9 van dit deel vinden.

Belangrijkste aanknopingspunten voor volledigheid opbrengsten en juistheid kosten:
- door directie geautoriseerde brutomarge, prijsprocedure
- functiescheiding tussen inkoop, opslag, verkoop, administratie
- beginvoorraad + inkoop − eindvoorraad = verkocht
- inventarisatie als sluitstuk van de geld-goederenbeweging

FIGUUR 8.3 Handelsbedrijf op rekening

TABEL 8.4 Handelsbedrijf op rekening

Betrouwbaarheidsrisico's	• Verschuivingsgevaar van periodes met een hoge naar periodes met een lage prijs • Juistheid verkoopkortingen • Volledigheid inkoopkortingen • Oninbaarheid debiteuren
1 Preventieve maatregelen	
1.1 Begroting, normen, tarieven	Verkoopbegroting, inkoopbegroting, *begrote brutomarge, begrote oninbare debiteuren*, liquiditeitsbegroting
1.2 Controletechnische functiescheiding	Inkoop (beschikkend), Magazijn (bewarend), Verkoop (beschikkend), Debiteurenbeheer (bewarend), Administratie (controlerend en registrerend)
1.3 Procedures, wet- en regelgeving, richtlijnen	• Prijsprocedure, kortingsprocedure, offerte- en contractprocedure bij inkoop, inventarisatieprocedure • Wet- en regelgeving ten aanzien van btw
1.4 Belangrijke periodieke managementinformatie in relatie tot begroting en vorige periode (zie verder: Starreveld, deel 2B, pp. 82–83)	• Exploitatie: Omzet <u>Kostprijs verkopen</u> Brutomarge Apparaatskosten Nettomarge • *Balans gerelateerd:* Omloopsnelheid van de voorraad Ouderdom debiteuren Openstaande crediteuren Voorraadverschillen
1.5 Essentiële bestanden	Inkoopbestand, artikelbestand, voorraadbestand, crediteurenbestand, verkoopbestand, debiteurenbestand

TABEL 8.4 Handelsbedrijf op rekening (vervolg)

2 Repressieve maatregelen	
2.1 Cijferanalyse	Werkelijke brutomarges versus begrote brutomarges per product en productcategorie

2.2 Verbandscontroles	• Beginvoorraad + inkopen − eindvoorraad = kostprijs verkopen
	  Kostprijsverkopen + brutomarge = omzet
	  Omzet = bijboeking debiteuren
	  Afboeking debiteuren = ontvangsten op de bank + oninbaar
	• Inkopen = bijboeking crediteuren
	• Afboeking crediteuren = afboeking bank

2.3 Detailcontroles	• Controle op juistheid van de inkoopprijzen Invoer van de juiste verkoopprijzen in het artikelbestand • Controle op juistheid verkoopkortingen • Controle op naleving offerteprocedure voor inkopen • Controle op naleving btw-regelgeving
2.4 Waarneming ter plaatse	Inventarisatie Saldobiljetten versturen aan debiteuren die nog niet betaald hebben

8.2.2 Handelsbedrijven die leveren tegen contante betaling

Handelsbedrijven die leveren tegen contante betaling

Bij handelsbedrijven die leveren tegen contante betaling kun je denken aan winkels en warenhuizen. De voornaamste interne controlemaatregelen van handelsbedrijven die leveren tegen contante betaling hangen samen met het volgen van de verbanden binnen de waardekringloop en zijn in tabel 8.6 weergegeven.

Belangrijkste aanknopingspunten voor volledigheid opbrengsten en juistheid kosten:
- door directie geautoriseerde brutomarge, prijsprocedure
- betrouwbare werking point of sale-apparatuur
- beginvoorraad + inkoop − eindvoorraad = verkocht + kasverschillen + voorraadverschillen
- inventarisatie als sluitstuk van de geld-goederenbeweging

FIGUUR 8.5 Handelsbedrijf dat levert tegen contante betaling

Bron: Hillie. ttp://nl.wikipedia.org/wiki/Bestand:Bijenkorf_amsterdam_-_interieur.jpg

TABEL 8.6 Handelsbedrijven die leveren tegen contante betaling

Betrouwbaarheidsrisico's	• Juistheid kasverschillen • Juistheid voorraadverschillen
1 Preventieve maatregelen	
1.1 Begroting, normen, tarieven	Verkoopbegroting, inkoopbegroting, *begrote brutomarge, begrote omloopsnelheid van de voorraad, begrote diefstal*
1.2 Controletechnische functiescheiding	Hoofdkantoor: Inkoop (beschikkend), Centraal magazijn (bewarend), Verkoop (intern beschikkend over te hanteren prijzen), Administratie (controlerend) ←→ Per filiaal: bedrijfsleider (beschikkend), kassamedewerkers (uitvoerend)
1.3 Procedures, wet- en regelgeving, richtlijnen	Prijsprocedure, offerte- en contractprocedure bij inkoop, kasopmaak en afstortingsprocedure, inventarisatieprocedure Regelgeving op het gebied van winkelsluiting, oogtoezicht, tascontrole, zonder bon wordt niet geruild, procedure rondom retouren
1.4 Belangrijke periodieke managementinformatie in relatie tot begroting en vorige periode (zie verder: Starreveld, deel 2B, pp. 82–83)	*Exploitatie voor het geheel en per filiaal* Omzet Kostprijs verkopen *Brutomarge* Omloopsnelheid van de voorraad (per productcategorie) Kasverschillen Voorraadverschillen (per productcategorie)
1.5 Essentiële bestanden	Inkoopbestand, crediteurenbestand, artikelbestand, voorraadbestand (per filiaal), verkoopbestand (per filiaal)
2 Repressieve maatregelen	
2.1 Cijferanalyse	Werkelijke brutomarges versus begrote brutomarges per product en productcategorie Werkelijke voorraadverschillen (per filiaal) versus norm voor diefstal Werkelijke kasverschillen (per filiaal) versus norm
2.2 Verbandscontroles	Beginvoorraad + inkopen − eindvoorraad = kostprijs verkopen Afboeking artikelbestand (POS) = opboeking verkoopbestand (POS) +/− voorraadverschillen Afboeking verkoopbestand (POS) = opboeking bank + kasverschillen
2.3 Detailcontroles	Controle op de juistheid van de gehanteerde inkoopprijzen Invoer van de juiste verkoopprijzen in het artikelbestand
2.4 Waarneming ter plaatse	Inventarisatie van voorraad en kas Controle op naleving regelgeving winkeltijden

8.3 Industriële bedrijven

Industriële bedrijven transformeren door middel van een technisch omzettingsproces grondstoffen in gereed product. In dit hoofdstuk wordt heterogene massafabricage en stukproductie behandeld. Homogene massafabricage behandelen wij hier niet, omdat dit nog relatief zelden voorkomt.

8.3.1 Heterogene massafabricage

Deze organisaties produceren op voorraad met harde productienormen verschillende soorten producten. Voorbeelden van heterogene massafabricage zijn: productie van meubels, computers, televisies en fietsen. De voornaamste interne controlemaatregelen van heterogene massafabricage hangen samen met het volgen van de verbanden binnen de waardekringloop en de vaste relaties tussen de benodigde input voor de productie (grondstoffen, personele capaciteit en machinecapaciteit) en de output in de vorm van gereed product. In tabel 8.8 zijn de voornaamste interne controlemaatregelen voor heterogene massafabricage weergegeven.

Heterogene massafabricage

Belangrijkste aanknopingspunten voor volledigheid opbrengsten en juistheid kosten:
Als bij een handelsbedrijf op rekening, plus:
- functiescheiding tussen bedrijfsbureau, productie, administratie
- harde normen resulterend in een standaardkostprijs
- betrouwbare productieadministratie
- afdelingsgewijze nacalculatie en verschillenanalyse

FIGUUR 8.7 Massaproductie

Bron: Noordhoff autofabriek

TABEL 8.8 Heterogene massafabricage

Betrouwbaarheidsrisico's	• Juistheid productieresultaat (efficiency, bezetting, afval en uitval) • Verder als bij handelsbedrijf op rekening
1 Preventieve maatregelen	
1.1 Begroting, normen, tarieven	• Verkoopbegroting ➔ productiebegroting ➔ inkoopbegroting + personeelsbegroting + investeringsbegroting • *Standaardkostprijs* per product op basis van stuklijsten en bewerkingslijsten en tarieven • *Normale bezetting, normaal afval, normaal uitval* • Tarieven voor man-uren en machine-uren op basis van normale bezetting
1.2 Controletechnische functiescheiding	Als bij handelsbedrijf op rekening en ten aanzien van productie: • *Bedrijfsbureau (intern beschikkend)* • *Productieafdelingen (uitvoerend)* • *Magazijn gereed product (bewarend)* • *Administratie (controlerend en registrerend)*
1.3 Procedures, wet- en regelgeving, richtlijnen	• Als bij handelsbedrijf op rekening (prijsprocedure, offerte- en contractprocedure bij inkoop, inventarisatieprocedure) + *procedures inzake werkuitgifte, nacalculatie, verschillenanalyse, kwaliteitskeuring* • Arbeidsomstandighedenwet (Arbowet) Directe beveiliging: omheining, portier, magazijnmeester, camera's
1.4 Belangrijke periodieke managementinformatie in relatie tot begroting en vorige periode (zie verder: Starreveld, deel 2B, pp. 128-129)	• *Exploitatie* Omzet <u>Kostprijs verkopen</u> Brutomarge *Productieresultaten per afdeling* per periode (efficiency, afval, uitval, bezetting) voor machines, materiaal en personeel • *Balans gerelateerd* Mutaties in machinepark Omloopsnelheid voorraden Ouderdom debiteuren
1.5 Essentiële bestanden	Als bij handelsbedrijf op rekening (Inkoopbestand, Voorraadbestand, Crediteurenbestand, Prijsbestand, Verkoopbestand, Debiteurenbestand) plus: • *Productieorderbestand* • *Personeelsbestand* • *Machinebestand*

TABEL 8.8 Heterogene massafabricage (vervolg)

2 Repressieve maatregelen	
2.1 Cijferanalyse	Als bij handelsbedrijf op rekening (werkelijke brutomarges versus begrote brutomarges per product) plus: • *Productieresultaten per afdeling* • *Voorraadverschillen* • *Beoordelen van verschillen*
2.2 Verbandscontroles	• Beginvoorraad grondstoffen + Inkopen − Eindvoorraad = Verbruik. • Toegestaan verbruik= aantal gereed gekomen producten maal de norm • Machine-uren + in- en omsteltijden + onderhoud + leegloop= machinecapaciteit • Shoptime (personeelsbestand) = Jobtime (productieorderbestand) + indirecte uren • Gereed gemelde productie = Goedgekeurde productie + Uitval • Verder als bij handelsbedrijf op rekening
2.3 Detailcontroles	• Controle op de juistheid van de gehanteerde inkoopprijzen; idem van de standaardkostprijs Controle op geschreven uren door afdelingshoofd • Afdelingsgewijze nacalculatie en verschillenanalyse • Verder als handelsbedrijf op rekening
2.4 Waarneming ter plaatse	• Naleving productievoorschriften • Inventarisatie onderhanden werk, grondstoffen en gereed product • Naleven voorschriften Arbowet

8.3.2 Stukproductie

Stukproductiebedrijven richten zich met de vorm en uitvoering van hun producten grotendeels naar de specifieke wensen van hun individuele afnemers. De voornaamste interne controlemaatregelen bij stukproductie hangen samen met het volgen van de verbanden binnen de waardekringloop en het productieproces, in het bijzonder op basis van normen tussen de omvang van de input in en de output van het productieproces. Er is sprake van zeer kleine series van producten (serie-stuk) of van maatwerk. Voorbeelden zijn: het maken van een maatpak, de productie van bijzondere schepen en de bouw van villa's.

Stukproductie

Belangrijkste aanknopingspunten voor volledigheid opbrengsten en juistheid kosten:
Als bij handelsbedrijf op rekening, plus:
• functiescheiding tussen bedrijfsbureau, productie, administratie
• betrouwbare voorcalculatie per project
• betrouwbare projectadministratie
• projectgewijze nacalculatie en verschillenanalyse

De voornaamste interne controlemaatregelen van stukproductiebedrijven zijn opgenomen in tabel 8.10.

FIGUUR 8.9 Stukproductie

TABEL 8.10 Stukproductie

Betrouwbaarheidsrisico's	• Verschuivingsgevaar van kosten van verliesgevende naar winstgevende projecten • Juistheid indirecte uren • Dus in het algemeen: juistheid projectresultaat • Volledigheid termijnfacturering
1 Preventieve maatregelen	
1.1 Begroting, normen, tarieven	• Vergelijkbaar met heterogene massaproductie (verkoopbegroting, productiebegroting, inkoopbegroting, personeelsbegroting, investeringsbegroting) maar *projectmatig, voorcalculatie per project of voor een individueel product* • Tarieven voor manuren en machine-uren op basis van *verwachte bezetting*
1.2 Controletechnische functiescheiding	Als bij massaproductie (Inkoop (beschikkend), Magazijn (bewarend), Verkoop (beschikkend), Debiteurenbeheer (bewarend), Administratie (controlerend), Bedrijfsbureau (intern beschikkend), Productieafdelingen (uitvoerend), Magazijn gereed product (bewarend)) met aanvullend binnen productie: • projectleider die de uitvoering aan kan sturen (voortgangscontrole) • kwaliteitscontrole op voldoen aan eisen van klant

TABEL 8.10 Stukproductie (vervolg)

1 Preventieve maatregelen	
1.3 Procedures, wet- en regelgeving, richtlijnen	Offerteprocedure bij verkoop (commerciële voorcalculatie), technische voorcalculatie, voortgangscontrole, nacalculatie, verschillenanalyse, facturering van meer- en minderwerk Bepalingen Arbeidsomstandighedenwet
1.4 Belangrijke periodieke managementinformatie in relatie tot begroting en vorige periode (zie verder: Starreveld, deel 2B, pp. 128–129)	• Exploitatie: Omzet per (groot) project Voorcalculatorische brutomarge *Productieresultaat per fase per project* • *Balans gerelateerd*: Waardering en voortgang Onderhanden Werk Gefactureerde termijnen Ouderdom debiteuren
1.5 Essentiële bestanden	Als bij massaproductie (inkoopbestand, voorraadbestand, crediteurenbestand, verkoopbestand, debiteurenbestand, personeelsbestand, machinebestand) maar in plaats van productieadministratie wordt eerder gesproken *van projectbestand*

2 Repressieve maatregelen	
2.1 Cijferanalyse	• Verschillenanalyse tussen commerciële en technische voorcalculatie • Analyse van productieresultaten *per project* • Verhouding directe versus indirecte uren voor mensen en machines • Percentage afval en uitval
2.2 Verbandscontroles	• Beginvoorraad grondstoffen + inkopen − eindvoorraad = ingang *projectadministratie* • Shoptime = jobtime + indirecte uren • Jobtime = uren van projectadministratie • Afboeking projectadministratie + marge = opboeking debiteuren
2.3 Detailcontroles	• Controle op juistheid van de gehanteerde inkoopprijzen • Controle op geschreven uren door projectleider • *Nacalculatie en verschillenanalyse per project*
2.4 Waarneming ter plaatse	• Inventarisatie grondstoffen • *Voortgang onderhanden werk* • Naleving van Arbowet

8.4 Agrarische en extractieve bedrijven

Binnen de categorie agrarische bedrijven maken we onder andere onderscheid naar veeteelt, akkerbouw en zaadteelt. Kenmerkend voor deze groep bedrijven is dat het verband tussen opgeofferde en verkregen waarden verzwakt kan worden door natuurinvloeden. In dit hoofdstuk behandelen wij:
- veeteelt
- akkerbouw
- extractieve bedrijven

Agrarische bedrijven

8.4.1 Agrarische bedrijven: veeteelt (vetmesterij)

Voorbeelden van veeteeltbedrijven zijn melkveehouderij en vetmesterij. Binnen de vetmesterij zijn weer specialisaties naar bijvoorbeeld rundvee, varkens, kippen en dergelijke mogelijk. In het algemeen zijn veeteeltbedrijven relatief kleinschalig. De voornaamste interne controlemaatregelen van veeteeltbedrijven hangen samen met het volgen van het verband tussen de hoeveelheid voer en de productie van vee. In tabel 8.12 zijn de voornaamste interne controlemaatregelen voor veeteeltbedrijven weergegeven.

Belangrijkste aanknopingspunten voor volledigheid opbrengsten en juistheid kosten:
- marktprijzen
- normen voor voerverbruik en groei
- oormerkregistratie
- veeadministratie
- mineralenbalans
- afrekeningen slachthuis
- beginvoorraad + aanwas – eindvoorraad = afvoer
- inventarisatie

FIGUUR 8.11 Oormerk bij veeteelt

TABEL 8.12 Agrarische bedrijven: veeteelt

Betrouwbaarheidsrisico's	• Volledigheid aanwas door geboorte en geproduceerde kilo's • Juistheid sterfte
1 Preventieve maatregelen	
1.1 Begroting, normen, tarieven	• Begrote opbrengsten op basis van normen voor groei. • Geboorte en sterfte van het vee. • Hieraan gerelateerd kosten en investeringsbegroting.
1.2 Controletechnische functiescheiding	Beperkte personeelsomvang, veelal mogelijkheden door aan te sluiten bij registraties van externe partijen (bijv. slachthuis).
1.3 Procedures, wet- en regelgeving, richtlijnen	• *Oormerkregistratie* • *Regelgeving ten aanzien van veehouderij*
1.4 Belangrijke periodieke managementinformatie in relatie tot begroting en vorige periode (zie verder: Starreveld, deel 2B, pp. 187-189)	• *Exploitatie:* Omzet Kosten (voer, personeel, overig) Winst • *Balans gerelateerd:* Voorraad veestapel en ouderdom
1.5 Essentiële bestanden.	• *Veebestand* • *Mineralenboekhouding*
2 Repressieve maatregelen	
2.1 Cijferanalyse	• Werkelijke opbrengsten versus begrote opbrengsten, gemiddelde verkoopprijs in relatie tot marktprijs • Werkelijke groei vee versus genormeerde groei • Relatie tussen hoeveelheid voer en de groei van het vee • Fokresultaten • Veesterfte
2.2 Verbandscontroles	• Beginvoorraad + inkopen − eindvoorraad = verbruik voer • Beginstand vee + aanvoer (inkoop + geboren) − afvoer (verkocht, gestorven) = eindstand vee
2.3 Detailcontroles	• Afrekening slachthuis en afgesproken prijs • Aanwezigheid oormerken vergelijken met bijvoorbeeld Rundvee Informatie Syndicaat
2.4 Waarneming ter plaatse	• Inventarisatie veestapel, controle op ziekte • Naleving regelgeving veehouderij

8.4.2 Akkerbouwbedrijven

Akkerbouwbedrijven kunnen verschillende typen gewassen verbouwen, bijvoorbeeld aardappels, granen en groente. Ze zijn in het algemeen kleinschalig. De totale capaciteit van een akkerbouwbedrijf gemeten in hectare grond per vierkante meter ligt voor de korte termijn vast. Het verband tussen de hoeveelheid zaaigoed en de opgeleverde productie staat bij de interne

Akkerbouwbedrijven

controlemaatregelen centraal. In tabel 8.14 zijn de voornaamste interne controlemaatregelen voor een akkerbouwbedrijf weergegeven.

Belangrijkste aanknopingspunten voor volledigheid opbrengsten en juistheid kosten:
- marktprijzen
- normen voor opbrengst per kilo zaaigoed
- teeltplan, groeirapportage, oogstrapportage
- perceeladministratie
- afrekeningen veilinghuis

FIGUUR 8.13 Landbouw

TABEL 8.14 Agrarische bedrijven: akkerbouw

Betrouwbaarheidsrisico's	• Volledige verantwoording oogst • Juistheid verlies door ziektes, verdroging, etc.
1 Preventieve maatregelen	
1.1 Begroting, normen, tarieven	• Begrote opbrengsten en hieraan gerelateerde kosten en investeringsbegroting • Teeltplan op basis van normen voor groei per grondsoort per gewassoort per perceel
1.2 Controletechnische functiescheiding	Beperkte personeelsomvang, veelal mogelijkheden door aan te sluiten bij registraties van externe partijen (bijv. veilinghuis)

TABEL 8.14 Agrarische bedrijven: akkerbouw (vervolg)

1 Preventieve maatregelen

1.3 Procedures, wet- en regelgeving, richtlijnen	• Offerte- en prijscontrole inkoop • Regelgeving Voedsel en Warenautoriteit
1.4 Belangrijke periodieke managementinformatie in relatie tot begroting en vorige periode (zie verder: Starreveld, deel 2B, pp. 192-193)	• *Exploitatie*: Omzet Kosten (energie, personeel, bemesting, apparatuur) Winst • *Balans gerelateerd*: Aantal hectaren voorraad zaaigranen
1.5 Essentiële bestanden	• Perceeladministratie • Verkoopcontractadministratie • Mineralenboekhouding • Voorraadbestand

2 Repressieve maatregelen

2.1 Cijferanalyse	• Werkelijke groei volgens groeirapportage versus verwachte groei volgens teeltplan gerelateerd aan bijzonderheden over het weer en energieverbruik. • In het algemeen worden landbouwnormen die de belastingdienst hanteert gebruikt voor de beoordeling. • Sterfte etc.
2.2 Verbandscontroles	*Ingekocht zaaigoed + loonkosten + overige toegerekende kosten = opboeking van perceeladministratie*
2.3 Detailcontroles	• Juistheid braakliggende percelen • Juistheid gewassoort • *Verslag veilinghuis met oogstrapportage*
2.4 Waarneming ter plaatse	• Werkelijke groei en kwaliteit van de gewassen: inspectierapporten • Controle op ziektes • Inspectie op naleving Voedsel en Warenautoriteit

8.4.3   Extractieve bedrijven

De activiteiten van extractieve bedrijven zijn gerelateerd aan het winnen en verkopen van bodemschatten. Denk daarbij aan gaswinning, oliewinning en mijnbouw. Kenmerkend is dat de omvang van de voorraad door middel van geologisch onderzoek wordt bepaald en dat de winning kapitaalintensief is. Bovendien komt het vaak voor dat de winning verbonden is met van de overheid gekochte concessies, die strenge eisen stellen aan de manier van winning en een gelimiteerde looptijd hebben. In tabel 8.16 zijn de voornaamste interne controlemaatregelen voor een bedrijf voor oliewinning weergegeven.

Extractieve bedrijven

Belangrijkste aanknopingspunten voor volledigheid opbrengsten en juistheid kosten:
- marktprijzen
- functiescheiding tussen planning, winning, opslag en administratie
- concessieadministratie
- per concessie beoordelen: beginvoorraad volgens geologisch onderzoek – eindvoorraad volgens geologisch onderzoek ≈ gewonnen
- bepalen omvang voorraad door geologisch onderzoek

FIGUUR 8.15 Tankstation

TABEL 8.16 Extractieve bedrijven: oliewinning

Betrouwbaarheidsrisico's	• Volledige verantwoording gewonnen aardschatten • De omvang en waardering van de voorraad in de grond
1 Preventieve maatregelen	
1.2 Begroting, normen, tarieven	• Exploratiebegroting per oliebron op basis van concessievoorwaarden • Investeringsbegroting voor duurzame vaste activa • Personeelsbegroting
1.2 Controletechnische functiescheiding	Hier alleen upstreamactiviteiten behandeld, downstream is handelsbedrijf: • Verkrijgen van concessies: beschikkend • Geologisch onderzoek: uitvoerend • Planning: intern beschikkend • Winning: uitvoerend • Opslag: bewarend • Administratie: registerend en controlerend
1.3 Procedures, wet- en regelgeving, richtlijnen	• Regelgeving ten aanzien van verwerven concessie • Regelgeving ten aanzien van exploratie concessie • Milieuvoorschriften
1.4 Belangrijke periodieke managementinformatie in relatie tot begroting en vorige periode	• Gewonnen tegen marktprijs <u>Kosten (concessie, winning)</u> *Exploratieresultaat* • *Balans gerelateerd:* immateriële vaste activa (concessies), vaste activa (platform etc.), voorraad • *Verder:* resterende looptijd concessie, milieuproblemen

TABEL 8.16 Extractieve bedrijven: oliewinning (vervolg)

1 Preventieve maatregelen	
1.5 Essentiële bestanden	• Concessiebestand • Vaste activabestand • Personeelsbestand • Voorraadbestand
2 Repressieve maatregelen	
2.1 Cijferanalyse	• Exploratieresultaten in relatie tot begroot • Marktprijzen in relatie tot verwachting • Voorraadniveaus • Bezettingsgraad personeel en vaste activa
2.2 Verbandscontroles	• Beginvoorraad volgens geologisch onderzoek – eindvoorraad volgens geologisch onderzoek ≈ gewonnen volgens rapportage winning • Opslag: beginvoorraad + gewonnen – eindvoorraad = verbruikt voor raffinage
2.3 Detailcontroles	Naleving regelgeving verwerving en exploratie
2.4 Waarneming ter plaatse	• Inventarisatie opslag • Naleving milieuvoorschriften

8.5 Dienstverleningsbedrijven

Dienstverleningsbedrijven vallen uiteen in drie groepen:
- Bedrijven waar nog een zekere goederenbeweging aanwezig is. Het volgen van deze goederenbeweging ondersteunt de controle op de volledigheid van de opbrengsten.
- Bedrijven waarbij de dienstverlening uit het beschikbaar stellen van ruimtes bestaat, al dan niet met specifieke reservering.
- Bedrijven waarbij de dienstverlening bestaat uit het inzetten van personeel (overige dienstverlening).

8.5.1 Dienstverlening met doorstroming van goederen die eigendom van het bedrijf zijn

Dienstverleningsorganisaties met doorstroming van goederen die eigendom van het bedrijf zijn, hebben nog een zekere goederenbeweging. Deze organisaties lijken naar de aard van de voornaamste interne controlemaatregelen veel op handels- en industriële bedrijven. Er is echter een minder vaste relatie tussen de hoeveelheden verbruikte goederen en de inkomende geldstroom. Voorbeelden van dergelijke typen bedrijven zijn café's, restaurants en uitgeverijen. De voornaamste interne controlemaatregelen voor dienstverlening met doorstroming van eigen goederen zijn in tabel 8.18 weergegeven aan de hand van het voorbeeld van een restaurant.

Belangrijkste aanknopingspunten voor volledigheid opbrengsten en juistheid kosten:
- door directie geautoriseerde menukaart
- standaardreceptuur
- functiescheiding tussen bediening, keuken en administratie
- automatisch kasregister met menubestand en verkoopbestand
- beginvoorraad + inkopen – eindvoorraad = verbruik + bederf
- verkocht × standaardreceptuur ≈ verbruik
- inventarisatie kas en voorraad

FIGUUR 8.17 Kantine

TABEL 8.18 Restaurant

Betrouwbaarheidsrisico's	• Winkel in de winkel, volledige verantwoording aangeboden maaltijden
	• Juistheid bederf
1 Preventieve maatregelen	
1.1 Begroting, normen, tarieven	• Verkoopbegroting
	• Inkoopbegroting
	• Begrote personeelssterkte en salarislast
	Begrote brutomarge
	• Op menukaart gebaseerde normen voor ingrediënten en tijdsbesteding van gerechten, norm voor bederf
1.2 Controletechnische functiescheiding	• Bediening (beschikkend t.a.v. bestellingen)
	• Keuken (uitvoerend)
	• Kelder (magazijn: bewarend)
	• Administratie (registrerend en controlerend)
1.3 Procedures, wet- en regelgeving, richtlijnen	• Kasprocedure
	• Procedure voor wijzigingen in menukaart
	• *Vernietigingsprocedure*
	• *Regelgeving Voedsel en Warenautoriteit*

TABEL 8.18 Restaurant (vervolg)

1 Preventieve maatregelen	
1.4 Belangrijke periodieke managementinformatie in relatie tot begroting en vorige periode (zie verder: Starreveld, deel 2B, p. 208)	• *Exploitatie* Omzet (per kelner) Kostprijs Marge • *Overig:* Percentage bederf Kasverschillen Efficiëntieverschillen Bezetting per tafel
1.5 Essentiële bestanden	*Restaurantinformatie op basis van point of sale terminals (bestelling, omzet en ontvangsten) waarin: menubestand, verkoopbestand*
2 Repressieve maatregelen	
2.1 Cijferanalyse	• Werkelijke brutomarges versus begrote brutomarges • Bezetting per tafel • Personeelslasten in relatie tot omzet (er zal veel gewerkt worden met deeltijdmedewerkers op drukke momenten) • Kasverschillen • % Bederf
2.2 Verbandscontroles	• Voor de ingrediënten: beginvoorraad + inkopen − eindvoorraad = verbruikt + vernietigd • Verkoopbestand = bankafstortingen + kasverschillen • Verkocht × standaardreceptuur = verbruikt
2.3 Detailcontroles	• Controle op juistheid van de verantwoorde inkoopprijzen • Controle op juistheid van de gehanteerde verkoopprijzen
2.4 Waarneming ter plaatse	• Inventarisatie van de kas en voorraden • Nagaan of er geen winkel in de winkel is (verkoop en incasso van zaken buiten de kaart) • Inspectie naleving Voedsel en Warenautoriteit

8.5.2 Dienstverleningsbedrijven met doorstroming van goederen van derden

Dienstverleningsbedrijven met doorstroming van goederen van derden richten zich op het zo goed mogelijk benutten van het productieapparaat (mensen en machines). De ontvangsterkenning van de goederen van derden is veelal het aangrijpingspunt voor de interne controle. Denk bijvoorbeeld aan veilingen, wasserijen en garagebedrijven. De voornaamste interne controlemaatregelen voor dienstverlening met doorstroming van goederen van derden zijn in tabel 8.20 weergegeven, met als voorbeeld een garagereparatiebedrijf.

Doorstroming van goederen van derden

Belangrijkste aanknopingspunten voor volledigheid opbrengsten en juistheid kosten:
- geautoriseerde tarieven
- betrouwbare standaardkostprijs voor bepaalde reparaties
- functiescheiding tussen receptie, werkplaats, magazijn en administratie

- betrouwbare werkplaatsorderadministratie
- beginvoorraad + inkopen − eindvoorraad = verbruikte onderdelen op werkplaatsorders
- beoordeling bezettingspercentage
- inventarisatie kas en onderdelen

FIGUUR 8.19 Garagebedrijf

TABEL 8.20 Dienstverlening met doorstroming van goederen van derden: garagebedrijf

Betrouwbaarheidsrisico's	• Volledige verantwoording reparatieopdrachten • Juistheid indirecte uren • Juistheid onderdelen verbruik • Juistheid garantiekosten
1 Preventieve maatregelen	
1.1 Begroting, normen, tarieven	• Verkoopbegroting • *Begrote bezetting*, commercieel uurtarief, begrote personeelssterkte (bezetting) en salarislast • Inkoop • Investeringsbegroting (in reparatieapparatuur) • Begrote garantiekosten • Tarieven op basis van begrote bezetting, standaardkostprijs voor bepaalde reparaties • Commercieel uurtarief
1.2 Controletechnische functiescheiding	• Receptie (beschikkend, doet ook de planning) • Werkplaats (uitvoerend) • Magazijn (bewarend) • Administratie (registrerend en controlerend)

TABEL 8.20 Dienstverlening met doorstroming van goederen van derden: garagebedrijf (vervolg)

1 Preventieve maatregelen	
1.3 Procedures, wet- en regelgeving, richtlijnen	• Opdrachtaanvaarding • Uitgifte reparatieopdrachten • Uitgifte onderdelen • Toekennen garantie aan klanten • Claimen van garantie bij leveranciers, afrekenen • Inventarisatieprocedure • Regelgeving rond APK • Milieuregels
1.4 Belangrijke periodieke managementinformatie in relatie tot begroting en vorige periode	• *Exploitatie:* Omzet Salariskosten werkplaats Kosten materiaal <u>Afschrijving apparatuur</u> Brutomarge Garantiekosten Overige kosten Nettomarge • *Overig:* De bezetting van de werkplaats (productiviteit): Ouderdom debiteuren (omvang garantievorderingen) voorraad- en kasverschillen
1.5 Essentiële bestanden	• Klantenbestand • Werkplaatsorderbestand • Tarievenbestand • Voorraadbestand • Personeelsbestand • Debiteurenbestand
2 Repressieve maatregelen	
2.1 Cijferanalyse	• *Werkelijke bezetting versus begroot* • Verhouding directe-indirecte uren • Ontwikkeling van de gemiddelde omvang van de reparatieopdrachten • Ontwikkeling garantiekosten • Verhouding uren/materiaal • Beoordeling van afwijkingen van standaardkostprijs
2.2 Verbandscontroles	• *Beginvoorraad onderdelen + inkopen – eindvoorraad = verbruik* • Shoptime (personeelsbestand) = jobtime (werkplaatsorderbestand) + indirecte uren • Beginstand debiteuren + afgesloten werkplaatsorders – eindvoorraad = geldontvangsten
2.3 Detailcontroles	• Controle op juistheid van de gehanteerde inkoopprijzen en commerciële werkplaatstarieven • Controle op juistheid garantiekosten met behulp van garantieregeling • Controle op de werkplaatsorderresultaten
2.4 Waarneming ter plaatse	• Inventarisatie onderdelen • Aanwezigheid van niet door receptie geregistreerde auto's • Inspectie uitgevoerde reparaties • Inspectie of APK-voorschriften worden nageleefd

8.5.3 Dienstverleningsbedrijven die via vaste leidingen leveren

Dienstverlening-bedrijven die vaste leidingen leveren

Tot de dienstverleningbedrijven die vaste leidingen leveren behoren gas-, elektriciteits-, waterleiding- en telecombedrijven. Bij de interne controlemaatregelen staat het aantal aansluitingen op het kanalennet en het verbruik per aansluiting centraal. In tabel 8.22 zijn de voornaamste interne controlemaatregelen voor een waterleidingbedrijf weergegeven.

Belangrijkste aanknopingspunten voor volledigheid opbrengsten en juistheid kosten:
- geautoriseerde tarieven voor vast recht en variabel per verbruikseenheid
- aansluitplan
- functiescheiding tussen klantcontact, meter plaatsen en opnemen, magazijn en administratie
- beginvoorraad meters + inkopen − eindvoorraad = geplaatste meters = nieuwe aansluitingen + reparatie
- ijken van meters
- inventarisatie voorraad meters en meterstanden

FIGUUR 8.21 Watermeter

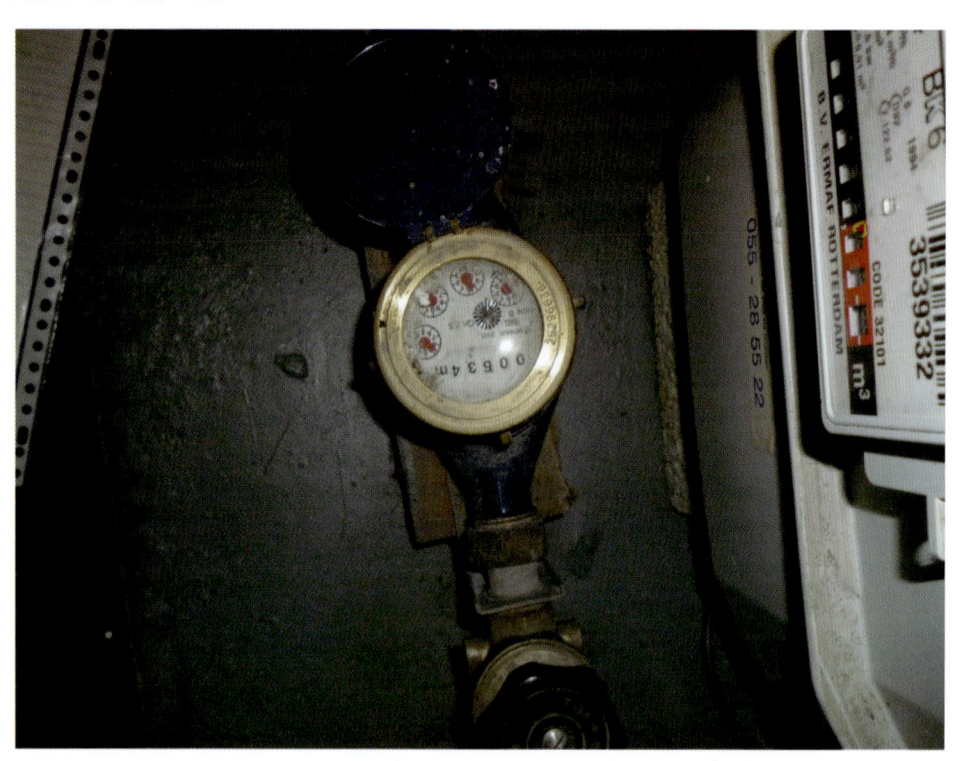

TABEL 8.22 Dienstverlening met doorstroming van eigen goederen met levering via vaste leidingen: waterleiding

Betrouwbaarheidsrisico's	• Volledige registratie aantal aansluitingen • Juistheid lekverliezen • Oninbaarheid debiteuren
1 Organisatorische (preventieve) maatregelen	
1.1 Begroting, normen, tarieven	• *Aansluitplan* • Investeringsbegroting • Onderhoudsbegroting • Inkoop- cq. productiebegroting • Toegestane lekverliezen • Vastrecht en variabele tarieven
1.2 Controletechnische functiescheiding	• Afsluiten contracten (verkoop, beschikkend) • Meter plaatsen (uitvoerend) • Metermagazijn (bewarend) • Meter opnemen bij klant (uitvoerend) • Administratie (registrerend en controlerend)
1.3 Procedures, wet- en regelgeving, richtlijnen	• *Bijwerken standenregister voor vastrecht*. Het standenregister bevat het normbedrag voor de maandelijks te incasseren vastrechtvergoedingen. Dit normbedrag wordt berekend als het product van het aantal meters dat bij klanten geplaatst is maal het vastrecht. In geval van aan- of afsluitingen wijzigt dit totaalbedrag. • Drinkwaterregelgeving
1.4 Belangrijke periodieke managementinformatie in relatie tot begroting en vorige periode	• *Exploitatie:* Omzet Waterverbruik Energiekosten Afschrijving leidingnet Brutomarge Salariskosten Onderhoud leidingennet Overige kosten Nettomarge • *Balans:* • Investeringen leidingnet • Mutatie aansluitingen • Oninbaarheid debiteuren • Overig mutatie contracten en lekverliezen
1.5 Essentiële bestanden	• Aansluitingenbestand • Contractenbestand • Voorraadbestand meters • Klantenbestand

TABEL 8.22 Dienstverlening met doorstroming van eigen goederen met levering via vaste leidingen: waterleiding (vervolg)

2 Repressieve maatregelen	
2.1 Cijferanalyse	• Ingekochte versus verkochte hoeveelheden en analyse lekverliezen • Controle op plausibiliteit van verbruiksopgave door klanten • Begrote opbrengsten versus werkelijke opbrengsten
2.2 Verbandscontroles	• Vastrecht volgens standenregister = gefactureerd vastrecht (eindstand meters − beginstandmeters) × tarief = gefactureerde variabele opbrengsten • Waterverbruik × verkooptarief = variabele opbrengsten • Opbrengst vastrecht + opbrengst variabel = opboeking debiteuren • Afboeking debiteuren = ingang bank • Beginvoorraad meters + inkopen − eindvoorraad meters = geplaatste meters = opboeking aansluitingenbestand
2.3 Detailcontroles	• Controle op juistheid van de gehanteerde inkoopprijzen en op het gehanteerde vastrecht en variabele tarieven • Analyse: werkelijke kwaliteit drinkwater versus vereist volgens drinkwaterregelgeving
2.4 Waarneming ter plaatse	Inventarisatie meters • Controle op opnemen standen door klanten • Rechtmatig gebruik meters

8.5.4 Dienstverlening met levering van informatie of informatiediensten

Het gaat bij dienstverlening met levering van informatie of informatiediensten om organisaties die zijn gespecialiseerd in de verkoop van informatie of informatiediensten. Voorbeelden zijn elektronische boeken, muziek applicatie serviceproviding en dergelijke. Tegen betaling van een bedrag verkrijgt de koper het recht een artikel of boek te lezen of een softwareprogramma te downloaden. Een betrouwbare orderadministratie vormt het uitgangspunt voor het vaststellen van de volledigheid van de opbrengsten. In tabel 8.24 worden de voornaamste interne controlemaatregelen uitgewerkt voor een organisatie die elektronische boeken levert en die beschouwd kan worden als dienstverlening met levering van informatie.

Dienstverlening met levering van informatie

Belangrijkste aanknopingspunten voor volledigheid opbrengsten en juistheid kosten:
- geautoriseerde tarieven voor downloaden
- integriteit tarievenbestand
- goede werking general & application controls (deel 5)
- functiescheiding tussen commerciële afdeling, databasebeheer en administratie
- betrouwbare en continue registratie van het aantal downloads
- aantal downloads × tarief = verantwoorde opbrengsten = opboeking bank

FIGUUR 8.23 E-reader

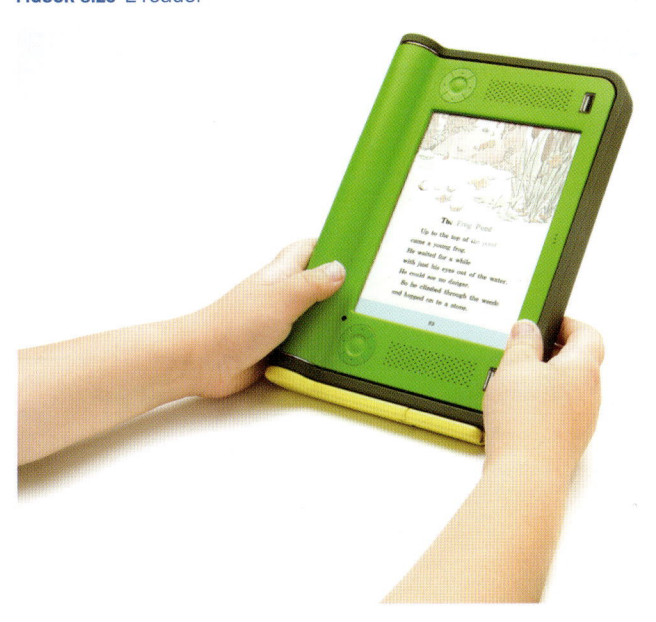

TABEL 8.24 Dienstverlening met levering van informatie of informatiediensten: e-readers

Betrouwbaarheidsrisico's	• Volledige registratie aantal downloads • Hacken, illegaal kopiëren • Betrouwbare werking automatisering • Betalingsorganisatie
1 Preventieve maatregelen	
1.1 Begroting, normen, tarieven	• Begroting voor verkopen (op basis van tarieven per boek) • Begroting voor titelaankopen • Begroting voor automatiseringskosten • Begroting voor loonkosten
1.2 Controletechnische functiescheiding	Klantcontact (i.h.a. via het systeem: de klant beschikt) • Levering door het systeem (uitvoering) • Facturering en incasso (beschikkend) i.h.a. vooraf, titelbeheer (bewarend) • Administratie (controlerend)
1.3 Procedures, wet- en regelgeving, richtlijnen	• Sterk gerelateerd aan general en application controls (zie deel 5, hoofdstuk 20) • Alleen leveren aan afnemers die inmiddels betaald hebben en/of bepaling kredietwaardigheid bij levering op rekening • Regelgeving rond auteursrecht

TABEL 8.24 Dienstverlening met levering van informatie of informatiediensten: e-readers (vervolg)

1.4 Belangrijke periodieke management-informatie in relatie tot begroting en vorige periode	• *Exploitatie:* Omzet (per titelcategorie) Afschrijvingen aanschaf titels Brutomarge Salariskosten IT-kosten _____ Nettomarge • *Daarnaast:* Ontwikkeling voorraad titels Aantal 'downloads' per titelcategorie Storingen in de automatisering Beeldvorming inzake illegale kopieën
1.5 Essentiële bestanden	• Klantendatabase • Tarievenbestand • Titeldatabase
2 Repressieve maatregelen	
2.1 Cijferanalyse	• Omzet in relatie tot aantal titels • Omzet in relatie tot marketingacties per titel
2.2 Verbandscontroles	• *Aantal 'downloads' × tarief = omzet = bankontvangsten* • *Balanswaarde van titels = beginwaarde + aankopen − afschrijvingen*
2.3 Detailcontroles	• Juistheid gefactureerde tarieven • Naleving regelgeving rond auteursrecht
2.4 Waarneming ter plaatse	Look en feel van titeldatabase op het web: klopt de titeldatabase?

8.5.5 Dienstverleningsbedrijven waarbij specifieke reservering van de ruimten plaatsvindt

Dienstverlening met specifieke reservering van ruimten

Voorbeelden van dienstverlening met specifieke reservering van ruimten zijn: ziekenhuizen, hotels en luchthavens. Bij de interne controlemaatregelen vormt een betrouwbare vastlegging van de verhuurde ruimtes en de leegstand het uitgangspunt. Daarmee wordt het verband tussen de omvang van de beschikbare ruimten en de opbrengsten vastgelegd. Tabel 8.26 geeft de voornaamste maatregelen van interne controle weer.

Belangrijkste aanknopingspunten voor volledigheid opbrengsten en juistheid kosten:
- geautoriseerde tarieven gebruik capaciteit
- functiescheiding tussen reservering, receptie en administratie
- maximale capaciteit − verantwoorde bezetting = leegstand
- leegstandscontrole

FIGUUR 8.25 Hotel

TABEL 8.26 Dienstverlening met beschikbaar stellen van ruimtes met specifieke reservering

Betrouwbaarheidsrisico's	• Volledige registratie uitbreiding capaciteit, juistheid buiten gebruik stellen • Juistheid leegstand • Verschuivingsgevaar van periodes met een hoger tarief naar periodes met een lager tarief
1 Preventieve maatregelen	
1.1 Begroting, normen, tarieven	• *Verkoopbegroting gebaseerd op begrote bezetting en vaststelling verhuurtarieven* • Kostenbegroting • Investeringsbegroting
1.2 Controletechnische functiescheiding	• Reservering (beschikkend) reserveert • Uitgifte ruimtes (uitvoerend) • Administratie (registrerend en controleend)
1.3 Procedures, wet- en regelgeving, richtlijnen	• *Leegstandscontrole* (omdat dit in de meeste gevallen efficiënter is dan het vaststellen van de bezette ruimtes) • Regelgeving met betrekking tot brandpreventie
1.4 Belangrijke periodieke managementinformatie in relatie tot begroting en vorige periode	• *Exploitatie:* Omzet verhuurde ruimtes Kosten Marge • *Daarnaast:* Bezettingspercentage • Inkrimping en uitbreiding van de verhuurcapaciteit
1.5 Essentiële bestanden	• Reserveringsbestand • Tarievenbestand • Capaciteitsbestand
2 Repressieve maatregelen	
2.1 Cijferanalyse	• Werkelijke bezetting versus begroot • Percentage leegstand versus begroot • Onderhoudskosten versus begroot
2.2 Verbandscontroles	Maximale capaciteit (capaciteitsbestand) – verantwoorde bezetting (reserveringsbestand) = verantwoorde leegstand (leegstandsprotocol)
2.3 Detailcontroles	Controle op juistheid van de tarieven en paraaf directie
2.4 Waarneming ter plaatse	• Leegstandscontrole • Naleven regelgeving rond brandpreventie

8.5.6 Dienstverleningsbedrijven waarbij geen specifieke reservering van de ruimten plaatsvindt

Voorbeelden van dienstverlening zonder specifieke reservering van ruimten zijn zwembaden, musea en busvervoer. Er wordt een zogenaamde quasigoederenbeweging geschapen die de houder het recht geeft op het gebruik van de dienst. Het scheppen en volgen van deze quasigoederen beweging staat bij de maatregelen van interne controle centraal. Strikt genomen is de term quasigoederen bestemd voor doorlopend genummerde kaarten op een rol met daarop prijs en prestatie, die bij een betrouwbare drukker worden besteld. Wij beperken ons hier tot de zogenaamde moderne quasigoederen die door middel van een geautomatiseerd kasregister gecreëerd worden, omdat deze tegenwoordig het meeste voorkomen. Tabel 8.28 geeft de voornaamste maatregelen van interne controle weer van het voorbeeld kaartverkoop via een geautomatiseerd kasregister.

Dienstverlening zonder specifieke reservering van ruimten

Belangrijkste aanknopingspunten voor volledigheid opbrengsten en juistheid kosten:
Bij kaartverkoop door middel van geautomatiseerd kasregister:
- geautoriseerde tarieven
- betrouwbaar kasregister met tariefbestand en verkoopbestand
- functiescheiding tussen verkoop, toegangscontrole en administratie
- inventarisatie van de kas

FIGUUR 8.27 Zwembad

TABEL 8.28 Kaartverkoop via een geautomatiseerd kasregister

Betrouwbaarheidsrisico's	• Ongeoorloofde toegang door valse toegangsbewijzen, samenspanning klant en verkoper etc. • Verschuivingsgevaar van hoger tarief naar lager tarief
1 Preventieve maatregelen	
1.1 Begroting, normen, tarieven	• Verkoopbegroting per tariefsoort, kostenbegroting
1.2 Controletechnische functiescheiding	• Verkoop (beschikkend) • Toegangscontrole (uitvoerend) • Administratie (registrerend en controlerend)
1.3 Procedures, wet- en regelgeving, richtlijnen	• Kasprocedure • Toegangscontrole • Regelgeving rond consumentenveiligheid
1.4 Belangrijke periodieke managementinformatie in relatie tot begroting en vorige periode	• *Exploitatie:* Omzet per tariefsoort Kosten Marge • *Daarnaast:* Aantal bezoekers *Kasverschillen* *Problemen met toegangscontrole*
1.5 Essentiële bestanden	• Tariefbestand • Verkoopbestand
2 Repressieve maatregelen	
2.1 Cijferanalyse	• Werkelijke verkoop versus begroot per tariefsoort • Kasverschillen
2.2 Verbandscontroles	• Afboeking verkoopbestand = kasprotocol + kasverschillen • Kasprotocol = opboeking bank
2.3 Detailcontroles	Controle op juistheid van de gehanteerde tarieven op de kaartjes en autorisatie van directie
2.4 Waarneming ter plaatse	• Werking toegangscontrole • Inspectie op naleving veiligheidsvoorschriften

8.5.7 Overige dienstverleningsbedrijven en beroepen

Overige dienstverlenende beroepen

Bij de overige dienstverlenende beroepen staat in het algemeen het leveren van een arbeidsprestatie centraal. Denk aan schoonmaakbedrijven, notarissen, accountancy en softwarebureaus. Het leggen van de relatie tussen de voor klanten gewerkte en aan klanten gefactureerde uren vormt de kern van het interne controlesysteem. De voornaamste interne controlemaatregelen van overige dienstverleningsbedrijven zijn in tabel 8.30 weergegeven.

Belangrijkste aanknopingspunten voor volledigheid opbrengsten en juistheid kosten:
- geautoriseerde tarieven voor dienstverlening op basis van begrote bezetting
- functiescheiding tussen opdrachtverwerving, planning, uitvoering en administratie
- betrouwbare urenregistratie
- beoordeling directe versus indirecte uren

FIGUUR 8.29 Schoonmakers

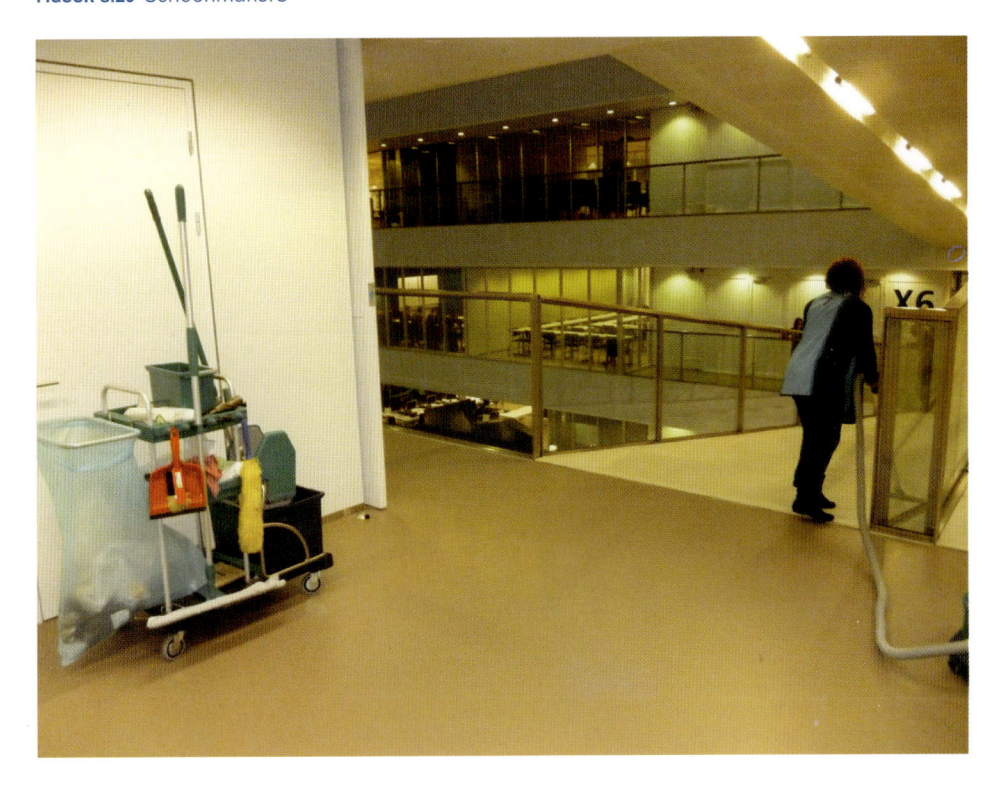

TABEL 8.30 Overige dienstverlening

Betrouwbaarheidsrisico's	• Volledige registratie van uitgevoerde opdrachten
	• Verschuivingsrisico van uren tussen opdrachten
	• Juistheid indirecte uren
1 Preventieve maatregelen	
1.1 Begroting, normen, tarieven	• Verkoopbegroting
	• Personeelsbegroting
	• *Begrote bezetting*
	• Commerciële uurtarieven
	• Begroting overige kosten (bijvoorbeeld automatisering, opleiding, leaseauto's)

TABEL 8.30 Overige dienstverlening (vervolg)

1 Preventieve maatregelen		
1.2 Controletechnische functiescheiding	Ten aanzien van de *opdrachten:* • Verkoop (beschikkend: offerte en opdrachtaanvaarding) • Planning (intern beschikkend) • Uitvoering (uitvoerend) • Administratie (registrerend & controlerend) • Ten aanzien van *personeel:* • Personeelszaken (beschikkend) • Salarisadministratie (uitvoerend) • Administratie (registrerend & controlerend)	
1.3 Procedures, wet- en regelgeving, richtlijnen	• Cliënt en opdrachtaanvaarding • Werving en selectie • Bijwerken standenregister • Arbeidsomstandighedenwet	
1.4 Belangrijke periodieke managementinformatie in relatie tot begroting en vorige periode	• *Exploitatie:* Omzet Salarislast directe medewerkers (toegerekend aan projecten) Projectresultaat Overschotten of tekorten op projecten Bezettingsresultaat Overige kosten Nettomarge • *Daarnaast:* Verhouding directe-indirecte uren Ouderdom debiteuren Hitrate uitgebrachte offertes	
1.5 Essentiële bestanden	• Offertebestand • Contractenbestand • Planningsbestand • Projectbestand • Debiteurenbestand, personeelsbestand	
2 Repressieve maatregelen		
2.1 Cijferanalyse	• *Werkelijke bezetting versus begroot* • Verhouding directe-indirecte uren • Beoordeling indirecte uren (verkoop, training, e.d.) • Mate waarin bezetting de in het tarief geraamde bezetting over- of onderschrijdt • Begrote versus werkelijke salarislast per uur • Mate waarin het gerealiseerde tarief afwijkt van het verwachte verkooptarief	
2.2 Verbandscontroles	• Shoptime (personeelsbestand) = jobtime (projectbestand) + indirecte uren • Jobtime × verkooptarief = omzet + / − tariefresultaat • Brutosalaris= netto + sociale lasten • Beginstand personeel + in dienst − uit dienst = eindstand personeel	

TABEL 8.30 Overige dienstverlening (vervolg)

2 Repressieve maatregelen	
2.3 Detailcontroles	• Controle op juistheid van de gehanteerde verkooptarieven • Juistheid tijdbesteding indirect uren
2.4 Waarneming ter plaatse	• Controle op aanwezigheid • Controle op werken aan niet-geregistreerde opdrachten • Naleving voorschriften Arbowet

8.6 Financiële instellingen

Bij deze groep bedrijven is het verband tussen opgeofferde en verkregen waarden moeilijk te leggen. Door middel van extra preventieve maatregelen van interne controle (met name functiescheiding en automatisering) kan toch de vereiste betrouwbaarheid worden verkregen, mits deze goed werken en worden nageleefd. Behandeld worden verzekeringsbedrijven en banken.

8.6.1 Verzekeringsbedrijven

Voorbeelden van verzekeringsbedrijven zijn levensverzekeringsbedrijven, pensioenfondsen en schadeverzekeringsbedrijven. Het interne controlesysteem is sterk gericht op primaire en secundaire functiescheidingen. Schadeverzekeraars leggen de overeenkomsten van schadeverzekering vast in de vorm van polissen. Tegenover de verzekeringspremie staat een verplichting tot het doen van een uitkering in geval van schade.

Schadeverzekeringsbedrijven

Belangrijkste aanknopingspunten voor volledigheid opbrengsten en juistheid kosten:
- geautoriseerde premietabellen en verzekeringsvoorwaarden
- functiescheiding voor premieontvangsten tussen: klantcontact, verzekerdenadministratie en financiële administratie
- verzekerdenbestand × premie = opboeking bank
- functiescheiding voor uit te keren schades tussen: schadeadministratie, taxatie, uitkering en financiële administratie
- goedgekeurde en getaxeerde schades = uitgekeerde schades = afboeking bank
- uitgebreid stelsel van general en application controls (zie deel 5)

FIGUUR 8.31 Verzekeringspolis

Polisblad
NP Aanvullingsplan

Polisnummer:	**Reden afgifte polis:**	Verlenging
Relatienummer:	**Wijzigingsdatum verzekering:**	01-07-2011

Levensverzekeringmaatschappij All for you N.V. verklaart de navolgende lijfrenteverzekering aan te gaan, als bedoeld in artikel 3.125, lid 1, letter b van de Wet Inkomstenbelasting 2001. Dit polisblad vormt één geheel met het(de) clausuleblad(en) en de polisvoorwaarden Lijfrente (Coll) NP 01032009.

Verzekeringnemer	:	
Verzekerde	:	
Begunstigde	:	
Verzekeringsvorm	:	Een nabestaandenlijfrente, ingaande bij overlijden van de verzekerde vóór de einddatum van de verzekering en uit te keren tot en met de maand waarin de begunstigde overlijdt dan wel 65 jaar wordt.
Ingangsdatum verzekering	:	01-07-2011
Einddatum verzekering	:	01-07-2025
Ingangsdatum uitkering	:	De eerste dag van de maand volgend op de maand waarin de verzekerde is overleden.
Einddatum uitkering	:	Tot en met de maand waarin de begunstigde overlijdt dan wel 65 jaar wordt.
Verzekerde nabestaandenlijfrente	:	€ 11 178,36 per jaar
Periodieke bruto uitkering	:	€ 931,53 per maand achteraf
Premie	:	€ 68,60 per maand verschuldigd van 01-07-2011 tot 01-07-2012
		Vanaf 01-07-2012 kan de premie jaarlijks aangepast worden overeenkomstig een door All for you N.V. jaarlijks te verstrekken opgave.
Indexatie	:	De ingegane uitkeringen kunnen afhankelijk van het beleggingsresultaat van All for you N.V. jaarlijks per 1 januari worden geïndexeerd.
Clausule(s)	:	013

Met dit polisblad komen alle eerder onder dit polisnummer afgegeven polisbladen te vervallen.

Bert Smit
Voorzitter directie All for you N.V.

Heerlen, d.d. 7 juni 2011

Tabel 8.32 geeft de voornaamste maatregelen van interne controle van een schadeverzekeringsbedrijf weer.

TABEL 8.32 Verzekeringsmaatschappij: schadeverzekeringsbedrijf

Betrouwbaarheidsrisico's	• Juistheid verzekerdenbestand • Juistheid premies • Juistheid uitgekeerde schades
1 Preventieve maatregelen	
1.1 Begroting, normen, tarieven	• Premietabellen uitmondend in begrote premieontvangsten • Begrote schade-uitkeringen • Begrote beleggingsresultaten • Overige kosten • Normen voor solvabiliteit (DNB, Europese regels Solvency I en II)
1.2 Controletechnische functiescheiding	Voor *premieontvangsten*: • Commerciële afdeling verkoop (beschikkend) • Acceptatieafdeling (uitvoerend), • Verzekerdenadministratie (bewarend/uitvoerend) • Financiële administratie (controlerend) *Uitkering schades:* • Registratie binnenkomst (uitvoerend) • Taxatie (uitvoerend) • Toekenning (beschikkend) • Uitbetaling (uitvoerend) • Financiële administratie (controlerend)
1.3 Procedures, wet- en regelgeving, richtlijnen	• Acceptatie nieuwe verzekerden, premiebepaling door actuariële afdeling • Validatie onderliggende formules/modellen door onafhankelijke actuaris • Regelgeving vanuit Autoriteit Financiële Markten en De Nederlandse Bank
1.4 Belangrijke periodieke managementinformatie in relatie tot begroting en vorige periode (zie verder: Starreveld, deel 2B, pp. 289-291)	• *Exploitatie*: Brutopremies Provisie Nettopremies Betaalde schade +/- Mutatievoorziening nog uit te keren schade Technisch resultaat Beleggingsresultaat Winst • *Balans gerelateerd*: Beleggingen, technische voorziening, IBNR (incurred but not reported): gemelde, maar nog niet verwerkte schades
1.5 Essentiële bestanden	• Premiebestand • Verzekerdenbestand • Schadebestand

TABEL 8.32 Verzekeringsmaatschappij: schadeverzekeringsbedrijf (vervolg)

2 Repressieve maatregelen	
2.1 Cijferanalyse	• Aantal verzekerden in relatie tot premieontvangsten • Gedeclareerde schades in relatie tot toegekende en uitbetaalde schades • Ontwikkeling gemiddelde omvang gemelde schade

2 Repressieve maatregelen	
2.2 Verbandscontroles	• Te ontvangen premies volgens verzekerden bestand = gefactureerde premies = ontvangen volgens bank + openstaande vorderingen • Schades in behandeling begin periode + aangemeld − afgehandeld = schades in behandeling einde periode • Goedgekeurde schades = uitbetaalde schades
2.3 Detailcontroles	• Controle op de juistheid van de gefactureerde premies en autorisatie door directie • Controle op juistheid uitgekeerde schades • Naleving regelgeving Autoriteit Financiële Markten en De Nederlandse Bank
2.4 Waarneming ter plaatse	Inspectie van aangemelde en behandelde schadegevallen

8.6.2 Banken

Banken

Banken trekken financiële middelen aan om krediet te kunnen verlenen. De stroom gelden van derden die door de bank behandeld wordt, is het voornaamste aangrijpingspunt voor de interne controle.

Belangrijkste aanknopingspunten voor volledigheid opbrengsten en juistheid kosten:
- functiescheiding tussen front- en backoffice
- limieten en bevoegdheden
- uitgebreid stelsel van general en application controls (zie deel 5)
- bevestigingen aan derden door rekeningafschriften op te sturen of elektronisch beschikbaar te stellen/jaaroverzichten opsturen
- inventarisatie kluisvoorraden

Tabel 8.34 geeft de voornaamste maatregelen van interne controle van een spaarbank weer.

FIGUUR 8.33 Pinautomaat

TABEL 8.34 Banken (spaarbank)

Betrouwbaarheidsrisico's	• Juistheid verstrekte kredieten • Beheer kredietportefeuille • Juistheid in rekening gebracht interestpercentage • Betrouwbare werking automatisering • Handelen boven gestelde limieten
1 Preventieve maatregelen	
1.1 Begroting, normen, tarieven	• Geraamde renteopbrengsten uit hoofde van kredieten • Interestpercentage • Kosten voor het aantrekken van liquide middelen (vergoede spaarrente) • Brutomarge • Bedrijfskosten • Normen voor solvabiliteit en liquiditeit (De Nederlandse Bank, Europese regels: Basel I, II en III)
1.2 Controletechnische functiescheiding	• Frontoffice (beschikkend) • Backoffice registreert handelingen (uitvoerend) • Financiële administratie (controlerend en registrerend) • Interne controle/interne accountantsdienst (controlerend)
1.3 Procedures, wet- en regelgeving, richtlijnen	• Kredietverstrekking • Beleggen • en registrerend • Openen accounts • General en application controls op het gebied van automatisering (zie hoofdstuk 20) • 4-ogenprincipe • Limieten en bevoegdheden zijn vastgelegd • Inschakelen derden door versturen rekeningsafschriften
1.4 Belangrijke periodieke managementinformatie in relatie tot begroting en vorige periode (zie verder: Starreveld, deel 2B, pp. 313–317)	• *Exploitatie:* Renteresultaten Beleggingsresultaat Apparaatskosten • *Balans gerelateerd:* Rentabiliteitsoverzichten Liquiditeits- en solvabiliteitsoverzichten Overzicht vreemde valutaposities
1.5 Essentiële bestanden	• Rekeninghoudersbestand • Kredietbestand • Beleggingenbestand • Tarievenbestand

TABEL 8.34 Banken (spaarbank) (vervolg)

2 Repressieve maatregelen	
2.1 Cijferanalyse	• Risico's ingedeeld naar diverse categorieën • Kredietfaciliteiten versus opgenomen krediet • Vergoede rente versus spaargelden • Ontvangen rente versus kredieten
2.2 Verbandscontroles	• Verstrekte kredieten volgens uitgaande betalingen = geautoriseerde kredietovereenkomsten • Spaarrekeningen: beginstand + ontvangsten – opnames = eindstand spaarrekening
2.3 Detailcontroles	• Juistheid tarieven en provisies • Slapende rekeningen • Inventarisatie voorraden • Autorisatie verstrekte kredieten • Naleving regelgeving Autoriteit Financiële Markten en De Nederlandse Bank
2.4 Waarneming ter plaatse	• Controle door interne controleafdeling of accountantsdienst mede aan de hand van gemelde onregelmatigheden bijvoorbeeld door rekeninghouders • Naleving regelgeving AFM

8.7 Huishoudingen die zonder tussenkomst van de markt leveren

De laatste groep bedrijven zijn de huishoudingen die zonder tussenkomst van de markt leveren. Kenmerkend is dat de begroting daar een belangrijk stuurmiddel is. Behandeld worden:
- overheidshuishoudingen
- verenigingen
- stichtingen

8.7.1 Overheidshuishoudingen

Overheidsorganisaties

De overheidsorganisaties werken niet voor de markt. De hoogte van de middelen waarbinnen deze organisaties hun taken moeten uitvoeren, wordt veelal bepaald in een politiek besluitvormingsproces. Kenmerkend is dat het orgaan dat belast is met de besturing (bijvoorbeeld regering of college van burgemeester en wethouders) kan beschikken over middelen zoals die in een begroting zijn vastgesteld veelal door de volksvertegenwoordiging (bijvoorbeeld Staten Generaal of Gemeenteraad). De controle op de bestedingen wordt weer uitgevoerd door een ander orgaan, denk aan de accountant en de algemene rekenkamer.
Je kunt een onderscheid maken naar verschillende soorten overheidsorganisaties. Denk daarbij aan:
- het Rijk
- de provincie en de gemeente
- waterschappen

De betrouwbaarheidsmaatregelen zijn sterk afhankelijk van de soort activiteit die uit naam van de overheid wordt uitgevoerd. Vaak zal je de in tabel 8.35 genoemde maatregelen moeten aanvullen met andere betrouwbaarheidsmaatregelen. Het gemeentelijk parkeerbedrijf is bijvoorbeeld niet alleen een overheidsorganisatie, maar heeft ook kenmerken van een dienstverlenend bedrijf waarbij specifieke reservering van ruimtes plaatsvindt.

Belangrijkste aanknopingspunten voor volledigheid inkomsten en juistheid uitgaven:
- door wetgevende macht geautoriseerde begrotingen
- taakverdeling tussen wetgevende en uitvoerende macht
- controle door rekenkamer en interne auditafdelingen van de verantwoordingen in opdracht van de wetgevende macht

TABEL 8.35 Overheidsorganisaties

Betrouwbaarheidsrisico's	• Juistheid en tijdigheid van de verantwoording van de bestedingen • Volledigheid van de schulden ten laste van de begroting • Volledigheid van de verantwoording van de inkomsten
1 Preventieve maatregelen	
1.1 Begroting, normen, tarieven	• Beleid op politieke gronden bepaald vertaald naar begroting, verbijzonderd naar budgetten, verbonden met uit te voeren kerntaken • Regelgeving inzake de administratie en de verantwoording
1.2 Controletechnische functiescheiding	Verschilt per orgaan, maar vaak is er een taakverdeling tussen: • *een wetgevend orgaan* dat de begroting goedkeurt en controles laat uitvoeren door onder andere de interne auditafdelingen • *een uitvoerend orgaan* dat de begroting voorbereidt en op basis van de goedgekeurde begroting uitgaven doet Ten aanzien van de besteding van de middelen bestaat functiescheiding tussen: • opdrachtverlening • prestatieverklaring (verklaring dat product of dienst inderdaad geleverd is) • akkoord voor betaling
1.3 Procedures, wet- en regelgeving, richtlijnen	Voor tal van zaken zijn vaste procedures vaak in regelgeving en wetgeving verankerd (denk bijvoorbeeld aan Europese aanbestedingswet)
1.4 Belangrijke periodieke managementinformatie in relatie tot begroting en vorige periode (zie verder: Starreveld, deel 2B, pp. 370-374)	Niet alleen inkomsten en uitgaven maar ook informatie over niet-financiële zaken die in het beleid zijn vastgelegd, bijvoorbeeld: • Aantal verstrekte vergunningen • Aantal geconstateerde overtredingen • Waterkwaliteit etc.
1.5 Essentiële bestanden	Sterk afhankelijk van de activiteiten
2 Repressieve maatregelen	
2.1 Cijferanalyse	• Werkelijke uitgaven in relatie tot de begroting • Werkelijk uitgevoerde kerntaken in relatie tot begroot
2.2 Verbandscontroles	Sterk afhankelijk van de activiteiten

TABEL 8.35 Overheidsorganisaties (vervolg)

2 Repressieve maatregelen	
2.3 Detailcontroles	• Uitgaven controleren aan de hand van begroting, doelstellingen • Controle op naleving van allerlei soorten regelgeving • Betalingen controleren met behulp van opdrachtverlening en prestatieverklaring
2.4 Waarneming ter plaatse	• Hebben uitgaven tot waarneembare activiteiten, investeringen geleid? • Beoordeling van projecten (interne audits)

8.7.2 Huishoudingen van privaatrechtelijke gemeenschappen: verenigingen

Verenigingen

Zowel verenigingen als stichtingen kunnen allerlei soorten activiteiten uitvoeren. En zowel verenigingen als stichtingen werken veel met begrotingen. De betrouwbaarheidsmaatregelen voor verenigingen en stichtingen zal je dan moeten aanvullen met de maatregelen die gelden voor andere typen organisaties.

Een vereniging kent leden. De ledenadministratie is het centrale punt bij het bepalen van de volledigheid van de opbrengsten.

Belangrijkste aanknopingspunten voor volledigheid inkomsten en juistheid uitgaven:
- door ledenraad goedgekeurde begroting is de belangrijkste norm voor het doen van uitgaven door het bestuur
- ledenadministratie voor inkomsten uit contributie
- aantal leden volgens ledenadministratie = aantal verstrekte pasjes, krantjes etc.
- besluiten tot het doen van uitgaven zijn vastgelegd in doorlopend genummerde bestuursnotulen
- kascommissie van de ledenraad

Tabel 8.36 geeft de voornaamste maatregelen van interne controle van een vereniging weer.

TABEL 8.36 Privaatrechtelijke organisaties: vereniging

Betrouwbaarheidsrisico's	• Juistheid lid-zijn • Juistheid bestedingen
1 Preventieve maatregelen	
1.1 Begroting, normen, tarieven	• Verwachte aantal leden • Begrote opbrengsten uit contributie en overige bijdragen • Begrote aan doelstelling gerelateerde uitgaven Begroting is niet alleen taakstellend, maar autoriseert ook de uitgaven!

TABEL 8.36 Privaatrechtelijke organisaties: vereniging (vervolg)

1 Preventieve maatregelen

1.2 Controletechnische functiescheiding	• *De algemene vergadering van leden (ALV) is het hoogste orgaan.* Deze vergadering kiest een verenigingsbestuur. Verenigingsbestuur heeft een gezamenlijke verantwoordelijkheid met de volgende taakverdeling: een voorzitter (treedt naar buiten toe), een penningmeester (voert de administratie) en een secretaris (houdt de ledenadministratie, correspondentie en notulen bij. • Bij grotere verenigingen houdt het verenigingsbestuur vaak toezicht op het functioneren van een daaronder geplaatste directie. Soms wordt de benaming van het verenigingsbestuur in deze situaties dan gewijzigd in Raad van Toezicht.
1.3 Procedures, wet- en regelgeving, richtlijnen	• Vaststellen begroting in ledenraad • Verenigingsstatuten
1.4 Belangrijke periodieke managementinformatie in relatie tot begroting en vorige periode (zie verder: Starreveld, deel 2B, p. 411)	• *Exploitatie:* Inkomsten Uitgaven in relatie tot begroting • *Daarnaast:* Realisatie doelstelling in realisatie tot plan Mutaties in ledenbestand
1.5 Essentiële bestanden	Ledenadministratie

2 Repressieve maatregelen

2.1 Cijferanalyse	• Begrote inkomsten en uitgaven in vergelijking met werkelijke inkomsten en uitgaven • Aantal leden in relatie tot contributie
2.2 Verbandscontroles	• Beginstand ledenadministratie + nieuwe aanmeldingen − opzeggingen = eindstand ledenadministratie • Aantal leden × tarief = contributie contributie ontvangsten = ingaand geld
2.3 Detailcontroles	• Controle juistheid uitgaven bestuur door kascommissie • Naleving verenigingsstatuten
2.4 Waarneming ter plaatse	Controle ledenpassen

FIGUUR 8.37 Voetbalelftal (met één van de auteurs)

8.7.3 Stichtingen

Stichtingen

Kern van het interne controlesysteem bij stichtingen is het borgen van de volledigheid van de opbrengsten van de ontvangen donaties en subsidies.

Belangrijkste aanknopingspunten voor volledigheid inkomsten en juistheid uitgaven:
- door bestuur goedgekeurde begroting is de belangrijkste norm voor het doen van uitgaven en de verwachte inkomsten
- aantal verstrekte pasjes (stichtingsblaadjes etc.) = aantal geregistreerde donateurs
- besluiten tot het doen van uitgaven zijn vastgelegd in doorlopend genummerde bestuursnotulen
- subsidieadministratie
- aangevraagde subsidies = ontvangen subsidies + afgewezen

Tabel 8.38 geeft de voornaamste maatregelen van interne controle van een stichting weer.

TABEL 8.38 Privaatrechtelijke organisaties: stichting

Betrouwbaarheidsrisico's	• Volledigheid verantwoorde subsidies • Volledigheid verantwoorde donaties • Juistheid van de bestedingen
1 Organisatorische (preventieve) maatregelen	
1.1 Begroting, normen, tarieven	• *Begrote opbrengsten uit donatie en subsidies* • *Begrote aan doelstelling gerelateerde uitgaven* *Begroting is niet alleen taakstellend, maar autoriseert ook de uitgaven!*
1.2 Controletechnische functiescheiding	• *Stichtingsbestuur is als geheel beschikkend.* Binnen het bestuur is er een taakverdeling: voorzitter, penningmeester en secretaris, vergelijkbaar met de vereniging. • Bij grotere stichtingen houdt het stichtingsbestuur vaak toezicht op het functioneren van een daaronder geplaatste directie. Soms wordt de benaming van het stichtingsbestuur in deze situaties dan gewijzigd in Raad van Toezicht.
1.3 Procedures, wet- en regelgeving, richtlijnen	• *Bijhouden notulen bestuursvergaderingen* • Tot stand komen begroting • Aanvraag en besteding subsidies • Bevestiging donaties • Stichtingsstatuten
1.4 Belangrijke periodieke managementinformatie in relatie tot begroting en vorige periode (zie verder: Starreveld, deel 2B, p. 411)	• *Exploitatie:* Inkomsten Uitgaven in relatie tot begroting • *Daarnaast:* Realisatie doelstelling in realisatie tot plan
1.5 Essentiële bestanden	• Donateursbestand • Subsidieadministratie
2 Repressieve maatregelen	
2.1 Cijferanalyse	• Werkelijke inkomsten in relatie tot donateuraantallen en gevoerde actie • Uitgaven in relatie tot begroting
2.2 Verbandscontroles	• Beginstand donateursadministratie + nieuwe aanmeldingen − opzeggingen = eindstand donateurs • Ontvangsten = totaal toegezegde gelden
2.3 Detailcontroles	• Uitgaven controleren aan de hand van begroting, doelstelling en subsidievoorwaarden • Naleving statuten
2.4 Waarneming ter plaatse	Hebben uitgaven tot waarneembare activiteiten, investeringen geleid?

FIGUUR 8.39 Stichting tot natuurbehoud

Samenvatting

In dit hoofdstuk zijn op kernachtige wijze de maatregelen van interne controle beschreven voor de typen uit de betrouwbaarheidstypologie van Starreveld. Je kunt deze tabellen gebruiken om snel de betrouwbaarheidsmaatregelen op te zoeken voor een bepaald type organisatie. De volgende groepen zijn beschreven:
- handelsbedrijven
- industriële bedrijven
- agrarische en extractieve bedrijven
- dienstverleningsbedrijven
- financiële instellingen
- huishoudingen die zonder tussenkomst van de markt leveren

Op de binnenkant van de omslag vind je nog een tabel die voor alle behandelde typen de absolute kern met betrekking tot het betrouwbaarheidssysteem samenvat.

9
Procestypologie

9.1 Procestypologie en cyclebenadering
9.2 Inkoopproces
9.3 Crediteurenproces
9.4 Opslagproces
9.5 Productieproces
9.6 Verkoopproces
9.7 Debiteurenproces
9.8 Personeelsproces

In hoofdstuk 7 heb je kunnen lezen hoe je door middel van maatregelen van interne controle de betrouwbaarheid van de verstrekte informatie in het algemeen kan bevorderen en controleren.
Om je te helpen snel een beeld te kunnen vormen van de belangrijkste interne controlemaatregelen van een bepaald type bedrijf, hebben we vervolgens in hoofdstuk 8 de betrouwbaarheidstypologie behandeld. In dit hoofdstuk behandelen we de procestypologie.

9.1 Procestypologie en cyclebenadering

Wat is de cyclebenadering? Hoe verhoudt deze zich tot de procestypologie?

Omdat organisaties met soortgelijke processen voor deze processen vaak hetzelfde type interne controlemaatregelen hebben, spreken we van een procestypologie.
In dit hoofdstuk behandelen wij de betrouwbaarheidsmaatregelen van de meest voorkomende processen. Wij nemen hierbij de waardekringloop als uitgangspunt. Bovendien geven wij per proces aan wat belangrijke managementinformatie en operationele informatie is. De in dit hoofdstuk te behandelen processen zijn weergegeven in tabel 9.1 met een verwijzing naar Starreveld, Van Leeuwen en Van Nimwegen, deel 2A (2004), waarin een meer diepgaande behandeling van deze processen plaatsvindt.

TABEL 9.1 Behandelde processen

Proces	In Starreveld e.a. (2004), deel 2A	Paragraaf in dit hoofdstuk
Inkoopproces	II	9.2
Crediteurenproces	III	9.3
Opslagproces	VI	9.4
Productieproces	VII	9.5
Verkoopproces	IX	9.6
Debiteurenproces	X	9.7
Personeelsproces	V	9.8

Cyclebenadering

In de Amerikaanse literatuur hanteert men de cyclebenadering. In tabel 9.2 kun je zien uit welke stappen enkele veelvoorkomende cycles bestaan. Wat opvalt is dat de toestanden als voorraad, debiteuren en crediteuren deel uitmaken van de cycles. Deze toestanden dienen vooral ter controle op de betrouwbaarheid van de verantwoording van de activiteiten.

TABEL 9.2 Cycles

Revenue Cycle	Expenditure Cycle	Production cycle
Sales order entry (Order-ontvangst)	Request goods (Bestelaanvraag)	Product design (Productontwerp)
Shipping (Leveren goederen of diensten)	Order goods (Leveranciersselectie en bestellen)	Planning and scheduling (Planning en werkuitgifte)
Billing and accounts receivable (Facturering en debiteurenbeheer)	Receive goods (Ontvangst goederen)	Production operations (Productie-uitvoering)
Receive cash (Ontvangen gelden)	Approve vendor invoice (Factuurcontrole)	Cost accounting (Nacalculatie en verschillenanalyse)
	Pay for goods (Betaalbaarstelling)	

9.2 Inkoopproces

Uit welke processtappen bestaat het inkoopproces? Met welke management en operationele informatie kan het inkoopproces bestuurd en beheerst worden? Welke risico's op onbetrouwbare informatie zijn bij het inkoopproces te onderkennen en welke interne controlemaatregelen worden bij het inkoopproces getroffen?

Inkoopproces

Bijna alle organisaties hebben te maken met een inkoopproces. De inkoop kan niet alleen betrekking hebben op materialen en handelsgoederen, hier vallen ook diensten en kapitaalgoederen onder. Bij inkoop is het voor de betrouwbaarheid belangrijk dat je zo veel mogelijk probeert om functioneel de inkoopbeslissing te scheiden van de ontvangst van het product of de dienst.

Managementinformatie
Het management heeft in grote lijnen ten aanzien van het inkoopproces de volgende informatiebehoefte. Uiteraard is tabel 9.3 niet uitputtend en verschilt sterk per type inkoopproces.

TABEL 9.3 Managementinformatie inkoopproces

Managementinformatie in relatie tot begroting en de vorige periode (zie verder Starreveld 2A, pp. 36–38)
Inkoopkosten
Omvang inkopen per inkoper
Prijsverschillen per inkoper
Contractpositie
Omvang uitstaande offerteaanvragen
Omvang uitstaande bestellingen
Leverbetrouwbaarheid leveranciers
Presteren van leveranciers

Operationele informatie
Een medewerker op de inkoopafdeling heeft voor het uitvoeren van zijn functie behoefte aan operationele informatie om te kunnen functioneren. Voorbeelden hiervan vind je in tabel 9.4.

TABEL 9.4 Operationele informatie inkoopproces

Operationele informatie inkoopmedewerker (zie verder Starreveld 2A, pp. 36–38)
Aanvraag tot bestelling
Spoedorder van afdeling verkoop
Actuele prijs op inkoopmarkt voor een artikel
Leveranciersdocumentatie
Leverproblemen van een leverancier
Huidige voorraadpositie van een artikel

Inkoopproces met risico's en maatregelen van interne controle
In tabel 9.5 zie je een standaard inkoopproces ontleed in stappen. Gekoppeld aan deze stappen zijn zowel betrouwbaarheidsrisico's als de voornaamste maatregelen van interne controle opgenomen. In figuur 9.6 zie je een schematische weergave van het inkoopproces.

TABEL 9.5 Risico's inkoopproces met maatregelen van interne controle

Processtap	Risico	Maatregelen van interne controle
Impuls: • Interne bestelopdracht • Voorraadbestand • Kans op de markt	Bevoegdheid aanvrager	Competentietabel: wie, wat, tot welk bedrag?
	Juiste inkoophoeveelheid	• Werken met bestelniveaus en vaste bestelhoeveelheden • Zorgen voor een correcte voorraadadministratie • Vastleggen van inkoopbeslissingen, versturen van orderbevestigingen • Bestelling omvat onder meer: kwaliteit, levertijd, plaats levering, wijze van verpakking
Leveranciersselectie	Bevoegdheid inkoper	Competentietabel: wie, wat, tot welk bedrag? Bij afwijkingen van de competentietabel is autorisatie door de directie vereist
	Juistheid inkoopprijs	Offerteprocedure
	Samenspanning leverancier met inkoop	• Periodieke roulatie van inkopers • Adequate offerteprocedure (zie inkoopproces) • Training hoe om te gaan met giften van leveranciers
Bestelling: mutatie inkoopbestand (ordergoods)	Bevoegdheid van besteller	Beveiliging van inkoopbestanden via de inkoopapplicatie door koppeling aan een competentietabel (logische toegangsbeveiliging)
	Volledige en juiste registratie van verplichtingen	• Contractprocedure met doorlopende nummering, logische toegangsbeveiliging en invoercontroles tot contractbestand (Zie deel 5, automatisering voor invoercontroles)
Goederenontvangst: mutatie voorraadbestand (receive goods)	Alleen bestelde goederen/diensten worden ontvangen	Raadplegen van het inkoopbestand door magazijnmeester en/of ontvanger van de dienst
	Telfouten	Informeer tellende ontvanger niet over de bestelde hoeveelheid; laat ontvangstrapport tekenen
	Volledige registratie van de ontvangen aantallen	Administratie legt verband tussen bestelde goederen/diensten en geleverde goederen/diensten
Ontvangst en controle facturen (startpunt crediteurenproces)		

Geef met betrekking tot de investering in een nieuwe zuiveringsinstallatie voor een chemische fabriek de betrouwbaarheidsrisico's aan en verbind deze met maatregelen van bevoegdheids- en informatiecontrole.

FIGUUR 9.6 Inkoopproces

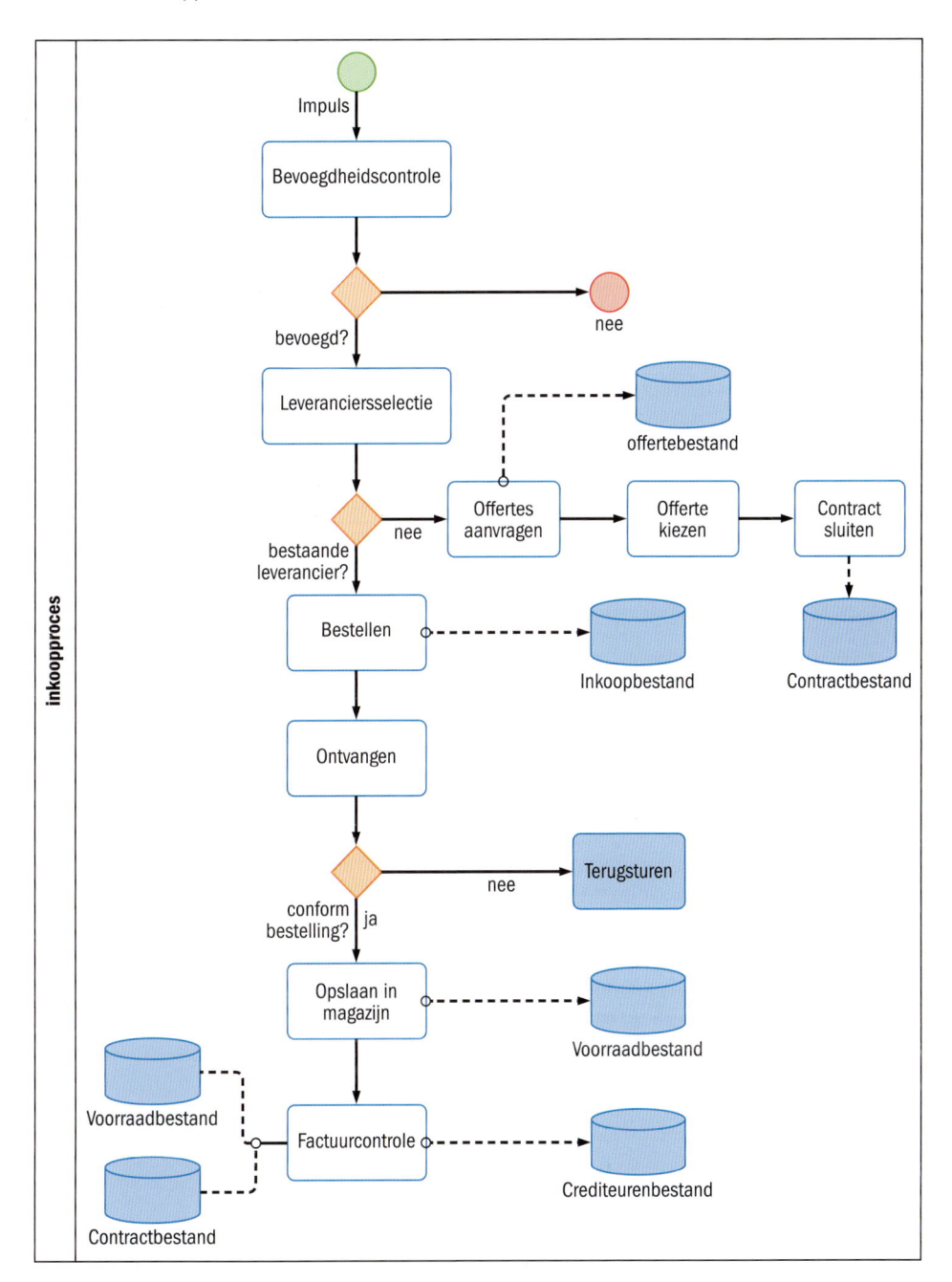

9.3 Crediteurenproces

Uit welke processtappen bestaat het crediteurenproces? Met welke management- en operationele informatie kan het crediteurenproces bestuurd en beheerst worden? Welke risico's op onbetrouwbare informatie zijn bij het crediteurenproces te onderkennen en welke interne controlemaatregelen worden bij het inkoopproces getroffen?

Wanneer een organisatie verplichtingen aangaat jegens een derde (bijvoorbeeld een leverancier of een dienstverlener) en deze niet contant afrekent, ontstaan er inkoopschulden. Alle organisaties die je in de praktijk tegen zal komen hebben schulden aan leveranciers. Deze zullen op een gegeven moment betaald moeten worden. Het traject van registratie van deze inkoopschulden in de crediteurenadministratie tot de betaling ervan draagt het risico van een onterechte of een te hoge betaling met zich mee. Wij behandelen hier een standaard crediteurenproces.

Crediteurenproces

Managementinformatie
Het management heeft in grote lijnen ten aanzien van het crediteurenproces de volgende informatiebehoefte (tabel 9.7). Uiteraard is deze lijst niet uitputtend en verschilt sterk per type crediteurenadministratie.

TABEL 9.7 Managementinformatie crediteurenproces

Managementinformatie in relatie tot begroting en vorige periode (zie verder Starreveld 2A, p. 81)
Totale omvang van de inkoopschulden
Omvang schulden per leverancier
Omvang schulden per vervalperiode

Operationele informatie
Een medewerker van de crediteurenafdeling heeft voor het uitvoeren van zijn functie behoefte aan operationele informatie om te kunnen functioneren. Voorbeelden hiervan vind je in tabel 9.8.

TABEL 9.8 Operationele informatie crediteurenproces

Operationele informatie medewerker crediteurenadministratie (zie verder Starreveld 2A, p. 81)
Hoeveelheid te controleren facturen
Vervallen schuld aan een leverancier
Zijn de goederen of diensten die door de leverancier gefactureerd worden ook daadwerkelijk geleverd?
Vragen van leverancier over betaling

Crediteurenproces met risico's en maatregelen van interne controle

In tabel 9.9 zie je een standaard crediteurenproces ontleed in stappen. Gekoppeld aan deze stappen zijn zowel de voornaamste betrouwbaarheidsrisico's als maatregelen van interne controle opgenomen. In figuur 9.10 zie je een schematische weergave van het crediteurenproces.

TABEL 9.9 Crediteurenproces met risico's en maatregelen van interne controle

Processtap	Risico	Maatregelen van interne controle
Ontvangst en controle facturen	Juistheid van de factuur	Controle door crediteurenadministratie: • Prijs op factuur = prijs in inkoopbestand? • Aantal op factuur = aantal ontvangen? • Rekeningnummer en naam komt overeen met leveranciersbestand • Paraaf op factuur van goedkeurder = paraaf op parafenlijst Deze controle kan ook geautomatiseerd uitgevoerd worden (zogenaamde 3 way-match)
Bijwerken crediteurenadministratie	• Juistheid bevoegdheid van degene die facturen toevoegt met mogelijk doel fraude • Juistheid invoer factuurgegevens • Juistheid invoer betaalgegevens (inclusief betaalrekening)	• Logische toegangsbeveiliging tot crediteurenadministratie gekoppeld aan competentietabel • Invoercontroles • Controle van de juistheid van de rekeningnummers van de crediteuren • Omvang aantal facturen verwerkt = opboeking crediteurenbestand
Vervaardigen betaaladvieslijst	• Toevoegen van onrechtmatige posten • Juistheid en volledigheid	Controle door procuratiehouder, per run: • Totaal betaaladvieslijst = totaal af te boeken uit crediteurenbestand • Som van de rekeningnummers van de betaaladvieslijst = som van de rekeningnummers van de betaalopdracht
Betaling	• Juistheid bevoegdheid opdracht tot betaling • Juistheid betaalde bedragen	Procuratieregeling: wie mag tot welk bedrag accorderen? • Totaal betaaladvieslijst = totale afboeking bank • Som van de rekeningnummers van de betaalopdracht = som van de rekeningnummers van de afgeboekte crediteuren • Afboeking crediteurenbestand = afboeking bank

Waarom is het bijzonder risicovol om het hoofd Administratie de bevoegdheid te geven om zowel crediteuren te controleren als te betalen?

FIGUUR 9.10 Crediteurenproces

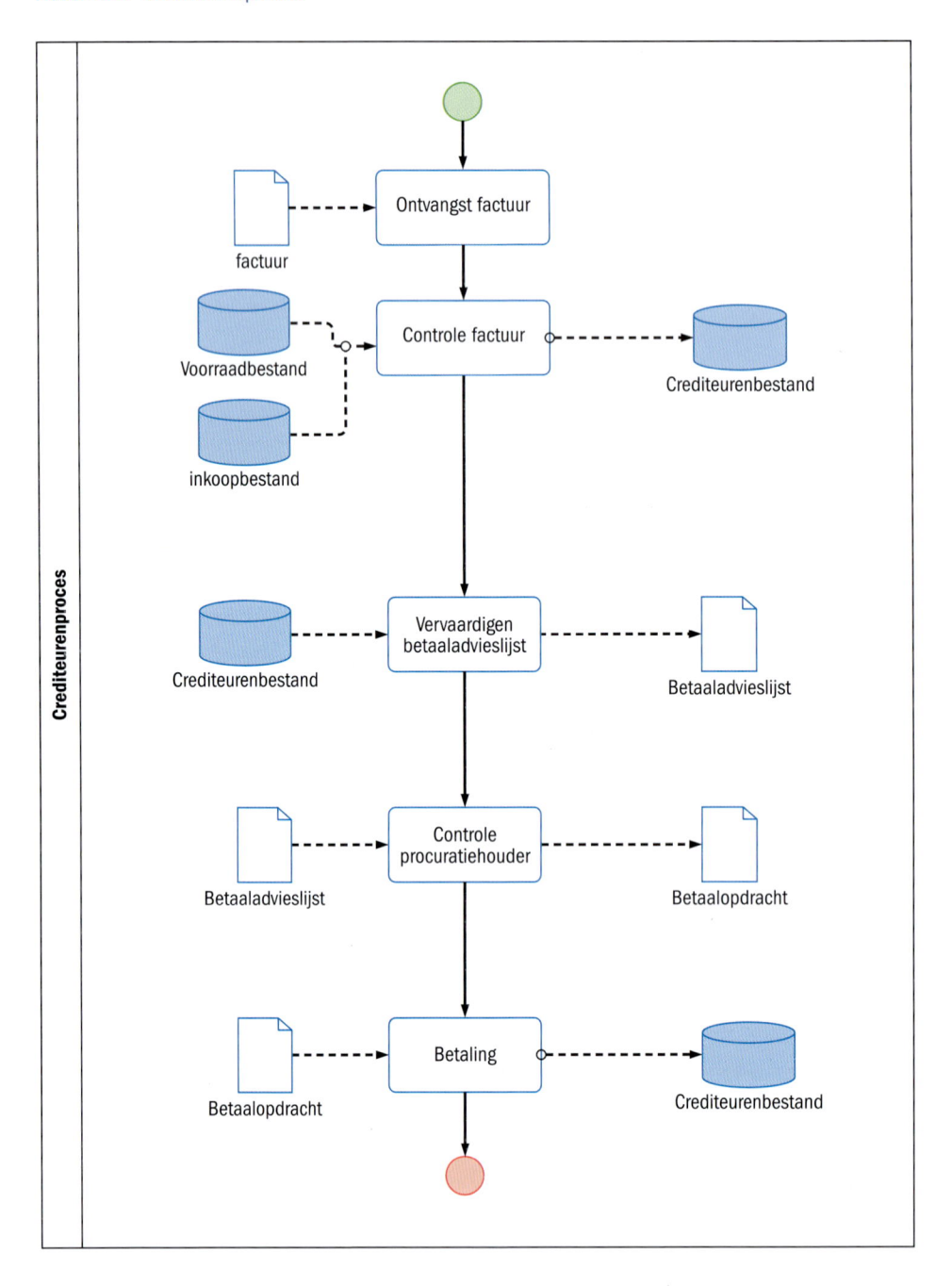

```
Crediteurenproces

    factuur ----> Ontvangst factuur
                        |
                        v
    Voorraadbestand ----> Controle factuur <---- Crediteurenbestand
    inkoopbestand -------/
                        |
                        v
    Crediteurenbestand ----> Vervaardigen betaaladvieslijst ----> Betaaladvieslijst
                        |
                        v
    Betaaladvieslijst ----> Controle procuratiehouder ----> Betaalopdracht
                        |
                        v
    Betaalopdracht ----> Betaling ----> Crediteurenbestand
```

9.4 Opslagproces

Uit welke processtappen bestaat het opslagproces? Met welke management- en operationele informatie kan het opslagproces bestuurd en beheerst worden? Welke risico's op onbetrouwbare informatie zijn bij het opslagproces te onderkennen en welke interne controlemaatregelen worden bij het inkoopproces getroffen?

Organisaties met een goederenbeweging slaan de te verkopen goederen vaak op. De maatregelen van interne controle zijn niet alleen gericht op de bewaring (verdwijnen er geen waarden van het bedrijf), maar hebben tevens als doel om een objectieve vastlegging te verkrijgen ter controle van de verantwoorde opbrengsten of het geregistreerde verbruik. In deze paragraaf gaan wij uit van een opslagproces waarbij het magazijn fysiek gesloten is en de magazijnmeester de ontvangsten en afgiften in het voorraadbestand verantwoord.

Opslagproces

Managementinformatie
Het management heeft in grote lijnen ten aanzien van het opslagproces de informatiebehoefte uit tabel 9.11. Uiteraard is deze lijst niet uitputtend en verschilt sterk per type opslagproces.

TABEL 9.11 Managementinformatie ten aanzien van opslagproces

Managementinformatie in relatie tot begroting en vorige periode (zie verder Starreveld 2A, p. 166)
Omvang en samenstelling van de technische en economische voorraad en ouderdom
Omloopsnelheid van de voorraad per artikelgroep
Voorraadverschillen

Operationele informatie
Een medewerker van het magazijn heeft voor het uitvoeren van zijn functie behoefte aan operationele informatie om te kunnen functioneren. Voorbeelden hiervan vind je in tabel 9.12.

TABEL 9.12 Operationele informatie magazijnmedewerker

Operationele informatie magazijnmedewerker (zie verder Starreveld 2A, p. 166)
Verwachte zendingen van leveranciers
Samenstelling uit te leveren verkooporders
Te inventariseren artikelen uit voorraad

Opslagproces met risico's en maatregelen van interne controle

In tabel 9.13 zie je de stappen van een standaard opslagproces. Gekoppeld aan deze stappen zijn zowel de voornaamste betrouwbaarheidsrisico's als maatregelen van interne controle opgenomen. In figuur 9.14 zie je een schematische weergave van het opslagproces.

TABEL 9.13 Opslagproces met risico's en maatregelen van interne controle

Processtap	Risico	Maatregel van interne controle
Ontvangst	• Juistheid bevoegdheid tot in ontvangst nemen • Juistheid van de bestelling • Volledige registratie ontvangen goederen	• Ontvangstprocedure: alleen door inkoop bestelde goederen mogen ontvangen worden • Magazijnmeester raadpleegt inkoopbestand: ordernummer, aantallen en dergelijke • Ontvangstprocedure: alle ontvangen goederen na telling vastleggen in voorraadbestand • Administratie: afboeking inkoopbestand = opboeking voorraadbestand
Bewaren	• Ongeoorloofd toegang tot magazijn • Juistheid diefstal • Juistheid bederf	• Beveiliging, fysiek gesloten magazijn, toezicht • Alleen bevoegde mensen mogen in het magazijn • Inventarisatie onder verantwoordelijkheid van administratie, bepalen voorraadverschil • Vernietigingsprotocol = afboeking voorraadbestand
Afgifte	• Juistheid bevoegdheid tot afgeven • Juistheid registratie afgifte en daarmee verbruik	• Afgifteprocedure: alleen op basis van verkoop/productieorders • Tekenen voor ontvangst door verkoop of productie • Orderpicklijst = afgifte • Procedure rond nee-verkopen • BETA-formules: beginvoorraad + inkopen – eindvoorraad = verkocht (verbruikt) • Afgifte procedure: vermelden van bijv. verkoopordernummer in voorraadbestand; detailcontrole op afgifte

Stel dat bij een handelsbedrijf op rekening dat levert aan grote bouwondernemingen, grote voorraadverschillen zijn geconstateerd. Door welke omstandigheden kunnen deze zijn veroorzaakt?

FIGUUR 9.14 Opslagproces

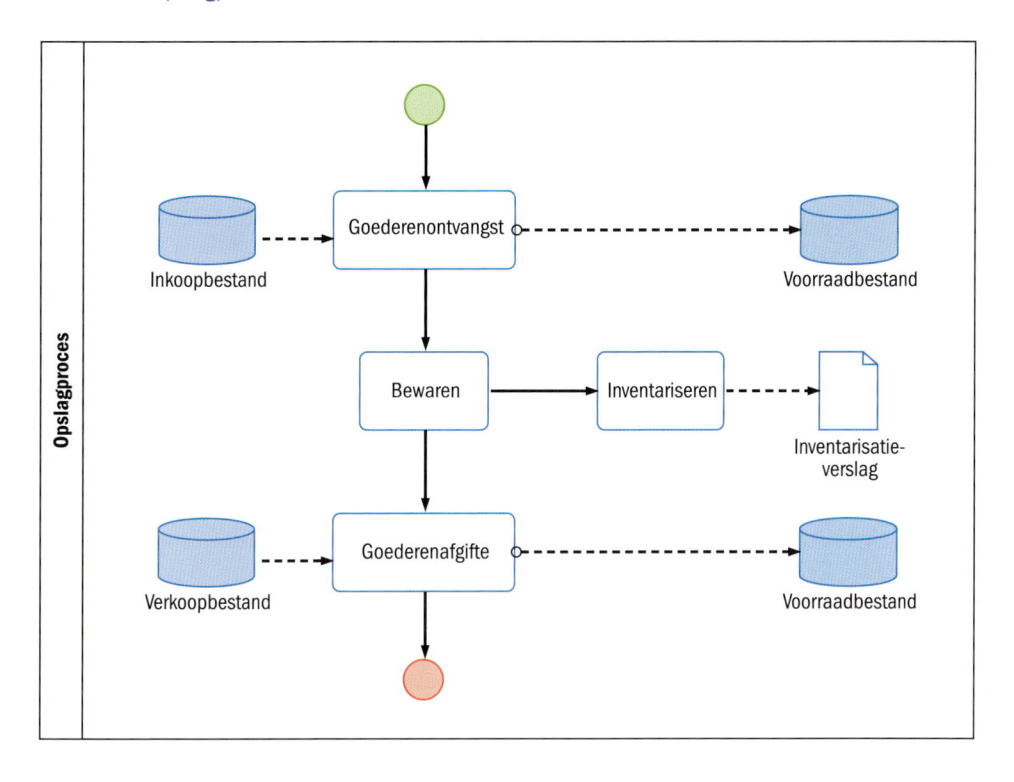

[Diagram: Opslagproces]

Goederenontvangst — Inkoopbestand, Voorraadbestand
Bewaren → Inventariseren → Inventarisatieverslag
Goederenafgifte — Verkoopbestand, Voorraadbestand

9.5 Productieproces

Uit welke processtappen bestaat het productieproces? Met welke management- en operationele informatie kan het productieproces bestuurd en beheerst worden? Welke risico's op onbetrouwbare informatie zijn bij het productieproces te onderkennen en welke interne controlemaatregelen worden bij het productieproces getroffen?

Door een productieproces zet een organisatie materialen en grondstoffen om in eindproducten met behulp van personele capaciteit en machinecapaciteit. Om achteraf te kunnen beoordelen of de productiekosten niet te hoog zijn geweest (juistheid productiekosten), maakt de administratie gebruik van vooraf door het bedrijfsbureau bepaalde productienormen. Voor het onderscheid tussen massa- en stukproductie moet je paragraaf 8.3 raadplegen.

Productieproces

De processtappen van het productieproces kun je toepassen op vele uitvoeringsprocessen. Daarbij kan je ook denken aan dienstverlenende processen waar de opgeofferde waarden voornamelijk uit arbeidsuren bestaan.

Managementinformatie

Het management heeft in grote lijnen ten aanzien van het productieproces de volgende managementinformatie (zie tabel 9.15). Bij massaproductie (subparagraaf 8.3.1) zal deze behoefte vooral afdelingsgewijs zijn, bij stukproductie overwegend per project (subparagraaf 8.3.2).

TABEL 9.15 Managementinformatie ten aanzien van het productieproces

Managementinformatie in relatie tot begroting en vorige periode (zie verder Starreveld 2A, p. 208)
Werkelijke productiekosten
Werkelijke bezettingsgraad
Werkelijke productieresultaten (efficiency, bezetting, afval, uitval)

Operationele informatie

Het bedrijfsbureau en de hoofden van de productieafdelingen hebben behoefte aan onder meer gedetailleerde informatie om te kunnen functioneren (zie tabel 9.16).

TABEL 9.16 Operationele informatie productieproces

Operationele informatie bedrijfsbureau en hoofden productieafdelingen (zie verder Starreveld 2A, p. 208)
Voortgang lopende productieorders
Ziekte ingeplande productiemedewerkers
Storingen van ingeplande machines
Omvang voorraad voor geplande productie benodigd materiaal
Problemen tijdens de productieuitvoering

Productieproces met risico's en maatregelen van interne controle

In tabel 9.17 zie je van het productieproces per stap de betrouwbaarheidsrisico's en maatregelen van interne controle. In figuur 9.18 zie je een schematische weergave van het productieproces.

TABEL 9.17 Productieproces met risico's en maatregelen van interne controle

Processtap	Risico	Maatregel van interne controle
Planning	• Bevoegdheid tot inplannen	• Planningsbevoegdheid ligt bij Bedrijfsbureau
	• Juiste en volledige registratie van ingeplande productie-opdrachten	• Invoercontroles gericht op juiste en volledige invoer van gegevens in planningsmodule
Norm bepalen	• Bevoegdheid tot norm bepalen	• Bedrijfsbureau bepaalt de productienormen
	• Juistheid gehanteerde tarieven	• Voorgeschreven wijze van berekenen, autorisatie door directie
	• Juistheid stuklijst	
	• Juistheid bewerkingslijst	• Geautoriseerd ontwerp
		• Normenarchief gebaseerd op ervaringsgegevens

TABEL 9.17 Productieproces met risico's en maatregelen van interne controle (vervolg)

Processtap	Risico	Maatregel van interne controle
Werkuitgifte	• Bevoegdheid tot werkuitgifte • Volledige en juiste registratie werkuitgifte in productieorderbestand	• Bedrijfsbureau doet de werkuitgifte • Bedrijfsbureau legt gegevens met betrekking tot toegestane verbruiken en geplande doorlooptijd vast. Invoercontroles op juistheid en volledigheid
Uitvoering	• Juiste en volledige registratie van gewerkte uren per opdracht	• Productiemedewerkers registreren per productieorder de gewerkte uren o.v.v personeelscode. Shoptime = jobtime + indirecte uren
	• Juiste en volledige registratie van verbruikte materialen per opdracht	• Magazijnmeester legt afgifte materiaal per opdracht vast in productieorderbestand. BV + INK − EV = Verbruik
	• Juiste en volledige registratie van machine-uren per opdracht	• Automatische koppeling tussen stuurprogramma machine en productieorderbestand. Beschikbare uren = gedraaide uren + stilstand
	• Bevoegdheid tot autoriseren werkelijke uren en materialen per opdracht	• Hoofd productieafdeling autoriseert werkelijke verbruiken per productieopdracht
Kwaliteitscontrole	• Bevoegdheid van het uitvoeren van een kwaliteitscontrole • Juistheid van de kwaliteitsnormen • Juistheid van uitval	• Bevoegdheid mag niet liggen bij productieafdeling zelf • Door directie geautoriseerde kwaliteitsnormen • Vastlegging op keuringsprotocol: goedgekeurd of afgekeurd. Ongekeurde productie = goedgekeurde productie + uitval
Oplevering	• Bevoegdheid tot acceptatie gereed product	• Bij magazijnmeester (voorraadbestand) of klant (opleveringsprotocol), in ieder geval niet de productieafdeling zelf
	• Juiste en volledige registratie van gereedgekomen productie	• Afboeking productieorderbestand = acceptatie
Nacalculatie en verschillenanalyse	• Bevoegdheid tot uitvoeren nacalculatie en verschillenanalyse • Juistheid van de gebruikte norm • Juistheid van de gebruikte methode	• Financiële nacalculatie en verschillenanalyse wordt door administratie uitgevoerd • Geautoriseerde voorcalculatie of standaardkostprijs • Geautoriseerde berekeningsmethode

FIGUUR 9.18 Productieproces

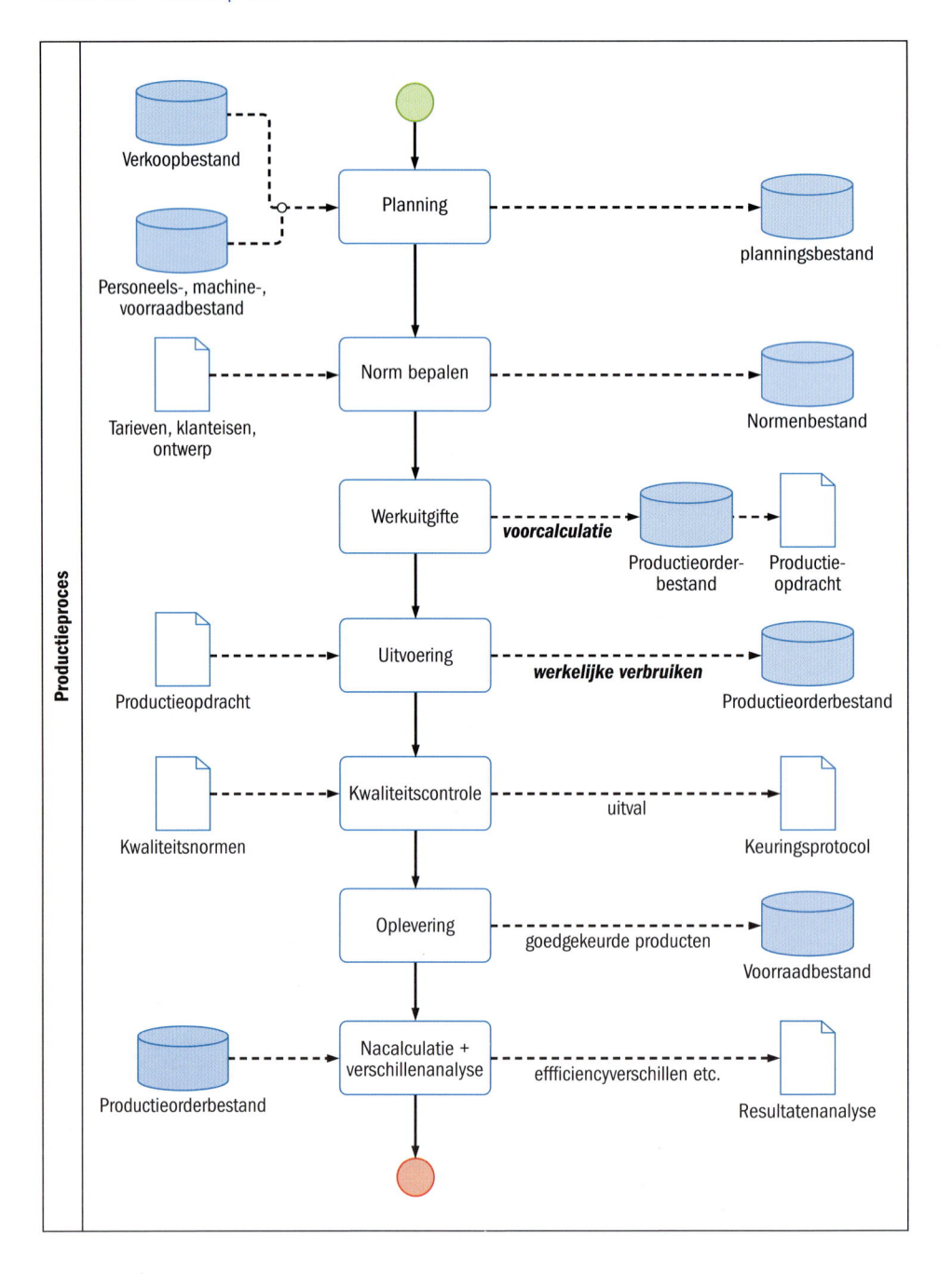

Productieproces

- Verkoopbestand
- Personeels-, machine-, voorraadbestand → **Planning** → planningsbestand
- Tarieven, klanteisen, ontwerp → **Norm bepalen** → Normenbestand
- **Werkuitgifte** — *voorcalculatie* → Productieorderbestand, Productieopdracht
- Productieopdracht → **Uitvoering** — *werkelijke verbruiken* → Productieorderbestand
- Kwaliteitsnormen → **Kwaliteitscontrole** — uitval → Keuringsprotocol
- **Oplevering** — goedgekeurde producten → Voorraadbestand
- Productieorderbestand → **Nacalculatie + verschillenanalyse** — effficiencyverschillen etc. → Resultatenanalyse

9.6 Verkoopproces

Uit welke processtappen bestaat het verkoopproces? Met welke management- en operationele informatie kan het verkoopproces bestuurd en beheerst worden? Welke risico's op onbetrouwbare informatie zijn bij het verkoopproces te onderkennen en welke interne controlemaatregelen worden bij het verkoopproces getroffen?

Tijdens het verkoopproces worden producten of diensten aan klanten verkocht tegen zo aantrekkelijk mogelijke condities. Verkoop is een beschikkende functie. Verkoopprocessen kunnen sterk van elkaar verschillen. Wij behandelen hier een standaard verkoopproces waarbij het verkoopassortiment van tevoren bepaald is en er sprake is van een vaste prijs. Wanneer je geïnteresseerd bent in verkoop op maat of in bijzondere aspecten van het verkoopproces, dan raden we je aan om Starreveld, Van Leeuwen en Van Nimwegen (2004), hoofdstuk IX door te nemen.

Verkoopproces

Managementinformatie
Het management heeft in grote lijnen ten aanzien van het verkoopproces de informatiebehoefte uit tabel 9.19. Uiteraard is deze lijst niet uitputtend en verschilt sterk per organisatie.

TABEL 9.19 Managementinformatie ten aanzien van verkoopproces

Managementinformatie in relatie tot begroting en vorige periode (zie verder Starreveld 2A, pp. 252–253)
Omzet en brutowinstmarge te specificeren per artikelgroep, marktaandeel
Verleende kortingen
Nee-verkopen

Operationele informatie
Een medewerker van de afdeling verkoop heeft voor het uitvoeren van zijn functie behoefte aan operationele informatie om te kunnen functioneren. Voorbeelden hiervan vind je in tabel 9.20.

TABEL 9.20 Operationele informatie verkoopmedewerker

Operationele informatie verkoopmedewerker
Bestelling door klant: prijs, hoeveel, levertijd etc.
Huidige voorraad van een artikelsoort
Op handen zijnde acties

Verkoopproces met risico's en maatregelen van interne controle

Wie zou binnen een postorderbedrijf de bevoegdheid moeten hebben om het assortiment en de prijs te bepalen? Hoe moet een en ander georganiseerd worden?

In tabel 9.21 zie je een standaard verkoopproces ontleed in stappen. Gekoppeld aan deze stappen zijn zowel de voornaamste betrouwbaarheidsrisico's als de meest belangrijke maatregelen van interne controle opgenomen. In figuur 9.22 zie je een schematische weergave van het verkoopproces.

TABEL 9.21 Verkoopproces met risico's en maatregelen van interne controle

Processtap	Risico	Maatregelen van interne controle
Assortimentsbepaling	• Juistheid van de bevoegdheid tot assortimentswijziging • Juistheid wijzigingen	• Vastleggen bevoegdheden, controle wijzigingen met bevoegdhedenmatrix • Geautoriseerde assortimentswijzigingen = wijzigingen in artikelbestand
Prijsbepaling	• Juistheid bevoegdheid tot prijswijziging • Juiste registratie van de gehanteerde prijzen	• Vastleggen bevoegdheden, controle prijswijziging op bijvoorbeeld paraaf • Prijsprocedure: geautoriseerde prijslijst = prijs in artikelbestand?
Orderverkrijging	• Juistheid klant- en ordergegevens • Volledigheid klant- en ordergegevens	Invoercontroles zoals bestaanscontroles Application controls, (zie deel 5) Invoercontroles zoals verplichte invoervelden
Orderacceptatie	• Juistheid van de bevoegdheid tot orderacceptatie • Kredietwaardigheid • Juistheid van leverbaarheid product	• Kredietcheck: vastgestelde kredietlimieten gekoppeld aan debiteurenbestand, controle op naleving • In systeem vastgestelde limieten naar omvang orders, daarboven autorisatie hoofd verkoop, controle op werking en naleving • Geautomatiseerde voorraadadministratie per artikel, meten van nee-verkopen bij het orderpicken, inventarisatie • Opboeking backorders = niet aanwezige voorraad
Levering product of dienst	(zie Afgifte voorraadproces)	
Facturering	• Volledigheid van de gefactureerde posten • Juistheid van de prijs	• Processing controls: geaccepteerde orders = uitgeleverd = gefactureerd (geld en hoeveelheden) • Koppeling met artikelbestand, detailcontrole op juistheid prijs met behulp van geautoriseerde prijslijst

FIGUUR 9.22 Verkoopproces

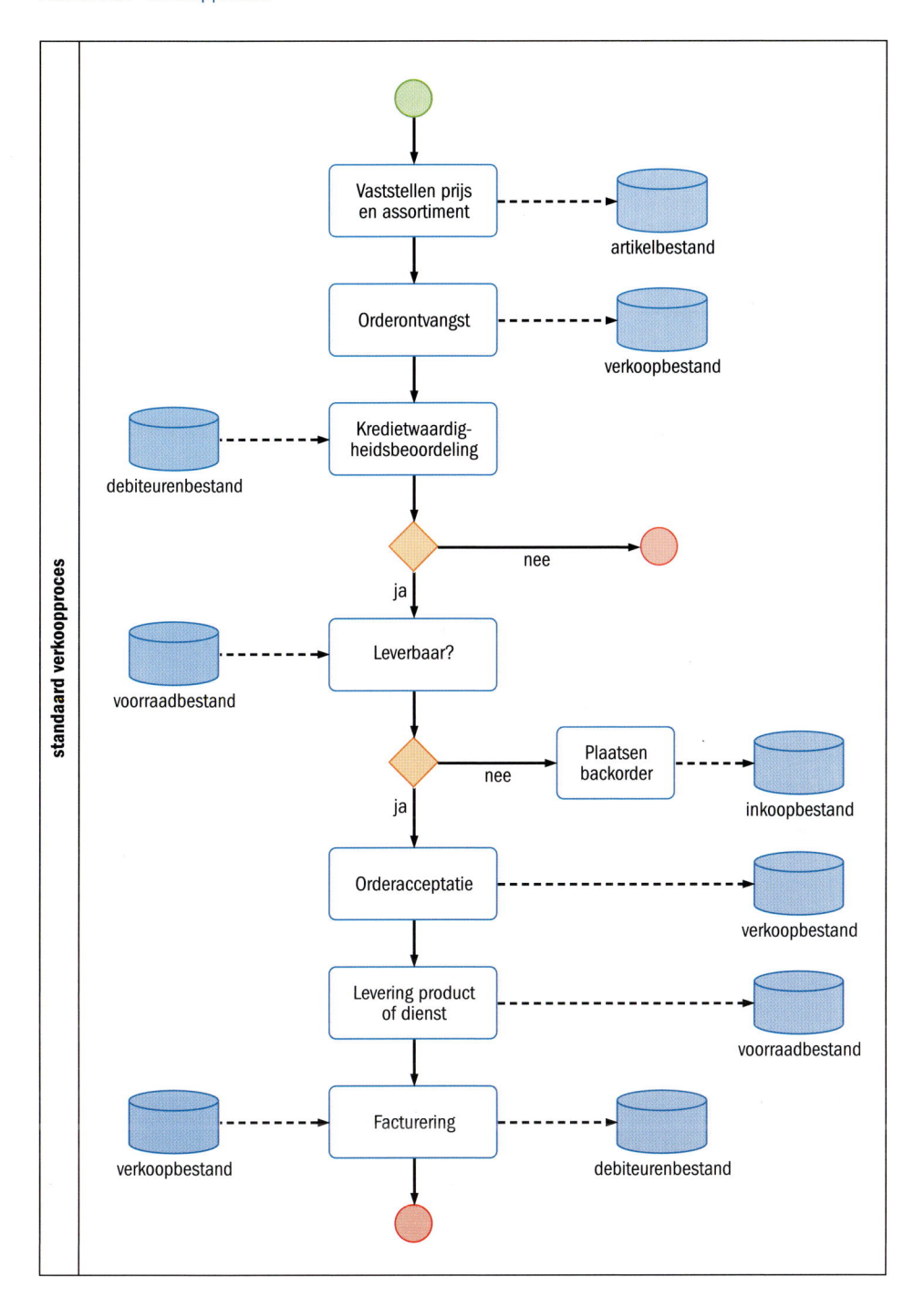

standaard verkoopproces

- Vaststellen prijs en assortiment → artikelbestand
- Orderontvangst → verkoopbestand
- debiteurenbestand → Kredietwaardigheidsbeoordeling
- beslissing: nee → einde; ja ↓
- voorraadbestand → Leverbaar?
- beslissing: nee → Plaatsen backorder → inkoopbestand; ja ↓
- Orderacceptatie → verkoopbestand
- Levering product of dienst → voorraadbestand
- verkoopbestand → Facturering → debiteurenbestand

9.7 Debiteurenproces

Uit welke processtappen bestaat het debiteurenproces? Met welke management- en operationele informatie kan het debiteurenproces bestuurd en beheerst worden? Welke risico's op onbetrouwbare informatie zijn bij het debiteurenproces te onderkennen en welke interne controlemaatregelen worden bij het debiteurenproces getroffen?

Debiteurenproces

Organisaties die hun goederen of diensten niet tegen contante betaling of een andere vorm van directe betaling (pin, ideal etc.) leveren, krijgen vorderingen op hun klanten. Deze vorderingen vertegenwoordigen waarden en moeten daarom zorgvuldig beheerd worden. De organisatie of persoon van wie je iets te vorderen hebt, noem je debiteur. We behandelen hier het debiteurenproces in het algemeen. Indien je meer wilt weten over debiteuren, zoals bijvoorbeeld op welke wijze de debiteurenadministratie kan worden ingericht of welke methoden van manen of incasseren er zijn, dan raden we je aan om uit deel 2A, Starreveld, Van Leeuwen en Van Nimwegen 2004, hoofdstuk 10 door te nemen.

Managementinformatie

Het management heeft in grote lijnen ten aanzien van het debiteurenproces de informatiebehoefte zoals weergegeven in tabel 9.23. Uiteraard is deze lijst niet uitputtend en verschilt sterk per type debiteurenadministratie.

TABEL 9.23 Managementinformatie ten aanzien van debiteurenproces

Managementinformatie in relatie tot begroting en vorige periode (zie verder Starreveld 2A, pp. 279–281)
Totaalbedrag debiteuren gespecificeerd naar:
• vervalperiode
• ontstaansperiode
• betalingsachterstand in weken
• valuta
Vorderingen per debiteur met bovenstaande specificatie
Oninbare debiteuren
Bedrag dat is voorzien op debiteuren

Operationele informatie

Een medewerker van de afdeling debiteurenadministratie heeft voor het uitvoeren van zijn functie behoefte aan operationele informatie om te kunnen functioneren. Voorbeelden hiervan vind je in tabel 9.24.

TABEL 9.24 Operationele informatie ten aanzien van debiteurenproces

Operationele informatie medewerker debiteurenadministratie
Uitstaande vordering van een debiteur met mogelijke reden van niet-betalen
Debiteurengegevens (NAW, telefoon, e-mailadressen et cetera)
Beslissing van management hoe verder te gaan met incasso van een debiteur
Indien uitbesteed: welk incassobureau?
Welke aanmaningen zijn al verstuurd naar deze debiteur? Wat was de reactie?

Debiteurenproces met risico's en maatregelen van interne controle

In tabel 9.25 zie je het debiteurenproces ontleed in stappen. Gekoppeld aan deze stappen zijn zowel de meest belangrijke betrouwbaarheidsrisico's als de meest belangrijke maatregelen van interne controle opgenomen. In figuur 9.26 zie je een schematische weergave van het debiteurenproces.

TABEL 9.25 Debiteurenproces met risico's en maatregelen van interne controle

Processtap	Risico	Maatregelen van interne controle
Bijwerken debiteurenbestand	• Volledige registratie van de vorderingen • Juiste registratie van de vorderingen	• Processing control: gefactureerde verkooporders = opboeking debiteurenbestand • Detailcontrole op juistheid order- en debiteurgegevens
Innen	• Volledigheid van de bankontvangsten • Juistheid van de bankontvangsten • Juistheid bevoegdheid tot afboeken geïnde posten	• Processing control: afboeking debiteurenbestand = opboeking bank • Detailcontrole op juistheid geïnde posten (bedrag, rekeningnummer) mede naar aanleiding van klachten klanten • Logische toegangsbeveiliging: medewerkers debiteuradministratie kunnen niet afboeken, afboeking geautomatiseerd op basis van bankontvangsten
Manen	• Juiste registratie activiteiten in verband met waardering	• Procedure tot manen • Controle op naleving aan de hand van vervallen posten
Incasso	• Juiste registratie incassoactiviteiten in verband met waardering • Juistheid bevoegdheid tot afboeken oninbare posten	• Detailcontrole met behulp van documenten van incassoactiviteiten (bijv. gerechtelijke uitspraken) • Creditchecks, versturen van saldobiljetten • Autorisatie lijst oninbare debiteuren door directie • Controle afboeking wegens oninbaarheid = geautoriseerde lijst

Welke betrouwbaarheidsrisico's loopt een organisatie indien het hoofd Administratie de bevoegdheid krijgt om debiteuren oninbaar te verklaren en af te boeken?

FIGUUR 9.26 Debiteurenproces

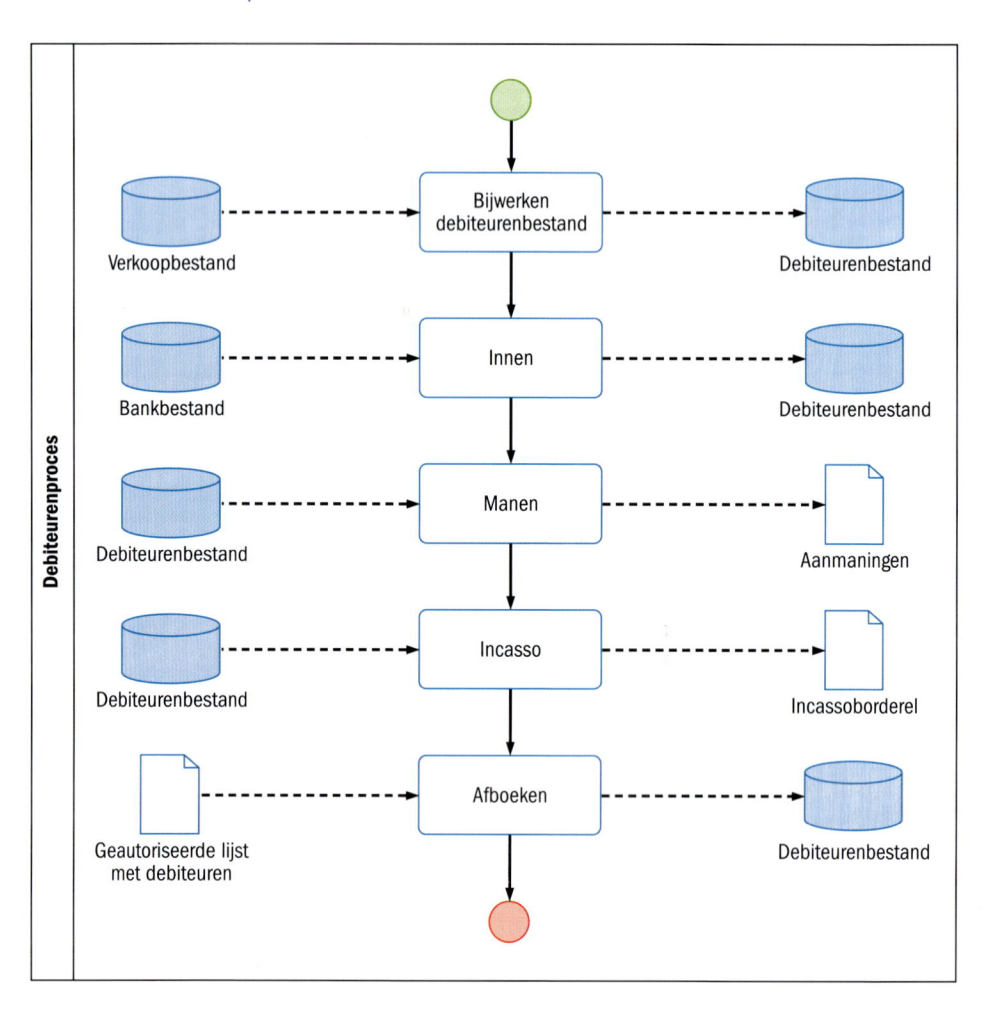

```
Debiteurenproces

Verkoopbestand  ----→  Bijwerken debiteurenbestand  ----→  Debiteurenbestand
Bankbestand     ----→  Innen                        ----→  Debiteurenbestand
Debiteurenbestand ----→ Manen                       ----→  Aanmaningen
Debiteurenbestand ----→ Incasso                     ----→  Incassoborderel
Geautoriseerde lijst  ----→  Afboeken               ----→  Debiteurenbestand
met debiteuren
```

9.8 Personeelsproces

Waarom is een standenregister geen effectief controlemiddel indien het personeel sterk wisselt in functieomvang? Waarom is een standenregister geen effectief controlemiddel indien het wordt bijgehouden door de salarisadministratie?

Mensen die in dienst zijn van een organisatie leveren arbeid. Zij ontvangen hiervoor in het algemeen een vergoeding (salaris). Soms is er een directe relatie tussen de gewerkte uren en de opbrengsten van een organisatie. Denk bijvoorbeeld aan dienstverlenende organisaties (overige dienstverlening). Bijna altijd maken de personeelskosten een aanzienlijk deel uit van de totale kosten. Als je meer wilt weten over het personeelsproces en zaken als bijvoorbeeld Human Resource Management, dan raden we je aan om uit deel 2A, Starreveld, Van Leeuwen en Van Nimwegen 2004, hoofdstuk V door te nemen.

Personeelsproces

Managementinformatie
Het management heeft in grote lijnen ten aanzien van het personeelsproces de informatiebehoefte zoals weergegeven in tabel 9.27. Uiteraard is deze lijst niet uitputtend en verschilt sterk per type personeelsproces.

TABEL 9.27 Managementinformatie ten aanzien van personeelsproces

Managementinformatie in relatie tot begroting en vorige periode (zie verder Starreveld 2A, p. 139)
Loonkosten onderverdeeld naar basisloon en variabel loon (toeslagen)
Mutatie in personeelsbestand
Ziektepercentage per afdeling

Operationele informatie
Een medewerker van personeelszaken heeft voor het uitvoeren van zijn functie behoefte aan operationele informatie om te kunnen functioneren. Voorbeelden hiervan vind je in tabel 9.28.

TABEL 9.28 Operationele informatie ten aanzien van personeelsproces

Operationele informatie personeelsmedewerker
Ontstane vacatures met functie-eisen
Ziektemeldingen met oorzaak per medewerker
Wijzigingen in salarisschalen en cao-bepalingen
Personeelsleden die binnenkort met pensioen gaan
Jubilea

Personeelsproces met risico's en maatregelen van interne controle
In tabel 9.29 zie je het personeelsproces ontleed in stappen. Gekoppeld aan deze stappen zijn de voornaamste betrouwbaarheidsrisico's en maatregelen van interne controle opgenomen. In figuur 9.30 zie je een schematische weergave van het personeelsproces.

TABEL 9.29 Personeelsproces met risico's en maatregelen van interne controle

Processtap	Risico	Maatregelen van interne controle
Werving en selectie	• Juistheid bevoegdheid tot aannemen • Juiste registratie in dienst • Volledige registratie in dienst	• Vaststellen bevoegdheden tot aannemen (wie, tot welk salaris en welke emolumenten) • Invoer door personeelszaken, invoercontroles personeelsbestand, controle door administratie op basis van arbeidscontracten • Controle: personeelsbestand begin periode + in dienst − uit dienst = personeelsbestand eind periode • Follow up: klachten personeel bij niet betalen salaris
Inzet	• Juistheid bevoegdheid tot inzet • Juiste registratie aanwezigheid • Volledige registratie gewerkte uren	• Leidinggevende aanwijzen per medewerker • Opstellen planning door leidinggevende, vaststellen en registreren aanwezigheid • Procedure voor urenregistratie (per opdracht) • Controle: shoptime (tijd in het pand) = jobtime (orderbestand) + indirecte uren
Beoordelen	• Juistheid bevoegdheid tot beoordelen • Juiste en volledige registratie van beoordelingsgegevens	• Controle op paraaf in beoordelingsformulier • Invoercontroles voor personeelsbestand • Accorderen van invoer door leidinggevende en medewerker • Aantal personeelsleden in dienst = beoordeeld + niet-beoordeeld; beoordeeld = verwerkt in personeelsbestand
Uitbetalen	• Juistheid bevoegdheid tot uitbetalen • Juistheid uitbetaald loon • Volledige registratie af te dragen sociale lasten	• Directie autoriseert uit te betalen nettoloon, voorbereid door salarisadministratie, gecontroleerd door financiële administratie • Functiescheiding: personeelszaken, salarisadministratie, financiële administratie • Brutoloon standenregister personeelszaken = brutoloon verwerkt door salarisadministratie • Brutoloon = nettoloon + sociale lasten • Controle van pensioenlast, af te dragen lonen en sociale lasten

FIGUUR 9.30 Personeelsproces

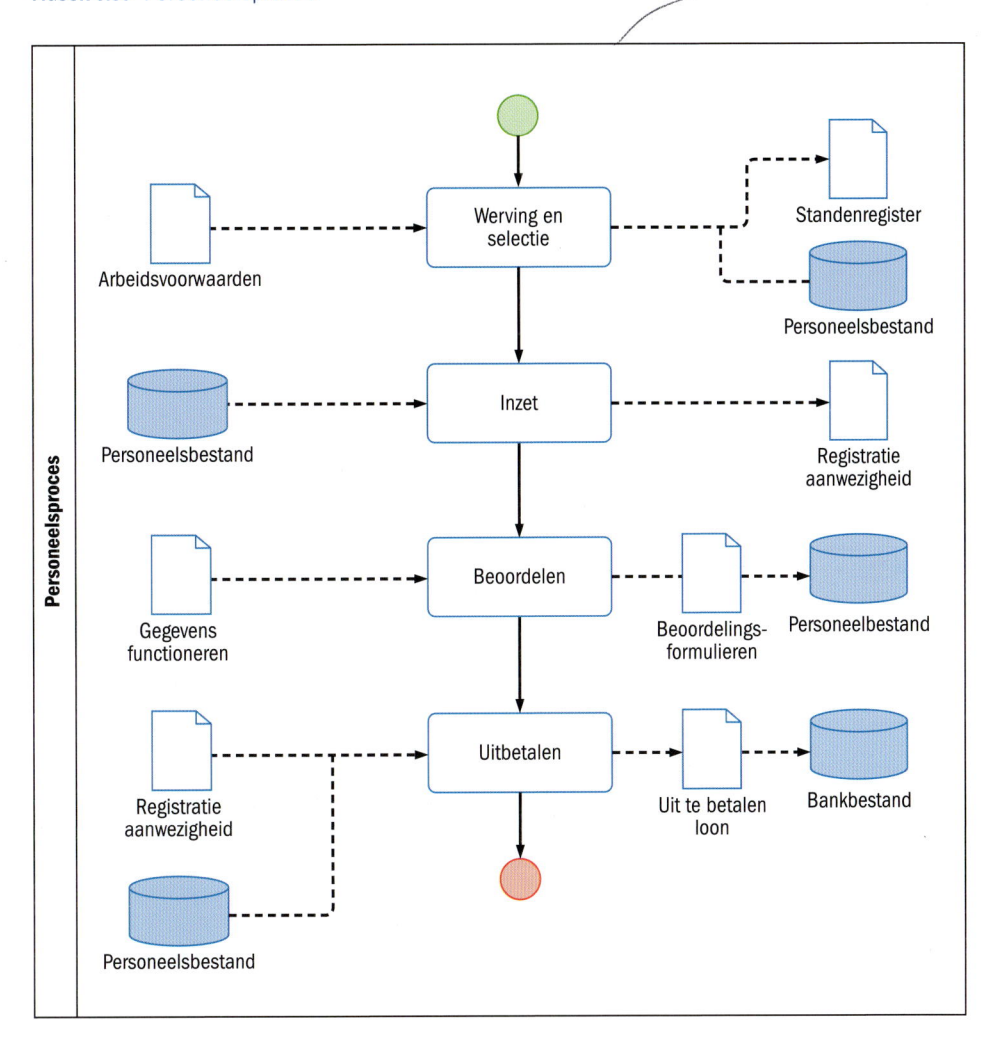

Samenvatting

In dit hoofdstuk hebben we de volgende processen behandeld:
- inkoopproces
- crediteurenproces
- opslagproces
- productieproces
- verkoopproces
- debiteurenproces
- personeelsproces

Per proces heb je kunnen lezen wat belangrijke managementinformatie en operationele informatie is. Vervolgens hebben we deze processen in stappen ontleed en per stap de risico's en maatregelen van interne controle behandeld. Wanneer je dit combineert met de maatregelen van de betrouwbaarheidstypologie ben je in staat om voor organisaties die je in de praktijk tegenkomt op hoofdlijnen een betrouwbaarheidssysteem te ontwerpen.

De zes delen van dit boek

Besturen en Beheersen

Deel 1
Interne Beheersing

2 Wat is beheersing?
3 Beheersing volgens Simons
4 COSO-modellen
5 Procesbeheersing met het KAD-model

Bestuurlijke Informatie

Deel 2
Betrouwbaarheid

6 Betrouwbaarheid en beheersing
7 Interne controle
8 Betrouwbaarheidstypologie
9 Procestypologie

Deel 3
Relevantie

10 Tolmodel
11 Bovenkant van de tol
12 Midden van de tol
13 Onderkant van de tol
14 Contingentiebenadering en tolmodel
15 Relevantietypologie
16 Andere toepassingen relevantie-typologie

Inrichten Bestuurlijke Informatieverzorging

Deel 4
Ontwerpen van administratieve processen

17 Ontwerpen van administratieve processen

Deel 5
BIV en Automatisering

18 Informatiebeleid en informatieplan
19 Ontwikkelen van informatiesystemen
20 General & application controls

Deel 6
Beheer van de BIV-functie

21 Organisatie van de BIV-functie
22 Vastleggen van de BIV

DEEL 3

Relevantie

10 Tolmodel 173
11 Bovenkant van de tol 177
12 Midden van de tol: de processen en structuur 185
13 Onderkant van de tol 203
14 Contingentiebenadering: toepassen van het tolmodel 215
15 Relevantietypologie 221
16 Andere toepassingen van de relevantietypologie 279

Het bestuurlijke informatieverzorgingssysteem moet zo opgezet worden dat de informatie niet alleen betrouwbaar is, maar ook relevant. Relevante informatie is nodig voor het nemen van beslissingen. Maar hoe bepaal je welke informatie relevant is? In deel 3 staat deze vraag centraal. Om deze vraag te kunnen beantwoorden maken we gebruik van het tolmodel en de daarbij behorende relevantietypologie. Het tolmodel houdt bij het bepalen van de informatiebehoefte rekening met een groot aantal factoren, waaronder:

- missie, kritische succesfactoren, doelen, doelstellingen en strategie
- betrouwbaarheidstype en procestypen, aard van de processen
- structuur van de organisatie
- managementstijl en organisatiecultuur

Met de relevantietypologie kun je voor een aantal in de praktijk veelvoorkomende verschijningsvormen van het tolmodel de relevante managementinformatie bepalen.

10
Tolmodel

10.1 Functie van informatie voor sturen en beheersen
10.2 Het tolmodel
10.3 Relevantietypologie

In deel 3 staat de vraag centraal hoe je bepaalt welke informatie relevant is. In dit hoofdstuk behandelen we kort de functie van informatie voor sturen en beheersen. Vervolgens introduceren we het tolmodel en laten we je de relevantietypologie zien.

10.1 Functie van informatie voor sturen en beheersen

De directie gebruikt informatie voor het sturen en beheersen van de organisatie. Sturen doet de directie door het nemen van beslissingen waarmee de organisatie van koers verandert. Beheersen doet de directeur door te kijken of alles in de organisatie zo loopt als hij verwachtte toen hij zijn koers bepaalde, en door vervolgens in actie te komen. In deel 1 van dit boek (Interne beheersing) heb je hier uitgebreid over kunnen lezen. Organisatiebesturing en -beheersing zijn in feite continue en informatie-intensieve besluitvormingsprocessen. Zonder adequate informatie moet het management beslissingen nemen met een grote mate van onzekerheid. Het besturen en beheersen geschiedt dan 'in dichte mist'. Goede informatie is een essentiële grondstof voor goede besluitvorming. Het inrichten en organiseren van de managementinformatievoorziening is een voorwaarde voor een succesvolle organisatiebeheersing en -besturing. Het inrichten van de managementinformatieverzorging kent grofweg twee uitdagingen. De eerste bestaat eruit de informatiebehoefte van het management vast te stellen (vraagkant). Als deze behoefte eenmaal bekend is, bestaat de tweede uitdaging eruit in die behoefte te voorzien (de aanbodkant). Om in deze behoefte te voorzien moet je een bestuurlijk informatieverzorgings-systeem ontwikkelen (zie deel 4 en 5).

Tolmodel

In dit deel leer je hoe je het tolmodel en de relevantietypologie moet toepassen om de informatiebehoefte te bepalen. Het tolmodel is ontwikkeld om ervoor te zorgen dat de managementinformatie relevant (geschikt voor de uit te voeren taak) is voor de betreffende manager. Het gaat hierbij met name om de informatie die de manager nodig heeft om periodiek (bijvoorbeeld dagelijks, wekelijks of maandelijks) besluiten te nemen. Maatregelen van interne controle zoals behandeld in deel 2 van dit boek moeten zorgen voor de betrouwbaarheid van deze informatie.

10.2 Het tolmodel

Uit welke drie onderdelen bestaat het tolmodel?

FIGUUR 10.1 Factoren van de tol en hoofdstukken waarin ze behandeld worden

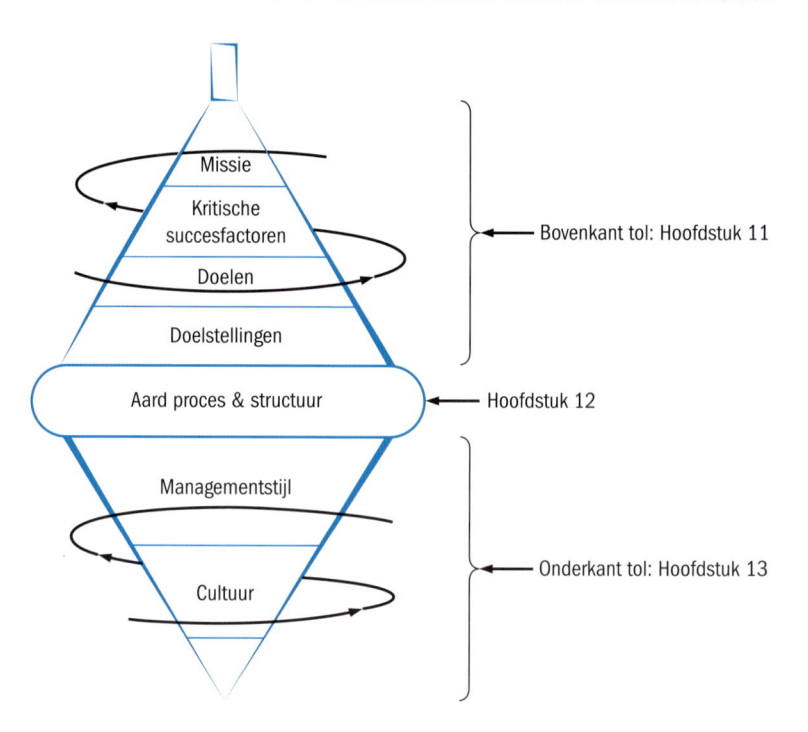

- Missie
- Kritische succesfactoren
- Doelen
- Doelstellingen

Bovenkant tol: Hoofdstuk 11

- Aard proces & structuur ← Hoofdstuk 12

- Managementstijl
- Cultuur

Onderkant tol: Hoofdstuk 13

In figuur 10.1 kun je zien welke factoren de informatiebehoefte van de directeur bepalen. Deze factoren zijn weergegeven in de vorm van een tol. De tol heeft een *bovenkant* die de weerslag is van de strategie van de organisatie. Hierin vind je factoren als missie, kritische succesfactoren, doelen en doelstellingen. Natuurlijk wil de directeur weten in hoeverre deze door zijn bedrijf gehaald worden. Soms is de strategie van een organisatie onduidelijk en moet de organisatie zich herbezinnen over de te varen koers. In hoofdstuk 11 van dit deel kun je daar meer over lezen.
In het *midden van de tol* tref je de processen en de structuur van de organisatie aan. De processen die binnen het bedrijf plaatsvinden, bepalen mede de informatiebehoefte van de directie. De directie van een handels-

bedrijf wil graag weten hoe het inkoop-, voorraad- en verkoopproces binnen het bedrijf ervoor staan. De directie van een productiebedrijf is natuurlijk zeer geïnteresseerd in de resultaten van het productieproces. Ook de wijze waarop de organisatie gestructureerd is, beïnvloedt de informatiebehoefte van de directie. Bij een organisatie met bijvoorbeeld een regionaal georiënteerde structuur zal de informatie ook per regio verstrekt worden. In hoofdstuk 12 van dit deel kun je daar meer over lezen.
Aan de *onderkant van de tol* zie je hoe zaken als de managementstijl en de cultuur van een organisatie van invloed zijn op de informatiebehoefte van de directeur. Zo zal een directeur die zijn personeel heel gedetailleerd aanstuurt, ook veel vaker en meer in detail informatie willen ontvangen dan een directeur die zijn personeel vrij laat. In hoofdstuk 13 kun je daar meer over lezen.

Tollen zijn voor iedereen bekend als kinderspeelgoed (de draaitol en priktol) of als natuurkundig verschijnsel (denk aan de roterende aarde en vliegwiel). Het model heeft de vorm van een tol gekregen, omdat bedrijven om drie redenen vergelijkbaar zijn met tollen:
1 *Een organisatie maakt deel uit van een omgeving die door veranderingen voortdurend in beweging is.* De organisatie moet hierop anticiperen. Beheersing door het management zorgt ervoor dat de organisatie blijft draaien.
2 *Een organisatie heeft verschillende kenmerken (de factoren uit het tolmodel) die met elkaar in evenwicht moeten zijn om als 'tol' te draaien.* Bij een verstoord evenwicht tussen de factoren ontstaat onbalans en heeft de organisatie niet langer het vermogen te blijven 'draaien' en valt om.
3 *Een goede tol is in staat als hij scheef staat om zich al draaiend weer rechtop te trekken.* Dit geldt ook voor een goed bedrijf. Het is dan wel nodig dat de directeur op de hoogte is van de belangrijkste zaken die het succes van zijn bedrijf bepalen. Raakt de tol of het bedrijf echter te veel uit het lood, dan kantelt hij en valt om.

10.3 Relevantietypologie

Uit welke vijf hoofdgroepen bestaat de relevantietypologie?

De factoren uit het tolmodel zijn per bedrijf vaak heel verschillend. Toch zie je in de praktijk dat slechts enkele combinaties van deze factoren veel voorkomen. Deze combinaties zijn weergegeven in de zogenaamde relevantietypologie (zie tabel 10.2). Per toltype zijn de kenmerken van de bijpassende managementinformatie in kaart gebracht. Een belangrijk voordeel hiervan is dat, nadat voor een organisatie is vastgesteld welk toltype het betreft, op eenvoudige wijze de daarbij behorende managementinformatie kan worden afgeleid.

TABEL 10.2 De relevantietypologie

Charismatische organisaties		Bureaucratieën		Concerns		Professionele organisaties		Netwerkorganisaties	
Pionier	Zwerver	Doelgerichte bureaucratie	Ongerichte bureaucratie	Doelgericht concern	Ongericht concern	Maatschappelijke professional	Eenzijdige professional	Maatschappelijk netwerk	Eenzijdig netwerk

De verdere uitwerking en toelichting van de relevantietypologie volgt in de hoofdstukken 14 tot en met 16 van dit deel. Maar eerst zullen wij in de hoofdstukken 11 tot en met 13 de verschillende onderdelen van het tolmodel en de wijze van het toepassen van het tolmodel behandelen.

Samenvatting

In hoofdstuk 10 heb je kunnen kennismaken met het tolmodel en de relevantietypologie die zijn ontwikkeld om er voor te zorgen dat de managementinformatie relevant (geschikt voor de uit te voeren taak) is voor de betreffende manager. Het tolmodel bestaat uit drie onderdelen die bepalend zijn voor de informatiebehoefte van het management. Dit zijn de bovenkant, het midden en de onderkant.

Toelichting:
- In de *bovenkant* van de tol vind je elementen als missie, strategie, kritische succesfactoren, doelen en doelstellingen (hoofdstuk 11).
- In het *midden* van de tol vind je elementen als processen en structuur (hoofdstuk 12).
- De *onderkant* van de tol wordt bepaald door managementstijl en cultuur (hoofdstuk 13).

11
Bovenkant van de tol

11.1 Onderdelen van de bovenkant van de tol
11.2 Missie
11.3 Kritische succesfactoren
11.4 Doelen en doelstellingen
11.5 Balanced business scorecard
11.6 Strategie
11.7 Stappenplan toepassing bovenkant tolmodel

In dit hoofdstuk wordt ingegaan op de bovenkant van het tolmodel (zie figuur 11.1). Deze bovenkant bevat een aantal aan de strategie van een organisatie gerelateerde factoren die van invloed zijn op de informatiebehoefte van het management.

Bovenkant van het tolmodel

FIGUUR 11.1 De bovenkant van de tol

11.1 Onderdelen van de bovenkant van de tol

Uit welke onderdelen bestaat de bovenkant van het tolmodel?

De bovenkant van de tol bestaat uit de missie, de kritische succesfactoren de doelen en de doelstellingen van een organisatie. Figuur 11.2 geeft de relatie aan tussen deze factoren.

FIGUUR 11.2 Van missie tot doelstellingen

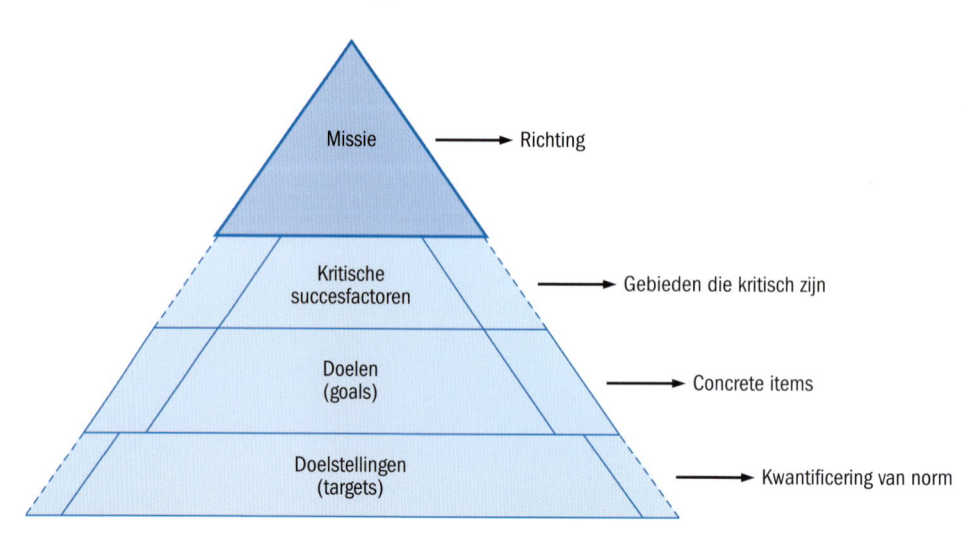

- Missie → Richting
- Kritische succesfactoren → Gebieden die kritisch zijn
- Doelen (goals) → Concrete items
- Doelstellingen (targets) → Kwantificering van norm

Bedrijven geven bij het bepalen van hun strategie invulling aan de genoemde factoren. Hierbij wordt zowel vanuit de markt (wat wil de klant) als vanuit de interne organisatie (wat kunnen wij voor de klant betekenen) geredeneerd. Kort gezegd komt het erop neer dat de missie, kritische succesfactoren, doelen en doelstellingen aangeven *wat* de organisatie wil bereiken. De strategie geeft weer *hoe* de organisatie dat wil gaan bereiken.

11.2 Missie

Wat wordt verstaan onder de missie van een organisatie?

De missie is het vertrekpunt van het strategieformuleringsproces. In de missie wordt de bestaansreden van een organisatie weergegeven. De missie biedt inzicht in de richting waarin de organisatie zich wenst te ontwikkelen ('de grootste', 'de goedkoopste' enzovoort) en de wijze waarop de organisatie zich wenst te onderscheiden.   **Missie**

Voorbeelden van missies zijn:
- *Overtoom; dat is snel (Overtoom)*
- *Albert Heijn: 'Het alledaagse betaalbaar, het bijzondere bereikbaar'*
- *Leuker kunnen we het niet maken, makkelijker wel (Belastingdienst)*

Op het niveau van de missie is het nog nauwelijks zinvol en mogelijk de hieraan gerelateerde informatiebehoefte te definiëren. Natuurlijk is het management geïnteresseerd in de mate waarin de missie wordt gerealiseerd. Om het proces uitvoerbaar en de 'voortgang' meetbaar te maken, is het echter nodig dat de abstracte missie verder wordt geconcretiseerd.

11.3 Kritische succesfactoren

Wat wordt verstaan onder een kritische succesfactor?

De term kritische succesfactor (KSF) heeft met name bekendheid gekregen door Rockart (1974). Kritische succesfactoren zijn die aspecten die doorslaggevend zijn voor het succes of falen van een organisatie. De praktijk leert dat er dikwijls slechts tussen de drie en acht echt cruciale factoren bestaan.   **Kritische succesfactor**

11.4 Doelen en doelstellingen

Wat is het verschil tussen doelen en doelstellingen?

Uitgaande van de missie en de kritische succesfactoren definieert een organisatie organisatiedoelen die aan de missie een bijdrage leveren. Doelen zijn dan een concretere invulling van de KSF.
In de literatuur wordt soms het onderscheid aangebracht tussen doelen en doelstellingen. De term doelen is dan gereserveerd voor de kwalitatieve invalshoek ('goals'). Doelstellingen zijn de meer kwantitatieve termen, ook wel 'targets' of 'objectives' genoemd. Niet alle doelen zijn eenvoudig te kwantificeren naar doelstellingen. Doelstellingen worden gemeten met behulp van zogenaamde prestatie-indicatoren.
Van belang bij het formuleren van de doelen en doelstellingen is dat de doelstellingen zo concreet mogelijk worden gedefinieerd. Het nadenken over de 'meetbaarheid' dwingt de organisatie zeer goed na te denken wat nu

precies de doelstelling is. Rationele organisaties handelen dikwijls volgens het principe 'als ik het niet kan meten, heeft het ook geen zin de doelstelling te formuleren'.

Naast financieel-economische doelstellingen als winst en omzet zijn ook niet-financieel-economische doelen denkbaar. Binnen beide categorieën doelen kunnen er zowel kwantitatieve als kwalitatieve doelen worden geformuleerd. In tabel 11.3 zie je deze begrippen toegepast op McDonald's.

TABEL 11.3 Voorbeeld McDonald's

Verschijningsvorm	Te bereiken/te meten
Missie	McDonald's I'am loving it
Een van de KSF'en	Snellere levering dan de concurrent
Een van de doelen om KSF'en te bereiken	Geen lange wachttijden
Een van de prestatie-indicatoren van dit doel	Gemiddelde wachttijd McDrive
Doelstelling (norm)	Maximaal 5 minuten

Uit tabel 11.3 blijkt dat doelstellingen vaak een niet-financieel karakter hebben en dat de bijbehorende prestatie-indicatoren lang niet altijd gemakkelijk bepaalbaar zijn. Het meten van de tijd tussen binnenkomen en meenemen van de maaltijd blijkt namelijk zeer arbeidsintensief en een kwestie van goed opletten te zijn.

11.5 Balanced business scorecard

Uit welke vier perspectieven bestaat de balanced business scorecard en wat geven deze weer?

Balanced business scorecard

Een algemeen raamwerk dat dienst kan doen bij het definiëren van kritische succesfactoren en van doelen is de zogenaamde balanced business scorecard (Kaplan & Norton, 1992). Deze is afgebeeld in figuur 11.4.

FIGUUR 11.4 Balanced business scorecard

- Financieel perspectief: Hoe zien onze aandeelhouders ons?
- Klantperspectief: Hoe zien onze klanten ons?
- Bedrijfsprocessen: Wat is de toegevoegde waarde van onze belangrijkste bedrijfsprocessen?
- Innovatie perspectief: Zijn we in staat tot innovatie, verandering en verbetering?

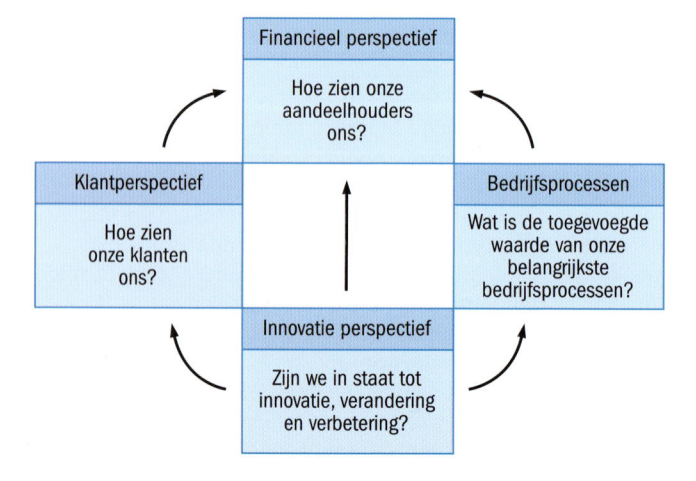

Met de balanced business scorecard worden prestaties vanuit verschillende perspectieven bekeken en in onderling verband getoond. Op ieder van deze perspectieven dient een organisatie te presteren.
De vier perspectieven zijn:
1 *Financieel perspectief.* Financiële resultaten en prognoses van ondernomen acties: hoe succesvol is de organisatie bij het bereiken van de financiële doelstellingen? De informatiebehoeften die hieraan zijn gerelateerd betreffen bijvoorbeeld return-on-investment, winst en rentabiliteit. Hiermee wordt gemeten in hoeverre de behoeften van verschaffers van vreemd en eigen vermogen worden bevredigd.
2 *Klantperspectief.* Tevredenheid bij de afnemers: hoe zien onze klanten ons? De informatiebehoefte die hieraan is gerelateerd heeft betrekking op het imago, de prijselasticiteit, vraagprognoses, marktaandeel/-groei. Hiermee wordt gemeten in hoeverre de organisatie in staat is om de behoeften van de klanten tevreden te stellen.
3 *Intern perspectief.* Ontwikkeling van de interne organisatie: hoe functioneren de bedrijfsprocessen? Welke toegevoegde waarde leveren de verschillende bedrijfsprocessen? De informatiebehoeften kunnen onder meer betrekking hebben op het ziekteverzuim, voorraadbeheer, uitval-/afvalpercentages en bezettingsgraden. Hiermee wordt onder andere gemeten in hoeverre de organisatie in staat is om de behoeften van de medewerkers tevreden te stellen.
4 *Innovatie- en leerperspectief.* Activiteiten voor innovaties en verbeteringen. De managementinformatie kan bijvoorbeeld betrekking hebben op technologische ontwikkelingen (bijvoorbeeld workflow management), time-to-market alsmede ontwikkelingen van nieuwe producten. Hiermee wordt gemeten in hoeverre de organisatie in staat is om zichzelf te vernieuwen.

De vier perspectieven beïnvloeden elkaar en vinden uiteindelijk hun weerslag in de resultaten van de organisatie. Vanuit elk perspectief van de scorecard kun je kritische succesfactoren en bijpassende meer gedetailleerde doelen en doelstellingen formuleren. De toegevoegde waarde van de balanced business scorecard schuilt er voor een belangrijk deel in dat het management gedwongen wordt vanuit verschillende invalshoeken naar de organisatie te kijken, waarin de stakeholders en factoren zijn opgenomen die voor het succes van de organisatie van groot belang zijn. Het geeft als het ware de standaardperspectieven weer van waaruit kritische succesfactoren gedefinieerd kunnen worden en is daarbij behulpzaam bij het uitwerken van de bovenkant van de tol. Soms worden deze perspectieven aangepast. Zo zie je bij bijvoorbeeld organisaties die in de non-profit werken vaak nog de overheid of de maatschappij als extra perspectief toegevoegd.
De managementinformatie over deze perspectieven mag – om de managers niet met informatie te overvoeren – niet te uitgebreid en te gedetailleerd zijn, maar moet tot essentialia worden beperkt.

11.6 Strategie

De strategie geeft de weg aan waarlangs de doelen en doelstellingen kunnen worden bereikt.
De uitkomst van het strategieformuleringsproces is een plan waarin de toekomstige positie van de organisatie wordt geschetst en waarin de wijze waarop deze positie zal worden gerealiseerd, is beschreven. Strategieën

(strategies) of beleidsregels (policies) betreffen formele richtlijnen die betrekking hebben op de wijze waarop de missie, kritische succesfactoren, doelen en doelstellingen gerealiseerd zullen worden.

In tegenstelling tot de hiervoor behandelde begrippen (die ingingen op het *wat*), geeft de strategie het *hoe* aan. Strategieën betreffen dus met name een handelwijze. Een strategie geeft de weg aan waarlangs de missie, de kritische succesfactoren en de doelen moeten worden bereikt.

De literatuur op het gebied van strategie en strategieformulering omvat vele strategietypologieën, waarbij gedacht kan worden aan inkoopstrategieën, groeistrategieën, marketing- en verkoopstrategieën. Om de relatie met managementinformatie nader toe te lichten wordt een van de bekendste typologieën weergegeven, te weten die van de concurrentiestrategieën van Porter (1980). Hij maakt onderscheid naar drie typen strategieën, te weten:
1 kostenleiderschapstrategie
2 differentiatiestrategie
3 focusstrategie

Ad 1 Kostenleiderschapstrategie
Bij deze strategie probeert de organisatie de concurrentie af te troeven en de gunst van de klanten te winnen op basis van prijsstelling en kostenverlaging. Je kunt hierbij voor handelsbedrijven denken aan bedrijven als Aldi en Tesco. Het management moet gezien deze strategie ten minste geïnformeerd worden over:
- alle kostprijsbepalende factoren
- prijsinformatie van concurrenten
- de mogelijkheden om de efficiëntie van de bedrijfsprocessen te vergroten

Denk bij dat laatste punt aan bezettingsgraden, rationele/irrationele overcapaciteit, uitval- en afvalpercentages, nieuwe ondersteunende technologieën, optimale logistieke distributiekanalen, opleidingsmogelijkheden van personeel, schaal- en leereffecten, levertijden, inkoopprijzen versus marktprijzen.

Ad 2 Differentiatiestrategie
Hier wil de organisatie haar positie op de markt versterken door – in de ogen van de consument – unieke eigenschappen van het product te profileren. Je kunt hierbij voor handelsbedrijven denken aan Albert Heijn. Voor het management betekent dit dat er informatie beschikbaar moet zijn over bijvoorbeeld:
- het imago van het product en de mate waarin de eigenschappen van de producten/diensten aansluiten bij de verwachting van de klanten
- het relatief belang van afzonderlijke productkenmerken
- de snelheid waarmee nieuwe productvariaties (modificaties en innovaties) op de markt kunnen worden gebracht
- de ontwikkeling van het eigen marktaandeel en dat van concurrenten
- de ontwikkelingen in de marktvraag
- de omzet en winst (ontwikkeling) en dergelijke per productvariant

Ad 3 Focusstrategie

Hier richt de organisatie zich op een specifiek product. Je kunt hierbij voor handelsbedrijven denken aan een gespecialiseerde wijnhandel. Voor een adequate besturing en beheersing is informatie nodig die inzicht verschaft in onder meer:
- de resultaatbijdrage per doelgroep
- de beoordeling van de onderscheiden markteenheden
- de ontwikkeling van de markt (veranderend wensenpakket, marktaandeel, marktgroei), (potentiële) toetreders en mogelijk nieuwe markten
- de kwaliteit van productinnovatie

Welke drie typen strategieën onderscheidt Porter en wat betekent dit voor de informatiebehoefte?

11.7 Stappenplan toepassing bovenkant tolmodel

Wij presenteren een stappenplan waarmee je de informatiebehoeften voor de directie kunt bepalen die samenhangt met de bovenkant van de tol. Per factor moet je onderzoeken of de organisatie hier al over heeft nagedacht en of er binnen de organisatie hier overeenstemming over is. Het is helemaal mooi als de organisatie de factoren al heeft vastgelegd. Je hoeft dan alleen nog maar per factor de invloed op de informatiebehoefte te bepalen. Meestal is dit echter niet het geval. Er zijn dan twee mogelijkheden:
1 *De factor is wel impliciet aanwezig, maar nog niet formeel vastgelegd.* Je zult dan in overleg met de directie en andere betrokkenen de factoren eerst moeten vastleggen en vervolgens de invloed op de informatiebehoeften bepalen.
2 *Binnen de organisatie is grote onduidelijkheid over de strategie en de daaruit voortvloeiende doelen* (de bovenkant van de tol). De directie zal zich eerst moeten herbezinnen op de te volgen koers voordat je de informatiebehoeften kunt bepalen.

Het stappenplan zie je in tabel 11.5.

TABEL 11.5 Bepalen informatiebehoeften bovenkant tol

Factor	Aanwezig en geformuleerd	Aanwezig maar nog niet geformuleerd	Situatie van grote onduidelijkheid
1 Missie: bestaansredenen van de organisatie 2 Kritische succesfactoren 3 Doelen en doelstellingen: te meten door middel van prestatie-indicatoren 4 Strategie: door middel van analyse sterktes/zwaktes en kansen/bedreigingen wordt strategie bepaald alsmede de daarmee samenhangende missie, kritische succesfactoren, doelen en doelstellingen	Bepaal per factor (doelstelling) de invloed op de informatiebehoeften	Leg uitgaande van de strategie de impliciet aanwezige factoren vast en bepaal vervolgens de invloed op de informatiebehoeften	Directie moet zich herbezinnen op de koers voordat de informatiebehoefte kan worden bepaald

Samenvatting

De strategie van een organisatie en de daarmee samenhangende missie, kritische succesfactoren, doelen en doelstellingen (de factoren van de bovenkant van de tol) zijn van invloed op de informatiebehoeften van het management. Bij het formuleren van de doelstellingen dient eenduidigheid, concreetheid en meetbaarheid centraal te staan om de managementinformatie af te kunnen leiden.

De verschijningsvormen van de factoren van de bovenkant van de tol zijn talrijk. De balanced business scorecard vormt een nuttig hulpmiddel bij het categoriseren van deze verschijningsvormen.

Om te voorkomen dat het management tussen de bomen het bos niet meer ziet, dient ernaar te worden gestreefd het management slechts de informatie te verschaffen die essentieel is voor het realiseren van doelen en doelstellingen.

In het volgende hoofdstuk worden de factoren van het midden van de tol, processen en organisatiestructuur, nader uitgewerkt.

12
Midden van de tol: de processen en structuur

12.1 Informatiebehoeften gerelateerd aan de factor processen
12.2 Het midden van de tol: structuren

In dit hoofdstuk wordt het midden van de tol behandeld. Je zult zien dat de aard van de processen en de structuur van een organisatie van invloed zijn op de informatiebehoefte van de manager. De inhoud van het midden van de tol wordt mede bepaald door het betrouwbaarheidstype (hoofdstuk 8) en de processen (hoofdstuk 9).

Midden van de tol

Uit welke onderdelen bestaat het midden van de tol?

In het midden van de tol zijn de factoren proces en structuur opgenomen (zie figuur 12.1).

FIGUUR 12.1 Het tolmodel

12.1 Informatiebehoeften gerelateerd aan de factor processen

De primaire organisatieprocessen omvatten activiteiten gericht op het realiseren van de producten of diensten van de organisatie. Tezamen vormen zij de waardekringloop van de organisatie als geheel. De overige processen zijn gericht op het ondersteunen van de primaire activiteiten dan wel het besturen en beheersen van de primaire en de ondersteunende activiteiten. Om de diverse organisatieprocessen te kunnen besturen en beheersen heeft het management informatie nodig. Om de informatiebehoeften te bepalen die uit de processen van de organisatie voorkomen, kun je twee verschillende methoden gebruiken:

1 *Je kunt aansluiten bij de informatiebehoeften vanuit de betrouwbaarheidstypologie en de waardekringloop.* In hoofdstuk 8 van deel 2, dat over betrouwbaarheid ging, heb je al kunnen lezen wat de essentiële managementinformatie is voor een bepaald type bedrijf. In hoofdstuk 9 hebben we ook voor de belangrijkste processen uit de procestypologie de essentiële managementinformatie vermeld. Natuurlijk moet je zelf de vertaalslag van deze algemene informatiebehoefte vanuit de betrouwbaarheidstypologie en de procestypologie naar een specifieke bedrijfssituatie maken. Niet ieder handelsbedrijf op rekening of productieproces is immers gelijk.
2 *Je kunt ook gebruikmaken van de gedachtegang waarop de methode Kwaliteit Administratieve Dienstverlening is gebaseerd.* Deze methode heb je leren toepassen in deel 1 van dit boek als een methode om processen te beheersen.

Deze twee methoden behandelen we hierna. Daarnaast behandelen wij wat de effecten zijn van niet-rationeel beheersbare processen op de behoefte aan managementinformatie.

12.1.1 Informatiebehoeften vanuit waardekringloop en betrouwbaarheidstypologie

Kun je alleen met de betrouwbaarheidstypologie de informatiebehoefte voor het management vaststellen?

De waardekringloop (zie subparagraaf 7.4.3) is niet alleen een belangrijk concept in de betrouwbaarheidstheorie van Starreveld, maar ook een handig hulpmiddel om te kijken wat de belangrijkste processen in een organisatie zijn, waar de directie dus informatie over wil ontvangen. Immers, in de waardekringloop zie je het verband terug tussen inkomsten en de uitgaven van een organisatie en alle schakels die daar tussen zitten. Om winst te kunnen maken, moet de directeur natuurlijk minimaal weten wat er in komt en wat er uit gaat. In figuur 12.2 zie je de waardekringloop van een handelsbedrijf dat op rekening levert. Op basis daarvan kun je zeggen dat de directeur in ieder geval informatie moet hebben over: inkopen, voorraden, verkopen, vorderingen, ontvangsten, geldmiddelen, betalingen en schulden.

FIGUUR 12.2 De waardekringloop in een handelsbedrijf

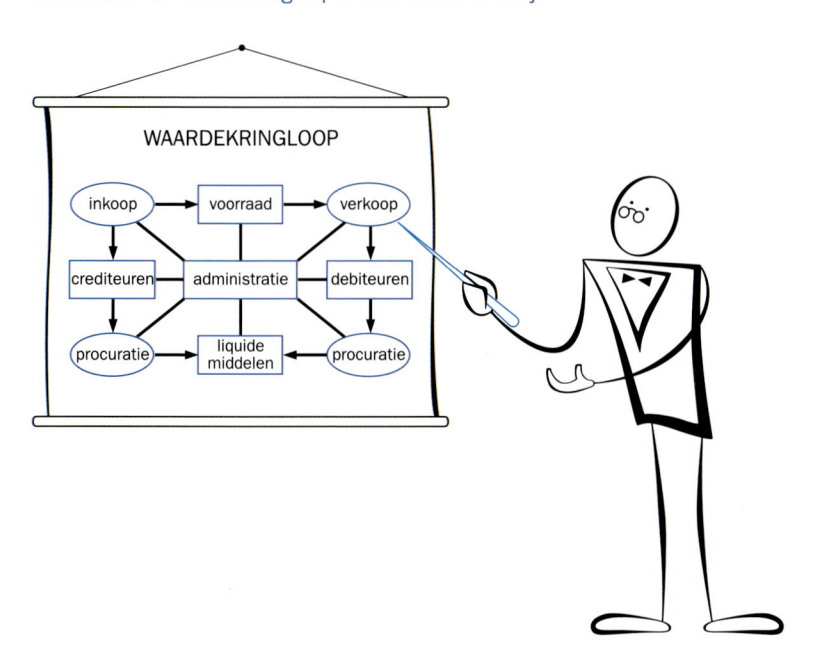

WAARDEKRINGLOOP

inkoop → voorraad → verkoop
↓ ↓ ↓
crediteuren — administratie — debiteuren
↓ ↓ ↓
procuratie → liquide middelen ← procuratie

In hoofdstuk 9 hebben we voor de processen die deel uitmaken van de waardekringloop de voornaamste interne controlemaatregelen en de mogelijke informatiebehoeften behandeld. Daarnaast is op basis van de waardekringloop de betrouwbaarheidstypologie ontwikkeld (Starreveld & Van Leeuwen, 2008). Deze betrouwbaarheidstypologie met de bijbehorende essentiële managementinformatie is in hoofdstuk 8 besproken.

Hoewel je daarmee slechts een deel van de informatiebehoefte uit hoofde van organisatiebeheersing afdekt, biedt de betrouwbaarheidstypologie toch een goed vertrekpunt bij het definiëren van de basis managementinformatiebehoeften. Immers, de directeur wil toch minimaal weten wat de financiële bijdrage van de primaire processen binnen zijn bedrijf zijn.

Samengevat kun je stellen dat je met behulp van de betrouwbaarheidstheorie van Starreveld zoals je die terugziet in de fasen van de waardekringloop en de betrouwbaarheidstypologie, een belangrijk deel van de managementinformatie uit het midden van de tol kunt bepalen.

12.1.2 Informatiebehoeften op basis van de regelkringen volgens de methode KAD

Welk verband bestaat er tussen de inrichting van de procesmodule volgens het KAD-model en de informatiebehoeften?

In hoofdstuk 5 heb je kunnen zien hoe de methode Kwaliteit Administratieve Dienstverlening (figuur 12.3) een belangrijke bijdrage kan leveren aan het beheersen van processen.

FIGUUR 12.3 KAD-model

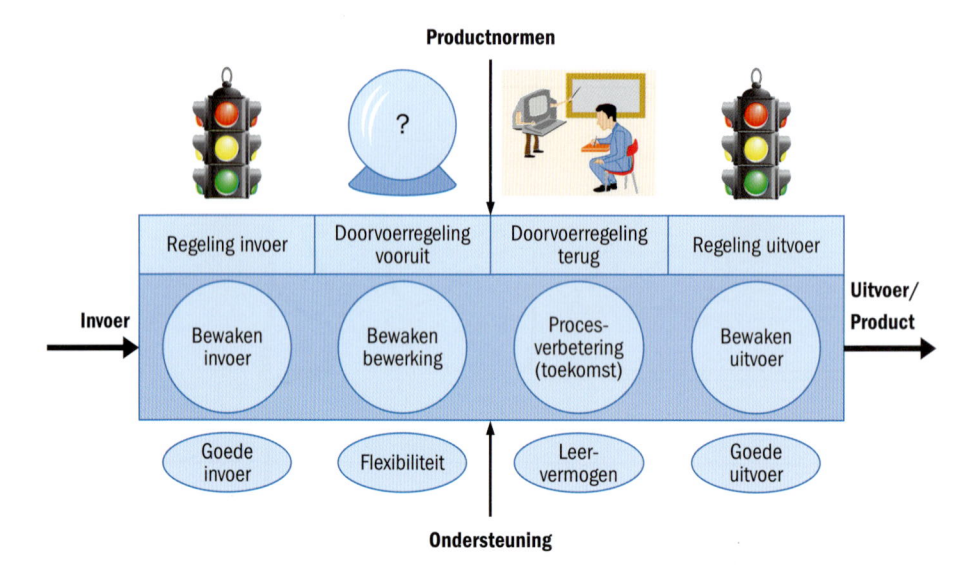

Productnormen

Invoer → [Regeling invoer | Doorvoerregeling vooruit | Doorvoerregeling terug | Regeling uitvoer]

Bewaken invoer — Bewaken bewerking — Procesverbetering (toekomst) — Bewaken uitvoer → **Uitvoer/Product**

Goede invoer — Flexibiliteit — Leervermogen — Goede uitvoer

Ondersteuning

Zoals je je misschien nog zult herinneren uit hoofdstuk 5 maakt het KAD-model onderscheid in drie soorten processen:
1 *Standaardproces.* Een routinematige procesgang zonder keuzemomenten met als resultaat een eenvormig product. Regeling invoer is de belangrijkste regelkring voor de beheersing van gestandaardiseerde processen aangevuld met doorvoerregeling terug.
2 *Maatwerkproces.* Deze processen leveren een grote verscheidenheid aan producten, waarbij in extreme gevallen de procesgang volledig wordt bepaald door de productspecificaties voor een specifieke klant. Doorvoerregeling vooruit en regeling uitvoer zijn de belangrijkste regelkringen voor de beheersing van maatwerkprocessen.
3 *Samengesteld proces.* Dit proces levert een beperkte verscheidenheid aan producten. Regeling invoer en doorvoerregeling vooruit zijn de belangrijkste regelkringen voor de beheersing van samengestelde processen.

In tabel 12.4 wordt dit onderscheid vereenvoudigd samengevat.

TABEL 12.4 Invloed aard van het proces op de regelkringen volgens het KAD-model

Aard van het proces	Regelkring waarop de nadruk ligt voor de beheersing
Standaardproces	Regeling invoer + Doorvoerregeling terug
Samengesteld proces	Regeling invoer + Doorvoerregeling vooruit
Maatwerkproces	Doorvoerregeling vooruit + Regeling uitvoer

Elke regelkring bestaat uit drie onderdelen:
1 het meten van de stand van zaken
2 het vergelijken daarvan met de productnorm
3 het nemen van corrigerende maatregelen wanneer er een verschil bestaat tussen de werkelijkheid en de norm

Hierin herken je het diagnostic control system zoals Simons dit onderkent (zie hoofdstuk 3). Je zult begrijpen dat de directie voor de processen die zij wil beheersen, vooral managementinformatie wenst te ontvangen over die regelkringen waarop binnen het behandelde proces de nadruk ligt.
In tabel 12.5 vind je kort samengevat de informatiebehoeften die bij deze vier regelkringen horen.

TABEL 12.5 Informatiebehoeften gerelateerd aan regelkringen

Regelkring	Informatiebehoeften
Regeling invoer (met name bij standaardproces)	Voldoet de invoer aan de vooraf gestelde norm? Deze norm heeft betrekking op de kwaliteit van de invoer en de hoeveelheid ingenomen standaardgevallen.
Doorvoerregeling vooruit (flexibiliteit: met name bij maatwerkprocessen en samengestelde processen)	In hoeverre moet het proces aangepast worden om de productnorm te halen? Deze aanpassingen hoeven niet alleen betrekking te hebben op de kwantiteit, maar kunnen ook betrekking hebben op de kwaliteit. Wat is het effect van de aanpassingen zowel in termen van kosten als in termen van opbrengsten (kortere doorlooptijd en hogere kwaliteit eindproduct)?
Doorvoerregeling terug (feedback: met name bij standaardproces)	Hoeveel procent van de (standaard)producten voldoet aan de producteisen? Welke aanpassingen in het proces zijn nodig om het (standaard)proces verder te verbeteren?
Regeling uitvoer (richt zich op kwaliteit individuele producten)	Voldoet het individuele (maatwerk)product aan de bij de invoer met de opdrachtgever bepaalde eisen? Wat zijn de oorzaken voor eventuele afwijkingen en welke aanpassingen zijn noodzakelijk?

12.1.3 Herkennen van moeilijk te beheersen en onbeheerste processen

Aan welke vier voorwaarden moet worden voldaan om van een rationeel beheerst proces te kunnen spreken?

In hoofdstuk 2 heb je kunnen lezen hoe de directie de doelstellingen van (beheerste) processen vaststelt uitgaande van de missie en de strategie. De medewerkers zijn verantwoordelijk voor de uitvoering van deze processen. De directie ontvangt managementinformatie over de werkelijke uitkomsten (de uitvoering) en vergelijkt deze met de door hem vastgestelde doelstellingen. Indien de directeur afwijkingen tussen werkelijkheid en doelstelling constateert, dan neemt hij maatregelen om ervoor te zorgen dat de doelstellingen wel gehaald worden of stelt hij zijn doelstellingen bij. Simons spreekt bij een dergelijke regelkring van een diagnostic control system (hoofdstuk 3). Dit zie je terug in figuur 12.6.

FIGUUR 12.6 De planning en control regelkring

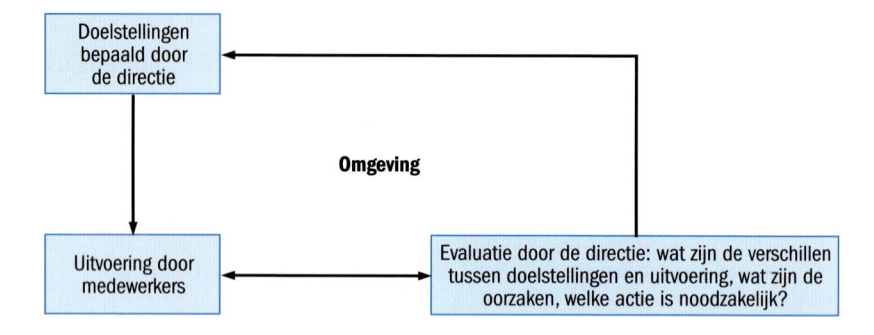

```
┌─────────────────┐
│ Doelstellingen  │◄──────────────────┐
│ bepaald door    │                   │
│ de directie     │                   │
└────────┬────────┘                   │
         │                            │
              Omgeving                │
         │                            │
         ▼                            │
┌─────────────────┐      ┌────────────────────────────────────────┐
│ Uitvoering door │─────►│ Evaluatie door de directie: wat zijn   │
│ medewerkers     │      │ de verschillen tussen doelstellingen   │
│                 │      │ en uitvoering, wat zijn de oorzaken,   │
│                 │      │ welke actie is noodzakelijk?           │
└─────────────────┘      └────────────────────────────────────────┘
```

Rationele beheersing

Deze wijze van procesbeheersing (diagnostic control) noem je rationele beheersing. In het algemeen gaan we er in economieboeken van uit dat organisaties op deze wijze aangestuurd en beheerst kunnen worden. In de praktijk zul je echter zien dat het beheersen van processen lang niet zo eenvoudig is als in figuur 12.6 wordt voorgesteld. Achter het model van rationele beheersing zitten een aantal vooronderstellingen. Zo hebben Otley en Berry (1980) vier voorwaarden gedefinieerd waaraan een proces moet voldoen wil het voor de manager volledig beheersbaar zijn:
1 Er is sprake van ondubbelzinnige doelstellingen.
2 Het resultaat van het proces is meetbaar in termen van de doelstelling(en).
3 Het proces bestaat uit (a) repeterende activiteiten en (b) de effecten van interventies op het proces zijn vooraf bekend. Met andere woorden, er is een voorspellend model van het proces.
4 De mogelijkheid tot bijsturen is aanwezig.

Minder beheersbare processen

In de praktijk wordt vrijwel nooit aan al deze voorwaarden tegelijk voldaan. Processen zijn dan dus niet volledig beheersbaar. Voor minder beheersbare processen zijn alternatieve vormen van besturing en beheersing. Hofstede (1991) onderscheidt zes vormen van besturing en beheersing (zie tabel 12.7).

Vormen van beheersing volgens Hofstede

TABEL 12.7 Vormen van beheersing volgens Hofstede

Controltype	Belangrijkste kenmerken van het controlsysteem
1 *Routinebesturing en -beheersing* Aan alle 4 de voorwaarden voor een beheerst proces is voldaan.	Er wordt gewerkt met standaard procedures die relatief weinig vrijheidsgraden bieden.
2 *Professionele besturing en beheersing* Dit controltype doet zich voor wanneer aan de punten 1, 2, 3a en 4 voldaan is, maar niet aan punt 3b. Door een expert in te schakelen wordt dit probleem opgelost.	Komt veel voor bij projecten. Budgetten evolueren met het project mee. Veel nadruk op flexibiliteitsmaatregelen. Aan het eind van het project is bekend hoe het de volgende keer moet.

TABEL 12.7 Vormen van beheersing volgens Hofstede (vervolg)

Controltype	Belangrijkste kenmerken van het controlsysteem
3 *Trial and error besturing en beheersing* Aan punt 3a is niet voldaan, maar via proberen wordt getracht het gewenste resultaat te bereiken.	Er wordt gewerkt met voorcalculaties vooraf en nacalculaties achteraf om te leren voor een volgende keer.
4 *Intuïtieve besturing en beheersing* Aan punt 3a en 3b is niet voldaan. Doordat het product uniek is (bijvoorbeeld: help de noodlijdende voetbalclub) wordt er toch gestuurd.	Er wordt gewerkt met inputbudgetten.
5 *Subjectieve besturing en beheersing* Aan punt 1 is voldaan, maar niet aan 2. De output is niet of moeilijk meetbaar.	De nadruk ligt, omdat de output niet meetbaar is, op de planning van activiteiten. Activiteitenbudgetten met prioriteitenstelling of voorwaardenscheppende inputbudgetten kunnen worden toegepast.
6 *Politieke besturing en beheersing* Dit controltype doet zich voor bij dubbelzinnige doelstellingen (punt 1). Onderhandelingen en crisismanagement zijn hierbij van belang.	Er wordt gewerkt met inputbudgetten die een voorwaardenscheppend kader stellen.

Je kunt organisaties tevens indelen naar:
- de mate van onzekerheid over de doelstellingen
- de mate van onzekerheid omtrent de voor de organisatie relevante transformatiefuncties van input naar output

In tabel 12.8 zijn de controltypen van Hofstede hiernaar gecategoriseerd en is het verband tussen deze twee factoren en de invloed op het gebruik van managementinformatie als stuur- en beheersingsinstrument weergegeven.

TABEL 12.8 Managementinformatie bij verminderde beheersbaarheid

	Weinig onzekerheid omtrent de doelstelling	**Veel onzekerheid omtrent de doelstelling**
Weinig onzekerheid omtrent de transformatiefuncties	1 Rationele besluitvorming door middel van calculatie: managementinformatie als belangrijk stuur- en beheersingsmechanisme. Controltypen: (1) routine, (2) expert, (3) trial & error	3 Besluitvorming door middel van compromissen: managementinformatie als dialoogmechanisme. Controltype: (6) political control
Veel onzekerheid omtrent de transformatiefuncties	2 Besluitvorming door middel van beoordeling: managementinformatie als leermechanisme. Controltype: (4) intuïtive, (5) judgemental	4 Besluitvorming door middel van inspiratie: managementinformatie als ideemechanisme. Controltype: (6) political control

Vormen van besluitvorming

In tabel 12.8 zie je vier vormen van besluitvorming:
1. rationele besluitvorming
2. besluitvorming door middel van beoordeling
3. besluitvorming door middel van compromissen
4. besluitvorming door middel van inspiratie

Ad 1 Rationele besluitvorming
De managementinformatie is het belangrijkste stuur- en beheersmechanisme. Immers de directie heeft helder voor ogen welke kant het met de organisatie op moet gaan en vertaalt dit in duidelijke doelstellingen. Ook verlopen de bedrijfsprocessen voorspelbaar, zodat de directeur precies weet welke actie hij moet ondernemen wanneer de managementinformatie afwijkt van de door hem bepaalde doelstellingen. In dit boek gaan wij in ieder geval voor de positieve varianten uit de relevantietypologie uit van deze rationele besturing.

Ad 2 Besluitvorming door middel van beoordeling
De directeur heeft wel goed voor ogen welke kant hij met de organisatie op wil, vandaar de geringe onzekerheid omtrent de doelstellingen. Echter de bedrijfsprocessen verlopen niet altijd voorspelbaar omdat er een aantal onzekere factoren zijn. Wanneer de directeur informatie krijgt over de werkelijke gang van zaken, weet hij dus nooit helemaal zeker of dat inderdaad de factoren zijn waarmee hij het proces kan beheersen. Denk bijvoorbeeld aan een bedrijf dat een marktaandeel van 20 procent nastreeft in een bepaalde markt. Stel dat de directeur besluit om extra reclame te maken omdat hij intuïtief aanvoelt dat dit zal helpen. Vervolgens ziet hij dat zijn marktaandeel wel gestegen is en hij zijn investering in de reclamecampagne ruim terugverdient. Op deze manier kan de directeur de managementinformatie gebruiken om meer te weten te komen over de factoren die de uitkomst van het verkoopproces bepalen.

Ad 3 Besluitvorming door middel van compromissen
Binnen de organisatie bestaat er onenigheid over de doelstellingen, maar men weet wel hoe de processen lopen. De organisatie zou geleid kunnen worden door middel van rationele besluitvorming, maar doordat men het onderling niet eens kan worden over de doelstellingen wordt de managementinformatie door de betrokkenen gebruikt voor de eigen doelen.

Ad 4 Besluitvorming door middel van inspiratie
Er bestaat zowel grote onzekerheid over de factoren die de uitkomst van de bedrijfsprocessen bepalen als onzekerheid omtrent de doelstellingen. In dit geval heeft de managementinformatie eigenlijk geen andere functie dan die van aanbrenger van ideeën: welke kant moeten we op en hoe lopen de bedrijfsprocessen?

Uit het bovenstaande kun je het volgende afleiden. Alleen bij rationele besluitvorming en besluitvorming door middel van beoordeling heeft het zin om de managementinformatiebehoefte te gebruiken voor planning- en controldoeleinden. Bij besluitvorming door middel van compromissen en inspiratie heeft managementinformatie een andere rol. Deze is veel meer aanvullend op de besluitvorming binnen de organisatie.

12.1.4 Stappenplan processen

In tabel 12.9 zie je welke stappen je moet doorlopen om de invloed van de factor 'processen' op de managementinformatie te bepalen. In dit stappenplan is vooral stap 4 kritisch. Indien een proces onbeheerst verloopt, moet je eerst kijken welke rol managementinformatie speelt en wat dit betekent voor de inhoud. Immers, wanneer je besluit om het proces opnieuw in te richten of de doelstellingen te wijzigen, verandert ook de informatiebehoefte.

TABEL 12.9 Te doorlopen stappen om de invloed van de factor 'processen' op de managementinformatie te bepalen

Stap	Omschrijving
1 Baken het proces af	Bepaal waar het proces begint en ophoudt. Waar is het moment van invoer in en waar het moment van uitvoer van het proces?
2 Stel de functionele aard van het proces vast	Op basis van het waardekringloopmodel en betrouwbaarheidstypologie kun je bepalen wat de functionele aard is van het proces. Is bijvoorbeeld sprake van een inkoop-, een productie- of een verkoopproces (zie subparagraaf 12.1.1)?
3 Bepaal de wijze van beheersing van het proces	Bepaal op basis van het model de aard van de besturing van het proces en de regelkringen waarop de nadruk ligt (zie subparagraaf 12.1.2). NB het KAD-model is ook bruikbaar indien er sprake is van processen die geen onderdeel uitmaken van de invalshoek van de waardekringloop (bijvoorbeeld sustainability).
4 Bepaal in hoeverre het proces beheersbaar is	Dit is een kritische stap (zie subparagraaf 12.1.3): welke rol speelt managementinformatie bij de besluitvorming en wat betekent dit voor de inhoud van de managementinformatie?
5 Bepaal de managementinformatiebehoeften voor het geselecteerde proces	Na het doorlopen van de stappen 1 tot en met 4 kun je de informatiebehoefte voor het proces bepalen en weet je welke rol managementinformatie bij de besluitvorming zal spelen.

12.2 Het midden van de tol: structuren

FIGUUR 12.10 Het midden van de tol

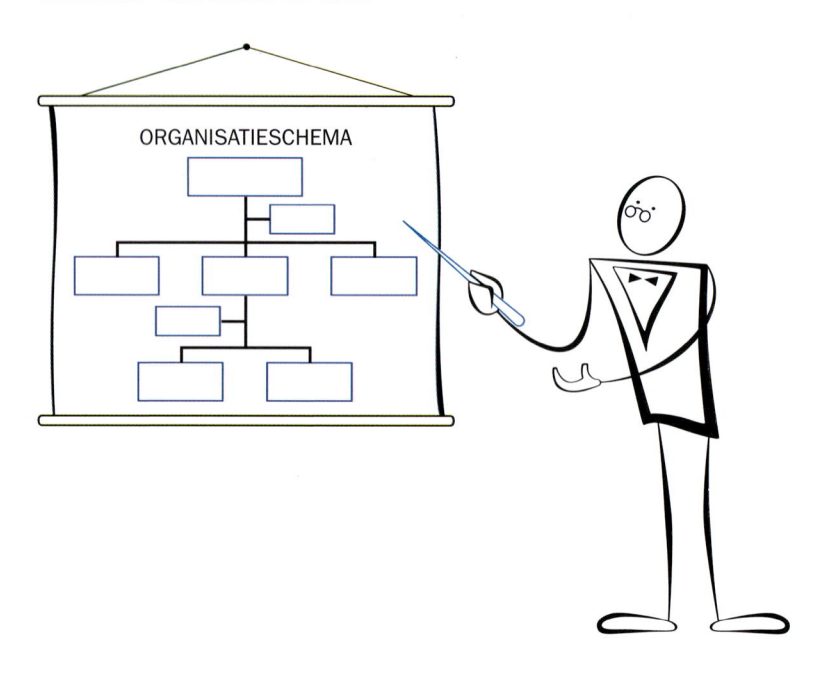

In deze paragraaf wordt de invloed van de wijze van structurering voor de gewenste managementinformatie nader uitgewerkt (zie figuur 12.10). Structureren betekent het verdelen van taken, bevoegdheden en verantwoordelijkheden en het clusteren hiervan tot functies, afdelingen, businessunits enzovoorts. De verwevenheid tussen structuren en processen is groot. Immers, de processen worden uitgevoerd door organisatieonderdelen. Processen geven aan wat er in een organisatie aan activiteiten moet worden uitgevoerd om een product of dienst te leveren. Daarbij is nog niet bepaald door wie of welke organisatorische eenheid dit moet gebeuren. Als niemand expliciet verantwoordelijk wordt gesteld voor de uitvoering en/of beheersing van processen/activiteiten, is het denkbaar dat uitvoering of beheersing achterwege blijft dan wel op ongewenste wijze plaatsvindt. De structuur geeft aan hoe de verantwoordelijkheden voor de processen liggen. Je kunt vier structureringsdimensies onderscheiden:

Structureren

- basisstructuren
- de wijze van coördinatie en beheersing
- soorten van organisatieonderdelen in een basisstructuur
- soorten verantwoordelijkheidsgebieden

In de volgende subparagrafen lichten we deze dimensies toe en laten de invloed zien op de informatiebehoeften van het management.

12.2.1 Basisstructuren

Welke structuren zijn er en wat is de invloed op de informatiebehoeften van het management?

Er bestaan, gebaseerd op de wijze waarop de organisatie met haar klanten/relaties omgaat, twee basisstructuren voor organisaties:
1 functionele structuur
2 productgerichte structuur

Ad 1 Functionele structuur
Bij de functionele structuur is de logische samenhang tussen opeenvolgende bewerkingen in het voortbrengingsproces verbroken en is het totale proces verdeeld over meerdere afdelingen (inkoop, magazijn, productie, verkoop) waartussen afhankelijkheden bestaan. Hierdoor rijzen coördinatieproblemen en ontstaat behoefte aan afstemming. Geen van de afdelingen is volledig verantwoordelijk voor het eindproduct, omdat de bijdragen van andere afdelingen aan het eindproduct buiten de eigen invloedssfeer liggen. Dit vraagt om sterke, centrale beheersing.

Functionele structuur

Ad 2 Productgerichte structuur
Bij de productgerichte structuurvorm zijn de afdelingen relatief onafhankelijk van elkaar, omdat de verantwoordelijkheid voor de realisatie per product volledig bij één organisatie-eenheid ligt. De logische samenhang tussen de activiteiten blijft hierbij intact. Coördinatie van activiteiten vindt plaats binnen dezelfde afdeling, waarmee decentrale beheersing wordt ondersteund. De informatiestromen zijn kort en verlopen over minder schijven. Hierdoor zijn de besluitvaardigheid en flexibiliteit groter. Nadelen kunnen liggen in een verminderde efficiëntie en daarmee gepaard gaande hogere kosten. Denk bijvoorbeeld aan identieke machines die nodig zijn voor het voortbrengen van verschillende producten.
Nauw verwant aan de productgerichte structuur zijn:
- *Geografische structuur*. Hier wordt het indelingscriterium gevormd door verschillende gebieden waar de organisatie actief is, zoals, regio's, landen of continenten.
- *Markt- of klantgerichte structuur*. Hier is het totale producten-/dienstenpakket verdeeld over verschillende deelmarkten, marktsegmenten of groepen klanten om zodoende optimaal te kunnen aansluiten op de specifieke behoefte van deze markten.

Productgerichte structuur

Geografische structuur

Markt- of klantgerichte structuur

Afhankelijk van de wijze van indeling verschillen de verantwoordelijkheidsgebieden en daardoor de inrichting van de informatieverzorging. Tabel 12.11 maakt dit duidelijk.

TABEL 12.11 Managementinformatie en verschijningsvormen van structuur

Verschijningsvorm structuur	Invloed op de managementinformatiebehoefte
Functioneel	Veel afdelingsgerichte informatie
	Functioneel ingerichte informatiesystemen
Product	Informatie wordt per product(type)/dienst opgeleverd
Geografisch	Informatie wordt per geografisch onderscheiden gebied opgeleverd
Markt/Klant	Informatie wordt opgeleverd in relatie tot de indeling van de klanten van de organisatie

In de praktijk komen vaak combinaties van deze structuren voor. Daarnaast heeft de directie van een organisatie met een productgerichte basisstructuur ook wel eens behoefte te weten wat er in een bepaald geografisch gebied gebeurt. De informatiesystemen moeten bij voorkeur voor dergelijke ad-hocvragen zo flexibel worden ingericht dat zij in staat zijn dergelijke informatie te produceren.

12.2.2 De wijze van coördinatie en beheersing

Welke vijf structuurconfiguraties onderscheidt Mintzberg en wat is de consequentie voor de managementinformatie?

Door afhankelijkheden tussen de organisatieonderdelen ontstaat behoefte aan coördinatiemechanismen die ervoor zorgen dat activiteiten op de juiste momenten op de juiste wijze worden uitgevoerd. Hier volgt een voorbeeld:

Wanneer de afdeling Verkoop van een dakpannenfabriek niet tijdig de verkooporders doorgeeft, is de kans groot dat de afdeling Productie de overeengekomen levertermijn niet kan nakomen. Wanneer de afdeling Verkoop de specificaties die de klant heeft gesteld (bijvoorbeeld de kleur) niet goed doorgeeft aan de afdeling Productie, zal de kans groot zijn dat een product wordt geleverd dat niet voldoet aan de eisen en wensen van de klant.

De wijze van afdelingscoördinatie is van invloed op de managementinformatievoorziening. Dit wordt hieronder toegelicht aan de hand van onderzoek uitgevoerd door Mintzberg (1983). Mintzberg onderscheidt verschillende soorten organisaties, structuurconfiguraties genaamd, waarbij elke configuratie een daarbij passende dominante vorm van coördinatie heeft.

Configuraties van Mintzberg

De vijf configuraties van Mintzberg zijn:
1 eenvoudige structuur
2 machinebureaucratie
3 professionele bureaucratie
4 gedivisionaliseerde structuur
5 adhocratie

Eenvoudige structuur

Ad 1 Eenvoudige structuur
Dit zijn organisaties met een sterke leider, weinig middenkader en weinig stafpersoneel. Centrale beheersing staat voorop. Directe supervisie is dan ook het belangrijkste coördinatiemechanisme. Kleine, vaak jonge startende ondernemingen hanteren deze structuur.

Machinebureaucratie

Ad 2 Machinebureaucratie
Dit zijn functioneel ingerichte organisaties. Ze functioneren formeel getuige de vele regels en voorschriften. Er is precies voorgeschreven hoe het werk moet worden uitgevoerd. Dit garandeert in principe het gewenste resultaat. Standaardisatie van de werkprocessen is het belangrijkste coördinatiemechanisme. Dit is mogelijk omdat de omgeving nauwelijks aan veranderingen onderhevig is. Overheidsorganisaties en massaproductiebedrijven hanteren veelal deze structuur.

Professionele bureaucratie

Ad 3 Professionele bureaucratie
Professionals – goed opgeleide specialisten met aanzienlijke bevoegdheden – nemen een sleutelpositie in de primaire bedrijfsprocessen in. De professionals worden ondersteund door een omvangrijke service georiënteerde staf.

Standaardisatie van de vaardigheden is het belangrijkste coördinatiemechanisme. Voorbeelden van professionele bureaucratieën zijn accountantsbureaus, adviesbureaus, advocatenkantoren, ingenieursbureaus.

Ad 4 Gedivisionaliseerde structuur
Deze organisaties zijn opgebouwd uit onafhankelijke, autonome divisies. De structuur is gebaseerd op de eerder besproken productgerichte variant. De divisies hebben hun eigen structuur, doch maken deel uit van een concern en leggen als zodanig verantwoording af aan de centrale concernleiding. Het voornaamste coördinatiemechanisme is daarmee standaardisatie van de output. Het 'wat' is dus voorgeschreven, de wijze waarop het resultaat moet worden bereikt wordt volledig door de divisies bepaald. Naast vele profit concerns gaan steeds meer non-profitconcerns zich op deze wijze organiseren.

Gedivisionaliseerde structuur

Ad 5 Adhocratie
Deze structuur is gericht op hoogwaardige innovatie. Experts uit verschillende disciplines worden in ad hoc projectgroepen geplaatst om unieke problemen op te lossen. Het onderscheid lijn/staf is in deze structuur erg vaag. Voornaamste coördinatiemechanisme is wederzijdse afstemming. Voorbeelden van autocratieën zijn eenmalige projecten als het opzetten van muziekfestivals en projecten op het gebied van infrastructuur (Betuwelijn, Hanzelijn etc.).

Adhocratie

Tabel 12.12 vat de voornaamste kenmerken van deze structuurconfiguraties als volgt samen:

TABEL 12.12 Kenmerken van de structuurconfiguraties van Mintzberg (1983)

Structuur kenmerken	Eenvoudige structuur	Machine-bureaucratie	Professionele bureaucratie	Divisie structuur	Adhocratie
Primair coördinatie mechanisme	Directe supervisie	Standaardisatie van werk en processen	Standaardisatie van kennis en kunde	Standaardisatie van producten/ diensten	Onderlinge afstemming
Zwaartepunt besturing	Strategisch niveau	Technostructuur	Operationeel niveau	Middenkader	Ondersteunende staf
Decentralisatie	Verticale en horizontale centralisatie	Beperkte horizontale decentralisatie	Verticale en horizontale decentralisatie	Beperkte verticale decentralisatie	Selectieve decentralisatie
Contingentie factoren	Jong, klein, beperkte regelingen, eenvoudig	Oud, groot, regelend, eenvoudig en stabiel omgeving, externe controle	Complex en stabiele omgeving, handelingsvrijheid, status	Product/-marktcombinaties, oud groot, sterk middenkader	Complex en dynamische omgeving, jong, gedegen, geregeld en beheerst status

Bron: Mintzberg (1983, p.p. 151, 163, 189, 215, 253)

Wanneer de verschillende ideaaltypen van Mintzberg als uitgangspunt worden genomen, kunnen hier ook consequenties voor de managementinformatieverzorging aan worden verbonden. Tabel 12.13 geeft hiervan een overzicht.

TABEL 12.13 Managementinformatie als afgeleide van de structuurconfiguraties

Configuratietype	Consequentie voor de managementinformatie
Eenvoudige structuur	Informeel karakter dus de directeur krijgt weinig standaardrapportages en vergaart zijn informatie ook door bijvoorbeeld te praten met medewerkers en klanten; Gedetailleerd, het management wil alles weten; Informatiestroom is sterk verticaal gericht tussen top en uitvoerend niveau
Machine-bureaucratie	Formeel karakter: veel gedetailleerde standaardrapportages; Functionele informatiesystemen; Aggregatie van data bij hoger hiërarchisch niveau; Interne op de beheersing van de uitvoering van bedrijfsprocessen gerichte informatie over met name efficiëntie en bezetting
Professionele bureaucratie	Veel informatie heeft een informeel karakter; Relatief groot tijdsinterval tussen verstrekken van formele rapportages; Informatie over functioneren van individuele professionals is van groot belang (soms sterk informeel)
Divisiestructuur	Periodieke formele informatie over de prestatie van een divisie (verantwoordingsinformatie over behalen doelen – performance indicators – en om te voldoen aan eisen externe verslaggeving); Waar nodig standaardisatie in verband met consolidatie-problematiek; Bij gelijksoortige divisies standaardisatie van de rapportageset tussen de divisies ten behoeve van de vergelijkbaarheid; Prognoses, realisatie en budgetten naast elkaar ter beoordeling divisiedirecteuren
Adhocratie	Informeel karakter; Informatiebehoeften zijn zeer moeilijk voorspelbaar want de werkzaamheden en wijze van structurering veranderen steeds; Informatiesystemen verschaffen vaak informatie over projecten

12.2.3 Soorten organisatieonderdelen

Hoe verschillen lijn- en staforganen van elkaar als je naar de informatiebehoefte kijkt?

Bij het structureren van organisaties ontstaan organisatieonderdelen. Dit kunnen zowel lijn- als staforganen zijn. Het onderscheid tussen lijn en staf wordt bepaald door de rol die deze afdelingen in het besluitvormingsproces vervullen. Lijnorganen verstrekken opdrachten aan elkaar. Staforganen hebben een adviesrelatie met andere organen en vervullen vaak tevens een rol als 'hulpdienst' met eigen verantwoordelijkheden en bevoegdheden. Zij leven in feite bij de gratie van de lijnorganen, die behoefte hebben aan specialistische ondersteuning om zo efficiënt en effectief mogelijk te kunnen werken. Een voorbeeld hiervan is:

De verkoopafdeling van dakpannenfabrikant Beterdak BV verkoopt 100.000 rode dakpannen. Deze order moet over drie weken om 11 uur 's ochtends worden afgeleverd bij de klant. De verkoopafdeling geeft nu de afdeling Productie de opdracht de pannen te maken en de afdeling Logistiek krijgt de opdracht de pannen op het afgesproken tijdstip te bezorgen. De afdelingen Verkoop, Productie en Logistiek zijn lijnafdelingen.
De afdeling Personeelszaken adviseert over arbeidsvoorwaarden en verbetermogelijkheden op het gebied van de kwaliteit van de arbeid (bijvoorbeeld bij het productieproces van de dakpannen). In de rol van hulpdienst neemt zij bijvoorbeeld de taken, verantwoordelijkheden en bevoegdheden over die betrekking hebben op het werven en selecteren van productiemedewerkers. Ook voedt zij de personeelsadministratie. De afdeling Personeelszaken is een staforgaan.

Lijnorganen functioneren in het algemeen goed als het primaire proces goed loopt. De informatievoorziening voor lijnorganen is geënt op het primaire proces. Staforganen bieden toegevoegde waarde als zij de lijn goed ondersteunen. Dit leidt voor het management van een staforgaan veelal tot andere managementinformatiebehoeften dan bij een lijnorgaan. De meest essentiële managementinformatie voor het staforgaan betreft de tevredenheid van de lijnorganen. Zie verder tabel 12.14.

TABEL 12.14 Managementinformatie en verschijningsvorm van organen

Verschijningsvorm organen	Invloed op de managementinformatiebehoefte
Lijnorgaan	Informatie gericht op het primaire proces
Staforgaan	Informatie gericht op de mate van tevredenheid van de lijnorganen met de door de staforganen verrichte diensten

12.2.4 Soorten verantwoordelijkheidsgebieden

Welke vijf verantwoordelijkheidsgebieden kun je onderscheiden en wat is de consequentie voor de managementinformatie?

De informatiebehoeften van het management verschillen al naar gelang het soort verantwoordelijkheidsgebied. Er kan in dit verband onderscheid worden gemaakt naar vijf typen verantwoordelijkheidsgebieden, waarbij de eenduidigheid van de relatie tussen input en output het indelingscriterium is:
1 gestandaardiseerde kostencentrum
2 opbrengstencentrum
3 onafhankelijke kosten- (of uitgaaf)centrum
4 resultaatcentrum
5 investeringscentrum

Ad 1 Gestandaardiseerde kostencentrum
Hiervan kan sprake zijn wanneer de benodigde hoeveelheid input in een bekende relatie staat tot de (gedefinieerde en meetbare) output van de afdeling. De efficiëntie van het omzettingsproces is het belangrijkste aandachtspunt van het beheersingsproces. Het aantal producten vermenigvuldigd met de standaardkosten per product wordt vergeleken met de werkelijk gemaakte kosten. Beheersing van de kosten staat bij gestandaardiseerde kostencentra voorop. Een voorbeeld hiervan is:

Gestandaardiseerde kostencentrum

De productieafdeling van de dakpannenfabriek Beterdak zet grondstoffen om in eindproducten. De werkelijke kosten worden vergeleken met de berekende standaardkostprijs. Afhankelijk van de aard en de oorzaak van de afwijkingen worden corrigerende beheersmaatregelen getroffen, bijvoorbeeld op het gebied van kwaliteitscontrole en materiaaluitgifte. De efficiëntie van de werking van het productieproces komt onder meer tot uitdrukking in het afval- en uitvalpercentage.

Opbrengstencentrum

Ad 2 Opbrengstencentrum

Het opbrengstencentrum onderneemt zelf marktgerichte activiteiten en is verantwoordelijk voor de verkoop en distributie van producten en/of diensten. Hier is het verband tussen opbrengsten en kosten dus minder eenduidig. Als het opbrengstencentrum de mogelijkheid heeft zelf de verkoopprijzen in de markt te kunnen bepalen, dan is de omzet de belangrijkste indicator van het besturingsproces. Wanneer dit niet het geval is en er standaardprijzen worden gehanteerd, dan wordt het fysieke volume als beoordelingsmaatstaf gekozen.

Verkoopafdelingen zijn voorbeelden van opbrengstencentra. Wanneer de verkoopafdeling van de dakpannenfabrikant Beterdak BV zelf prijsafspraken kan maken, wordt een omzetdoelstelling afgesproken, bijvoorbeeld 10 miljoen euro. De gerealiseerde omzet wordt dan vergeleken met de omzetdoelstelling. Wanneer er sprake is van standaardprijzen, wordt er met diezelfde verkoopafdeling een verkooptarget afgesproken in fysieke aantallen, bijvoorbeeld 10.000 dakpannen.

Onafhankelijke kosten- (of uitgaaf) centrum

Ad 3 Onafhankelijke kosten- (of uitgaaf)centrum

Dit zijn organisatieonderdelen die producten en/of diensten leveren waarbij er geen duidelijke relatie bestaat tussen de input en de output. De output zelf is hier moeilijk vast te stellen. Het resultaat van het beheersingsproces wordt in het algemeen afgemeten aan de benodigde input (vergelijking werkelijke kosten versus budgetten) en deskundige beoordeling van de output. Een voorbeeld hiervan is:

De research and development afdeling van de dakpannenfabrikant Beterdak BV is een voorbeeld van een uitgavencentrum. Bij een researchafdeling wordt dikwijls gewerkt met een onderzoeksbudget.

Resultaatcentrum

Ad 4 Resultaatcentrum

Het resultaatcentrum is zowel verantwoordelijk voor het omzettingsproces als voor de marktgerichte activiteiten. Het bedrijfsresultaat (bruto winst) vormt hier de beoordelingsmaatstaf. Divisies en businessunits zijn veelal resultaatcentra. Aandachtspunten bij resultaatcentra zijn:
- onderlinge leveringen tussen resultatencentra en de daarbij te hanteren verrekenprijzen
- toerekening door diensten van overkoepelende stafafdelingen
- gedwongen winkelnering versus vrijheid om van buiten het concern diensten of producten te betrekken

De regio Noord van Beterdak BV is verantwoordelijk voor het behalen van een winst van 3 miljoen euro. Periodiek wordt het bereikte resultaat vastgesteld en vergeleken met deze norm, zodat inzicht ontstaat in de ontwikkeling van de prestaties van de regio Noord.

Ad 5 Investeringscentrum

Boven de verantwoordelijkheden die behoren bij een resultaatcentrum is het management eveneens verantwoordelijk voor de benutting van de productiemiddelen. Dit betekent dat niet alleen het resultaat wordt gemeten, maar tevens een vergelijking plaatsvindt met de omvang van de investeringen. Het rendement van dit onderdeel is dus de beoordelingsmaatstaf.

Investeringscentrum

De divisies/werkmaatschappijen van de dakpannenfabrikant Beterdak BV zijn ieder verantwoordelijk voor het eigen bedrijfsresultaat en mogen zelfstandig beslissen over noodzakelijke investeringen. Indien de consumentendivisie besluit tot grote investeringen zoals het toepassen van nieuwe technologische ontwikkelingen, wordt ook deze investering in de beoordeling van het resultaat betrokken. De consumentendivisie wordt dan niet alleen afgerekend op het resultaat, maar ook op het rendement van de investering.

Afhankelijk van het verantwoordelijkheidsgebied wordt dus de prestatie op verschillende wijzen gemeten. De keuze wordt echter ook ingegeven door de aard van het proces, zoals uit voorgaande toelichting blijkt. De informatie die de manager nodig heeft om het centrum te beheersen, verschilt tevens naar de aard van het verantwoordelijkheidsgebied (zie tabel 12.15).

TABEL 12.15 Managementinformatie naar de aard van het verantwoordelijkheidsgebied

Verschijningsvorm aansturing	Invloed op de managementinformatiebehoefte
Gestandaardiseerd kostencentrum	Kosten in relatie tot output informatie
Opbrengstencentrum	Omzet- en volume-informatie
Onafhankelijk kostencentrum	Kosten in relatie tot budget
Resultaatcentrum	Winst als resultante van opbrengsten en kosten
Investeringscentrum	Rendement op vermogen; Winst als resultante van opbrengen en kosten; Balansinformatie

Het type organisatieonderdeel wordt gedeeltelijk bepaald door de aard van de afdeling (sommige afdelingen kennen bijvoorbeeld geen opbrengsten, denk aan een researchafdeling), maar wordt tevens bepaald door de wijze waarop de besturing van de organisatie is ingericht. Zo kan een organisatie ervoor kiezen een eenheid die in principe is aan te sturen als een investeringscentrum, als een resultaat- of een opbrengstencentrum te behandelen.

Samenvatting

Om vast te kunnen stellen wat de invloed is van de proces- en structuurkenmerken van de organisatie op de managementinformatie moet je vijf stappen doorlopen, namelijk:

1 *Bepaal de basisstructuur.* Kijk of de organisatie een functionele, productgerichte, geografische of markt- dan wel klantgerichte structuur heeft. Kijk in tabel 12.11 wat de gevolgen voor de managementinformatie zijn.
2 *Bepaal op welke wijze de (afdelingen van de) organisatie gecoördineerd word(t)(en).* Kijk of er sprake is van een eenvoudige structuur, een machinebureaucratie, een professionele bureaucratie, een divisiestructuur of een adhocratie. Kijk in tabel 12.13 wat de gevolgen voor de managementinformatie zijn.
3 *Bepaal of er sprake is van lijnorganen dan wel staforganen.* Kijk in tabel 12.14 wat de invloed is van het verschil tussen een lijn- of staforgaan op de inhoud van de managementinformatie
4 *Bepaal het soort verantwoordelijkheidsgebied.* Kijk of er sprake is van:
   - een gestandaardiseerd kostencentrum
   - een opbrengstencentrum
   - een onafhankelijk kostencentrum
   - een resultatencentrum
   - een investeringscentrum

   Bepaal met behulp van tabel 12.15 de gevolgen voor de managementinformatie.
5 *Bepaal de uiteindelijke managementinformatie voor het midden van de tol.* Na het doorlopen van de stappen 1 tot en met 4 kun je voor de verschillende onderdelen van de structuur de aard van de te verstrekken managementinformatie bepalen.

13
Onderkant van de tol

13.1 Managementstijl
13.2 Cultuur

In de hoofdstukken 11 en 12 heb je kunnen lezen over de bovenkant en het midden van het tolmodel. In dit hoofdstuk wordt de onderkant van de tol behandeld. Hierin zijn de wat 'zachtere' (menselijke) factoren vertegenwoordigd, te weten de managementstijl en organisatiecultuur.

Onderkant van de tol

13.1 Managementstijl

Uit welke twee onderdelen bestaat de onderkant van de tol?

In dit boek staat de informatiebehoefte centraal die het management nodig heeft om de bedrijfsprocessen te besturen en te beheersen. De managementstijl ligt dan ook voor de hand als factor die van invloed is op de informatiebehoefte van het management. Onder managementstijl verstaan wij de stijl die gehanteerd wordt voor het beheersen van de processen. Een manager is dus niet per definitie een chef of directeur, maar iemand die een proces moet beheersen. We maken een onderscheid naar individuele managementstijlen (subparagraaf 13.1.1) en collectieve managementstijlen (subparagraaf 13.1.2).

13.1.1 Individuele managementstijl

Mintzberg heeft geanalyseerd wat managers doen om zaken voor elkaar te krijgen. Nadenkende, systematisch plannende managers blijken nauwelijks voor te komen. Managers zijn actiegericht en werken in verbrokkelde klusjes van minder dan tien minuten. Ze vergaderen en praten veel en verkrijgen hierdoor een grote hoeveelheid 'zachte informatie'. Verder beslist

Individuele managementstijl
Tien rollen van Mintzberg

de manager vaak op basis van intuïtie en inschattingen. Op basis van deze analyse onderscheidt Mintzberg een tiental rollen die de manager kan 'spelen'. Deze zijn in drie groepen onder te verdelen:
1 interpersoonlijke rollen
2 besluitvormingsrollen
3 informatierollen

Ad 1 Interpersoonlijke rollen
Mintzberg onderscheidt de volgende interpersoonlijke rollen:
- *De manager als boegbeeld* vertegenwoordigt de organisatie naar de buitenwereld. De manager is het gezicht van de organisatie.
- *De manager als leider* schept het organisatorische klimaat waarin gewerkt moet worden. De manager is in deze rol verantwoordelijk voor structurerings-, bemensings- en motivatievraagstukken.
- *De manager als tussenpersoon* bouwt een netwerk op van formele en informele contacten die voor allerlei doeleinden kunnen worden gebruikt.

Ad 2 Besluitvormingsrollen
Mintzberg onderscheidt de volgende besluitvormingsrollen:
- *De manager als initiator/ondernemer* zoekt voortdurend vanuit zowel interne als externe bronnen naar kansen en bedreigen voor en sterktes en zwaktes van de eigen organisatie.
- *De manager als probleemoplosser* wordt geconfronteerd met problemen/vraagstukken die directe actie vragen.
- *De manager als middelentoewijzer* is verantwoordelijk voor het beoordelen van plannen, het stellen van prioriteiten en het toewijzen van financiële, personele en overige middelen om plannen te realiseren.
- *De manager als onderhandelaar* vertegenwoordigt de organisatie in onderhandelingen met individuen en andere organisaties.

Ad 3 Informatierollen
Mintzberg onderscheidt de volgende informatierollen:
- *De manager als monitor* is permanent op zoek naar informatie. Vergaderingen, gesprekken met medewerkers, collega-managers of het netwerk van persoonlijke contacten zijn hiervoor bronnen. Veel van deze informatie komt in gesprekken naar voren (roddelpraatjes, geruchten en speculaties).
- *De manager als verspreider* geeft relevante informatie door aan medewerkers die wellicht normaal geen toegang zouden hebben tot deze informatie.
- *De manager als zegsman* is woordvoerder van de organisatie; er wordt informatie verstrekt aan externe belanghebbenden, dat wil zeggen belanghebbenden buiten het verantwoordelijkheidsgebied van de manager. Dat kan dus nog binnen de organisatie zijn.

Let op: de genoemde rollen kunnen niet los van elkaar worden gezien. Een manager vervult in principe alle rollen. Sommige rollen hebben echter bij een bepaalde manager meer nadruk dan andere rollen. In dit geval wordt gesproken van de managementstijl van een individuele manager.

Welke vijf managementprofielen onderscheiden Bots en Jansen en wat is de invloed op de managementinformatie?

Bots en Jansen (1991) onderkennen in relatie tot de tien door Mintzberg genoemde rollen, vijf managementprofielen en geven per profiel aan welke soort informatie hierbij hoort.

Vijf managementprofielen van Bots en Jansen

Deze managementprofielen, de relatie met de managersrollen van Mintzberg en de gevolgen voor de managementinformatie worden in het hiernavolgende nader uitgewerkt. Het gaat daarbij om de volgende vijf managementprofielen:
1 contactpersoon
2 politiek manager
3 ondernemer
4 real-time manager
5 teammanager

Ad 1 Contactpersoon
De contactpersoon vervult met name een rol bij representatieve verplichtingen. Hij moet daarom goed weten wat de gang van zaken daarbij is (het protocol). Bij het verwerven van opdrachten betekent zijn naam een meerwaarde ten opzichte van de concurrent. Hiertoe heeft de contactpersoon behoefte aan informatie over de mogelijkheden van de organisatie om te voorkomen dat er toezeggingen worden gedaan die men (hij) niet na kan komen. Deze informatie verkrijgt hij vaak op informele wijze.

Contactpersoon

Ad 2 Politiek manager
De politiek manager is het liefst zo veel mogelijk informeel op de hoogte van wat er aan de hand is. Immers: kennis is macht. Informeel bekende informatie kan hij gebruiken op het geschikte moment of juist achterhouden wanneer dat nodig is. Voor bepaalde specifieke doelen wil hij deze informatie ook formeel hebben. Wanneer een manager dit profiel heeft, is het weinig zinvol om de informatiebehoefte te bepalen volgens het tolmodel, dat immers een model is waar rationele overwegingen overheersen.

Politiek manager

Ad 3 Ondernemer
De ondernemende manager richt zich op het ontwikkelen van nieuwe producten en het ontginnen en bewerken van afzetmarkten. Externe informatie over de potentiële markt en interne informatie over de mogelijkheden om de plannen te kunnen realiseren zijn hierbij zeer belangrijk.

Ondernemer

Ad 4 Real-time manager
Deze manager houdt zich met name bezig met het oplossen van korte termijn ad-hocproblemen. Deze spelen met name een rol op operationeel niveau. Voor het oplossen van problemen is snel concrete uitvoeringsgerichte informatie vereist.

Real-time manager

Ad 5 Teammanager
De teammanager probeert zijn medewerkers zo goed mogelijk als een team te managen. Hij heeft hiervoor persoonsgerichte informatie nodig voor het motiveren van zijn medewerkers. Hij is voorwaardenscheppend voor zijn medewerkers en belangenbehartiger naar buiten toe. Strategische en specifiek vaktechnische aspecten spelen hierbij een grote rol.

Teammanager

In tabel 13.1 zie je het verband tussen het profiel van een manager en de soort informatie die hij vraagt kort samengevat.

TABEL 13.1 Managementprofiel en managementinformatie

Managementprofiel	Soort informatie
Contactpersoon	Informatie over de mogelijkheden van de organisatie om aan klantwensen tegemoet te komen. Veel informatie is ook informeel
Politiek manager	Informele, tactische informatie voor eigen positie
Ondernemer	Marktinformatie, toekomstgericht
Real-time manager	Interne beheersinformatie, operationeel
Teammanager	Persoons- en taak/resultaatgerichte informatie

13.1.2 Collectieve managementstijl

Wat is het verschil tussen strakke en losse delegatie voor de inhoud van managementinformatie?

Tot nu toe is alleen gesproken over stijlen van individuele managers. Nu kunnen meerdere managers bij elkaar ook een bepaald gedrag vertonen. In dit geval spreken wij van een 'collectieve managementstijl'. Deze zal meer invloed op de te realiseren managementinformatie hebben dan de individuele managementstijl, omdat informatiesystemen vaak voor meerdere personen tegelijk gebouwd worden.

Collectieve managementstijl

Een hanteerbare indeling van collectieve managementstijlen is die van Lewy. Lewy (1994) heeft het 'planning en control' proces binnen concerns onderzocht. Hij onderscheidt binnen organisaties twee beheersingsstijlen: losse delegatie (loose control) en strakke delegatie (tight control).

Losse delegatie

Strakke delegatie

De mate waarin delegatie plaatsvindt is bepalend voor de managementinformatiebehoefte. Immers, delegatie betekent het overdragen van bevoegdheden en taken naar andere functionarissen/afdelingen, meestal lager in de hiërarchie. De delegerende functionaris moet ervoor zorgen dat de taken en verantwoordelijkheden aan de juiste personen worden gedelegeerd. Om vast te kunnen stellen dat gedelegeerde taken op adequate wijze worden uitgevoerd is managementinformatie benodigd. De aard en inhoud van deze informatie wordt mede bepaald door de mate van delegatie.

Het type delegatie waarvoor gekozen wordt, moet aansluiten bij de cultuur en de individuele managementstijlen binnen de organisatie. Tabel 13.2 geeft het onderscheid tussen losse en strakke delegatie op hoofdlijnen weer.

TABEL 13.2 Kenmerken van losse en strakke delegatie (naar Lewy, 1993)

Strakke delegatie	Losse delegatie
1 Financieel/strategische doelstellingen zijn ondubbelzinnig en maximaal helder	1 Brede financieel/strategische doelstellingen, gedelegeerde financiële doelstellingen zijn eerder richtlijnen dan absolute targets
2 Het systeem dwingt alle businessunits tot een diepteplanning die sterk financieel en logisch onderbouwd is	2 Diepte en kwaliteit van de planning kan variëren tussen businessunits

TABEL 13.2 Kenmerken van losse en strakke delegatie (naar Lewy, 1993) (vervolg)

Strakke delegatie	Losse delegatie
3 De hoogste leiding houdt volledig inzicht in de feiten achter de getallen van de businessunits	3 Inzicht van de hoogste leiding in het reilen en zeilen van de businessunits is eerder globaal dan gedetailleerd
4 Budgetten zijn nagenoeg 'heilig', afwijkingen zijn aanleiding voor centraal ingrijpen	4 Budgetten zijn goede prognoses, binnen redelijke grenzen worden afwijkingen getolereerd zonder directe inmenging van hoger management
5 De laatste prognoses zijn absoluut maatgevend. Het 'early warning' systeem is effectief. Grootste misstap is het niet of te laat doorgeven van 'slecht nieuws'	5 De laatste prognoses zijn belangrijk, doch niet zaligmakend. Het 'early warning' systeem werkt slechts deels effectief
6 Twee-bazenstructuur voor de controller, die tevens twee petten draagt	6 Controller heeft één baas en draagt slechts één pet
7 Frequente en indringende afstemming en afleggen van verantwoording tussen directie, businessunit en bestuurders, bijgestaan door staforganen	7 Bilaterale afstemming tussen de businessunit en bestuurders, staforganen wel zakelijk maar slechts bij uitzondering indringend
8 Hoge 'beheerskosten', die kunnen oplopen tot wel 2,5-3,5% van de omzet	8 Relatief lage 'beheerskosten' (1,5-2,5% van de omzet)
9 Systeem werkt risicomijdend en is dus niet innovatiebevorderend	9 Systeem is niet risicomijdend en kan een voedingsbodem voor innovatie zijn
10 De organisatiecultuur van strakke delegatie spreekt niet iedere manager aan	10 De organisatiecultuur van losse delegatie spreekt de meeste Nederlandse lijnmanagers aan, maar staforganen in mindere mate

Losse delegatie stimuleert de creativiteit en het eigen ondernemerschap van onderdelen van een concern. Het bemoeilijkt echter de mogelijkheden voor het delegerende organisatie-onderdeel om tijdig te kunnen ingrijpen wanneer er iets misgaat; early warning systemen zijn dan minder effectief. Voor strakke delegatie geldt het omgekeerde.

Bij een overheersende stijl van strakke delegatie is voor de beheersing gedetailleerde informatie vereist. In gevallen van losse delegatie heeft de informatie een minder diepgaand karakter. De gevolgen van de collectieve managementstijl op de informatievoorziening zijn in tabel 13.3 samengevat.

TABEL 13.3 Managementinformatie als afgeleide van strakke en losse delegatie

Strakke delegatie	Losse delegatie
Gedetailleerde rapportage	Rapportage op hoofdlijnen
Hoge frequentie van rapportages	Lage frequentie
Prognoses spelen prominente rol	Nadruk ligt op al dan niet behalen van gewenst eindresultaat
Gericht op input, throughput en output	Vooral gericht op output

13.2 Cultuur

In organisaties werken mensen samen. Al deze mensen hebben hun eigen normen, waarden en aannamen over zichzelf en hun collega's. Daardoor zijn alle medewerkers in een organisatie mede bepalend voor de cultuur. Ook de managementstijl, collectief of individueel, is bepalend voor de cultuur in een organisatie. De omgekeerde relatie geldt ook: de cultuur beïnvloedt de managementstijl en het gedrag van mensen. Daarnaast is de cultuur van een organisatie tevens van invloed op 'harde' factoren als doel en structuur.

Cultuur

Er bestaan veel definities van cultuur. Gezien de nauwe relatie tussen managementinformatie en besluitvorming (gedrag) wordt in dit boek de volgende definitie gehanteerd (Hopstaken & Kranendonk, 1991):

> Het geheel van normen en waarden en aannamen over 'de' werkelijkheid van (groepen) mensen in een organisatie dat tot uiting komt in hun gedrag of de resultaten daarvan.

Het belang of het effect van een organisatiecultuur op het wel en wee van een organisatie kan worden vergeleken met een ijsberg (Mentink, 1989). Wat zich boven de waterspiegel bevindt is zichtbaar, bijvoorbeeld de organisatiestructuur en de strategie. Het deel onder de waterspiegel is onzichtbaar, maar bepaalt in grote mate het gedeelte boven de waterspiegel. De cultuur, onder water, beïnvloedt dan ook in belangrijke mate hoe organisaties functioneren, hun doelen stellen en nastreven, zich organiseren et cetera. Vergelijk figuur 13.4.

FIGUUR 13.4 Onder het topje van de ijsberg zit nog veel!

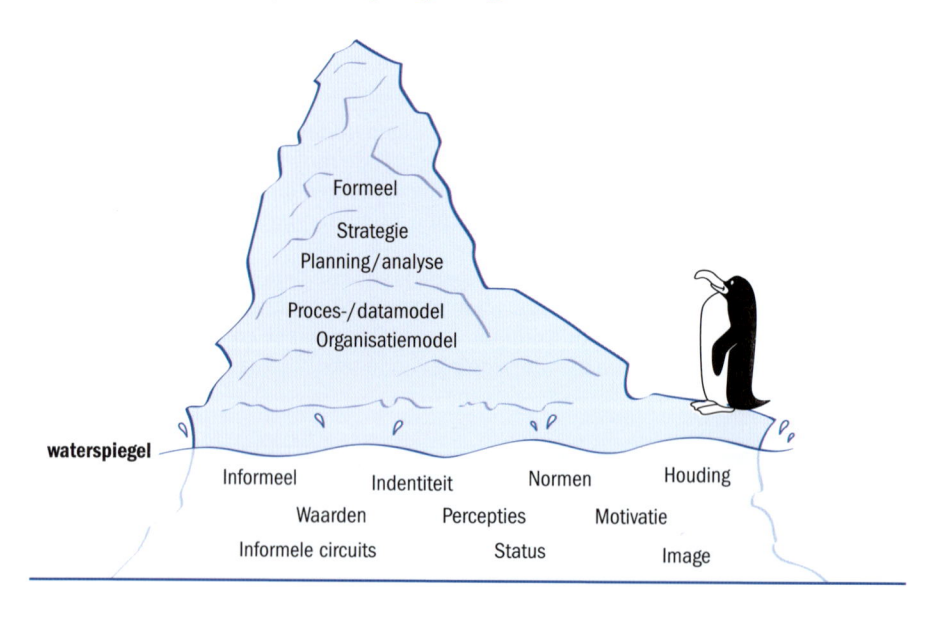

Boven waterspiegel: Formeel, Strategie, Planning/analyse, Proces-/datamodel, Organisatiemodel

Onder waterspiegel: Informeel, Indentiteit, Normen, Houding, Waarden, Percepties, Motivatie, Informele circuits, Status, Image

De cultuurtypologie van Van Peursen/Mentink maakt een praktische koppeling tussen de organisatiecultuur en de informatieverzorging mogelijk (Mentink, 1989). Het model maakt onderscheid naar drie cultuurfasen

(A, B en C). Binnen elke fase wordt een positieve en een negatieve dimensie onderkend. Zo ontstaan er dus zes cultuurtypen. Een onderneming kan elke fase doorlopen en zal daarbij de negatieve dimensies van de fasen proberen te mijden.

Eenmaal in een negatieve dimensie terechtgekomen moet de organisatie zich bewegen naar het positieve gedeelte van een andere fase, omdat diverse betrokkenen en belanghebbenden van binnen en buiten de organisatie gaan protesteren tegen de gang van zaken. Onvrede en noodzaak zijn daarmee belangrijke stimuli om naar een andere, positieve fase te gaan. In figuur 13.5 zijn de drie fasen kernachtig omschreven.

FIGUUR 13.5 Verschijningsvormen van organisatieculturen

a1 Mythisch	b1 Ontologisch	c1 Functioneel
• Lid zijn • Behoudend • Gegevenheid • Arbeidsplicht • Bevangenheid • Continuïteit • Geborgenheid • Onderworpenheid	• Jezelf zijn • Verandering • Standaardisatie • Arbeidscontract • Deskundigheid • Competitie • Vrijheid • Identiteit	• Partner zijn • Vernieuwend • Variatie • Zinvolheid • Onbevangenheid • Intuïtie • Integratie • Solidariteit
De menselijke drang tot overheersen of het in verval raken van een cultuur kan in elke cultuurfase het systeem verstoren. Dan zal de hieronder beschreven negatieve fase ontstaan.		
a2 Magisch	b2 Substantialistisch	c3 Operationalistisch
• Magie • Verstarring • Dwang • Centralisme	• Bureaucratie • Grootschaligheid • Vervreemding • Isoleren/afbakenen	• Informatie zonder communicatie • Manipulatie • Aantasting privacy
Binnen een fase (bijvoorbeeld Mythisch) kan men dus ook vanuit de positieve fase naar de negatieve fase (Magisch) gaan. Als men het daar niet mee eens is, dan volgt er een protestfase.		
Protest		

De volgende zes fasen worden afzonderlijk besproken, waarbij de gevolgen voor de managementinformatie worden weergegeven:
1 Fase A1: mythische cultuur (positief)
2 Fase A2: magische cultuur (negatief)
3 Fase B1: ontologische cultuur (positief)
4 Fase B2: substantialistische cultuur (negatief)
5 Fase C1: functionele cultuur (positief)
6 Fase C2: operationalistische cultuur (negatief)

Ad 1 Fase A1: mythische cultuur (positief)
De zingeving van de organisatie wordt in sterke mate bepaald door de directeur/baas. Als het nog een jong bedrijf is, dan is hij de pionier. De baas

Mythische cultuur

denkt in termen van het product dat hij maakt en van de markt die hij zelf creëert. De stijl van werken is improviserend, maar is altijd gericht op de normen en waarden van de baas. Iedereen in de organisatie werkt klantgericht. De managementstijl is die van een ondernemer. Voor alle moeilijkheden heeft 'mijnheer de directeur' een oplossing. Hij kent al 'zijn' mensen persoonlijk en weet ook precies wat ze doen (hij heeft het zelf vroeger namelijk ook gedaan).

Besluitvorming geschiedt top down vanuit het machtscentrum. Er zijn vaste regels in het spel, maar ze zijn niet formeel vastgelegd. Er wordt niet planmatig gewerkt. De medewerkers vormen als het ware één grote familie. Ze conformeren zich aan de normen die in de onderneming heersen, namelijk gezagsgetrouwheid en hard werken. De directeur bepaalt de normen en waarden. Kritiek wordt niet gewaardeerd.

Voorbeelden van mythische bedrijven zijn familiebedrijven, middelgrote organisaties en onderdelen van grote organisaties met een charismatisch leider.

Met betrekking tot de informatievoorziening: formele informatieplanning ontbreekt in het algemeen. De directeur is de enige die richting kan geven aan de inrichting van de managementinformatievoorziening. Het managementinformatiesysteem moet gericht zijn op het bedrijfsdoel. Centraal staat welke informatie de directeur nodig heeft. Geïntegreerde systemen zijn strijdig met de grondhouding van de organisatie: improvisatie en flexibiliteit. De informatie heeft betrekking op de markt(ontwikkelingen) en is toekomstgericht. Het 'fingerspitzengefühl' is zeer belangrijk bij de besturing en beheersing van de organisatie. Besluitvorming vindt niet altijd op basis van formele informatie plaats, maar de directeur hecht grote waarde aan informele informatie en communicatie.

Waardoor wordt een mythische cultuur gekenmerkt en wat is de consequentie voor de managementinformatie?

Magische cultuur

Ad 2 Fase A2: magische cultuur (negatief)
Wanneer de organisatie blijft groeien, dan wel indien er sprake is van een groot personeelsverloop dan kan de situatie ontstaan dat de leider het geheel niet meer overziet, de grip op de organisatie verliest en er dingen buiten hem om geregeld gaan worden. Als de directeur dit goed vindt, zet hij de deur open om de organisatie geleidelijk te laten overgaan naar fase B1: de ontologische fase. De organisatie kan echter ook in een magische fase belanden, indien de leider zijn macht niet wenst te delen en de zaken in de hand probeert te houden. De organisatie zal verstarren, medewerkers en andere belanghebbenden gaan zich verzetten tegen de neerwaartse lijn. In dat verzet zit een onuitgesproken wens besloten om alsnog naar de volgende fase (fase B1) door te groeien. Het protest zal onder meer tot uiting komen door nieuwe, maar minder positieve verhalen en geruchten rond de leider. Ook is het denkbaar dat de werknemers de situatie ontvluchten door ontslag of ziekmelding.

Met betrekking tot de informatievoorziening: de directeur probeert zijn eigen informele circuit in stand te houden om zo zijn macht te kunnen laten gelden. De informatie naar de ondergeschikten is schaars. Dit vergroot het wantrouwen ten opzichte van de directeur.

Waardoor wordt een magische cultuur gekenmerkt en wat is de consequentie voor de managementinformatie?

Ad 3 Fase B1: ontologische cultuur (positief)
Organisaties met een ontologische cultuur worden veelal gedreven door financieel-economische overwegingen. De hiermee samenhangende doelen zijn vaak formeel vastgelegd. Het topmanagement geeft hierbij de richting aan. De flexibiliteit van de organisatie wordt in deze fase verminderd ten koste van (in termen van Simons: diagnostische) planning en beheersing.

Ontologische cultuur

Besluitvorming is sterk procedureel georiënteerd, waarbij er vele geledingen binnen de organisatie geraadpleegd worden. De gang van zaken wordt geregeld door middel van regels (procedurehandboeken). Standaardisatie van werkzaamheden en specialisatie treedt op. Beloning vindt plaats op basis van de regels (de ingeschaalde functie).

Veel organisaties kennen een dergelijke cultuur. Geleidelijk aan zal de organisatie zich ontwikkelen in de richting van een functionele cultuur (fase C1). Het gevaar voor verstarring tot een bureaucratie in de negatieve zin van het woord (substantialistische cultuur) is echter groot.

De informatieverzorging wordt systematisch geregeld. De informatiesystemen zijn vaak afdelingsgericht. Het is moeilijk om afdelingsoverstijgende processen goed te beheersen met behulp van informatie omdat niemand zich daarvoor echt verantwoordelijk voelt.

Waardoor wordt een ontologische cultuur gekenmerkt en wat is de consequentie voor de managementinformatie?

Ad 4 Fase B2: substantialistische cultuur (negatief)
In een substantialistische bedrijfscultuur heerst afstandelijkheid tussen de machthebbers en de medewerkers. Men is vaak bezig met het behalen van de doelen van de eigen afdeling. Hoewel hier mogelijkerwijs de prestaties van de organisatie-elementen worden geoptimaliseerd, vindt dikwijls suboptimalisatie van het geheel plaats. Zogenaamde 'politieke spelletjes' zijn aan de orde van de dag.

Substantialistische cultuur

Elke voorgestelde verandering wordt gezien als een bedreiging of aanval. Tekenen van protest uiten zich vaak in (te) laat komen, onverschilligheid, ziekte en overspannenheid.

Met betrekking tot de informatievoorziening: informatisering draagt bij tot de institutionalisering van de suboptimalisatie. Afdelingsgebonden en afdelingsgeoriënteerde informatiesystemen leveren op de afdeling toegesneden informatie op die de politieke managers voor hun eigen doelen aanwenden. Het kan voorkomen dat er meerdere, elkaar tegensprekende informatiesystemen over hetzelfde fenomeen bestaan. Bestaande systemen worden vaak niet aangepast aan de gebruikerswensen.

Waardoor wordt een substantialistische cultuur gekenmerkt en wat is de consequentie voor de managementinformatie?

Ad 5 Fase C1: functionele cultuur (positief)
Organisaties met een functionele cultuur zijn niet op zichzelf gericht, maar op het welzijn van degenen die zowel binnen als buiten de onderneming door de activiteiten van de onderneming worden geraakt. Er heerst duidelijkheid, de eigen positie in de markt is helder. De organisatie is flexibel en werkt klantgericht.

Functionele cultuur

Besluitvorming vindt interactief plaats. Op basis van het gemeenschappelijke denkkader is men zeer actiegericht. Individuele initiatieven en prestaties zijn een deel van het grotere geheel waarvoor allen verantwoordelijk zijn. Er bestaat een toenemende behoefte geïnformeerd te zijn. Er zijn veel informele netwerken. Matrixachtige structuren zijn aanwezig. Informatiesystemen en managementrapportages zijn gericht op de uitvoering en beheersing van de bedrijfsprocessen. Managementinformatie geeft mede inzicht in de tevredenheid van klanten en van medewerkers. Daarnaast geeft de managementinformatie inzicht in de flexibiliteit van de organisatie.

Waardoor wordt een functionele cultuur gekenmerkt en wat is de consequentie voor de managementinformatie?

Ad 6 Fase C2: operationalistische cultuur (negatief)

Operationalistische cultuur

In een operationalistische cultuur wordt het belang van één of enkele aspecten uit de functionele fase overdreven. Men wordt bijvoorbeeld te klantgericht of te mensgericht. Hierdoor worden de kosten uit het oog verloren of de privacy aangetast. Het protest tegen de ontsporingen kan dan leiden tot een overgang naar een andere cultuurfase; terug naar fase C1.
In de informatievoorziening zie je de overdreven aandacht voor enkele aspecten terug. Daardoor wordt het management onvoldoende geïnformeerd over andere aspecten die ook van belang zijn voor het voortbestaan van de organisatie. De vraag naar de zinvolheid van de informatie wordt vaak niet gesteld. Men loopt het risico informatie te gaan verstrekken om het informatieverstrekken. Informatieverzorging wordt ook wel voor oneigenlijke doelen (of manipulaties) gebruikt.

Waardoor wordt een operationalistische cultuur gekenmerkt en wat is de consequentie voor de managementinformatie?

De relatie tussen het type cultuur en de gevolgen voor de managementinformatie vind je samengevat in tabel 13.6.

TABEL 13.6 Relatie tussen cultuur en managementinformatie

Cultuur	Gevolg voor managementinformatie
Mytisch	Centraal staat welke informatie de directeur nodig heeft. Besluitvorming vindt niet altijd op basis van formele informatie plaats, maar de directeur hecht grote waarde aan informele informatie en communicatie.
Magisch	De directeur probeert zijn eigen informele circuit in stand te houden om zo zijn macht te kunnen laten gelden. De informatie naar de ondergeschikten is schaars.
Onthologisch	De informatieverzorging wordt systematisch geregeld. De informatiesystemen zijn vaak afdelingsgericht.
Substantialistisch	Informatisering draagt bij tot de institutionalisering van de suboptimalisatie. Afdelingsgebonden en afdelingsgeoriënteerde informatiesystemen leveren toegesneden informatie op die de politieke managers voor hun eigen doelen aanwenden.

TABEL 13.6 Relatie tussen cultuur en managementinformatie (vervolg)

Cultuur	Gevolg voor managementinformatie
Functioneel	Informatiesystemen en managementrapportages zijn gericht op de uitvoering en beheersing van de bedrijfsprocessen. De managementinformatie geeft mede inzicht in de tevredenheid van klanten en van medewerkers. Daarnaast geeft de managementinformatie inzicht in de flexibiliteit van de organisatie.
Operationalistisch	In de informatievoorziening zie je de overdreven aandacht voor enkele aspecten terug. Daardoor wordt het management onvoldoende geïnformeerd over andere aspecten die ook van belang zijn voor het voortbestaan van de organisatie.

Samenvatting

Om vast te kunnen stellen welke invloed de managementstijl en de organisatiecultuur op de informatiebehoefte hebben, dien je de stappen uit tabel 13.7 te doorlopen.

TABEL 13.7 Stappenplan om de invloed van de managementstijl en cultuur op de informatiebehoefte te bepalen

Stap	Omschrijving
1 Bepaal de individuele managementstijl	Is er sprake van een positieve managementstijl, zoals contactpersoon, ondernemer of teammanager, of van een negatieve stijl, zoals politiek manager of een real-time manager? Zoek de gevolgen voor de inhoud van de managementinformatie in tabel 13.1 op.
2 Bepaal de collectieve managementstijl	Is er sprake van strakke of losse delegatie? Zie voor de gevolgen voor de managementinformatie tabel 13.3.
3 Bepaal de cultuur	Is er sprake van een positieve cultuur (mytisch, onthologisch of functioneel) of van een negatieve cultuur (magisch, substantialistisch of operationalistisch). De gevolgen voor de managementinformatie vind je in tabel 13.6.
Bepaal op basis van de stappen 1 tot en met 3 de invloed van de onderkant van de tol voor de managementinformatie	

14
Contingentiebenadering: toepassen van het tolmodel

14.1 Aanpak
14.2 Een voorbeeld: de rapportageset van Beterdak BV

In de vorige hoofdstukken kon je uitgebreid lezen wat het effect op de te verstrekken managementinformatie kan zijn van de individuele factoren die samen de tol vormen (zie figuur 14.1).
Naast de 'harde' factoren (missie, doelen, kritische succesfactoren, strategie, processen en structuur), zijn hierbij ook 'zachte' factoren (managementstijl en cultuur) onderkend.

FIGUUR 14.1 Factoren van het tolmodel en de hoofdstukken waarin deze behandeld zijn

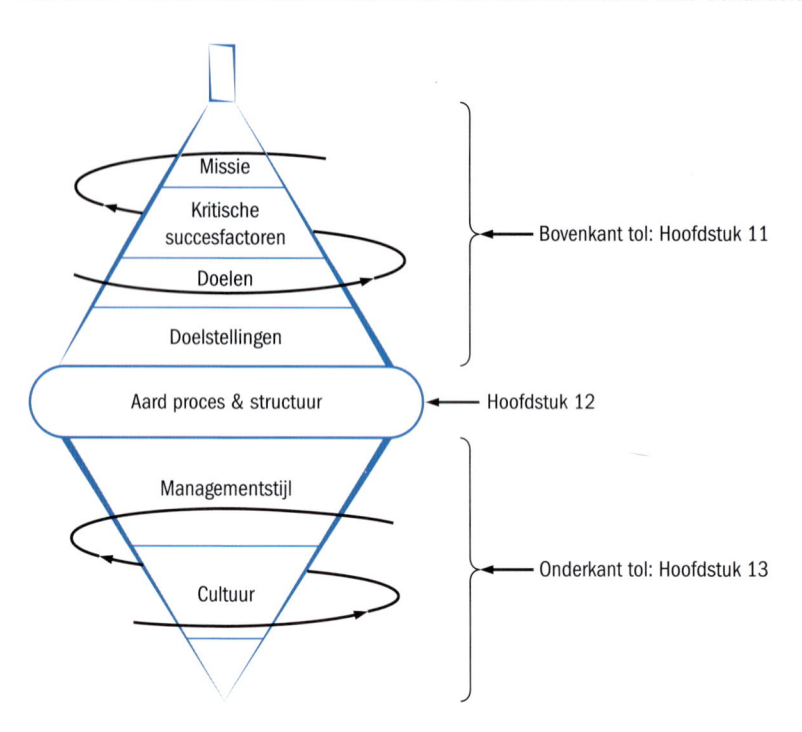

- Missie
- Kritische succesfactoren
- Doelen

Bovenkant tol: Hoofdstuk 11

- Doelstellingen
- Aard proces & structuur ← Hoofdstuk 12
- Managementstijl
- Cultuur

Onderkant tol: Hoofdstuk 13

Contingentie-benadering

In dit hoofdstuk laten we zien hoe je op basis van de individuele verschijningsvorm van ieder van de onderkende factoren, de managementinformatie kunt afleiden. Wij noemen dit de *contingentiebenadering*. In de organisatiekunde gaat de contingentiebenadering uit van de gedachte dat de organisatie zich moet aanpassen aan de omgeving. Deze benadering is gebaseerd op de veronderstelling dat iedere organisatie een unieke combinatie van verschijningsvormen is en dat iedere combinatie van verschijningsvormen tot de mogelijkheden behoort.

Je zult overigens, wanneer je het tolmodel in de praktijk gaat toepassen, ervaren dat sommige combinaties van tolfactoren meer voorkomen dan andere combinaties. Deze grondvormen vind je terug in de relevantietypologie. In het volgende hoofdstuk wordt nader ingegaan op de wijze waarop met behulp van *de relevantietypologie* de managementinformatie bepaald kan worden.

Zowel de contingentiebenadering (voor elke factor die deel uitmaakt van het tolmodel nagaan wat de gevolgen zijn voor de te verstrekken managementinformatie) als de typologiebenadering kunnen worden gebruikt om een managementrapportageset te ontwerpen. Voor beide benaderingen geldt dat een managementrapportageset niet uitsluitend van achter het bureau kan worden ontworpen. De ontworpen rapportageset zal in de praktijk worden aangepast op basis van ervaringen met de nieuw gegenereerde managementrapportages.

Wat wordt bedoeld met contingentiebenadering in relatie tot het tolmodel?

14.1 Aanpak

De contingentiebenadering om de managementinformatie te bepalen, gaat primair uit van de factoren uit het tolmodel. De aanpak omvat de vier stappen die zijn weergegeven in tabel 14.2.

TABEL 14.2 Vier stappen om de informatiebehoefte te bepalen

Stap	Omschrijving
1 Bepaal de verschijningsvorm van elk van de factoren van de tol.	Soms zul je overleg moeten voeren met het management van en andere betrokkenen binnen de organisatie om goed te kunnen bepalen wat de status van een factor is. Deze zal namelijk soms wel en soms niet zijn vastgelegd. Bijvoorbeeld: Welke strategie volgen jullie? Wat is de collectieve managementstijl?
2 Bepaal voor elke factor de effecten op de managementinformatie. Hieruit resulteert een 'longlist' met mogelijke informatiebehoeften.	Doorloop hiervoor de stappen zoals beschreven in tabel 11.5 (bovenkant van de tol), tabel 12.9 (processen), tabel 12.16 (structuur) en tabel 13.7 (onderkant van de tol). Soms zal de directie op basis van de status van de feitelijke tolfactoren eerst een wijziging in de organisatie willen doorvoeren, voordat de managementinformatie daadwerkelijk vervaardigd kan worden. Wij kunnen ons dit met name bij onduidelijke doelstellingen, onbeheerste processen, politiek management en een negatieve cultuur voorstellen. De organisatie zal zich dan eerst moeten veranderen, voordat het zinvol is om gestructureerd managementinformatie te gaan verstrekken.
3 Leg de longlist voor aan het management. Bepaal samen de shortlist van de managementinformatie die daadwerkelijk verstrekt zal gaan worden. Werk tevens uit op welke wijze deze shortlist in de managementrapportageset gepresenteerd zal worden. De rapportageset moet aantrekkelijk van vormgeving zijn om het gebruik zo veel mogelijk te stimuleren.	Het management zal bij deze stap met name aangeven welke informatie zij niet wil ontvangen. De longlist levert in het algemeen namelijk meer informatie op dan het management kan verwerken. Er moeten daarom keuzes gemaakt worden. Een overkill aan informatie leidt immers niet tot betere beheersing. Daarnaast kan het management aangeven op welke punten wijzigingen of aanvullingen nodig zijn.
4 Bepaal de definitieve rapportageset door de shortlist te vergelijken met de informatie die door de verschillende informatiesystemen geproduceerd kan worden.	Sommige informatiebehoeften (liefst zo veel mogelijk) kunnen ingevuld worden door informatie die reeds aanwezig is in bestaande informatiesystemen. Voor andere informatiebehoeften zullen nieuwe informatiesystemen moeten worden gebouwd. Een alternatief is na te gaan of de bestaande informatiesystemen wellicht al informatie produceren die kan worden gebruikt als een vervanger voor de prestatie-indicatoren die resulteren in de shortlist. Het management zal hiervoor uiteindelijk een kosten-batenafweging moeten maken.

Probeer het systeem dat de managementinformatie moet gaan verstrekken zo flexibel mogelijk op te zetten. In de praktijk is namelijk gebleken dat managers in de eerste maanden door het gebruik van de nieuwe managementrapportageset nieuwe inzichten en ideeën kunnen krijgen. Op basis hiervan zal de gewenste rapportageset vaak ook veranderen.

Daarnaast zullen in de loop der tijd de inhoud van de tolfactoren ook vaak veranderen. Immers, wanneer de organisatie verandert, verandert ook de aard (verschijningsvorm) van de factoren van het tolmodel.

14.2 Een voorbeeld: de rapportageset van Beterdak BV

Voor de dakpannenfabrikant Beterdak BV hebben we in tabel 14.3 een eerste aanzet gemaakt voor de longlist met mogelijke informatiebehoeften. Voordat je deze longlist met het management kunt bespreken, moet je de tabel nog verder uitwerken. Daarvoor zul je met de directie en de medewerkers van Beterdak BV moeten praten. Gedurende deze gesprekken kun je tevens de frequentie van de managementrapportages bepalen en eventuele bijzondere eisen die aan de betrouwbaarheid van de informatie in de rapportageset gesteld worden (zie deel 2).

TABEL 14.3 Een aanzet voor een longlist van de informatiebehoeften voor een dakpannenfabrikant op basis van het tolmodel

Tolfactor	Omschrijving	Verschijningsvorm	Invloed op managementinformatie
Missie	Bestaansredenen van de organisatie	Huiseigenaren helpen de esthetische kwaliteit en de functionele mogelijkheden van hun dak ten volle te benutten	De aspecten klanttevredenheid en technische kwaliteit zullen overheersen in de managementinformatie
Kritische succesfactor en Do wells	Die gebieden die van kritiek belang zijn voor het succesvol behalen van de missie van de organisatie	Duurzaamheid van de pannen. De technische mogelijkheden van het gekozen dakpannenassortiment	Gezocht moet worden naar prestatie-indicatoren op het gebied van duurzaamheid en de technische mogelijkheden van het assortiment
Doel (goal)	Datgene wat leden van een organisatie in kwalitatieve zin willen bereiken als uitvloeisel van de missie en/of van de kritische succesfactoren	Het imago van Beterdak BV bij (potentiële) afnemers verbeteren	Gezocht moet worden naar doelstellingen op het gebied van het imago van Beterdak BV bij haar klanten
Doelstelling of norm (target)	De kwantitatieve weergave van de norm waaraan moet worden voldaan bij het behalen van het doel	Klanten waarderen de prijs-kwaliteitverhouding van de pannen van Beterdak gemiddeld met een 4 op een schaal van 5	De gemiddelde prijs-kwaliteitverhouding gemeten op basis van maandelijkse klantenquêtes
Strategie	Formele richtlijnen die betrekking hebben op de wijze waarop de missie moet worden gerealiseerd. Het hierbij te bereiken doel wordt in kwalitatieve termen aangegeven (goal).	Gekozen is voor een differentiatiestrategie om de klanten zo goed mogelijk te kunnen bedienen. Het gekozen productassortiment is derhalve van groot belang.	

TABEL 14.3 Een aanzet voor een longlist van de informatiebehoeften voor een dakpannenfabrikant op basis van het tolmodel (vervolg)

Tolfactor	Omschrijving	Verschijningsvorm	Invloed op management-informatie
Structuur	De vormgeving van de relaties tussen organisatieonderdelen	Gekozen is voor een viertal regionale fabrieken die elk het volledige productassortiment afdekken	Rapportages per regio met daarbinnen de resultaten per type dakpan
Proces	Te onderscheiden in primaire en overige processen	Er is in elke fabriek sprake van heterogene massaproductie	Rapportages per fabriek omtrent: *Exploitatie* Omzet Kostprijs verkopen Brutomarge Productieresultaten per afdeling per periode (efficiëntie, prijs, bezetting) voor machines, materiaal en personeel *Balans gerelateerd* Omloopsnelheid voorraden Ouderdom debiteuren
Management-stijl	De wijze waarop managers leiding geven aan medewerkers van de organisatie	Individueel: teammanager Collectief: tight control vanuit het hoofdkantoor	Persoons- en taak/resultaat-gerichte informatie Managementinformatie wordt maandelijks verstrekt. De rapportageset is zeer gedetailleerd. Een week na afloop van de maand presenteren de regiomanagers de resultaten over de afgelopen maand en hun prognose voor de komende periode aan de directie van Beterdak BV.
Cultuur	Geheel van normen, waarden, aannamen over 'de' werkelijkheid van (groepen) mensen in een organisatie dat tot uiting komt in hun gedrag of de resultaten daarvan	Vanuit het hoofdkantoor zijn een aantal duidelijke regels geformuleerd waar iedere medewerker zich aan houdt (ontologische cultuur)	De informatieverzorging wordt systematisch geregeld. De informatiesystemen zijn ingericht per regio. De nadruk ligt op de financiële resultaten

Samenvatting

In dit hoofdstuk is de contingentiebenadering besproken waarmee je door elke factor uit het tolmodel af te stemmen op de verschijningsvorm van de organisatie, de informatiebehoefte voor die organisatie kunt bepalen. Hiervoor hebben we een stappenplan geformuleerd. Dit bestaat uit de volgende vier stappen:
1 Bepaal de verschijningsvorm van elk van de factoren van de tol.
2 Bepaal voor elke factor de effecten op de managementinformatie. Hieruit resulteert een 'longlist' met mogelijke informatiebehoeften.
3 Leg de longlist voor aan het management. Bepaal samen de shortlist van de managementinformatie die daadwerkelijk verstrekt zal gaan worden.
4 Bepaal de definitieve rapportageset door de shortlist te vergelijken met de informatie die door de verschillende informatiesystemen geproduceerd kan worden.

15
Relevantietypologie

15.1 Relevantietypologie als referentiemodel
15.2 Relevantietypologie in hoofdlijnen
15.3 Wijze van toepassing van de relevantietypologie
15.4 Charismatische organisaties: de pionier en de zwerver
15.5 Bureaucratieën: de doelgerichte en ongerichte bureaucratie
15.6 De concern-organisatie: het doelgerichte en het ongerichte concern
15.7 De professionele organisatie: de maatschappelijke en de eenzijdige professional
15.8 De netwerkorganisatie: het maatschappelijke en het eenzijdige netwerk

In dit hoofdstuk leer je de relevantietypologie kennen. Met behulp van deze typologie kun je voor een individuele organisatie op hoofdlijnen de vorm en inhoud van de managementinformatie bepalen. Eerst laten we voor elk type de kenmerken van de tol zien en bespreken de invloed daarvan op de vorm en inhoud van de managementinformatie. Vervolgens laten we je aan de hand van een casus per relevantietype de toepassing zien.

15.1 Relevantietypologie als referentiemodel

Wat wordt bedoeld met negatieve en positieve typen binnen de relevantietypologie?

Sommige combinaties van tolfactoren komen meer voor dan andere combinaties. Zo zal in een machinebureaucratie, waar de nadruk veelal op efficiëntie ligt, sprake zijn van een aantal afdelingen die op functionele wijze zijn gestructureerd waarbij staforganen relatief veel nadruk krijgen.

Relevantie-typologie

In feite is er dus sprake van een beperkt aantal grondvormen van tollen. Deze grondvormen van tollen vind je terug in de relevantietypologie. Ieder van deze grondvormen representeert een bepaald soort organisatie. Ook deze grondvormen zijn referentiemodellen. Uiteraard komen net als bij de betrouwbaarheidstypologie in de praktijk geringe afwijkingen van deze grondvormen voor. De toegevoegde waarde van de referentiemodellen is dat er als het ware een 'vliegende start' kan worden gemaakt bij het definiëren van de managementinformatiebehoefte. Er is immers al het nodige voorwerk gedaan bij het bouwen van deze referentiemodellen. De inspanning zal zich vervolgens met name moeten richten op het 'fine-tunen' van het referentiemodel om het optimaal te laten aansluiten op de specifieke situatie van de organisatie.

De toltypen die je in de praktijk tegenkomt, kunnen zowel positief als negatief zijn. Bij de positieve toltypen zijn de verschillende factoren van het tolmodel met elkaar in harmonie. De tol blijft hierdoor in balans en kan zijn snelheid behouden! De negatieve toltypen hebben een negatieve cultuur (magisch, substantialistisch en operationalitisch). Deze negatieve cultuur beïnvloedt de wijze van besturing van de organisatie en daarmee de te hanteren managementrapportages.

De in de relevantietypologie voorkomende typen organisaties worden in dit hoofdstuk uitgebreid behandeld en met voorbeelden geïllustreerd.

15.2 Relevantietypologie in hoofdlijnen

De relevantietypologie (zie tabel 15.1) bestaat uit vijf varianten die ieder zowel een positieve als een negatieve verschijningsvorm kunnen hebben. Aldus resulteren tien organisatietypen. Bij de negatieve varianten van de relevantietypologie is sprake van verminderde beheersbaarheid.

De grondvormen worden in tabel 15.1 weergegeven. In dit hoofdstuk wordt elk toltype verder uitgewerkt, zodat inzicht ontstaat in de kenmerken van de organisatie en de bijbehorende managementinformatievoorziening. In hoofdstuk 16 behandelen wij vervolgens de veranderingsrichtingen die binnen de relevantietypologie mogelijk zijn.

TABEL 15.1 De relevantietypologie

Charismatische organisaties		Bureaucratieën		Concerns		Professionele organisaties		Netwerk-organisaties	
Positief	Negatief	Positief	Negatief	Positief	Negatief	Positief	Negatief	Positief	Negatief
Pionier	Zwerver	Doelgerichte bureaucratie	Ongerichte bureaucratie	Doelgericht concern	Ongericht concern	Maatschappelijke professional	Eenzijdige professional	Maatschappelijk netwerk	Eenzijdig netwerk

Op de achterflap vind je een grote tabel waarin de belangrijkste kenmerken per relevantietype zijn samengevat.

15.3 Wijze van toepassing van de relevantietypologie

Wat is de relatie tussen de relevantietypologie en de betrouwbaarheids- en procestypologie?

In deel 2 heb je kunnen lezen hoe de informatiebehoefte van een organisatie en van de processen binnen een organisatie mede bepaald wordt door de waardekringloopgedachte. Zoals uitgewerkt in de (betrouwbaarheids)typologie van de bedrijfshuishoudingen en de procestypologie (fasen van de waardekringloop) van Starreveld. Het tolmodel en in het verlengde daarvan de relevantietypologie en de betrouwbaarheidstypologie van de bedrijfshuishoudingen en de procestypologie vullen elkaar daarmee aan als het gaat om het bepalen van de managementinformatie. Immers, de procestypologie en de betrouwbaarheidstypologie van de bedrijfshuishoudingen kunnen worden gezien als een nadere uitwerking van de factor 'processen' uit het tolmodel. De procestypologie volgt de stadia van de waardekringloop en de typologie van de bedrijfshuishoudingen zoemt met name in op de primaire processen van een organisatie. Figuur 15.2 maakt deze relatie duidelijk.

FIGUUR 15.2 Informatiebehoeftebepaling op basis van de procestypologie en de betrouwbaarheidstypologie

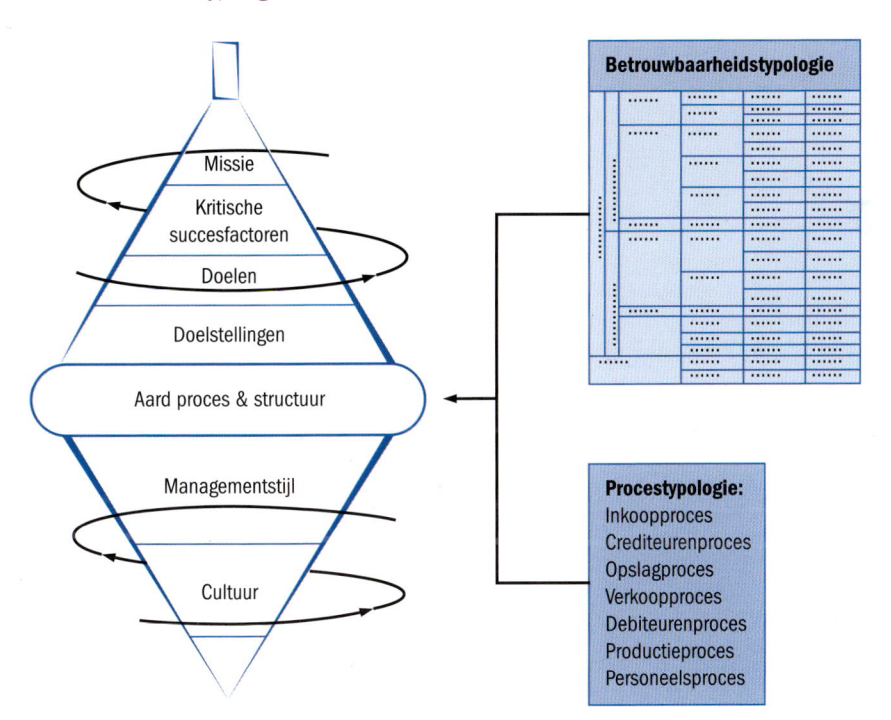

Bij de relevantietypologiebenadering kies je het toltype dat het beste aansluit bij de inhoud van de individuele tolfactoren voor het desbetreffende bedrijf. Het zal zelden voorkomen dat een organisatie

volledig samenvalt met een van de onderscheiden typen. Het gaat er dus om het type te kiezen dat de meeste overeenkomsten vertoont met de werkelijkheid. In het algemeen hanteer je de relevantietypologiebenadering op het niveau van een organisatie als geheel en niet op het niveau van een proces. Vervolgens ga je na welke informatie het beste bij deze organisatie als geheel past. Hiervoor kun je het best de in deel 2 behandelde typologie van de bedrijfshuishoudingen gebruiken.
In tabel 15.3 vind je een stappenplan voor het toepassen van de relevantie-typologiebenadering.

TABEL 15.3 Stappenplan om informatiebehoefte te bepalen op het niveau van een organisatie

	Stap
1	Bepaal het toltype en het betrouwbaarheidstype.
2	Bepaal de karakteristieken van de managementinformatie volgens de relevantietypologie (zie tabel 15.1 en paragraaf 15.4 en verder).
3	Bepaal de managementinformatie volgens de typologie van de bedrijfshuishoudingen (hoofdstuk 8) en de procestypologie (hoofdstuk 9).
4	Voeg 3 en 4 samen.
5	Vul de bij 4 ontstane rapportageset aan met specifieke aan de organisatie en haar processen zelf gerelateerde informatiebehoeften.

15.4 Charismatische organisaties: de pionier en de zwerver

Charismatische organisaties

Charismatische organisaties worden geleid door inspirerende en daardoor vaak machtige leidersfiguren. De persoonlijke kwaliteiten van de leider bepalen het succes van de organisatie. Charismatische organisaties blijken in twee grondvormen voor te komen, te weten:
- de pionierende organisatie (de positieve variant)
- de zwervende organisatie (de negatieve variant)

15.4.1 De pionierende organisatie

Wat zijn op hoofdlijnen de kenmerken van een pionier en welke consequenties hebben deze voor de vorm en inhoud van de managementinformatie?

Kenmerken van de pionier
In figuur 15.4 zijn de kenmerken van een pionierende organisatie opgenomen.

FIGUUR 15.4 De tol van de pionier

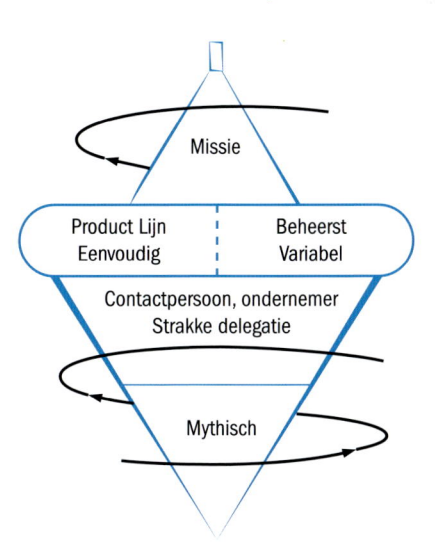

```
                    Missie
        ┌─────────────┬─────────────┐
        │ Product Lijn │  Beheerst   │
        │  Eenvoudig   │  Variabel   │
        └─────────────┴─────────────┘
          Contactpersoon, ondernemer
                Strakke delegatie

                   Mythisch
```

De pionierende organisatie is veelal een jonge en/of kleine organisatie. De organisatie is dynamisch. Er is sprake van een sterk externe oriëntatie en een drang naar het verkopen van de eigen producten en diensten en naar klantgerichtheid. De leider van de pionier vervult hierbij een doorslaggevende rol. Zijn (of haar) gedrag is in belangrijke mate bepalend voor het succes van de organisatie. De missie en doelstellingen van pionierende organisaties zijn niet geëxpliciteerd maar zitten in de hoofden van de leiders en medewerkers. De bovenkant van de tol is dan ook nauwelijks uitgewerkt. In figuur 15.4 heeft de tol daarom een relatief kleine bovenkant.

De doelen van de processen van de pionier, de interventiemogelijkheden en effecten daarvan zijn bij de leider bekend c.q. voorspelbaar. Dit maakt de processen relatief eenvoudig en goed beheersbaar. De leider stuurt de organisatie op een directe wijze aan. De leider delegeert weinig verantwoordelijkheden en bevoegdheden ('tight control'). Het beperkte aantal spelregels en grenzen waarbinnen men kan/moet functioneren worden door de leider bepaald en zijn van grote invloed op de cultuur. Deze spelregels zijn meestal niet formeel vastgelegd.

Besluitvorming vindt met name top-down plaats. De leider bepaalt wat goed is voor de organisatie en wie wat wanneer moet doen. Improviseren in plaats van planmatig werken voert daarbij de boventoon. Indirecte beheersinstrumenten zoals automatisering en procedures hebben zelden de overhand in dit type organisaties. De manager heeft persoonlijk de touwtjes stevig in handen.

De structuur van de onderneming is expliciet gericht op het vervaardigen van de producten van de organisatie. De structuur is eenvoudig om de lijnen tussen management en medewerkers kort te houden. Staforganen komen hier nauwelijks voor.

De leider is sterk extern en marktgericht. Het ondernemende karakter van de leider gaat hand in hand met zijn (of haar) grote uitstraling naar buiten (de leider is het boegbeeld). Intern richt de aandacht van de leider zich op het motiveren en inspireren van de medewerkers van de organisatie. Daarnaast is de leider, door de geringe delegatie en het ontbreken van uitgebreide staforganen, dikwijls nadrukkelijk betrokken bij de diverse aspecten van de bedrijfsvoering. Tabel 15.5 vat de hoofdkenmerken van dit toltype samen.

TABEL 15.5 Kenmerken van de pionier

Factor uit het tolmodel	Waarde van de factor
Missie, doel, doelstelling, kritische succes factoren (KSF) en strategie	Missie en doel zijn van groot belang en richtinggevend. Doelstelling, strategie en KSF'en zijn minder expliciet uitgewerkt doch impliciet aanwezig
Structuur	Georganiseerd rondom de producten en diensten. Zo eenvoudig mogelijk gestructureerd, directe besturing. Nauwelijks staforganen
Processen	Processen zijn beheersbaar
Managementstijl	Contactpersoon/ondernemer. Tight control
Cultuur	Mythische cultuur

Managementinformatie bij de pionier

Inhoud
De inhoud van de managementinformatie is met name extern georiënteerd, toegespitst op missie, doel en het primaire proces van de organisatie. Het bepalen van de informatiebehoefte uitgaande van de factoren uit de bovenkant van de tol, is echter moeilijk omdat dit inzicht vaak alleen bij de leider bestaat. Bovendien wisselt de informatiebehoefte snel als gevolg van de dynamische omgeving en ondernemingsgeest van de leider.
Gezien de nauwe betrokkenheid en de geringe delegatie strekt de informatiebehoefte van de leider verder dan globale informatie die een totaalbeeld verschaft. Echter, de leider is ook niet geïnteresseerd in perfecte en volledige informatie. Dit wordt verklaard doordat de leider geen 'analytisch beslisser' is, en besluiten overwegend op basis van het 'fingerspitzengefühl' neemt. Het streven naar perfecte informatie neemt te veel tijd in beslag. Dit gaat ten koste van de slagvaardigheid van de organisatie. De managementinformatie in deze organisaties zal dan ook zelden uitputtend zijn.

Vorm
De leider heeft dankzij de omvang van de organisatie en de wijze waarop deze is gestructureerd veel rechtstreeks contact met de medewerkers. De managementinformatievoorziening is dan ook hoofdzakelijk informeel van aard (gesprekken op de gang). Doordat de communicatielijnen tussen management en medewerkers zo kort zijn en de 'span of control' redelijk beperkt is, kan de informatievoorziening met weinig middelen adequaat worden georganiseerd. Gestructureerde managementrapportages komen in geringe mate voor omdat de pionierende organisatie enerzijds niet over staforganen als een planning & controlafdeling beschikt, anderzijds omdat de informele organisatie in de meeste behoeften voorziet. Dit betekent dat de formele periodieke managementinformatie die de directeur ontvangt zich meestal beperkt tot een eenvoudig overzicht van de belangrijkste balansposten en de belangrijkste opbrengsten en kosten horend bij de betreffende betrouwbaarheidstypologie (zie deel 2).

Casus voor de pionier: Scheepbouwer

Activiteiten van de organisatie
De Scheepbouwer houdt zich sinds zeven jaar bezig met de productie van allerhande luxe sloepen. In het succesvolle assortiment zijn visboten opgenomen met een lengte van 7 tot 10 meter. De onderneming bouwt tussen 60 en 100 sloepen per jaar.

Cultuur en managementstijl bij Scheepbouwer
De onderneming staat bij vissers bekend als een degelijke no-nonsense organisatie. De directeur Scheepbouwer, die zelf een watersporter is, staat bekend om zijn directe manier van leidinggeven. Voor de financiële kant van de zaken steunt hij sterk op zijn boekhouder. Bij de productie voelt de directeur Scheepbouwer zich sterk betrokken. Als het even kan helpt hij ook graag een handje mee. Door regelmatig met de medewerkers te praten blijft hij op de hoogte van het reilen en zeilen binnen de onderneming. De medewerkers vertrouwen op hem (mede door de behaalde successen), weten wat hij van hen verwacht en conformeren zich aan zijn spelregels. Vaak gaat de directeur ook mee naar beurzen die voor de watersport georganiseerd worden. Op deze beurzen vervult hij een hoofdrol. Scheepbouwer wordt zeer gewaardeerd door zijn personeel.

Missie van Scheepbouwer
De missie laat zich het beste omschrijven als 'wij maken de beste sloepen'. Een gestructureerd strategieformuleringsproces waarbij vanuit de missie, de kritische succesfactoren, de organisatiedoelstellingen en strategie worden geformuleerd, heeft nooit plaatsgevonden, althans niet expliciet. Bij de start van de onderneming is er een ondernemingsplan geschreven voor de bank. Dit plan is echter met name gericht op de financiële haalbaarheid van de investeringsplannen en bij het schrijven had de accountant een leidende rol.
Scheepbouwer streeft ernaar om binnen een aantal jaren ook in de rest van Europa een leidende positie te hebben opgebouwd. Daarnaast zijn omzet- en winstgroei en het afleveren van kwalitatief goede sloepen voor hem belangrijke doelen.

Omvang en structuur van de organisatie bij Scheepbouwer
Bij de onderneming werken veertig personeelsleden. De onderneming bestaat onder meer uit de volgende afdelingen:
- Verkoop (2)
- Inkoop (2)
- Productie, waaronder een klein bedrijfsbureau dat zich met name bezighoudt met de planning (32)
- Magazijn (1)
- Financiële administratie (3)

De automatisering bij de onderneming is in beperkte mate ontwikkeld. De onderneming beschikt over een simpel netwerk van terminals. Elke afdeling hanteert specifieke software ter ondersteuning van de 'eigen' processen. De software van de afzonderlijke processen is niet gekoppeld.

Beschrijving van het bedrijfsproces bij Scheepbouwer
Verkoop
De Scheepbouwer bouwt voornamelijk voor de Nederlandse markt, hoewel er de laatste tijd ook regelmatig orders vanuit Duitsland en België binnenkomen. Niet alleen plaatsen particulieren orders, maar ook watersportwinkels. De boten variëren van 7 tot 10 meter lengte. De prijzen lopen uiteen van 40.000 tot 260.000 euro, afhankelijk van lengte en uitvoering. Uitvoeringsverschillen zijn groot en betreffen niet alleen het verschil tussen binnen- en buitenboordmotor, maar ook tussen wel of geen opbouw etc.
De sloepen worden gepresenteerd in eenvoudige folders met daarin beeldmateriaal van de basistypen en een lijst met mogelijke opties. Bij de folder is een prijslijst toegevoegd met in beginsel vaste prijzen voor de basisvarianten en voor de in de lijst opgenomen opties. De mogelijkheden voor extra opties zijn groot en staan niet allemaal in de folder. Uit commerciële overwegingen kan Scheepbouwer besluiten om bij vaste klanten en in geval van financieel aantrekkelijke transacties, kortingen te verstrekken.
Particulieren bepalen meestal in overleg met de verkoper en/of Scheepbouwer, die vaak ook intensief bij de verkooptransacties betrokken is, welk type ze zullen bestellen en welke opties. Bij de opdrachtverlening dient 30% van de afgesproken verkoopprijs door de klant te worden betaald. Het restant dient bij aflevering te worden voldaan.
Er wordt een levenslange garantie gegeven op aantoonbare constructiefouten aan de sloepen.

Inkoop
De materialen worden hoofdzakelijk door binnenlandse leveranciers geleverd. De inkoop van materialen kan worden onderscheiden in de inkoop van materialen benodigd voor een standaardboot en inkoop van materialen benodigd voor de opties.
Scheepbouwer heeft jaarcontracten afgesloten met enkele leveranciers die de basismaterialen, zoals polyester hars en glasvezel, leveren. De inkoper bestelt deze materialen, rekeninghoudend met de technische voorraad en de geplande productie.
De materialen benodigd voor de opties worden besteld door de inkoper bij enkele vaste door Scheepbouwer aangewezen leveranciers.

Productie
Voor de fabricage van de polyester rompen beschikt de onderneming over een zestal mallen. De bouw van een kale romp neemt één werkweek in beslag. Het is van groot belang dat er onder de juiste klimatologische omstandigheden wordt gewerkt in verband met het correct uitharden van het polyester.
Binnen de productieafdeling worden de volgende categorieën werkzaamheden onderscheiden: de bouw van de kale rompen, het spuitwerk en de montage van het beslag en de technische installaties. Het personeel is zeer gemotiveerd topkwaliteit te leveren.
De doorlooptijd van een visboot varieert afhankelijk van het type van 10 dagen tot 5 weken. Na de bouw worden de boten uitgebreid getest

op lekdichtheid en werking van de technische installaties. Voor boten die buitengaats varen is een keuring vereist door een aparte keuringsinstantie.

Financiële processen
Onder leiding van hoofd boekhouding, die sinds de oprichting van de onderneming betrokken is, werken twee administratieve medewerkers op de afdeling. Deze medewerkers zijn voornamelijk belast met het bijhouden van de debiteuren- en crediteuren- en de voorraadadministratie, alsmede de bewaking van de productiekosten.
Er wordt gebruikgemaakt van een eenvoudig boekhoudprogramma. De salarisverwerking is uitbesteed. Voorts wordt door deze afdeling de jaarrekening en maandelijks een beperkte managementrapportage opgeleverd aan Scheepbouwer.

FIGUUR 15.6 De sloep waar het zeven jaar geleden allemaal mee begon

Managementinformatie bij Scheepbouwer
Om de managementinformatie te bepalen, moet je eerst een longlist maken met de mogelijke informatiebehoeften. Deze longlist maken we door de informatiebehoefte per tolfactor te combineren met de informatiebehoefte uit de betrouwbaarheidstypologie. De Scheepbouwer is een productiebedrijf dat je kunt typeren als stukproductie. De kenmerken van stukproductie kun je in subparagraaf 8.3.2 terugvinden.

Longlist

Dit overzicht zou er als volgt uit kunnen zien:
Informatie met betrekking tot *missie, kritische succesfactoren, doelen, doelstellingen en strategie van de organisatie* bij Scheepbouwer wordt niet periodiek verstrekt. Wel is de leider zeer geïnteresseerd in informatie over de omzet (orders en omvang), ontwikkelingen bij de concurrentie (hoort Scheepbouwer op beurzen) en informatie over de kwaliteit van zijn boten (klachten en garantieclaims).

Informatie met betrekking tot de *structuur* bij Scheepbouwer. Omdat er sprake is van een eenvoudige structuur stuurt Scheepbouwer zijn afdelingshoofden, die meer het karakter hebben van meewerkend voormannen, zelf aan. Informatie-uitwisseling vindt informeel plaats. Er is daarom geen afzonderlijke informatie per afdeling.

Informatie met betrekking tot de *processen* bij Scheepbouwer is in tabel 15.7 opgenomen.

TABEL 15.7 Informatie met betrekking tot de processen bij de Scheepbouwer

Relevante processen	Relevante procesinformatie
Verkoopproces	• Wat zijn de belangrijkste klanten • Naar welk boten en opties is de meeste vraag • Prijzen, kortingen en resultaten per project • Voorcalculatorische kosten per project • Uitstaande offertes • Garantieclaims naar oorzaken • Betaalgedrag van de klanten
Inkoopproces	• Ontwikkeling omvang en specificatie van de inkoop op de jaarcontracten • Ontwikkeling omvang en specificatie van de specifieke inkopen • Ontwikkeling voorraad materiaal per soort inkoop • Ervaringen met de contracten met leveranciers
Voorraadproces	• Omvang voorraad • Ouderdom voorraad • Voorraadverschillen
Productieproces	• Voortgang productie • Productieresultaten per project • Problemen tijdens productie • Verhouding directe en indirect uren • Resultaten van keuringen en tests
Financiële proces	• Jaarrekening tijdig gereed • Fiscale aangiftes tijdig ingediend • Geen grote naheffingen • Betalingstermijnen aan crediteuren • Ontwikkeling banksaldo • Ontwikkeling resultaat

Informatie met betrekking tot de *managementstijl* bij Scheepbouwer is opgenomen in tabel 15.8.

TABEL 15.8 Managementstijl bij de Scheepbouwer

Individuele managementstijl	Contactpersoon/ ondernemer	Informatie over problemen Informatie over marktkansen
Collectieve managementstijl	Strakke aansturing	Maandelijkse rapportage en een wekelijkse (of vaker) gesprek met Scheepbouwer

Informatie met betrekking tot de *cultuur* bij Scheepbouwer is opgenomen in tabel 15.9.

TABEL 15.9 Cultuur bij de Scheepbouwer

Cultuur	Mytisch	Directeur is het boegbeeld regelt het wel, dus nauwelijks informatie nodig

Rapportageset bij Scheepbouwer

Wat wordt bedoeld met de term rapportageset?

De longlist bevat alle mogelijke informatiebehoeften voor de directeur. Deze is echter voor deze pionier op het vlak van de processen veel te gedetailleerd. Wanneer je deze zou voorleggen aan Scheepbouwer dan is de kans groot dat hij je direct de deur zou wijzen. Immers Scheepbouwer heeft nauwelijks behoefte aan formele rapportages. Hij is zo nauw bij de bedrijfsvoering betrokken dat hij precies weet wat er speelt. Veel van zijn informatie vergaart hij op informele manier. Dat vindt hij ook leuk. Hij beschikt over een uitgebreid informeel netwerk en praat graag met medewerkers, klanten en leveranciers.

Heeft hij dan helemaal geen behoefte aan formele periodieke managementinformatie? Ja natuurlijk wel. Hij wil graag weten hoe hij er financieel ongeveer voorstaat. Hoeveel omzet hebben we gedraaid? Hebben alle klanten hun termijnen al betaald? Wat hebben we (ongeveer) verdiend op de sloepen? Doordat hij bovenop de meeste zaken zit, heeft de managementrapportage voor hem met name een rol om te controleren of zijn vermoedens wel kloppen.

Met dit beeld in het achterhoofd kun je een rapportageset maken (zie tabel 15.10). **Rapportageset**

Tevens moet je aangeven:
- op welke wijze ingedeeld de directeur deze informatie wil ontvangen. Dit sluit aan op de tolfactor structuur. Bijvoorbeeld per regio of per afdeling. We noemen dit *rubricering*. **Rubricering**
- hoe vaak de directeur deze informatie wil ontvangen. We noemen dit *frequentie*. **Frequentie**

TABEL 15.10 Rapportageset Scheepbouwer

Inhoud	Rubricering	Frequentie
Omzet Kosten Marge	Omzet in totaal en per klant	Maandelijks
Verschillenanalyse: • Commerciële voorcalculatie • Technische voorcalculatie • Voorcalculatorische brutomarge Productieresultaten: werkelijke kosten t.o.v. norm en analyse van dit verschil naar oorzaken	Per sloep	Maandelijks
Omvang voorraad, voorraadverschillen	In totaal	Maandelijks
Stand onderhanden werk	Per sloep	Maandelijks
Gefactureerde termijnen en openstaande debiteuren	In totaal en oude debiteuren gespecificeerd	Maandelijks
Openstaande crediteuren	Per maand	Maandelijks

Je ziet dus dat de rapportageset die de directeur maandelijks van de boekhouder ontvangt beperkt is en hoofdzakelijk financieel gericht. Hij sluit aan bij de betrouwbaarheidstypologie van een stukproductiebedrijf. Dat komt ook omdat het informatiesysteem zich voornamelijk tot het grootboek beperkt en vooral gericht is op de verantwoordingsfunctie in het kader van de jaarrekening.

15.4.2 De zwervende organisatie

Wat zijn op hoofdlijnen de kenmerken van een zwervende organisatie en welke consequenties hebben deze voor de vorm en inhoud van de managementinformatie?

Kenmerken van een zwerver
In figuur 15.11 zijn de kenmerken opgenomen van een zwervende organisatie.

FIGUUR 15.11 De tol van de zwerver is niet in evenwicht en kan omvallen

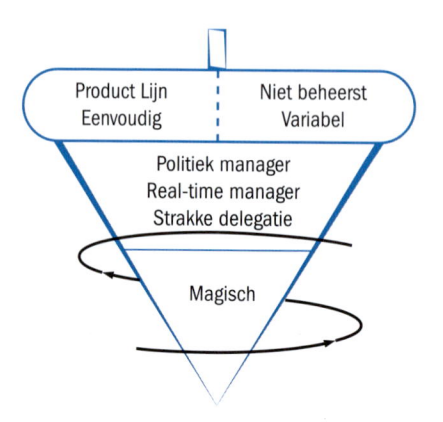

De zwerver is de negatieve variant van de charismatische organisatie. De belangrijkste verschillen met de pionier hebben betrekking op de cultuur en managementstijl en de steeds ondoorzichtiger wordende bovenkant van de tol (vandaar dat de bovenkant in figuur 15.11 ontbreekt). Bovendien verlopen processen vaak onbeheerst. De leider dreigt 'de macht over het stuur' te verliezen of heeft deze reeds verloren. Dit heeft te maken met de magische cultuur en de managementstijl.

Zwerver

Vaak ontstaat door groei van een pioniersorganisatie de situatie dat de leider niet langer alles kan overzien. Het aantal medewerkers waaraan de leider direct sturing kan geven ('span-of-control') is niet langer toereikend om de gehele organisatie te beheersen. Uitbreiding van het aantal 'kapiteins op het schip' is dan ook noodzakelijk. Hier zit een belangrijk pijnpunt. Hoewel uitbreiding van het management noodzakelijk is, wordt deze eigenlijk niet gewenst en is de leider niet bereid de macht te delen. Het gevolg hiervan is dat de leider door manipulatie de macht in handen probeert te houden. Het informele netwerk wint aan belang, een 'verdeel-en-heerspolitiek' wordt gevoerd en informatie wordt als belangrijk machtsmiddel gezien. In zijn poging om de macht in handen te houden zal de manager een groot aantal regels en richtlijnen uitvaardigen waardoor medewerkers steeds verder in hun handelingsvrijheid worden beperkt. De manager verspeelt als gevolg hiervan krediet bij zijn medewerkers. De organisatie verstart en de doelstellingen worden steeds minder duidelijk (verborgen agenda's en dergelijke). De beheersbaarheid van de processen neemt hierdoor af. Dit heeft nadelige consequenties voor de slagkracht en zal uiteindelijk de resultaten negatief beïnvloeden.

Medewerkers vervreemden van de organisatie. Hun verantwoordelijkheidsgevoel vermindert en ze nemen een afwachtende, contraproductieve houding aan. Uiteindelijk geven zij uiting aan hun ongenoegen. Bijvoorbeeld door te frauderen of te saboteren, bewust informatie achter te houden, zich ziek te melden of op zoek te gaan naar een nieuwe werkplek. Veelal gaat dit tevens gepaard met het verspreiden van een negatieve geruchtenstroom over de zwerver. Als gevolg van dit alles ontstaat een negatieve spiraal waarbij de organisatie niet gebaat is.

Tabel 15.12 bevat de hoofdkenmerken van dit toltype. De cursief afgedrukte eigenschappen geven de verschillen aan ten opzichte van de pionierende organisatie.

TABEL 15.12 Kenmerken van de zwerver

Factor uit het tolmodel	Waarde van de factor
Missie, doelen, strategie en KSF'en	Missie en doelen zijn onduidelijk
Structuur	Georganiseerd rondom de producten en diensten. *Informele genootschappen en machtcentra*. Zo eenvoudig mogelijke gestructureerd. Directe besturing en beheersing. Nauwelijks staforganen
Processen	Processen zijn nauwelijks beheersbaar
Managementstijl	Politiek manager/real time manager. Tight control
Cultuurtype	Magisch

Managementinformatie bij een zwerver
Inhoud
De managementinformatie bij de zwervende organisatie verschilt sterk van de pionierende organisatie. De informatiebehoefte van de leider is met name gericht op diens politieke wensen en belangen. Hij is vooral op zoek naar informatie waarmee hij zijn eigen vaak achterhaalde standpunten kan verdedigen ten opzichte van medewerkers die de noodzaak tot organisatieverandering inzien. Daarmee worden dus primair de belangen van het machtigste individu gediend. De inhoud van de managementinformatie verandert als gevolg hiervan frequent van inhoud en wordt minder voorspelbaar dan bij de pionier. Informatie die is afgestemd op de beheersproblematiek van de bedrijfsprocessen wordt nauwelijks gevraagd en verstrekt. De summiere procesinformatie die beschikbaar is, is met name financieel gericht (bijvoorbeeld op kostensoorten) en wordt primair gebruikt voor het afleggen van de formeel noodzakelijke (externe) verantwoording.

Vorm
De managementinformatievoorziening in deze organisaties is evenals bij de pionierende organisaties hoofdzakelijk informeel van aard. Gezien het machtsspel is de informatie-uitwisseling (zeker naar medewerkers) schaars en is van open informatie-uitwisseling geen sprake. De formele periodieke managementinformatie is in vorm gelijk aan die van de pionier en op financiële hoofdzaken gericht. De betrouwbaarheid van deze informatie kan onder druk komen te staan als gevolg van het verlangen van de directeur om de zaken zo voor te stellen als het hem het beste uitkomt. De aanbieder van informatie dient de politieke drijfveren van de manager te begrijpen en hiernaar te handelen. Hieronder wordt een voorbeeld van een zwervende organisatie uitgewerkt.

Casus voor de zwerver: detailhandelsbedrijf in kantoorartikelen Magica BV

Magica BV is een detailhandelsbedrijf in kantoorartikelen. Het primaire proces bestaat uit de in- en verkoop van kantoorartikelen. De processen worden gekenmerkt door een sterk routinematige procesgang en zijn goed beheersbaar. Het inkopen van het correcte assortiment om optimaal te kunnen voldoen aan de marktvraag is essentieel voor de bedrijfsvoering. De inkoop-, opslag-, distributie- en verkoopprocessen worden de facto op ad-hocbasis aangestuurd door de directeur. Magica is een succesvolle, sterk groeiende onderneming met een viertal filialen en een centraal magazijn bij het hoofdkantoor. Magica kent een eenvoudige structuur waarbij de directeur alles en iedereen direct aanstuurt. Magica vertoont dus veel kenmerken van een pionierende organisatie Recentelijk is Magica BV overgenomen door een groot meubelconcern. Het moederbedrijf heeft als standaardprocedure dat iedere overgenomen organisatie grondig wordt doorgelicht. De doorlichting wijst uit dat Magica BV haar doelen, doelstellingen en strategie onvoldoende heeft uitgewerkt.

Als profit organisatie wil zij natuurlijk winst maken. Andere doelen zijn – voor zover daarvan sprake was – uitsluitend bij de leider bekend. Tevens blijkt dat de manager een minimaal aantal vrijheidsgraden aan de filiaalhouders geeft. Zij hebben daardoor nauwelijks bevoegdheden tot zelfstandig handelen. Bij een nadere beschouwing van de organisatiecultuur blijkt deze veel magische kenmerken te vertonen. Medewerkers van Magica BV die kritiek leveren, worden ontslagen, overgeplaatst binnen het concern of zitten overspannen thuis. Iedereen is bang voor de manager, die door manipulatie krampachtig probeert te voorkomen dat hij zijn positie als machtscentrum en leider zou moeten delen of afstaan.

Managementinformatie bij Magica BV
Binnen Magica is sprake van een sterk informele informatie-uitwisseling waarbij de filiaalhouders niet systematisch informatie ontvangen omtrent het reilen en zeilen van hun filiaal. De filiaalgerichte informatie is bovendien slechts fragmentarisch beschikbaar. De informatie-uitwisseling tussen de manager en zijn medewerkers is vooral gericht op het verdedigen van de persoonlijke machtspositie van de directeur. Formele standaardrapportages zijn niet voorhanden.
Het nieuwe moederbedrijf (een doelgericht concern) stelt vast dat de huidige managementinformatie van Magica onvoldoende gericht is op de factoren uit de bovenkant van de tol (missie, strategie, doelen en doelstellingen) en op de factoren uit het midden van de tol (structuur en proces). Aan het verzoek van het moederbedrijf om maandelijks, volgens een vaste rapportagestructuur, een managementrapportage op te leveren die hier wel bij aansluit, kan op geen enkele wijze worden voldaan.

15.5 Bureaucratieën: de doelgerichte en ongerichte bureaucratie

Bureaucratieën komen in twee basisvormen voor:
- doelgerichte bureaucratie
- ongerichte bureaucratie

Bij de doelgerichte bureaucratie (die in subparagraaf 15.5.1 wordt behandeld) is sprake van een ontologische cultuur waarin de nadruk ligt op efficiëntie (standaardisatie), zonder dat daarmee afbreuk wordt gedaan aan deskundigheid, competitie, vrijheid en eigen identiteit. Bij de ongerichte bureaucratie (subparagraaf 15.5.2) is sprake van een substantialistische cultuur, die zich kenmerkt door regels die geen middel maar een doel op zich worden, en machtsspelletjes.

15.5.1 De doelgerichte bureaucratie

Wat zijn op hoofdlijnen de kenmerken van een doelgerichte bureaucratie en welke consequenties hebben deze voor de vorm en inhoud van de managementinformatie?

Doelgerichte bureaucratie

Kenmerken van de doelgerichte bureaucratie

In figuur 15.13 zijn de kenmerken van een doelgerichte bureaucratie opgenomen.

FIGUUR 15.13 De draaiende tol van de doelgerichte bureaucratie kan tegen een stootje!

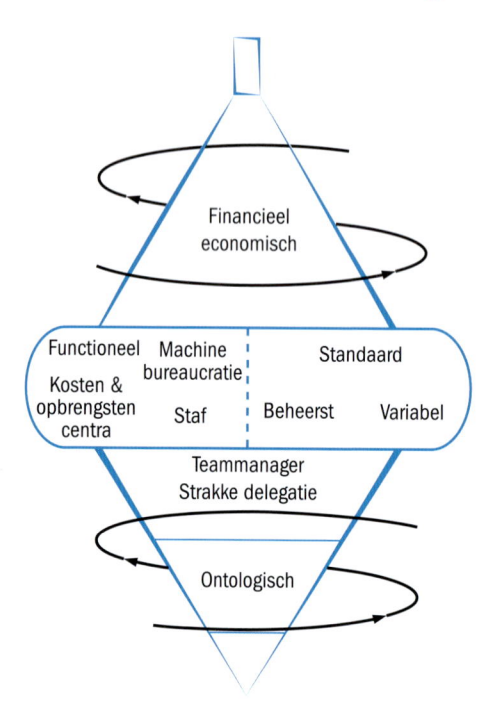

- Financieel economisch
- Functioneel — Machine bureaucratie — Standaard
- Kosten & opbrengsten centra — Staf — Beheerst — Variabel
- Teammanager Strakke delegatie
- Ontologisch

De doelgerichte bureaucratie is een typische machinebureaucratie. Invulling van de bovenkant van het tolmodel geschiedt formeel en top-down. Een belangrijk doel is veelal het streven naar efficiëntie, waardoor de nadruk ligt op financieel-economische doelen en strategieën gericht op kostenleiderschap.

De structuur is hierop afgestemd en bestaat uit functioneel gespecialiseerde afdelingen en functies. Hierdoor heeft een doelgerichte bureaucratie veel stafmedewerkers en meerdere managementniveaus (hiërarchie) om de noodzakelijke coördinatie voor elkaar te krijgen. Dit en het streven naar een hoge mate van planning en beheersing gaan vaak ten koste van de flexibiliteit.

De afdelingen worden aangestuurd als kosten- of opbrengstencentra. Prestatiemeting (performance measurement) kan goed gedijen in de doelgerichte bureaucratie, hoewel de functies relatief onafhankelijk van elkaar functioneren en elkaar wederzijds beïnvloeden. Standaardisatie wordt als het belangrijkste instrument beschouwd om de onzekerheden te minimaliseren en de beheersbaarheid te maximaliseren. De bedrijfsprocessen zijn goed beheersbaar en sturing vindt vooral plaats op basis van de input (regeling invoer).

De cultuur van de doelgerichte bureaucratie is ontologisch. De organisatie wordt strak maar correct geleid. Er wordt in belangrijke mate gebruikgemaakt van formele richtlijnen en procedures die gericht zijn op het standaardiseren van werkwijzen en processen. De richtlijnen worden door de medewerkers niet als knellend ervaren. Managers richten zich met name op 'monitoring' van de werkzaamheden en fungeren als zodanig vooral als teammanager. Er is sprake van een duidelijke hiërarchie. Het management beschouwt het als zijn taak de voorwaarden te scheppen waaronder het betreffende organisatieonderdeel goed kan presteren alsmede om extern de belangen van het organisatieonderdeel te behartigen. Tabel 15.14 bevat de belangrijkste kenmerken van de doelgerichte bureaucratie.

TABEL 15.14 Kenmerken van de doelgerichte bureaucratie

Factor uit het tolmodel	Waarde van de factor
Missie, doelen, strategie en KSF'en	Kunnen worden geëxpliciteerd en uitgewerkt (bijvoorbeeld in een balanced business scorecard). De nadruk ligt echter vaak op de financieel-economische component, gericht op efficiëntie/schaalvoordelen
Structuur	Als een machinebureaucratie gestructureerd, functioneel waarbij kosten- en opbrengstencentra zijn onderscheiden. Staforganen nemen een belangrijke positie in
Processen	Processen zijn beheersbaar. Standaard proces: eenvormig product en routinematige procesgang
Managementstijl	Teammanager Tight control
Cultuur	Ontologisch

Managementinformatie voor de doelgerichte bureaucratie
Inhoud
De informatiebehoefte kan worden bepaald op basis van de expliciet vastgelegde missie, strategie, doelen en doelstellingen. Financieel-economische informatie heeft daarbij de overhand gezien de nadruk op efficiëntie.
De functionele organisatiestructuur vertaalt zich in functioneel georiënteerde managementinformatie. De afdelingen hebben het karakter van kosten- en opbrengstencentra. Managementinformatie is dan ook gericht op kosten-, opbrengsten- en volume-informatie in relatie tot planningen en budgetten. De standaardisatie van de processen waarbij beheersing plaatsvindt door een regeling invoer, verklaart de systematische informatievoorziening over de invoer en efficiëntie van de processen.
De behoefte aan persoons- en taak-/resultaatgerichte informatie vloeit voort uit de managementstijl. Bovendien vertaalt de aansturing in de vorm van strakke delegatie zich in relatief gedetailleerde informatie waarbij de nadruk ligt op 'harde', kwantitatieve informatie (cijfers en feiten). Het management is daarbij niet alleen geïnteresseerd in het verleden en het heden, maar vraagt ook prognoses die het als stuurmiddel gebruikt. Informele informatie is relatief onbelangrijk.

Vorm
De verticale specialisatie (hiërarchie) ligt ten grondslag aan de sterk geformaliseerde informatievoorziening waarbij standaardrapportages volgens vastgestelde – als gevolg van de managementstijl vaak hoge – frequentie verschijnen. De rapportages van de afzonderlijke afdelingen worden in een 'samenvoegingproces' tot één overall managementrapportage geconsolideerd.

Casus: Verffabriek als doelgerichte bureaucratie

Activiteiten van de organisatie
Een onderneming houdt zich bezig met de ontwikkeling, de productie en de verkoop van diverse soorten verf, zoals beits, lakverf en muurverf. Het assortiment omvat circa honderd verfsoorten die ieder in een aantal verschillende kleuren en in blikken van verschillende inhoudsmaat worden geproduceerd en verkocht.

Cultuur en managementstijl bij de verffabriek
De cultuur van de organisatie wordt gekenmerkt door een financieeleconomisch getinte en strakke sturing en beheersing en standaardisatie van de werkprocessen. De besluitvorming vindt plaats in het managementteam (MT). Het MT bestaat uit de directeur (voorzitter) en alle afdelingshoofden. De besluitvorming en de werkprocessen zijn in procedures beschreven.
De rol van de afdelingshoofden wordt gekenmerkt door het faciliteren van de activiteiten binnen hun afdeling enerzijds en het vertegenwoordigen van hun afdeling naar de rest van de organisatie anderzijds. Tevens voeren zij de monitoring van de uitgevoerde activiteiten uit. De directeur ondersteunt de afdelingshoofden daarbij en behartigt daarnaast de externe belangen van de organisatie.
De verkoopafdeling wordt beoordeeld op de omzet, de andere afdelingen worden aangestuurd via budgetten en normen voor kosten per eenheid voor zover mogelijk.

Strategie bij de verffabriek
De strategie van de organisatie is winstmaximalisatie door standaardisatie van de processen en een efficiënte opzet van de bedrijfsvoering. Als kritische succesfactoren voor de organisatie gelden de hoogte van de winst, de hoogte van de kosten en standaardisatie en efficiëntie van de bedrijfsvoering.
Het MT heeft de volgende doelen vastgesteld:
- een toename van de winst, mede door in te spelen op de veranderende klantwensen
- een daling van de kosten door o.m. meer standaardisatie van de processen en het verhogen van de efficiëntie van het productie- en het verkoopproces

Het MT heeft voor de komende jaren de volgende doelstellingen geformuleerd:
- een jaarlijkse winstgroei van 10%; een daling van de kosten van 8% per jaar

- een verhoging van de productiviteit van de medewerkers met 5% per jaar
- een verhoging van de bezetting van de machines met 5% per jaar
- ieder jaar twee nieuwe of vernieuwde verfsoorten op de markt brengen

Omvang en structuur van de organisatie bij de verffabriek
In de organisatie zijn zeventig werknemers werkzaam. Onder de directie ressorteren de volgende afdelingen:
- Verkoop
- Laboratorium, dat zich bezighoudt met productontwikkeling en kwaliteitszorg
- Inkoop
- Aministratie
- Productie; onder het hoofd van de afdeling Productie ressorteren:
    - het bedrijfsbureau
    - de onderafdeling fabricage
    - het magazijn grondstoffen
    - het magazijn gereed product

De verantwoordelijkheid voor de managementinformatie is per afdeling geregeld gezien de verschillende functionele informatiebehoeften. De administratie draagt zorg voor een centrale coördinatie.

Beschrijving van de bedrijfsprocessen voor de verffabriek

Laboratorium

De ontwikkeling van een nieuw verfproduct brengt hoge kosten met zich mee. Vaststelling van de te ontwikkelen producten vindt plaats in overleg met de afdeling verkoop. Ontwikkelde producten worden uitgebreid getest alvorens wordt besloten om ze in productie te nemen. Van alle ontwikkelde producten stelt het laboratorium productievoorschriften vast (zgn. recepten).
Er vindt kwaliteitscontrole plaats op de ingekochte grond-, kleur- en hulpstoffen. Tevens vindt keuring van geproduceerde charges verf plaats op onder meer dikte, kleur, dekkracht en glans.

Inkoop

De inkoop van de grond-, kleur- en hulpstoffen en van verpakkingsmaterialen vindt plaats bij verschillende leveranciers in Nederland.

Productie

Wekelijks wordt door het bedrijfsbureau de productieplanning voor de komende week gemaakt. Bij de planning dient onder andere rekening te worden gehouden met spoedorders, met fluctuaties in de vraag en met de beperkte opslagcapaciteit voor gereed product. Als gevolg hiervan is het onvermijdelijk dat een zelfde soort en kleur verf nu eens op de ene en dan weer op de andere productielijn wordt geproduceerd.
Ten behoeve van de flexibiliteit van de productie zijn drie productielijnen aanwezig met een capaciteit van respectievelijk 500 liter, 1.000 liter en 5.000 liter per charge. Elke productielijn wordt door twee productiemedewerkers bediend. De productiekosten per liter verf (inclusief de in- en omstelkosten) zijn lager naarmate de capaciteit van de productielijn hoger is. Het fabricageproces op elke productielijn omvat het mengen en malen van de door het laboratorium in de recepten voorgeschreven hoeveelheden grond-, kleur- en hulpstoffen en het afvullen van de verf in blikken.

Verkoop

Verkoop van de verf vindt plaats in blikken met verschillende inhoudsmaat. De verkoopprijs (per liter) is afhankelijk van de soort verf en van de inhoudsmaat van de verpakking. Verkoop vindt plaats aan de volgende afnemers:
- schildersbedrijven en verfspeciaalzaken (winkels). Voor elk van deze afnemerscategorieën gelden per soort verf en verpakking vaste verkoopprijzen, die jaarlijks worden vastgesteld.
- timmerfabrieken en warenhuizen. Met deze afnemers worden jaarcontracten afgesloten. De verkoopprijzen komen door onderhandeling tot stand en verschillen per afnemer.

Managementinformatie bij de verffabriek

Om de managementinformatie te bepalen maken we eerst weer een longlist met de mogelijke informatiebehoeften. Deze longlist maken we door de informatiebehoefte per tolfactor te combineren met de informatiebehoefte uit de betrouwbaarheidstypologie. De verffabriek is een productiebedrijf dat je kunt typeren als heterogene massaproductie. De kenmerken van heterogene massaproductie kun je in subparagraaf 8.3.1 terugvinden.

Longlist

De invloed van *missie, kritische succesfactoren, doelen, doelstellingen en strategie* op de managementinformatie bij verffabriek staat in tabel 15.15.

TABEL 15.15 Invloed van de bovenkant van de tol op de informatiebehoefte bij de verffabriek

Kritische succesfactoren	Doelen	Doelstellingen	Welke informatie is relevant?
Financieel-economisch			
Hoogte van de winst	Toename winst	10%	Omzet, directe kosten, indirecte kosten, financieringskosten
Kostenniveau	Daling kosten	8%	Hoogte van directe en indirecte kosten
Intern			
Productiviteit medewerkers	Verhoging productiviteit	5%	Arbeidstijd, beschikbare uren, omvang productie, directe en indirecte uren, opdeling indirecte uren
Bezettingsgraad machines	Verhoging bezetting machines	5%	Normale productie, in- en omsteltijden, onderhoudsuren, stilstand (gepland en ongepland), uren per charge, omvang productie per machine

TABEL 15.15 Invloed van de bovenkant van de tol op de informatiebehoefte bij de verffabriek (vervolg)

Kritische succesfactoren	Doelen	Doelstellingen	Welke informatie is relevant?
Innovatie			
Nieuwe verfsoorten	Nieuwe verfsoorten	2 per jaar	Klantwensen, nieuwe technieken op de markt, projectvoorstellen, voortgang projecten, gerealiseerde projecten, verkoop en omzet van nieuwe producten
Klant			
Klantwensen	Inspelen op veranderende klantwensen	Niet geconcretiseerd	Klantbehoeften per afnemersgroep, klachten van afnemers, duurzaamheidstesten, milieuvriendelijkheid van de verf, consumententest

De invloed van *structuur* op de managementinformatie bij de verffabriek is in tabel 15.16 weergegeven.

TABEL 15.16 Invloed structuur op managementinformatie bij de verffabriek

Tolfactor	Waarde tolfactor	Invloed op informatiebehoefte
Basisstructuur	Functionele structuur	Gericht op functies binnen de organisatie, ondersteund door functioneel ingerichte informatiesystemen
Soorten organisatieonderdelen	Lijn: inkoop, productie, verkoop, magazijnen Staf: laboratorium, bedrijfsbureau, administratie	Informatie over functioneren afdelingen: omvang financiële stromen per periode in relatie tot het budget van de afdeling
Soorten verantwoordelijkheidsgebieden	Opbrengstcentrum: verkoop Gestandaardiseerd kostencentrum: productie inclusief subafdelingen Onafhankelijk kostencentrum: inkoop, laboratorium, administratie	Opbrengstencentrum: info gericht op behalen opbrengstendoelstelling (gerealiseerde opbrengsten versus opbrengstenbudgetten) Gestandaardiseerde kostencentra: kosten ten opzichte van gedekte kosten vanuit de activiteiten Onafhankelijke kostencentra: info gericht op gerealiseerde kosten t.o.v. kostenbudgetten
Wijze van coördineren en beheersen	Machinebureaucratie	Formeel karakter, functionele informatiesystemen, aggregatie informatie op hoger niveau, gericht op uitvoering van bedrijfsprocessen

De invloed van de factor processen op de managementinformatie bij de verffabriek is weergegeven in tabel 15.17.

TABEL 15.17 Invloed factor processen op managementinformatie bij de verffabriek

Relevante processen	Relevante procesinformatie
Ontwikkelen verfsoorten	Nieuwe ideeën, budget, voorgang, marktkansen, aantal gereed voor productie, kostenresultaten op ontwikkelprojecten, winstbijdrage
Inkoop	Inkoopbudget, gerealiseerde inkoopprijzen, prijsverschillen, kwaliteit, tijdigheid leveranties, nieuwe producten op de markt
Goederenontvangst	Keuring, afstemming met bestelling, locatie goederen
Opslag grondstoffen	Voorraadniveau, uitleveren o.b.v. productieplanning, voorraadverschillen
Productieplanning	Voorraad gereed product, verkoopverwachting, productietijd, productiecapaciteit, status machines, beschikbare arbeidskrachten, voorraad grondstoffen,
Produceren verfsoorten	Welke machine, hoeveel arbeidskrachten, soort verf, benodigde grondstoffen, machine-instellingen, receptuur, daadwerkelijke mensuren, machine-uren, opgeleverde eindproducten bij magazijn, storingen, efficiëntieverschillen per afdeling, uitval per afdeling, bezettingsresultaten per afdeling
Opslag eindproduct	Per verfsoort: productieopdrachten, voorraadhoeveelheid, locaties, houdbaarheidsdatum, verpakkingseenheid, uitleveropdrachten, voorraadverschillen
Verkoop	Klantwensen, beschikbare voorraad, verkoopprijs, autorisatieniveaus voor kortingen, acties, nieuwe producten van ons en andere leveranciers op de markt, brutowinstmarge per verfsoort
Kwaliteitszorg	Keuring ontvangen grondstoffen, keuring geproduceerde verfsoorten, uitval, smeerbaarheid, kleurechtheid, verwerkingsgemak, duurzaamheid, natuurvriendelijkheid

De invloed van managementstijl op de managementinformatie bij de verffabriek staat in tabel 15.18.

TABEL 15.18 Invloed managementstijl op informatiebehoefte bij de verffabriek

Tolfactor	Waarde tolfactor	Invloed op informatiebehoefte
Individuele managementstijl	Teammanager	Persoons- en taakgerichte informatie
Collectieve managementstijl	Strakke delegatie	Gedetailleerde rapportages, hoge frequentie informatie, prognoses, input-throughput-output-informatie

De invloed van de *organisatiecultuur* op de managementinformatie bij de verffabriek is opgenomen in tabel 15.19.

TABEL 15.19 Invloed cultuur op informatiebehoefte bij de verffabriek

Tolfactor	Waarde tolfactor	Invloed op informatiebehoefte
Cultuur	Ontologische cultuur	Strakke procedures met overleg tussen verschillende afdelingen, topmanagement geeft richting aan, financieel-economisch getint

Rapportageset voor de verffabriek

Nadat je met behulp van het tolmodel de longlist hebt bepaald, moet je vervolgens de rapportageset opstellen. De longlist bevat alle mogelijke informatiebehoeften voor de directeur. Deze rapportageset moet je voor wat betreft vorm en inhoud bepalen in overeenstemming met de principes van de relevantietypologie voor een doelgerichte bureaucratie. Dit betekent, zoals je eerder hebt kunnen lezen, dat, kort gezegd:
- de inhoud overwegend financieel-economisch is, om te kijken of de afdelingen de op efficiëntie gerichte doelstellingen hebben bereikt
- de vorm wordt bepaald door formele standaardrapportages met een hoge mate van detail en in een hoge frequentie
- de informele informatie beperkt is

Voor de verffabriek zou de rapportageset er als volgt uit kunnen zien (zie tabel 15.20):

TABEL 15.20 Rapportageset bij de verffabriek

Informatie-element	Rubricering	Frequentie
Omzet	Soort afnemer, per verfsoort	Wekelijks
Klantbehoeften	Soort afnemer, per regio, verfsoort	Maandelijks
Klachten van afnemers	Soort afnemer, per regio, verfsoort	Maandelijks
Verkoopkosten	Soort afnemer, per verfsoort	Wekelijks
Kosten	Afdeling, productielijn, verfsoort	Wekelijks
Margeontwikkeling	Gehele bedrijf en per verfsoort	Maandelijks
Winstgroei t.o.v. voorgaand jaar	Gehele bedrijf, budget versus realisatie	Maandelijks
Kosten ontwikkelprojecten	Per project, budget versus realisatie	Maandelijks
Productieresultaten: efficiëntie, afval, uitval en bezettingsresultaat	Budget versus realisatie, per charge, afdeling, productielijn, verfsoort	Wekelijks

TABEL 15.20 Rapportageset bij de verffabriek (vervolg)

Informatie-element	Rubricering	Frequentie
Insteltijd, omsteltijd, productietijd, stilstand gepland/ongepland, onderhoudstijd	Productielijn, verfsoort	Wekelijks
Bezettingsgraad machines	Productielijn, verfsoort	Wekelijks
Productiviteit medewerkers	Afdeling, productielijn, verfsoort	Wekelijks
Uren medewerkers: contractueel Aanwezig: bezig met opdrachten, pauze, overige werkzaamheden Afwezig: ziekte, opleiding, verlof, overig	Afdeling, productielijn	Wekelijks
Inkoopprijs t.o.v. vaste verrekenprijs, prijsverschillen	Grondstofsoort, verfsoort, leverancier	Wekelijks
Inkoopopdrachten	Grondstofsoort, verfsoort, leverancier	Wekelijks
Opslagkosten	Budget versus realisatie, productielijn, verfsoort	Wekelijks
Voorraadniveau grondstof	Productielijn, verfsoort	Wekelijks
Voorraadniveau gereed product, voorraadverschillen	Verfsoort	Wekelijks
Debiteuren	Omvang en ouderdom	Maandelijks
Ontwikkeling nieuwe verfsoorten	Per verfsoort	Maandelijks
Verkoop en omzet nieuwe verfsoorten	Per verfsoort	Maandelijks
Nieuwe productieprocessen	Per verfsoort	Maandelijks
Personeelstevredenheid	Per afdeling	Kwartaal
Kwaliteitsrapporten	Afdeling, productielijn, verfsoort	Wekelijks
Productkwaliteit	Per verfsoort	Kwartaal
Klantbehoeften	Soort afnemer, per regio, verfsoort	Maandelijks

15.5.2 De ongerichte bureaucratie

Wat zijn op hoofdlijnen de kenmerken van een ongerichte bureaucratie en welke consequenties hebben deze voor de vorm en inhoud van de managementinformatie?

Kenmerken van de ongerichte bureaucratie

Ongerichte bureaucratie

In figuur 15.21 is het tolmodel van een ongerichte bureaucratie opgenomen.

FIGUUR 15.21 De tol van de ongerichte bureaucratie dreigt om te vallen

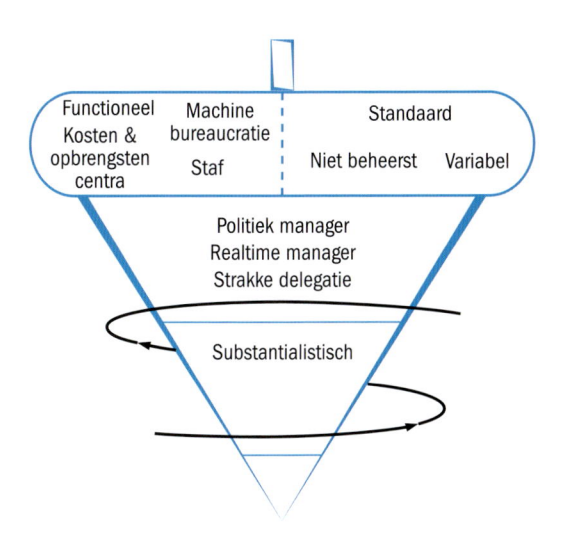

| Functioneel Kosten & opbrengsten centra | Machine bureaucratie Staf | Standaard Niet beheerst Variabel |

Politiek manager
Realtime manager
Strakke delegatie

Substantialistisch

Een ongerichte bureaucratie is een machinebureaucratie met een substantialistische cultuur. Management (de machthebbers) en de medewerkers staan afstandelijk tegenover elkaar. De medewerkers zijn vervreemd van het management.

De leden van de managementteams zijn verdeeld. Managers gedragen zich politiek. Het behalen van de eigen of afdelingsdoelen heeft een hogere prioriteit dan het realiseren van de organisatiedoelstellingen. Om hun politieke doelen te bereiken maken managers regelmatig gebruik van het instellen van procedures en regels die een machinebureaucratie kenmerken. Besluitvorming vindt veelal op ad-hocbasis plaats, waarbij de persoonlijke of afdelingsbelangen centraal staan. Missie, strategie, doelen en doelstellingen worden niet of slechts voor de vorm geëxpliciteerd. Omdat overkoepelende doelen van de organisatie die door iedereen gedragen worden ontbreken, is de ongerichte bureaucratie minder goed beheersbaar.

Voorstellen om iets te veranderen worden door managers vaak gezien als een (persoonlijke) bedreiging en worden daarom door hen tegengewerkt. Deze weerstand kan zich uiten in het zich ingraven in de regels en procedures of het niet nakomen van afspraken tot en met ziekte en overspannenheid.

Afdelingen worden, evenals bij de gerichte bureaucratie, in het algemeen aangestuurd als kosten- en (in mindere mate) opbrengstencentra. Staforganen vervullen een belangrijke rol in het politieke proces rondom het verkrijgen en besteden van middelen (de planning en controlcyclus). Een doelgerichte bureaucratie kan in deze situatie verzeild raken wanneer de nadruk te zwaar komt te liggen op efficiëntie, waardoor creativiteit, flexibiliteit en ondernemingsgeest te veel ondergesneeuwd raken. De balans tussen efficiëntie en flexibiliteit wordt onevenwichtig. Het topmanagement blijft pretenderen dat het precies weet wat goed is voor de onderneming en probeert zo veel mogelijk zaken te formaliseren en de macht te concentreren aan de top. De rol van de medewerkers wordt daardoor beperkt tot uitvoerende rollen. Er bestaat geen gelegenheid tot of waardering voor eigen inbreng om de bestaande situatie te verbeteren.

De arbeidsvreugde van de medewerkers vermindert. Dit werkt door op de resultaten. Er ontstaat een krachtenveld waarin medewerkers en management eigen vrijheden proberen te creëren om een zo goed mogelijke uitgangspositie in de 'politieke arena' in te nemen. Een verdere toename van regels, procedures en voorschriften is vervolgens onafwendbaar.
De kenmerken van de ongerichte bureaucratie zijn in tabel 15.22 samengevat. De cursief gedrukte eigenschappen tonen de verschillen met de doelgerichte bureaucratie.

TABEL 15.22 Kenmerken van de ongerichte bureaucratie

Factor uit het tolmodel	Waarde van de factor
Missie, doelen, strategie en KSF'en	*Doelen zijn onduidelijk*
Structuur	Een functioneel ingerichte machinebureaucratie Organisatie-elementen aangestuurd als kosten- en opbrengstencentra Relatief veel nadruk op staforganen
Processen	*Moeilijk beheersbaar* Standaardproces: eenvormig product en routinematige procesgang
Managementstijl	*Politiek en real time manager* Tight control
Cultuurtypen	*Substantialistisch*

Managementinformatie ongerichte bureaucratie
Inhoud
De top van het tolmodel is al lang niet meer up to date. Men is het onderling niet eens over de vraag wat de missie en de kritische succesfactoren van de organisatie zijn. Informatie die is afgestemd op het realiseren van de formele missie, doelen en dergelijke van de organisatie alsmede het beheersen van de processen heeft dan ook weinig realiteitswaarde. Het behalen van doelstellingen heeft vooral een politieke functie en staat min of meer los van waar het echt om draait bij de ongerichte bureaucratie. De beperkte procesinformatie waarover het management beschikt, is met name gericht op de ontwikkeling van de afdelingskosten. Het management is sowieso sterk intern gericht. Er wordt veelal per organisatieonderdeel (afdeling) apart gerapporteerd over de bedrijfsvoering. Daarnaast beschikken de functies/afdelingen over eigen informatiesystemen. Doordat de processen afdelingsoverstijgend zijn, kan het probleem ontstaan dat rapportages over hetzelfde onderwerp elkaar tegenspreken. Er wordt dan veel tijd gestoken in het analyseren van de verschillen. Bij het bespreken van managementrapportages verdringt de discussie over 'wie er gelijk heeft' de discussie omtrent de te treffen bijsturingsmaatregelen.

Vorm
Er is sprake van standaardrapportages per afdeling die een weinig relevant en betrouwbaar inzicht geven in het totale functioneren van de organisatie

als geheel en de afzonderlijk onderscheiden functionele eenheden. Daarnaast gaan managers zelfstandig ook steeds meer informatie vergaren die niet in de standaardrapportages wordt opgenomen. Het betreft overwegend 'zachte' informele informatie. De relevantie van deze informatie wordt bepaald door de mate waarin persoonlijke motieven en belangen hierbij gediend zijn. Informatie wordt vooral als een machtsmiddel beschouwd.

Casus: de verffabriek als ongerichte bureaucratie

De verffabriek uit de vorige paragraaf is in de loop der tijd steeds meer kenmerken van een ongerichte bureaucratie gaan vertonen. De strategie die de directie van de verffabriek in eerste instantie gekozen had, was een strategie van kostenleiderschap op basis van een beperkt aantal eenvoudige verfsoorten. Dit betekende dat de directie altijd sterk ingezet heeft op het draaien van een hoge productie per verfsoort om goede bezettingsresultaten te realiseren. De afdelingen worden aangestuurd als standaard kostencentra (productie, stafafdelingen). De verkoopafdeling wordt aangestuurd als opbrengstencentrum. De verkoopafdeling hanteert standaardprijzen. Het management is daarom geïnteresseerd in de afzet gemeten in fysieke volumes. Voor de kostencentra geldt dat het management vooral stuurt op efficiëntie en bezetting.

Door de trend naar zwaardere milieueisen moest er veel geïnvesteerd worden in schonere productietechnieken. Daardoor zijn echter de productiekosten per liter sterk gestegen. Omdat de milieueisen in Oost-Europa en Azië nog lang niet zo streng zijn als in Nederland, heeft de verffabriek een groot deel van de bouwmarkt als afzetmarkt verloren. Doordat de directie bij de productie nog sterk stuurt op bezetting en de omvang van het magazijn beperkt is, moeten voorraden regelmatig onder de integrale kostprijs verkocht worden. Dit betekent dat het hoofd verkoop zich geconfronteerd ziet met een negatieve brutomarge. Uiteraard komt dit zijn motivatie niet ten goede.

De ontwikkeling van nieuwe verfsoorten verloopt moeizaam. Het hoofd ontwikkeling krijgt steeds minder budget voor de ontwikkeling van milieuvriendelijke verfsoorten. Aangezien hij afgerekend wordt op budgetoverschrijdingen voor ontwikkelprojecten, leidt dit uiteindelijk tot minder innovatie. Het hoofd Administratie heeft de laatste tijd steeds meer het gevoel gekregen dat de uren van ontwikkelmedewerkers niet altijd op de juiste ontwikkelprojecten worden geboekt. Dit om lastige vragen van de directie over kostenoverschrijdingen te vermijden.

Managementinformatie bij de verffabriek als ongerichte bureaucratie
De opzet van de formele managementinformatie stamt nog uit de tijd dat de verffabriek een doelgerichte bureaucratie was. Dit betekent dat deze veel gedetailleerde informatie bevat die vooral op efficiëntie en financiën gericht is. Voor de medewerkers binnen de organisatie wordt echter steeds meer duidelijk dat de strategie waarop de inhoud van de rapportageset gebaseerd is, niet langer succesvol is. Wat voor zin heeft het bijvoorbeeld om de productieafdelingen te beoordelen op de

bezettingsresultaten als de verkopen terugvallen en het magazijn gereed product toch al uitpuilt? Sommige managers begrijpen dit maar al te goed en beschouwen de managementinformatie niet langer als relevant. Dit kan ook tot conflicten leiden waarbij velen het gevoel krijgen dat de manier waarop je beoordeeld wordt op basis van de cijfers sterk afhankelijk is van de persoon.
In deze situatie is het niet verwonderlijk dat de informele informatie sterk aan belang toeneemt. Deze informatie wordt echter door de managers voornamelijk gebruikt om de eigen positie te handhaven.

15.6 De concern-organisatie: het doelgerichte en het ongerichte concern

Een concern kun je beschouwen als een verzameling organisaties die onder een holding hangen (zie figuur 15.23).

FIGUUR 15.23 Concern bestaande uit een moeder (holding) met vier dochters

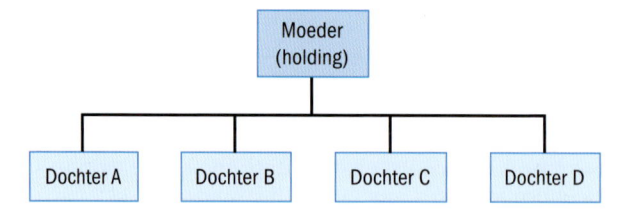

De concern-organisatie komt in twee basisvormen voor:
- het doelgerichte concern
- het ongerichte concern

Bij het doelgerichte concern (subparagraaf 15.6.1) is sprake van een ontologische cultuur waarbij de bovenkant van de tol duidelijk is uitgewerkt. Bij het ongerichte concern (subparagraaf 15.6.2) is sprake van een substantialistische cultuur waarbij de bovenkant van de tol onduidelijk is uitgewerkt.

15.6.1 Het doelgerichte concern

Wat zijn op hoofdlijnen de kenmerken van een doelgericht concern en welke consequenties hebben deze voor de vorm en inhoud van de managementinformatie?

Kenmerken van het doelgerichte concern
In figuur 15.24 zijn de kenmerken van een doelgericht concern weergegeven.

FIGUUR 15.24 De tol van het doelgerichte concern

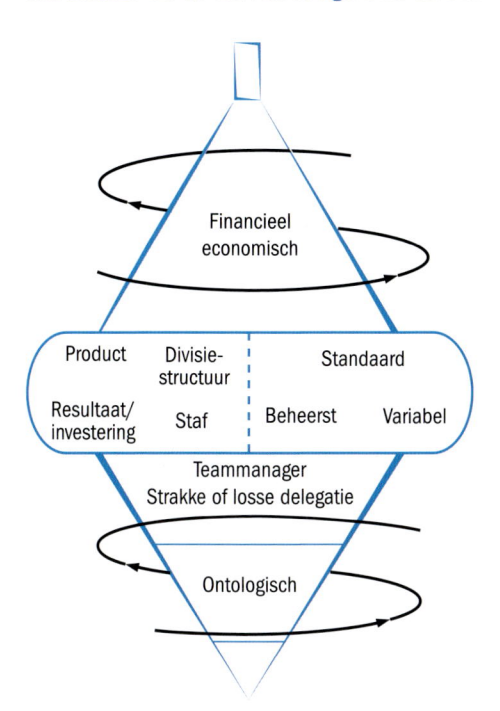

```
                    Financieel
                    economisch


    Product    Divisie-         Standaard
               structuur
    Resultaat/   Staf    Beheerst    Variabel
    investering
              Teammanager
           Strakke of losse delegatie


                    Ontologisch
```

Het doelgerichte concern wordt net als een doelgerichte bureaucratie primair gedreven door financieel-economische motieven. Dit is duidelijk herkenbaar in de missie, de kritische succesfactoren, doelstellingen en strategie. Dit type organisatie kent een gedivisionaliseerde organisatiestructuur. De dochters opereren veelal als zelfstandige divisies. Met het 'inbouwen' van onderlinge concurrentie tussen de divisies als het gaat om het verwerven van concernmiddelen en het dichter bij de markt positioneren van de divisies wordt een grotere winstgevendheid beoogd. De concernleiding stuurt de divisies aan als resultaat- en investeringscentra. Bij de beheersing vanuit het concern staat standaardisatie van de output voorop. De afzonderlijke divisies zijn verantwoordelijk voor het realiseren van een tevoren vastgesteld resultaat. De wijze waarop het resultaat wordt behaald wordt bepaald door de divisies. De divisies beschikken binnen de overeengekomen concernstrategie over een hoge mate van beslissingsautonomie. Performance measurement systemen vormen een belangrijk beheersinstrument.

Doelgerichte concern

De concernleiding houdt zich primair bezig met het strategisch planningsproces en het bewaken van aandachtsgebieden die niet primair worden afgedekt door het divisiemanagement. Stafafdelingen op concernniveau, die veelal niet omvangrijk zijn, kunnen daarbij ondersteunen. De concerncultuur benadrukt de financieel-economische aspecten van de bedrijfsvoering, maar ook de formalisering van besluitvormings- en uitvoeringsprocessen. De divisies zelf vertonen de kenmerken van een ander toltype, te weten de doelgerichte bureaucratie. Het divisiemanagement kan gezien de grote mate van autonomie grotendeels zelf bepalen hoe de divisie wordt ingericht en georganiseerd.

Tabel 15.25 bevat de belangrijkste kenmerken van het doelgerichte concern.

TABEL 15.25 Kenmerken van het doelgerichte concern

Factor uit het tolmodel	Waarde van de factor
Missie, doelen, strategie en KSF'en	Alle factoren kunnen worden uitgewerkt (bijvoorbeeld in een balanced business scorecard) waarbij de nadruk vaak op de financieel-economische component ligt
Structuur	Divisiestructuur, productgericht georganiseerd waarbij resultaten- en investeringscentra zijn onderscheiden Staforganen nemen belangrijke positie in, zwaartepunt ligt echter in de lijn
Processen	Processen zijn beheersbaar
Managementstijl	Teammanager Divisiemanagement kan kiezen voor zowel tight als loose control
Cultuur	Ontologisch

Managementinformatie voor het doelgerichte concern

Op concernniveau wordt beslist over de prestatie-indicatoren, de verslagperiode, de lay-out van de rapportages, de kwaliteitscriteria van de informatie enzovoort. Binnen dit raamwerk kunnen divisies hun eigen prestatiemeetsysteem (performance measurement) en rapportagestructuur inrichten. Essentieel in dit proces is dat niet alleen wordt aangegeven wat er gemeten moet worden, maar dat de gegevensdefinities en de waarderingsgrondslagen duidelijk worden aangegeven en voor alle dochters gelijk zijn. Dit onder meer om te voorkomen dat er bij consolidatie ongewenste en moeilijk te verklaren verschillen ontstaan.

Inhoud
Op concernniveau bestaat enerzijds behoefte aan strategische managementinformatie om invulling te kunnen geven aan de factoren uit de bovenkant van het tolmodel. Dit is veelal toekomstgerichte en externe informatie. Anderzijds is de informatievoorziening op concernniveau gericht op de resultaten van de verschillende divisies. De resultaten worden vergeleken met de vooraf afgesproken doelen en normen (budgetten/plannen). Aangezien de divisies als resultaat-/investeringscentra worden aangestuurd, zal het divisie- en concernmanagement behoefte hebben aan financiële informatie over rendement, winst, kosten en opbrengsten en balansposten. Een complete Balans en Verlies- en Winstrekening per divisie vormt geen uitzondering. Ook niet-financiële informatie kan deel uitmaken van de rapportageset (bijvoorbeeld in de vorm van een balanced scorecard).

Vorm
Met het oog op mogelijke consolidatie van de onderscheiden divisies is het niet ongebruikelijk te werken met gestandaardiseerde rapportages voor de concerndirectie die op vaste tijdstippen moeten worden aangeleverd. Bovendien ligt aan dit 'concern rapportage systeem' veelal een financieeladministratief informatiesysteem ten grondslag dat, aangevuld met niet-financiële informatie, uitgroeit tot hét systeem voor de formele managementrapportages. Indien de activiteiten van de divisies binnen het concern sterk verschillen, zal de standaardrapportage maar een beperkt

beeld geven van de werkelijke gang van zaken binnen de divisie. In dat geval worden per dochter aanvullende rapportage-eisen opgesteld die goed aansluiten bij het karakter van de dochter.

Casus: veevoederonderneming als doelgericht concern

Een grote internationale veevoederonderneming produceert jaarlijks ongeveer 20 miljoen ton runder-, varkens- en pluimveevoer in een tiental divisies in Noord- en Zuid-Amerika en in Europa. Het hoofdkantoor is gevestigd in Rotterdam. De producten worden afgezet aan afnemers over de hele wereld. Hiermee zijn grote contracten gemoeid.

Missie, kritische succesfactoren, doelen, doelstellingen en strategie voor de veevoederfabriek
De strategie van het bedrijf is winstmaximalisatie door tijdige vernieuwing van het assortiment (waarbij onderzoeksresultaten op het gebied van diervoeding een belangrijke rol speelt), standaardisatie van de processen, een efficiënte opzet van de bedrijfsvoering en tevreden cliënten. De Raad van Bestuur (RvB) heeft de volgende doelen vastgesteld:
- een toename van de winst
- een daling van de productie- en verkoopkosten
- verbetering van de klanttevredenheid

De RvB heeft voor de komende jaren de volgende doelstellingen geformuleerd:
- een jaarlijkse winstgroei van 8%
- een daling van de productie- en verkoopkosten van 5% per jaar
- verbetering van de klanttevredenheid van een 7 naar een 8 (op een 10-puntsschaal) in de komende 3 jaar

Cultuur bij de veevoederonderneming
De cultuur van de organisatie wordt gekenmerkt door een financieel-economisch getinte en strakke sturing en beheersing en standaardisatie van de werkprocessen. De besluitvorming vindt plaats in de RvB die bestaat uit een voorzitter (CEO), een financieel bestuurder (CFO) en een bestuurder voor informatie en organisatie (CIO). De afdelingen Research en Development (R&D), Informatie & Organisatie (I&O) en Concern-administratie zijn gevestigd bij het hoofdkantoor en vallen rechtstreeks onder de RvB. De informatievoorziening in het bedrijf is vergaand geautomatiseerd op basis van een ERP-systeem.

Structuur en processen bij de veevoederonderneming
In het bedrijf zijn 4.000 werknemers werkzaam. Onder de RvB ressorteren tien divisies. Iedere divisie wordt geleid door een divisiedirecteur, die rapporteert aan de Raad van Bestuur. De divisiedirecteuren zijn verantwoordelijk voor de totale gang van zaken binnen hun divisie. Zij worden onder meer beoordeeld op het financieel resultaat inclusief afschrijvingen op investeringen. De financiering wordt centraal geregeld. Binnen iedere divisie bestaan de volgende afdelingen:

- Inkoop
- Productie
- Opslag (grondstoffen en eindproducten)
- Verkoop
- Personeelszaken
- Planning & Control (P&C), waaronder de financiële administratie

Productie

Er zijn dertig soorten rundvee-, varkens- en pluimveevoer. Per soort moeten deze voldoen aan een bepaalde voedingswaarde, uitgedrukt in hoeveelheden eiwit, vet, koolhydraten, mineralen en vitaminen per kg eindproduct. De voor de productie benodigde grondstoffen bestaan uit:
- verschillende graansoorten in diverse standaardkwaliteiten per kg
- overige veevoedergrondstoffen zoals soja en tapioca in diverse standaardkwaliteiten per kg

Bij de productie worden de grondstoffen in een zodanige verhouding gemengd dat het te verkrijgen eindproduct steeds voldoet aan de vereiste voedingswaarde per kg. Voor eenzelfde eindproduct zijn meerdere recepturen mogelijk. De samenstelling wordt bepaald door de grondstoffen die beschikbaar zijn en de inkoopprijzen van de grondstoffen die gelden op het moment van samenstelling. Het bedrijfsbureau berekent wekelijks voor de in de komende week uit te voeren productieorders de vereiste optimale samenstelling van de grondstoffen. De verkregen eindproducten worden of in bulk in silo's opgeslagen of verpakt en opgeslagen in het magazijn. De onderneming hanteert voor de verpakte eenheden vier verpakkingsmaten.

Inkoop

De inkoop vindt wereldwijd plaats. Regelmatig worden omvangrijke inkoopcontracten met een looptijd van zes tot negen maanden afgesloten tegen de op het moment van afsluiten geldende marktprijzen. De marktprijzen van de diverse grondstoffen vertonen een bijzonder grillig verloop. De inkoopcontracten worden afgesloten in de valuta van het exporterende land of in US dollars. De afleveringen vinden plaats op afroep. De afgeleverde grondstoffen worden per soort en kwaliteitsklasse in silo's opgeslagen.

Verkoop

Afnemers worden regelmatig bezocht door accountmanagers. Deze gesprekken hebben het karakter van relatiemanagement en zijn bedoeld om eventuele problemen en kansen bij de klanten in een vroegtijdig stadium te onderkennen. Verkooporders worden online en schriftelijk ontvangen door de verkoopafdeling. Voor de verpakte eindproducten gelden voor de verschillende soorten veevoeder verkoopprijzen per kg. Deze verkoopprijs per kg is ook afhankelijk van de verpakkingsmaat. Voor de aflevering in bulk gelden voor de verschillende soorten veevoeder prijzen per ton. De aflevering vindt plaats binnen 48 uur na bestelling en geschiedt met eigen auto's. De verkoopprijzen worden in principe eenmaal per kwartaal herzien. De facturering vindt eenmaal per week plaats. Betaling dient binnen drie weken na aflevering plaats te vinden. Aan de afnemers wordt jaarlijks, indien een minimumafname is overschreden, een bonus toegekend die varieert van 0,5 tot 2% van de gefactureerde bedragen. Het percentage is afhankelijk van de hoogte van de aan de afnemer gefactureerde bedragen.

De veevoederfabriek besteedt veel aandacht aan de ontwikkeling van nieuwe producten die aansluiten bij de behoeften van de klanten. Hierbij spelen ontwikkelingen in de voedingswetenschappen en regelgeving een belangrijke rol. De afdeling R&D zoekt in samenwerking met onderzoeksinstituten voortdurend naar verbeteringen in de voedingskwaliteit. Ook naar efficiëntievergroting in de productie wordt door R&D onderzoek gedaan. Jaarlijks wordt door R&D een onderzoeksplan opgesteld aan de hand waarvan de werkzaamheden worden ingericht. In de afgelopen jaren is gebleken dat naast het geplande onderzoek ook dikwijls 'toevallige' ontdekkingen worden gedaan die tot (verbeteringen in) verkoopbare producten leiden.

Ontwikkeling van nieuwe producten

Managementinformatie bij de veevoederonderneming voor de holding
Om de managementinformatie te bepalen maak je eerst een longlist met de mogelijke informatiebehoeften. Bij het toltype pionier en de doelgerichte bureaucratie hebben we je al laten zien hoe zo'n longlist en vervolgens de definitieve rapportageset tot stand komt. Daarom laten we je vanaf nu alleen maar de rapportageset zien met de managementinformatie die de leiding (Raad van Bestuur) periodiek ontvangt.

Voor het doelgerichte concern richten wij ons op de rapportageset voor de Raad van Bestuur. In dit geval is deze rapportageset gericht op de rapportages die passen bij een heterogeen massaproductiebedrijf. De divisies kun je beschouwen als een doelgerichte bureaucratie. Voor de rapportages van de divisies verwijzen wij je daarom naar subparagraaf 15.5.1.
De Raad van Bestuur heeft vooral behoefte aan financiële informatie over het behaalde rendement. De RvB ontvangt dan ook informatie over kosten, opbrengsten en balansposten per divisie. Daarnaast stelt zij belang in de ontwikkeling van de klanttevredenheid.

Inhoud

De rapportagesets hebben een standaard format (zie tabel 15.26). Op deze manier zijn de cijfers per divisie voor de Raad van Bestuur gemakkelijk met elkaar te vergelijken. Bovendien vereenvoudigt dit het consolidatieproces.

Vorm

TABEL 15.26 Rapportageset voor RvB van de veevoederonderneming in relatie tot begroting en vorige periode

Informatie-element	Rubricering	Frequentie
Omzet	Per divisie	Per maand
Brutomarge per veevoedersoort	Per divisie	Per maand
Productieresultaat (prijs, efficiëntie, uitval, afval en bezetting)	Per divisie	Per maand
Ontwikkeling overige kosten (per kostensoort, waaronder verkoopkosten)	Per divisie	Per maand
Bedrijfsresultaat	Per divisie	Per maand
Ontwikkeling klanttevredenheid	Per divisie	Per maand
Waarde in gebruik zijnde activa	Per divisie	Per maand
Return on Investment (bedrijfsresultaat, waarde activa-waarde passiva)	Per divisie	Per maand

15.6.2 Het ongerichte concern

Wat zijn op hoofdlijnen de kenmerken van een ongericht concern en welke consequenties hebben deze voor de vorm en inhoud van de managementinformatie?

Kenmerken van het ongerichte concern
In figuur 15.27 zijn de kenmerken van een ongericht concern opgenomen.

FIGUUR 15.27 De tol van een ongericht concern

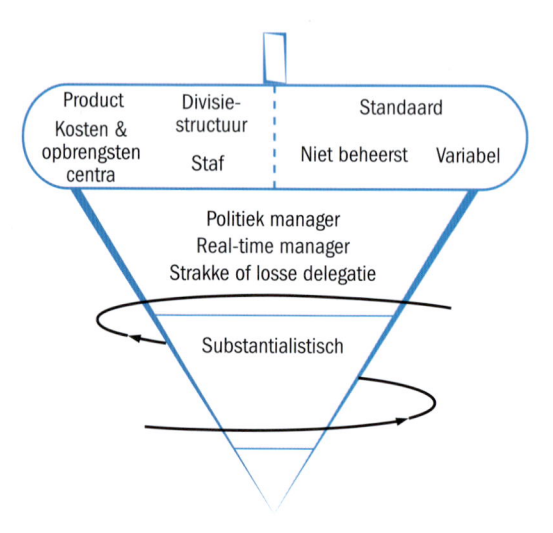

```
   Product      Divisie-          Standaard
   Kosten &    structuur
   opbrengsten              Niet beheerst   Variabel
   centra        Staf

              Politiek manager
              Real-time manager
              Strakke of losse delegatie

              Substantialistisch
```

Ongericht concern

Bij een ongericht concern zijn de kritische succesfactoren, doelen en doelstellingen onvoldoende uitgewerkt. De prestaties van het concern zijn daardoor niet goed meetbaar. Er heerst een uitgesproken politiek klimaat tegen een achtergrond van een substantialistische cultuur. Managers en medewerkers worden gedreven door eigenbelang en het verdedigen van eigen posities. Met name op concernniveau ziet de ondersteunende staf, als gevolg van de ondoorzichtige taak- en verantwoordelijkheidsstructuur, kans om de macht naar zich toe te trekken. Daardoor is de concernstaf vaak veel groter dan bij een doelgericht concern. Het gedrag is sterk risicomijdend. Creativiteit en flexibiliteit zijn ver te zoeken. Tussen divisie en holding bestaat veel wantrouwen. Successen op korte termijn zijn belangrijker dan het resultaat op de lange termijn. De divisies binnen dit organisatietype zijn vaak ongerichte bureaucratieën. Het concern- en divisiemanagement bepaalt zelf de mate van delegatie (tight/loose control). Er is bij Nederlandse organisaties vaker sprake van loose dan van tight control.
Tabel 15.28 geeft de belangrijkste kenmerken weer van het ongerichte concern.

TABEL 15.28 Kenmerken van het ongerichte concern

Factor uit het tolmodel	Waarde van de factor
Missie, doelen, strategie en KSF'en	*Doelen zijn onduidelijk*
Structuur	Divisiestructuur, productgericht georganiseerd waarbij kosten- en opbrengstencentra zijn onderscheiden. Staforganen nemen belangrijke positie in
Processen	Overwegend standaard processen doch moeilijk beheersbaar
Managementstijl	*Politiek en real time manager* Tight/loose control. Nederlandse organisaties blijken overwegend voor loose control te kiezen
Cultuurtype	*Substantialistisch*

Managementinformatie bij het ongerichte concern

Net als bij het doelgerichte concern zijn er formele richtlijnen inzake de divisierapportages. Deze richtlijnen hebben betrekking op inhoud, verschijningsdata en -frequentie, alsmede de vorm.

Inhoud
Op divisieniveau is de informatievoorziening ingericht overeenkomstig de onderscheiden producten/diensten, vooral financieel van aard en reikt veelal niet verder dan inzicht in de uitputting van budgetten. Door de toenemende machtspositie van de concernstaf neemt vaak de gedetailleerdheid van de informatie toe. De betrouwbaarheid van de informatievoorziening kan te leiden hebben onder het politieke spel dat wordt gespeeld. De directies van divisies leveren cijfers vaak te laat aan en proberen een zodanig beeld te geven dat ze aan de aandacht van de concernstaven kunnen ontsnappen.

Vorm
De rapportages zijn vaak omvangrijker dan de rapportages bij een gericht concern. Dit heeft te maken met het feit dat onderwerpen die voor het politieke machtsspel van belang zijn, uitgebreid worden besproken.

Casus: Volt 2000 als ongericht concern

Volt 2000 is een dienstverlenende onderneming in de nutssector. De onderneming kent een aantal product-marktcombinaties die zijn ondergebracht in divisies, zoals elektriciteitslevering en de levering van kabeldiensten. De divisies worden bestuurd als kosten- en opbrengstencentra. Binnen het nutsbedrijf spelen op concernniveau staforganen een zeer prominente rol; zij kunnen de directie in belangrijke mate beïnvloeden.

De processen binnen Volt 2000 zijn eenduidig en worden gekenmerkt door een routinematige procesgang. De nadruk van de beheersing ligt met name op de bewaking van de kwaliteit van de invoer; hierbij kan worden gedacht aan de kwaliteit en volledigheid van de aanvraag voor extra aansluitingen.

De behoefte aan het dienstenpakket van Volt 2000 is groot. Volt 2000 heeft een natuurlijk monopolie en heeft daarom nooit moeite hoeven doen om een marktpositie te veroveren. Dit heeft onder meer tot gevolg gehad dat weinig aandacht is besteed aan het formuleren van de missie, kritische succesfactoren, doelstellingen en strategie. Zelfs een winstdoelstelling is niet expliciet geformuleerd.

De beschermde positie van waaruit Volt 2000 opereerde heeft ertoe geleid dat de medewerkers zich vooral zijn gaan richten op het verkrijgen van invloed en macht. Het (niet geformuleerde) belang van Volt 2000 is hierbij steeds meer uit het oog verloren.

In toenemende mate wordt Volt 2000 geconfronteerd met deregulering door de overheid en met een behoefte vanuit de markt om gedifferentieerde producten en diensten te leveren tegen gedifferentieerde tarieven. Volt 2000 moet zich voorbereiden op een nieuw en vooral bedrijfsmatig tijdperk. Het divisiemanagement gedraagt zich echter zeer behoudend en richt zich op het handhaven van de eigen positie en het behartigen van de belangen van de eigen divisie boven die van het concern. Als deze situatie zich voortzet zal Volt 2000 er nooit in slagen een volwaardige marktpartij te worden.

Volt 2000 heeft een politiek georiënteerde cultuur; medewerkers zijn primair bezig met het realiseren van afdelings- en persoonlijke doelstellingen (carrière maken, opleidingen volgen enzovoort).

Managementinformatie bij Volt 2000

De bovenkant van de tol is niet of nauwelijks uitgewerkt. Dientengevolge ontbreekt informatie over de realisatie van de missie, doelstellingen, strategie en kritische succesfactoren. De centrale staven hebben dikwijls zeer gedetailleerde ad-hocvragen en informatiebehoeften. Deze behoeften gaan veel verder dan wat het divisiemanagement wil tonen aan het concern en leiden bij de divisie altijd tot de nodige commotie.

De divisies worden aangestuurd als winstcentra. Informatie over werkelijke kosten en opbrengsten versus budgetten/plannen en prognoses past hierbij. Het concernmanagement vraagt de divisies om rapportages die informatie verschaffen over:
- resultaten per divisie versus de doelstelling en prestatie van het voorgaand jaar
- kosten en opbrengsten versus budget en niveau van het voorgaand jaar

> Het divisiemanagement heeft er primair belang bij dat zij presteert binnen de budgetten. Daarnaast bestaat er op divisieniveau behoefte aan informatie over:
> - de mate waarin is voldaan aan wettelijke voorschriften en branche georiënteerde afspraken, immers hieraan moet de organisatie voldoen
> - geleverde hoeveelheden product (bijvoorbeeld gerealiseerde aansluitingen en geleverde elektriciteit)
>
> Deze informatie kan worden gebruikt om aan te tonen hoe belangrijk een product is. Dit is nuttige informatie om de eigen positie te verdedigen. Verder wordt een beleidsparagraaf toegevoegd, waar in zeer algemene bewoordingen de toekomstplannen worden beschreven.
> Voor Volt 2000 geldt dat de gewijzigde externe omstandigheden er eigenlijk toe nopen om de overgang naar een ander, meer gericht toltype te maken. Het doelgerichte concern, en de daarbij behorende managementinformatievoorziening, ligt hierbij het meest voor de hand.

15.7 De professionele organisatie: de maatschappelijke en de eenzijdige professional

De professionele organisatie komt in de volgende twee basisvormen voor:
- maatschappelijke professional
- eenzijdige professional

Dit eerste type organisaties (maatschappelijke professional) wordt gekenmerkt door een functionele cultuur; de organisatie probeert niet alleen de belangen van de organisatie en haar medewerkers te behartigen, maar is expliciet begaan met de belangen van de omgeving (bijvoorbeeld de klanten).
Het type 'eenzijdige professional' heeft een operationalistische cultuur; de organisatie richt zich op één belangrijk aspect of doelstelling, waarmee de context uit het oog wordt verloren.

15.7.1 De maatschappelijke professional

Wat zijn op hoofdlijnen de kenmerken van een maatschappelijke professional en welke consequenties hebben deze voor de vorm en inhoud van de managementinformatie?

Kenmerken van de maatschappelijke professional
In figuur 15.29 zijn de kenmerken van een maatschappelijke professional opgenomen.

FIGUUR 15.29 De draaiende tol van de maatschappelijke professional

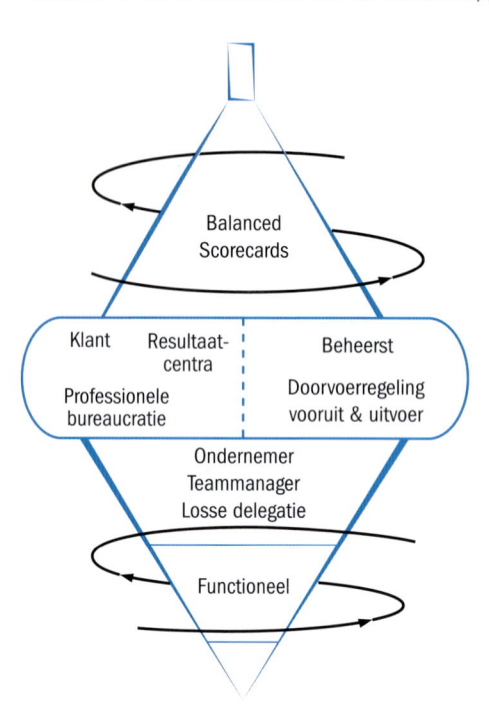

```
                    Balanced
                    Scorecards

     Klant    Resultaat-        Beheerst
              centra
     Professionele              Doorvoerregeling
     bureaucratie               vooruit & uitvoer

              Ondernemer
              Teammanager
              Losse delegatie

                    Functioneel
```

Maatschappelijke professional

De maatschappelijke professional is een professionele bureaucratie met een functionele cultuur. De organisatie is mede gericht op het welzijn van haar medewerkers, klanten en de samenleving. Er heerst duidelijkheid. Er bestaat inzicht in de eigen positie in de markt. De brede oriëntatie blijkt ook uit de missie, doelstellingen, strategie en kritische succesfactoren. Deze zijn expliciet vastgelegd en bevatten naast financieel-economische aspecten ook aspecten als klanttevredenheid, flexibiliteit, sustainability, innovativiteit en de kwaliteit van de organisatieprocessen.

Producten en diensten van maatschappelijke professionals worden vaak op maat gemaakt voor de klanten. De tevredenheid van de klant is een belangrijke graadmeter voor succes, waar gericht op wordt gestuurd. De organisatie is zo flexibel ingericht dat aan uiteenlopende wensen van klanten kan worden voldaan. Ook de belangen van andere stakeholders van de organisatie, zoals omwonenden, leveranciers en dergelijk, worden bewaakt.

Het personeelsbestand bestaat grotendeels uit hoogwaardige professionals die zowel intern als extern een relatienetwerk onderhouden. De toegevoegde waarde van de professionals is een belangrijk gegeven. Er is sprake van een grote mate van delegatie. De besluitvorming is sterk interactief gericht. Managers vervullen de rol van teammanager en van ondernemer. Er is sprake van kleine en hoogwaardige staven.

Tabel 15.30 vat de kenmerken van de maatschappelijke professional samen.

TABEL 15.30 Kenmerken van de maatschappelijke professional

Factor uit het tolmodel	Waarde van de factor
Missie, doelen, strategie en KSF'en	Missie, doelstellingen, strategie en KSF'en kunnen expliciet worden gemaakt. Balanced scorecards zijn mogelijk.
Structuur	Een typische professionele bureaucratie met een marktgerichte structuur. Operationeel niveau bestaat uit hoogwaardige professionals die een hoge mate van autonomie kennen. Kennis/vaardigheden worden gestandaardiseerd. De afdelingen worden aangestuurd en beheerst als standaardkostencentra, resultaat- of investeringscentra. De rol van de kleine doch hoogwaardige stafafdelingen is beperkt
Processen	Processen zijn goed beheersbaar waarbij de nadruk ligt op flexibiliteitsmaatregelen en controle van het eindproduct
Managementstijl	Ondernemer, team manager Loose control
Cultuurtypen	Functioneel

Managementinformatie bij de maatschappelijke professional

Inhoud
Maatschappelijke professionals worden zowel gekenmerkt door een sterk ontwikkeld formeel als informeel informatiesysteem. Informatie over de missie, kritische succesfactoren, doelen en strategie is terug te vinden in de formele standaardrapportages. Ook informatie van de klant over het functioneren van de individuele professionals maakt deel uit van de managementinformatievoorziening. Daarnaast maakt informatie over milieuaspecten zoals CO_2-uitstoot deel uit van de managementinformatieverzorging. Het management verlangt in zijn rol als ondernemer tevens markt- en toekomstgerichte informatie.

Vorm
Omdat de doelen bij de maatschappelijke professional behalve financieel ook sterk aan klanten, de omgeving en medewerkers gerelateerd zijn, kun je hier heel goed balanced scorecards gebruiken. Een 'personal balanced scorecard' per professional is geen uitzondering. De frequentie waarmee formele managementrapportages worden opgeleverd is laag. Dit sluit goed aan bij de loose control stijl, waarbij eenheden en individuen een grote mate van eigen verantwoordelijkheid en bevoegdheid wordt gegeven. Aan de eenheden en individuen wordt die informatie verstrekt die nodig is om de eigen verantwoordelijkheid en bevoegdheid waar te maken.

Casus voor de maatschappelijke professional: Rozenhof

Activiteiten van de Rozenhof
Rozenhof is een verzorgingscentrum voor ouderen en heeft een regionale functie. Het verzorgingscentrum telt 151 appartementen en 13 echtparenkamers. In het verzorgingscentrum wordt gewerkt via het thuiszorgmodel. Dit betekent dat de ouderen zo veel mogelijk zelfstandig blijven wonen en op basis van een indicatie, afgegeven door het Regionaal Indicatie Orgaan (RIO), ondersteuning krijgen.
Het verzorgingscentrum Rozenhof is van alle gemakken voorzien, zoals een gezellig Grand Café en het Thé-Café. In het Grand Café kunnen bewoners en bezoekers terecht voor een maaltijd, een kopje koffie, een borreltje, maar vooral voor een gezellig samenzijn. In het Thé-Café worden thee, koffie, frisdranken en in bescheiden mate alcohol geschonken. Daarnaast beschikt Rozenhof over een eigen winkel, kapsalon, pedicure, internetcafé en een grote aula, waar elke zondag een oecumenische kerkdienst wordt gehouden. Rozenhof heeft ook een rijk en bloeiend verenigingsleven en is daar trots op. Van pottenbakken tot sjoelen, van koken tot vissen; er is voor een ieder wat wils.

Cultuur en managementstijl bij Rozenhof
Het personeel van Rozenhof deelt de liefde voor oude mensen. De directrice Marjan van de Putte heeft een lange loopbaan in de bejaardenzorg en wordt dan ook gerespecteerd door het personeel om haar ervaring in de zorg. In de regio wordt Rozenhof geroemd om de betrokkenheid van het personeel bij de ouderen en de kwaliteit van de ouderenzorg. De wachtlijst is dan ook relatief lang.
Rozenhof investeert in haar medewerkers door het organiseren van individuele en collectieve scholingstrajecten. Centraal hierbij staat het bijbrengen van de houding ten aanzien de ouderen. Iedere klant is uniek en krijgt daarom zorg op maat. Van de professionals van de Rozenhof wordt verwacht dat zij in staat zijn de te verstrekken zorg binnen de afgegeven indicatie van het RIO in overleg met de ouderen zelf vorm te geven. Uiteraard vindt er regelmatig personeelsoverleg plaats onder leiding van de directrice. Het gevoel onder de medewerkers is, dat dit vaak tot relevante verbeteringen leidt. Zo is laatst besloten om ook vegetarische maaltijden op te nemen in het weekmenu. Ook worden er regelmatig commissies in het leven geroepen die de kwaliteit van de zorg in Rozenhof nog verder moeten verbeteren. Onlangs is er nog een commissie in het leven geroepen die het internetgebruik onder bejaarden wil bevorderen, om deelname aan de samenleving te verbeteren. In deze commissie heeft ook een bestuurslid van de plaatselijke computerclub zitting. Behalve het overleg met het personeel, is er ook een bewonersraad die maandelijks overleg heeft met de directrice. Hoewel de budgetten niet ruim zijn, hebben de bewoners het gevoel dat de directrice samen met het hoofd Administratie zeer creatief kunnen omgaan met de beschikbare ruimte op het budget.

De administratie wordt geleid door Wim Majoor die hoewel hij slechts anderhalf jaar in dienst is, belangrijke verbeteringen heeft aangebracht in de interne rapportage. Rozenhof is een voorbeeld voor andere zorginstellingen wanneer het gaat om interne beheersing. De bewonersadministratie is steeds accuraat en voorziet ook in allerlei niet-financiële informatie. Jaarlijks wordt het budget van Rozenhof op basis van bekostigingsregels vastgesteld door het Centraal Orgaan Tarieven Gezondheidszorg (COTG). De bekostigingsregels houden in dat de zorgactiviteiten van Rozenhof op basis van zogenaamde productie-afspraken tegen vooraf voor het exploitatiejaar vastgestelde tarieven gebudgetteerd worden. Onder- of overschrijdingen van het budget zijn voor rekening van Rozenhof. Dit betekent dat de directie binnen het vastgestelde budget een eventueel tekort dient op te vangen. Het is derhalve van belang dat er sprake is van een sluitende exploitatie.

Strategie bij Rozenhof

In overleg met bewoners en personeel heeft de directie enkele jaren geleden voor de volgende missie gekozen: 'Uw zorg komt in overleg met u tot stand. Wij doen wat we beloofd hebben met een deskundige inzet, een gezamenlijke aanpak en een menselijk gezicht.'
Voor de komende vijf jaar heeft de directie in overleg met personeel en bewoners onder meer de volgende doelen en doelstellingen geformuleerd:
- Een tevredenheid van de bewoners van meer dan een 7 op een 10-puntsschaal.
- Blijvende tevredenheid over de zorg en activiteiten blijkend uit een gemiddelde waardering van een 8 voor deze aspecten.
- Verjonging van het personeel en doelstelling daling gemiddelde leeftijd met vijf jaar in de komende vijf jaar.
- Verbetering van de uitstraling van het pand.
- Het faciliteren van de mobiliteit van de bewoners. Meer dan 80% van de bewoners maakt minimaal vier keer per maand gebruik van de taxidienst.
- Nauwere betrokkenheid van plaatselijke sponsors bij activiteiten. Minimaal 60% van de kosten wordt gefinancierd door lokale sponsors.
- Vergroten van de diversiteit van het aanbod uit de keuken. De gemiddelde waardering voor het aanbod in de keuken door de bewoners ligt op minimaal een 7.
- Voorkomen van financiële tekorten blijkend uit een kosten-dekkende exploitatie.

De organisatie en de bedrijfsactiviteiten

Marjan Van de Putte voert al tien jaar de leiding over Rozenhof. Zij heeft een verpleegkundige achtergrond. Onder de directrice ressorteren de volgende afdelingen:
- Zorgstaf
- Activiteitenafdeling
- Keuken
- Onderhoud
- Administratie

De *zorgstaf* wordt geleid door Francien van Willigen, die bij haar medewerksters de wind eronder heeft. Dit betreft een groep van 40 fte, die belast is met de verzorging van de ouderen. De aard van de verzorging is afhankelijk van de indicatie die is afgegeven door het Regionaal Indicatie Orgaan (RIO). Jaarlijks worden de ouderen opnieuw geïndiceerd, hetgeen uiteraard kan leiden tot wijzigingen in de omvang van de te verlenen zorg. Als het RIO na een onderzoek vaststelt dat een oudere het beste geplaatst kan worden in een verzorgingshuis, wordt een

Zorgstaf

beschikking afgegeven, waarmee de betreffende oudere het recht heeft om opgenomen te worden in een verzorgingshuis van zijn of haar keuze. Uiteraard moet er dan wel een appartement beschikbaar zijn. Aan de hand van de beschikking, waarin onder meer opgenomen is welke zorg specifiek verleend moet worden, wordt door de administratie een zorgovereenkomst opgesteld, die wordt ondertekend door de oudere of zijn of haar wettelijke vertegenwoordiger.

Wanneer een oudere opgenomen wordt, dan kan er sprake zijn van een bijdrage die door de oudere maandelijks moet worden betaald. Deze bijdrage wordt bepaald aan de hand van een op de AWBZ gebaseerde bijdrageregeling. Het betreft een complexe berekening, die volledig wordt gebaseerd op het zogenaamde verzamelinkomen van de oudere gedurende de twee jaren voor het jaar van opname in het verzorgingshuis. Dit verzamelinkomen wordt door Rozenhof opgevraagd bij de belastingdienst. Wanneer deze bijdrage is bepaald, is die van toepassing zolang de oudere in het verzorgingshuis verblijft, ook al wordt later de indicatie van het RIO aangepast. De vastgestelde bijdrage wordt door Rozenhof automatisch geïnd van de bankrekening van de oudere. Hiervoor ondertekent de oudere of zijn of haar wettelijke vertegenwoordiger een machtiging voor automatische incasso.

De zorgmedewerksters leggen dagelijks in het zorgsysteem vast welke zorgactiviteiten zij verricht hebben. Daarnaast leggen zij vast hoe de bewoner op hen overkomt.

De zorgverlening wordt beëindigd bij een zodanige wijziging in de indicatie dat een andere vorm van zorg (meestal verpleging in een verpleeghuis) wordt vastgesteld. Ook kan de oudere overlijden, waarna de zorgovereenkomst aan het einde van de maand automatisch wordt beëindigd.

Activiteiten-afdeling
De *activiteitenafdeling* bestaat uit twee medewerkers en een tiental vrijwilligsters en wordt geleid door de bij de bewoners populaire Harry Vermeend. De activiteitenafdeling is belast met het ondersteunen van de ouderen bij de dagelijkse activiteiten. Hiertoe behoren in ieder geval het beheren van de beide cafés en het internetcafé. Overigens zijn de consumpties die in de cafés genuttigd kunnen worden voor de ouderen gratis. Steeds doet Harry zijn best om nieuwe vormen van vermaak te bedenken.

Om de mobiliteit van de bewoners te verbeteren is een contract gesloten met een plaatselijk taxicentrum. De bewoners dienen een eigen bijdrage te betalen. Het contract heeft een gestaffelde vorm waarbij de prijs per kilometer afhankelijk is van de totale maandelijks afname in kilometers. Bewoners dienen taxigebruik minimaal een dag van tevoren bij de receptie te melden.

Keuken
De *keuken* wordt geleid door Leo Storm. Leo maakt dagelijks maaltijden klaar die in overleg met een verbonden diëtiste zijn samengesteld. Hij betrekt de ingrediënten van vaste leveranciers. Hij geeft leiding aan drie assistent-koks. Bewoners hebben de keuze uit verschillende menu's. Voor luxe menu's geldt een toeslag.

Onderhoud
De afdeling *onderhoud* wordt geleid door Nico Jansen. Hij voert samen met een assistent veelvoorkomende onderhoudswerkzaamheden uit, zoals bijvullen en ontluchten centrale verwarming, plaatselijk schilderwerk, beperkt onderhoud aan sanitair. Groot onderhoud wordt uitbesteed aan onderhoudsbedrijven.

De *adminstratie* staat onder leiding van Wim Majoor en bestaat uit zes mensen. De administratie is belast met de financiële afhandeling van alle activiteiten die in het verzorgingscentrum worden uitgevoerd. Er wordt gebruikgemaakt van een beperkt client-serversysteem met daarop software voor het bijhouden van de financiële administratie, software die de diverse zorgverleningprocessen beperkt ondersteunen en internetfaciliteiten. De winkel, de kapsalon, de pedicure en de kerkdiensten worden verzorgd door derden. Met uitzondering van de kerkdiensten ontvangt Rozenhof een vaste vergoeding voor deze activiteiten. Deze vergoedingen zijn contractueel vastgelegd.

Administratie

Managementinformatie bij de Rozenhof
Om de managementinformatie te bepalen maak je, zoal je weet, eerst een longlist met de mogelijke informatiebehoeften. Bij het toltype pionier en de doelgerichte bureaucratie hebben we je laten zien hoe zo'n longlist en vervolgens de definitieve rapportageset tot stand komt. Nadat je een longlist hebt opgesteld en voorgelegd aan het management, kun je de volgende rapportageset voor de Rozenhof opstellen. Je ziet dat je voor deze maatschappelijke professional heel goed gebruik kunt maken van een balanced scorecard (figuur 15.31).

FIGUUR 15.31 Balanced scorecard voor maatschappelijke professional de Rozenhof

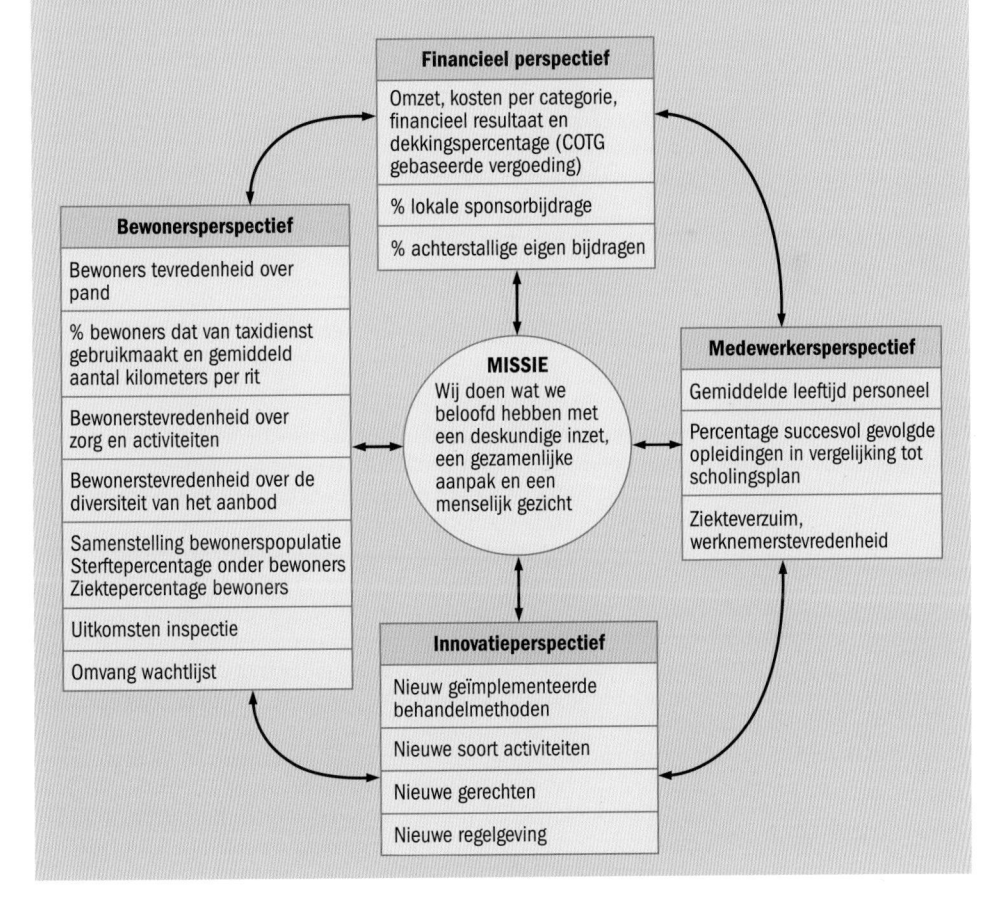

Financieel perspectief
- Omzet, kosten per categorie, financieel resultaat en dekkingspercentage (COTG gebaseerde vergoeding)
- % lokale sponsorbijdrage
- % achterstallige eigen bijdragen

Bewonersperspectief
- Bewoners tevredenheid over pand
- % bewoners dat van taxidienst gebruikmaakt en gemiddeld aantal kilometers per rit
- Bewonerstevredenheid over zorg en activiteiten
- Bewonerstevredenheid over de diversiteit van het aanbod
- Samenstelling bewonerspopulatie Sterftepercentage onder bewoners Ziektepercentage bewoners
- Uitkomsten inspectie
- Omvang wachtlijst

MISSIE
Wij doen wat we beloofd hebben met een deskundige inzet, een gezamenlijke aanpak en een menselijk gezicht

Medewerkersperspectief
- Gemiddelde leeftijd personeel
- Percentage succesvol gevolgde opleidingen in vergelijking tot scholingsplan
- Ziekteverzuim, werknemerstevredenheid

Innovatieperspectief
- Nieuw geïmplementeerde behandelmethoden
- Nieuwe soort activiteiten
- Nieuwe gerechten
- Nieuwe regelgeving

5.7.2 De eenzijdige professional

Wat zijn op hoofdlijnen de kenmerken van een eenzijdige professional en welke consequenties hebben deze voor de vorm en inhoud van de managementinformatie?

Kenmerken van de eenzijdige professional
In figuur 15.32 is de tol van de eenzijdige professional opgenomen.

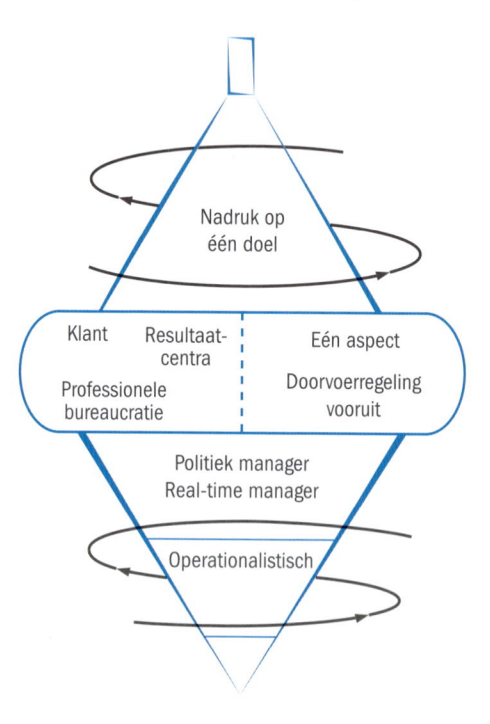

FIGUUR 15.32 De tol van de eenzijdige professional!

```
                    Nadruk op
                    één doel

    Klant    Resultaat-         Eén aspect
             centra
                                Doorvoerregeling
    Professionele               vooruit
    bureaucratie

             Politiek manager
             Real-time manager

             Operationalistisch
```

Eenzijdige professional

De eenzijdige professional is een professionele bureaucratie. In tegenstelling tot de maatschappelijke professional richt dit type organisatie zijn aandacht volledig op één of een beperkt aantal doelen en heerst er een operationalistische cultuur. Eén of enkele elementen uit de balanced business scorecard worden tot doel verheven. De overige componenten, en daarmee de belangen van die stakeholders, blijven onderbelicht. Als de organisatie gedurende langere tijd volhardt in deze handelswijze, dan kan dit tot ongewenste neveneffecten leiden. Hierbij kan bijvoorbeeld worden gedacht aan een organisatie die medewerkerstevredenheid tot het belangrijkste doel heeft verheven en hieraan zo veel aandacht besteedt, dat dit tot hoge kosten leidt, alsmede tot het gevoel bij klanten dat zij er niet toe doen. Een dergelijke eenzijdige oriëntatie kan op den duur de continuïteit van de organisatie bedreigen.

Tabel 15.33 vat de belangrijkste kenmerken van de eenzijdige professional samen. De cursief gedrukte eigenschappen geven de verschillen met de maatschappelijke professional aan.

TABEL 15.33 Kenmerken van de eenzijdige professional

Factor uit het tolmodel	Waarde van de factor
Missie, doelstellingen, strategie en KSF'en	*Nadruk op één doel*
Structuur	*Een professionele bureaucratie met een marktgerichte organisatiestructuur waarbinnen afdelingen worden beheerst als standaardkostencentra, resultaat- en investeringscentra. Relatief kleine doch hoogwaardige staforganen die een beperkte rol spelen*
Processen	*De beheersing is overdreven toegespitst op één aspect. Daarbij ligt de nadruk hoofdzakelijk op flexibiliteitsmaatregelen en controle van het eindproduct.*
Managementstijl	*Politiek manager, real time manager* *Loose control*
Cultuurtypen	*Operationalistisch*

Managementinformatie bij de eenzijdige professional
Inhoud
Over het gekozen doel wordt allerhande informatie vanuit diverse invalshoeken verstrekt; de zinvolheid van deze informatie wordt dikwijls niet ter discussie gesteld. De informatie is veelal uit verschillende informatiesystemen afkomstig waardoor een diffuus beeld wordt opgeroepen. De politieke managers binnen de eenzijdige professional hanteren het informatie-overzicht dat het best bij hun eigen doelen aansluit. Dit kan van keer tot keer verschillen.

Vorm
Er is sprake van een aantal formele rapportages en managementbijeenkomsten. Daarnaast kent de eenzijdige professional een omvangrijk informeel informatiecircuit.

Casus voor de eenzijdige professional: Titanic

Titanic is een grote scheepswerf die zich toelegt op het bouwen en onderhouden van bijzondere en hoogwaardige schepen voor transportdoeleinden (specifiek vrachtvervoer) en de zogenaamde plezierboten voor de 'rijken der aarde'.
Elk schip dat wordt gebouwd is tot op zekere hoogte uniek. De bouw van een schip duurt soms jaren. Vele professionals (accountmanagers, ontwerpers, bouwers, financieringsdeskundigen etc.) zijn betrokken bij de bouw. Mede gezien de lange bouwtermijn zijn aanpassingen van de specificaties gedurende het bouwproces meer regel dan uitzondering. Soms komt de klant zelf met nieuwe specificaties, maar vooral vanuit de organisatie worden klanten op de hoogte gehouden van de laatste ontwikkelingen.

De organisatie is ingericht als een professionele bureaucratie. De centrale staf is klein vergeleken bij het aantal professionals dat de vaartuigen ontwerpt en bouwt. De professionals maken de dienst uit. Multi-disciplinaire teams van professionals werken aan de projecten. De afdeling Specifiek Vervoer en de afdeling Pleziervaartuigen worden aangestuurd als resultatencentra.

De markt waarin Titanic opereert is vrij stabiel, klanten zijn veeleisend. Het management van Titanic is vrijwel uitsluitend gericht op klantvriendelijkheid. Men stelt alles in het werk om een vaste relatie op te bouwen met de afnemers. Het opbouwen en in stand houden van een klantrelatie mag in de ogen van Titanic best een paar centen kosten! Klantsatisfactie en -binding zijn de belangrijkste doelstellingen.

De operationalistische cultuur (eenzijdige aandacht voor klantvriendelijkheid) gaat gepaard met een gebrek aan beheersbaarheid. Ondanks de kapitaalkrachtige doelgroep en het duurzame karakter van het product blijken de winsten per gebouwd schip zeer gering. In sommige gevallen moet de onderneming zelfs een verlies incasseren. Bovendien loopt de organisatie soms rente- en valutarisico's of risico's van faillissement van de klant omdat, vanuit een oogpunt van klantvriendelijkheid, de standaard betalingsvoorschriften (die voorzien in risicodekkende maatregelen) ter zijde worden gelegd.

De managers passen goed in de operationalistische cultuur. Zo vinden zij het belangrijker om een order van een bekende persoonlijkheid binnen te halen dan een bepaalde marge te realiseren.

Managementinformatie bij Titanic
De managementinformatievoorziening is volledig gericht op het verschaffen van inzicht omtrent klantvriendelijkheid. Het management wil hiertoe onder meer geïnformeerd worden over:
- de klanttevredenheid (klachten/'retourzending')
- de leverbetrouwbaarheid (tijdigheid, kwaliteit, et cetera)
- de flexibiliteit (aantal 'last minute change'-aanvragen en aantal malen dat er (niet) aan kon worden voldaan)
- vertragingsduur door storingen in het productieproces, het niet op voorraad hebben van bepaalde onderdelen of het te laat of onjuist leveren van componenten door toeleveranciers/onderaannemers
- nieuwe ontwikkelingen in de markt (zowel aan de vraagkant als bij toeleveranciers)

Daarnaast is het management ook zeer geïnteresseerd in de omvang van de orderportefeuille c.q. de hoeveelheid werk (als resultante van klanttevredenheid en -binding). Het management wenst deze informatie per accountmanager te verkrijgen.

15.8 De netwerkorganisatie: het maatschappelijke en het eenzijdige netwerk

De vijfde en laatste tolvariant is de netwerkorganisatie of adhocratie. In een netwerkorganisatie (zie figuur 15.34) werken verschillende participanten samen aan telkens wisselende projecten. Deze participanten kunnen zich zowel binnen als buiten de organisatie bevinden. De participanten zijn vaak hoog gekwalificeerde medewerkers met een hoge mate van autonomie.

Netwerkorganisatie

FIGUUR 15.34 De participanten binnen een netwerkorganisatie werken in verschillende projecten met elkaar samen

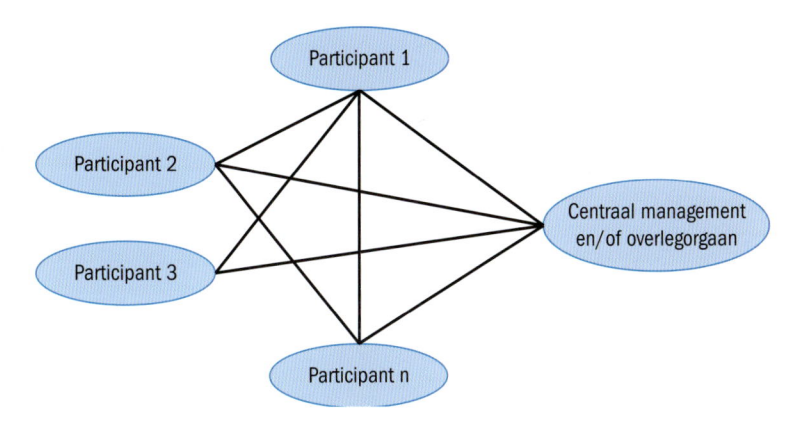

Ook bij netwerkorganisaties kun je een positieve en een negatieve variant onderscheiden, namelijk:
- het maatschappelijk netwerk
- het eenzijdige netwerk

Het maatschappelijk netwerk is een adhocratie met een positieve functionele cultuur. Als gevolg van de brede belangstelling en oriëntatie streeft de organisatie een breed pallet van doelstellingen na. We behandelen het maatschappelijk netwerk in subparagraaf 15.8.1.
Het eenzijdige netwerk (subparagraaf 15.8.2), eveneens een adhocratie, wordt gekenmerkt door een negatieve operationalistische cultuur en eenzijdige aandacht voor het bereiken van één specifieke doelstelling.

15.8.1 Het maatschappelijke netwerk

Wat zijn op hoofdlijnen de kenmerken van een maatschappelijk netwerk en welke consequenties hebben deze voor de vorm en inhoud van de managementinformatie?

Kenmerken van het maatschappelijk netwerk
In figuur 15.35 zijn de kenmerken van een maatschappelijk netwerk opgenomen.

FIGUUR 15.35 De draaiende tol van het maatschappelijk netwerk

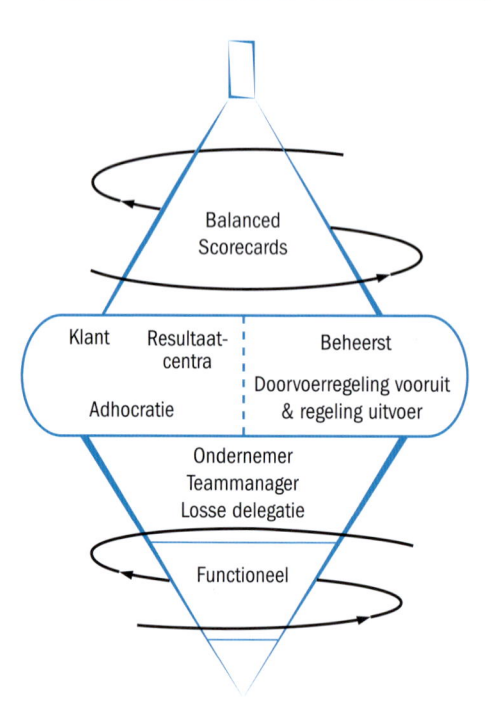

In het maatschappelijke netwerk zijn de missie, kritische succesfactoren, doelen, doelstellingen en strategie duidelijk. Het verschil met de eerder besproken maatschappelijke professional zit voornamelijk in het feit dat in het maatschappelijke netwerk in projecten meer ad hoc wordt samengewerkt. Er is vooral sprake van maatwerk. Voor klanten worden telkens specifieke producten en diensten vervaardigd. Om aan de specifieke vraag tegemoet te komen worden medewerkers bij elkaar gebracht in wisselende netwerkstructuren om in teamverband creatieve oplossingen te bedenken. De projectstructuren en netwerken veranderen frequent. De term 'eendagsorganisatie' symboliseert deze dynamiek.
De belangrijkste kenmerken van het maatschappelijke netwerk worden in tabel 15.36 weergegeven.

TABEL 15.36 Kenmerken van het maatschappelijk netwerk

Factor uit het tolmodel	Waarde van de factor
Missie, doelstellingen, strategie en KSF'en	Missie, KSF'en, doelen, doelstellingen en strategie zijn volledig uit te werken. Balanced scorecards zijn mogelijk
Structuur	Een typische adhocratie (netwerkorganisatie) met een marktgerichte structuur gericht op hoogwaardige innovatie. Selectieve decentralisatie. Onderlinge afstemming als coördinatiemechanisme. Een projectmatige werkwijze. De afdelingen worden aangestuurd en beheerst als standaardkostencentra, resultaat- of investeringscentra. De rol van de stafafdelingen is beperkt
Processen	Processen zijn goed beheersbaar, waarbij de nadruk ligt op flexibiliteitsmaatregelen en kwaliteitscontrole van het eindproduct
Managementstijl	Ondernemer, team manager Loose control
Cultuurtypen	Functioneel

Managementinformatie bij het maatschappelijk netwerk

Inhoud

De informatieverzorging heeft een sterk informeel karakter en is gericht op het project en de projectresultaten. De correcte uitvoering en beheersing van de voornaamste bedrijfsprocessen binnen de projecten staat hierbij centraal. Over het functioneren van de projectmedewerkers wordt per project gerapporteerd. In de managementrapportages wordt ingegaan op de mate waarin de in de balanced business scorecard geformuleerde doelen en doelstellingen worden gerealiseerd. Voor zover er sprake is van individuele scorecards per projectmedewerker wordt tevens informatie verstrekt omtrent de mate waarin individuele doelen en doelstellingen worden gerealiseerd.

Vorm

In projectvergaderingen en in de wandelgangen wordt over de voortgang van projecten gesproken. In beperkte mate wordt periodiek formeel over de voortgang van projecten gerapporteerd aan de opdrachtgever en het management. Met projectmedewerkers wordt na afloop van een project een formeel projectevaluatieverslag opgesteld dat de basis vormt voor periodieke functioneringsgesprekken met medewerkers.

Casus voor het maatschappelijke netwerk: Topscore

Topscore is een adviesbureau (zakelijke dienstverlening). De bedrijfsactiviteiten zijn afgestemd op de missie: het bereiken van blijvende verbeteringen bij klanten. Dit betekent dat slechts adviezen worden gegeven waarbij Topscore ook de verantwoordelijkheid voor de resultaten zou willen dragen. Topscore heeft een goed beeld van haar missie, doelstellingen, strategie en kritische succesfactoren. Dit is beschreven in een strategienota en vertaald in de doelstellingen zoals verwoord in de scorecard in figuur 15.37.

FIGUUR 15.37 De doelstellingen van Topscore

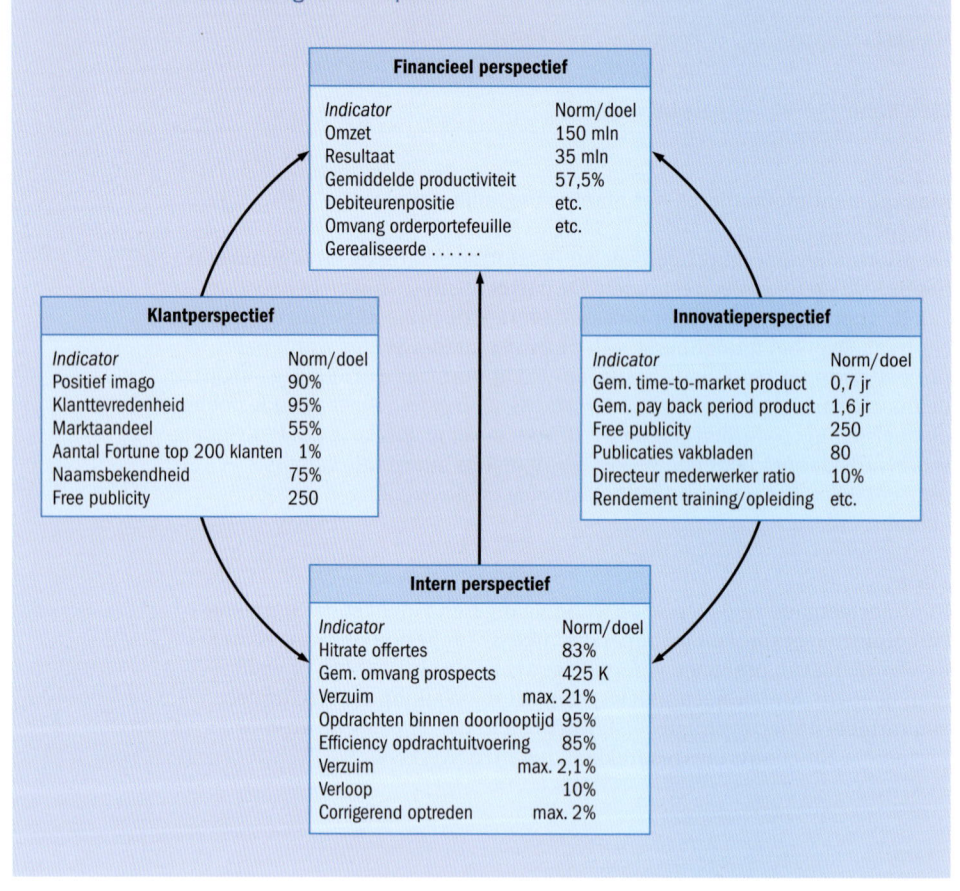

Financieel perspectief

Indicator	Norm/doel
Omzet	150 mln
Resultaat	35 mln
Gemiddelde productiviteit	57,5%
Debiteurenpositie	etc.
Omvang orderportefeuille	etc.
Gerealiseerde	

Klantperspectief

Indicator	Norm/doel
Positief imago	90%
Klanttevredenheid	95%
Marktaandeel	55%
Aantal Fortune top 200 klanten	1%
Naamsbekendheid	75%
Free publicity	250

Innovatieperspectief

Indicator	Norm/doel
Gem. time-to-market product	0,7 jr
Gem. pay back period product	1,6 jr
Free publicity	250
Publicaties vakbladen	80
Directeur medewerker ratio	10%
Rendement training/opleiding	etc.

Intern perspectief

Indicator	Norm/doel
Hitrate offertes	83%
Gem. omvang prospects	425 K
Verzuim	max. 21%
Opdrachten binnen doorlooptijd	95%
Efficiency opdrachtuitvoering	85%
Verzuim	max. 2,1%
Verloop	10%
Corrigerend optreden	max. 2%

Het primaire proces bestaat uit relatiemanagement, het acquireren, het bemensen, het plannen, het uitvoeren, het beheersen van adviesopdrachten en het implementeren van adviezen.

Op basis van de kenmerken van de processen en de belangrijkste doelen van Topscore zijn de prestatie-indicatoren voor de besturing van het proces bepaald. Hierbij kan gedacht worden aan zaken als: 'time to market' van nieuwe producten, imago, klanttevredenheid, tevredenheid medewerkers en aantal publicaties en voordrachten. Deze zijn opgenomen in de balanced business scorecard.

Om optimaal in te kunnen spelen op de diverse en zich dikwijls wijzigende behoeften van de klant is gekozen voor een netwerkorganisatie. Zes vakgerichte businessunits bestrijken dezelfde markt als de vier branche gerichte businessunits. Adviesopdrachten worden veelal uitgevoerd in multi-disciplinaire teams, samengesteld uit professionals van verschillende units. Ook komt het regelmatig voor dat kenniswerkers voor langere tijd extern ingehuurd worden. Na ieder project wordt het projectteam ontbonden na een formele evaluatie en worden de medewerkers voor een volgend project ingezet.

Interne, businessunit overstijgende netwerken en externe netwerken zijn voor het verwerven van opdrachten en het samenstellen van projectteams zeer belangrijk. De businessunits zijn omzet- en resultaatverantwoordelijk; door de vaste verhouding tussen omzet en kosten (verkoopprijzen zijn gebaseerd op het salaris) fungeren de units de facto als profit centre.

Ondersteuning geschiedt door een aantal kleine staforganen (marketing, personeelszaken, automatisering, bibliotheek en research). Deze staforganen vervullen een beperkte uitsluitend faciliterende rol en worden aangestuurd als kostencentra.

Binnen Topscore nemen de hoogwaardige professionals de belangrijkste positie in. Coördinatie vindt plaats op basis van beperkte interne regelgeving. Het management delegeert veel (loose control) en gedraagt zich als ondernemer en teammanager.

Managementinformatie bij Topscore als maatschappelijk netwerk

Per businessunit worden rapportages opgesteld over de resultaten van de steeds wisselende projecten. Deze rapportages geven aan in welke mate de doelen en doelstellingen van de businessunit zijn gerealiseerd. Deze realisatie wordt afgezet tegen de realisatie van de vorige periode. Tevens wordt er een prognose voor de komende periode gegeven. Gegeven de veelzijdigheid van de doelstellingen van Topscore is ook de managementrapportage veelzijdig. Topscore is er namelijk in geslaagd de diverse doelen en doelstellingen te vertalen in concrete indicatoren. De managementrapportage in figuur 15.38 geeft inzicht in de opbouw van de managementrapportage rondom de gedefinieerde ratio's.

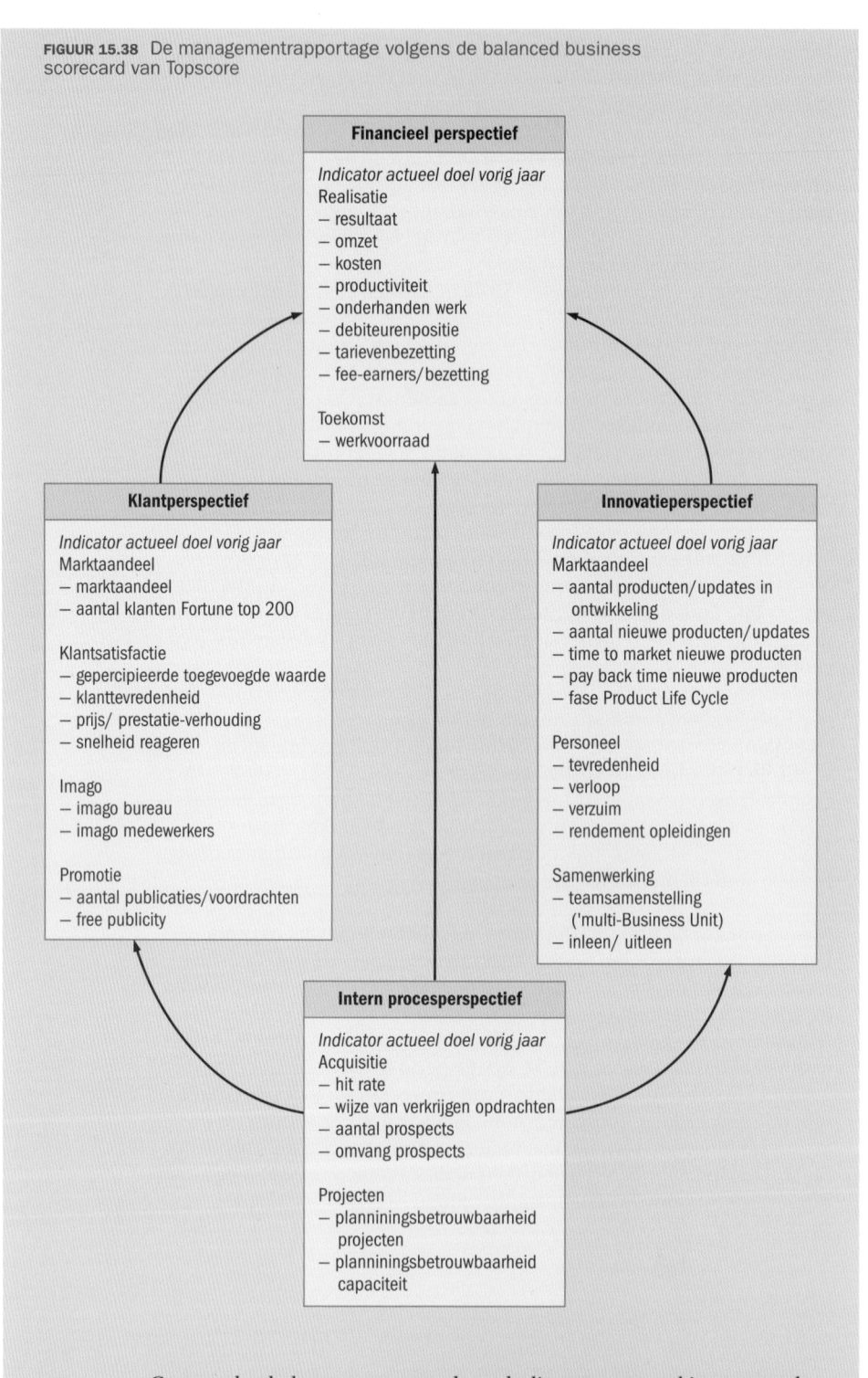

FIGUUR 15.38 De managementrapportage volgens de balanced business scorecard van Topscore

Financieel perspectief

Indicator actueel doel vorig jaar
Realisatie
— resultaat
— omzet
— kosten
— productiviteit
— onderhanden werk
— debiteurenpositie
— tarievenbezetting
— fee-earners/bezetting

Toekomst
— werkvoorraad

Klantperspectief

Indicator actueel doel vorig jaar
Marktaandeel
— marktaandeel
— aantal klanten Fortune top 200

Klantsatisfactie
— gepercipieerde toegevoegde waarde
— klanttevredenheid
— prijs/ prestatie-verhouding
— snelheid reageren

Imago
— imago bureau
— imago medewerkers

Promotie
— aantal publicaties/voordrachten
— free publicity

Innovatieperspectief

Indicator actueel doel vorig jaar
Marktaandeel
— aantal producten/updates in ontwikkeling
— aantal nieuwe producten/updates
— time to market nieuwe producten
— pay back time nieuwe producten
— fase Product Life Cycle

Personeel
— tevredenheid
— verloop
— verzuim
— rendement opleidingen

Samenwerking
— teamsamenstelling ('multi-Business Unit)
— inleen/ uitleen

Intern procesperspectief

Indicator actueel doel vorig jaar
Acquisitie
— hit rate
— wijze van verkrijgen opdrachten
— aantal prospects
— omvang prospects

Projecten
— planningsbetrouwbaarheid projecten
— planningsbetrouwbaarheid capaciteit

Gegeven het belang van een goede onderlinge samenwerking tussen de businessunits zijn een aantal samenwerkingsindicatoren ontwikkeld. Hierbij kan onder meer gedacht worden aan de inleen en uitleen die onderling plaatsvindt. Het opnemen van deze indicatoren bevordert dat de klant de beste medewerker krijgt die Topscore te bieden heeft. Hierdoor wordt zo veel mogelijk voorkomen dat businessunits hun eigen financiële resultaten opkloppen door eigen, minder gekwalificeerde mensen in te zetten. De informatie over het functioneren van de professionals (cruciaal in een netwerkorganisatie van professionals) wordt binnen Topscore wel systematisch verzameld, maar maakt geen deel uit van de periodieke rapportageset. Wel vindt tweemaal per jaar op basis van deze informatie een zogenaamde vlootschouw plaats op basis waarvan de beoordeling en promotie van het personeel plaatsvindt.

De ondersteunende diensten worden aangestuurd als kostencentra. Dit leidt ertoe dat uitgebreide kosteninformatie (actueel, budget en prognose) wordt verstrekt.

De businessunits rapporteren maandelijks op basis van de gedefinieerde indicatoren. Tweemaal per jaar vindt een planning- en controlgesprek plaats tussen het topmanagement en het businessunitmanagement. Tijdens deze gesprekken wordt het topmanagement tevens geïnformeerd omtrent de voortgang van een aantal essentiële productinnovaties.

15.8.2 Het eenzijdige netwerk

Wat zijn op hoofdlijnen de kenmerken van een eenzijdig netwerk en welke consequenties hebben deze voor de vorm en inhoud van de management-informatie?

Kenmerken van het eenzijdige netwerk
In figuur 15.39 zijn de kenmerken van een eenzijdig netwerk opgenomen.

FIGUUR 15.39 De tol van het eenzijdige netwerk

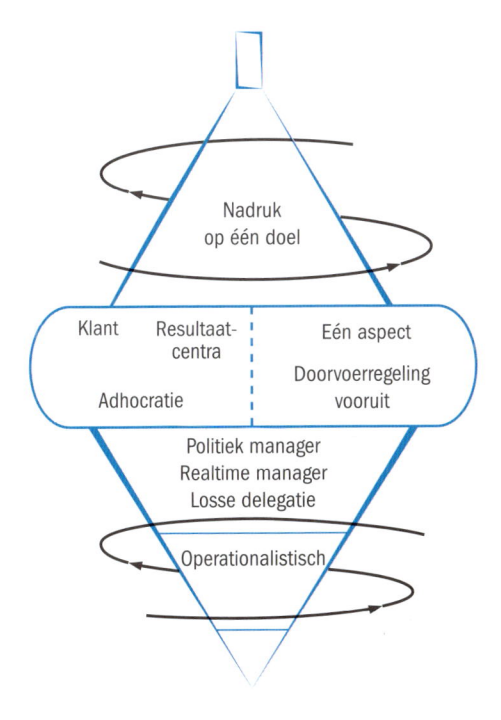

- Nadruk op één doel
- Klant
- Resultaatcentra
- Eén aspect
- Doorvoerregeling vooruit
- Adhocratie
- Politiek manager
- Realtime manager
- Losse delegatie
- Operationalistisch

Eenzijdige netwerk

Het eenzijdige netwerk onderscheidt zich van het maatschappelijk netwerk door een overdreven gerichtheid op één bepaald doel. Deze organisatie onderscheidt zich van de eenzijdige professional doordat vrijwel uitsluitend in projecten wordt gewerkt aan het tot stand brengen van unieke producten. De beheersing is gericht op het realiseren van het specifieke doel en vindt met name plaats door flexibiliteitsmaatregelen.

Evenals bij de eenzijdige professional geldt dat de eenzijdige aanpak tot suboptimalisatie leidt. Immers, de bovenmatige aandacht voor één specifieke doelstelling gaat vaak ten koste van andere belangrijke zaken. Bovendien is het voor het centraal management vaak moeilijk om het overzicht over de vele binnen het netwerk bestaande samenwerkingsverbanden te behouden. De professionals binnen de afzonderlijke samenwerkingsverbanden vervreemden door de eenzijdige nadruk van hun organisatie en krijgen steeds meer loyaliteit met hun projecten en de bijbehorende klanten ten koste van de netwerkorganisatie als geheel. De leiders van de afzonderlijke projecten komen regelmatig niet op de overlegvergaderingen en leveren de door het centrale management gevraagde informatie vaak te laat en niet juist aan. Tabel 15.40 vat de belangrijkste kenmerken van het eenzijdige netwerk samen, waarbij de verschillen met het maatschappelijke netwerk cursief zijn weergegeven.

TABEL 15.40 Kenmerken van het eenzijdige netwerk

Factor uit het tolmodel	Waarde van de factor
Missie, doelen, strategie en KSF-en	*Nadruk op één doel*
Structuur	Een adhocratie met een markgerichte organisatiestructuur waarbinnen afdelingen worden beheerst als standaardkostencentra, resultaat- en investeringscentra. Staforganen spelen een geringe rol
Processen	*De beheersing is overdreven toegespitst op één aspect.* Maatwerk, waarbij de nadruk ligt op flexibiliteitsmaatregelen en kwaliteitscontrole op het eindproduct.
Managementstijl	Politiek manager Real time manager Loose control
Cultuurtypen	*Operationalistisch*

Managementinformatie bij het eenzijdige netwerk

Inhoud
De managementinformatie is toegespitst op het eenzijdige doel dat de organisatie nastreeft.

Vorm
De cultuur zorgt voor een sterk informele informatie-uitwisseling. Standaardrapportages ontbreken veelal. Wel kan het voorkomen dat een aantal standaard items worden gedefinieerd waarover minimaal gegevens moeten worden geregistreerd of gerapporteerd. Een voorbeeld hiervan is budgetinformatie per project, ongeacht de projectsoort.

De manager zorgt ervoor dat de informele informatie hem bereikt. Gegeven de verschillende bronnen komt het voor dat de informele informatie niet eensluidend is. In dat geval hanteert de manager de informatie die hem het beste uitkomt bij het doel dat hij wenst te bereiken en de mensen die hij daartoe dient te beïnvloeden.

Casus: Flopscore als voorbeeld van een eenzijdig netwerk

Flopscore is, net als Topscore, een zakelijke dienstverlener. Qua missie, kritische succesfactoren, doelen, doelstellingen en strategie is Flopscore in belangrijke mate vergelijkbaar met Topscore. Dit geldt eveneens voor de interne organisatie, de cultuur en de managementstijl. Het probleem waar Flopscore mee wordt geconfronteerd is dat de markt voor haar producten en diensten sedert enige tijd een terugval vertoont. Hierdoor vallen de financiële resultaten belangrijk tegen. De omzet loopt terug terwijl het personeelsbestand stabiel blijft. Budgetten worden bij lange na niet meer gehaald en de onderneming dreigt zelfs in de rode cijfers terecht te komen. De bovenstaande situatie leidt tot hard ingrijpen vanuit het management. Een aantal belangrijke maatregelen betreft:

- stopzetten van alle interne projecten, publicaties en ontwikkelwerk
- bevriezen van productinnovaties
- embargo op het aannemen van nieuwe professionals en het inhuren van externe professionals (subcontractors)
- het actief stimuleren van het vertrek van minder goed functionerende medewerkers
- embargo op het volgen van cursussen
- terugdringen van algemene marketingactiviteiten
- alle aandacht richten op directe acquisitie

Gegeven de omstandigheden waarin de organisatie verkeert is deze eenzijdige oriëntatie op de financiële resultaten volstrekt logisch. Twee jaar na het aantrekken van de markt is er in de oriëntatie van het management echter nog niets gewijzigd. Deze voortzetting van de eenzijdige benadering leidde in eerste instantie tot een ongekende verbetering van het resultaat. Tegelijkertijd vormt deze nadruk op den duur een serieuze bedreiging voor de continuïteit van Flopscore. De kwaliteit van de medewerkers en producten neemt langzaam af. Ook de trots op het bedrijf en de moraal van de medewerkers daalt. De perceptie van de markt over Flopscore en haar producten wordt geleidelijk aan steeds minder positief. Steeds meer offertetrajecten worden verloren. De tarieven die Flopscore van haar klanten kan vragen nemen af. Er ontstaat overcapaciteit. Meer mensen moeten afvloeien in combinatie met het behalen van een hogere bezetting per medewerker. Kortom, Flopscore komt in een neerwaartse spiraal terecht.

Managementinformatie bij Flopscore als eenzijdig netwerk
Hoewel Flopscore, naar analogie van Topscore, een management-rapportage heeft die is afgestemd op een voor alle aspecten uitgewerkte

balanced business scorecard, wordt nu voorrang gegeven aan een beperkte selectie van vooral financiële indicatoren en niet-financiële indicatoren die een rechtstreekse relatie met het resultaat hebben (zoals productiviteit). Deze indicatoren worden wekelijks gerapporteerd. Om de betrokkenheid onder de medewerkers bij het financiële resultaat zo groot mogelijk te doen zijn, wordt een samenvatting van deze rapportage onder de medewerkers verspreid. Dit was mede noodzakelijk omdat onder het personeel een hoop onrust was ontstaan. Iedereen vraagt zich af hoe slecht het werkelijk gaat en is bezorgd over de continuïteit van zijn dienstbetrekking.

In de samenvatting nemen de productiviteit, het gemiddeld tarief, de projectresultaten, het onderhanden werk, de omvang van de debiteuren, de in de afgelopen week uitgebrachte offertes en de verkregen opdrachten een voorname positie in. Deze informatie wordt vergeleken met voorgaande perioden, met het budget en met de prognose. Tevens bevat de samenvatting 'het verhaal' van een succesvolle acquisitie.

De rapportage aan het management bevat dezelfde elementen als de samenvatting voor de medewerkers, maar is gedetailleerder. Hierbij wordt onder meer een onderscheid gemaakt naar de betreffende businessunit die de offertes heeft uitgebracht dan wel de opdrachten heeft verworven. Tevens wordt de productiviteit en het gerealiseerde tarief uitgesplitst per functieniveau en worden projectresultaten, debiteurenposities en onderhanden werk per businessunit weergeven. Daarnaast wenst het management natuurlijk inzicht in de effecten die de getroffen maatregelen op de winst hebben.

Om te kunnen bewaken dat niet de hand wordt gelicht met de getroffen maatregelen wordt onder meer informatie verschaft omtrent de uren die op interne (productontwikkeling, marketing en opleiding) codes worden geboekt. Deze uren worden net als de leegloopuren aangeduid met de verzamelterm 'lost hours'.

Overigens heeft de onrust geleid tot een omvangrijk informeel informatiecircuit dat door het verstrekken van de genoemde samenvattende informatie niet is geneutraliseerd. Zo weet een ieder wel te melden dat het met een specifieke businessunit slecht gaat en worden er ook namen genoemd van collega's die zondebok zijn en 'het niet gaan halen'.

Ook de diverse businessunitmanagers hebben het benauwd gekregen en sluiten de gelederen. Dit leidt ertoe dat de zo belangrijk geachte samenwerking tussen de verschillende businessunits in het gedrang komt. De verminderde belangstelling van het topmanagement op indicatoren als inleen/uitleen werkt dit gedrag verder in de hand. De businessunitmanagers proberen elkaar de loef af te steken en genereren allerlei positieve informatie omtrent de eigen businessunit. Deze informatie wordt aangewend om de eigen businessunit positief te doen afsteken ten opzichte van de andere businessunits.

Samenvatting

In dit hoofdstuk zijn een aantal toltypen behandeld. Het betreft ideaaltypen (referentiemodellen). Het hanteren van de relevantietypologie kan, in combinatie met de in deel 2 behandelde betrouwbaarheids- en procestypologie, op efficiënte wijze leiden tot een beeld van de gewenste managementinformatie. Dit is een eenvoudigere methode dan het toepassen van het volledige tolmodel. Immers, in tegenstelling tot het toepassen van het tolmodel hoeft er niet uitgebreid te worden ingegaan op de verschijningsvormen van alle factoren van het tolmodel.

Let op: in de tabel die zich aan de binnenzijde van het omslag bevindt, kun je snel de belangrijkste tolfactoren per relevantietype opzoeken.

16
Andere toepassingen van de relevantietypologie

16.1 Mogelijke toepassingen
16.2 Veranderingsrichtingen binnen de relevantietypologie
16.3 Organisatieveranderingen
16.4 Een voorbeeld: De speelgoedtol

In hoofdstuk 16 laten we je zien dat je het tolmodel en de daarmee samenhangende relevantietypologie voor meer dingen kunt gebruiken dan alleen voor het bepalen van de informatiebehoeften van het management. Tevens kun je lezen dat organisaties van relevantietype kunnen veranderen doordat de samenstellende delen van de tol veranderen.

16.1 Mogelijke toepassingen

Voor welke andere doel dan het bepalen van de managementinformatie kun je de relevantietypologie ook gebruiken?

In het vorige hoofdstuk is ingegaan op de relatie tussen de diverse toltypen van de relevantietypologie en de gewenste managementinformatie. Daarnaast wordt de relevantietypologie in de praktijk gehanteerd als:
1 *Diagnose-instrument.* Hierbij wordt voor een specifieke organisatie bekeken of de verschillende factoren van het toltype in voldoende mate op elkaar zijn afgestemd. Zo kan bijvoorbeeld worden vastgesteld dat een organisatie die sterk klantgericht wenst te opereren, een cultuur heeft die daar niet op aansluit. Deze diagnose kan dan de basis voor een traject van cultuurverandering zijn.
2 *Checklist* bij het inrichten van de interne organisatie. Een goede interne organisatie kenmerkt zich door het feit dat de structuur, de wijze van procesbeheersing, de cultuur en de managementstijl zijn afgestemd op de missie, kritische succesfactoren, doelen en doelstellingen.

3 *Kompas.* Organisaties zijn geen statische grootheden; ze zijn permanent in verandering. Organisaties ontwikkelen zich dikwijls binnen de relavantietypologie van het ene toltype naar het andere toltype. Er is sprake van een aantal logische overgangen tussen toltypen. Het management van een organisatie kan, uitgaande van het huidige toltype, prognosticeren welk toltype naar verloop van tijd kan ontstaan. Door dit inzicht kan het management bewust proberen dit traject te versnellen dan wel te vertragen.

16.2 Veranderingsrichtingen binnen de relevantietypologie

Wat wordt bedoeld met de dynamiek van het tolmodel?

In figuur 16.1 zie je de dynamiek van de relevantietypologie afgebeeld. De meest voor de hand liggende veranderingsrichtingen zijn erin weergegeven. Er is hierbij volstaan met het weergeven van typeveranderingen die het management bewust in gang heeft gezet. Daarnaast kan iedere 'positieve' variant ontaarden in een negatieve variant.

FIGUUR 16.1 Veranderingsrichtingen in de relevantietypologie

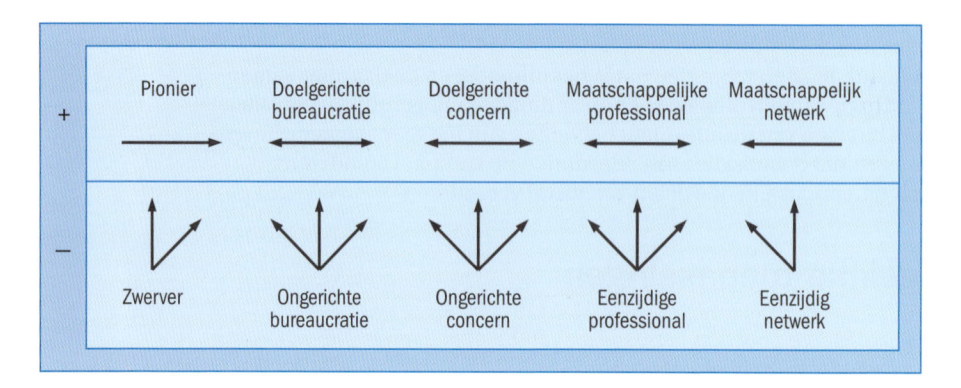

Vier belangrijke drijfkrachten achter dergelijke veranderingen zijn:
1 groei van de organisatie
2 omgevingsveranderingen
3 verandering van kritische succesfactoren
4 de voorkeursstijl van het management

Ad 1 Groei van de organisatie
Groei dwingt organisaties veelal hun beheersinstrumentarium te herzien. Organisaties groeien als het ware uit hun jas. Om toch de noodzakelijke efficiëntie, effectiviteit en flexibiliteit te kunnen waarborgen, is het noodzakelijk nieuwe of aanvullende maatregelen te treffen. Zo 'dwingt' groei de pionierende organisatie tot meer structuur en afstemmingsmechanismen, waardoor de overgang naar bijvoorbeeld een machinebureaucratie of divisiestructuur in zicht komt.

Ad 2 Omgevingsveranderingen
De organisatie maakt deel uit van haar omgeving en vervult daarin een functie. Elke verandering in de omgeving zal moeten worden beoordeeld (proactief dan wel reactief) op mogelijke consequenties voor de organisatie. Hierbij kan worden gedacht aan:
- deregulering bij de overheid; deze dwingt tot een grotere mate van marktgerichtheid
- toenemende concurrentie
- vergrijzing
- concentratie in de toeleveringsmarkt
- ontwikkelingen op de beurzen
- ontwikkelingen van het consumentenvertrouwen

Ad 3 Verandering van kritische succesfactoren
Als een organisatie het voor het realiseren van haar missie en doelen noodzakelijk acht haar kritische succesfactoren te wijzigen, dan kan dit noodzaken tot een verandering van toltype. Ter illustratie worden hieronder enige voorbeelden gegeven:
- Als kostenbeheersing en efficiëntie de nadruk krijgen, dan beschikt een machinebureaucratie over de noodzakelijke eigenschappen.
- Als de nadruk wordt gelegd op markt- en klantgerichtheid, dan past een flexibel organisatietype. Maatschappelijke organisaties kunnen in die situaties goede diensten bewijzen.
- Wordt de aandacht gericht op innovatie, dan zijn organisatietypen die creativiteit toelaten en waarin een relatief groot aantal vrijheidsgraden bestaan het meest toepasselijk. Hierbij kan worden gedacht aan pionierende organisaties dan wel professionele organisaties (met name maatschappelijke professionals).

Ad 4 De voorkeursstijl van het management
Verschillende managers hebben eigen voorkeursstijlen. Sommige managers gedijen goed in positieve en andere juist in negatieve culturen. Wisselingen van het management kunnen als gevolg hiervan dan ook leiden tot wisselingen van toltype.

16.3 Organisatieveranderingen

Welke vragen moeten worden beantwoord om een bewust organisatieveranderingsproces in gang te kunnen zetten?

Een bewust organisatieveranderingsproces kan grofweg in drie fasen worden ingedeeld, waarin de volgende vragen moeten worden beantwoord:
1 Wat is de uitgangspositie?
2 Waar willen we naartoe: hoe ziet de gewenste toekomstige situatie eruit?
3 Hoe gaan we van de huidige naar de gewenste situatie? Welke strategieën, rollen, methoden en technieken kunnen worden gehanteerd om de gewenste verandering te realiseren?

Organisatieveranderingsproces

Het veranderen van toltype is ook een veranderingsproces. Ten aanzien van de eerste twee vragen kan de relevantietypologie ondersteuning bieden. Zowel het huidige als het gewenste toltype kunnen worden vastgesteld.

Ad 1 Wat is de uitgangspositie?
Met de relevantietypologie kan een organisatie zichzelf 'scoren' aan de hand van de factoren waaruit de tol is opgebouwd. Zodoende kan het actuele toltype worden bepaald. Speciale aandacht kan daarbij worden geschonken aan de kwaliteit van het beheersingssysteem (de mate van evenwicht tussen de beheersingsinstrumenten en effectiviteit van deze instrumenten).

Ad 2 Waar willen we naartoe: hoe ziet de gewenste toekomstige situatie eruit?
Als blijkt dat het bestaande toltype blijkbaar niet de optimale organisatievorm is dan wel de kwaliteit van het beheersingssysteem onvoldoende is, dan kunnen knelpunten en verbeterpunten worden aangegeven. Vervolgens wordt de gewenste eindsituatie bepaald. Deze eindsituatie moet voorzien in het wegnemen van de geconstateerde knelpunten en het realiseren van de verbeterpunten. Bij het bepalen van de gewenste eindsituatie dient te worden aangegeven welk toltype na wordt gestreefd.

Ad 3 Hoe gaan we van de huidige naar de gewenste situatie?
Meerdere strategieën zijn mogelijk om een veranderingsproces door te voeren. Bedacht dient te worden dat het doorvoeren van veranderingen in toltype geen eenvoudige zaak is. Immers, dikwijls zal de organisatiecultuur hiertoe dienen te veranderen. Dit is, zo leert de praktijk, altijd een moeizaam traject dat dikwijls meerdere jaren vergt.
We behandelen kort drie veranderstrategieën:
a De *rationeel-empirische strategie* is erop gericht veranderingen te verantwoorden en te motiveren door redelijke argumenten en informatie aan te dragen. De strategie is gebaseerd op de veronderstelling dat mensen zich rationeel gedragen en zich laten leiden door organisatiebelangen.
b De *normatief-reëducatieve strategie* is erop gericht gewenst veranderingsgedrag te bewerkstelligen door met behulp van training de normen en waarden van de mens te beïnvloeden. Ook deze strategie gaat ervan uit dat de mens rationeel is. Daarnaast wordt verondersteld dat de mens actief gericht is op het bevredigen van zijn behoeften.
c De *machts-dwangstrategie* is erop gericht directe macht uit te oefenen om gewenst gedrag af te dwingen. De strategie gaat ervan uit dat de mens van nature gericht is op eigenbelang.

In principe zijn alle strategieën denkbaar bij verandering van toltype. Ook combinaties van strategieën zijn mogelijk. Bij het veranderen van toltype dient, ongeacht de te hanteren strategie, te worden bedacht dat dit een omvangrijk, complex en langdurig veranderingsproces is. Deze verandering moet 'gemanaged' worden.
Onder het motto 'door het nemen van te grote stappen scheurt de broek' dient de verandering langs een aantal plateaus te geschieden. Elk plateau is een moment waarop de organisatie orde op zaken heeft gesteld; een moment van rust. Tijdens zo'n moment van rust wordt geëvalueerd en worden de te zetten vervolgstappen opnieuw vastgesteld.

16.4 Een voorbeeld: De Speelgoedtol

De casus die in deze paragraaf centraal staat, geeft de verandering weer van een pionierende organisatie naar een doelgerichte bureaucratie die vervolgens doorgroeit naar een doelgericht concern. De gevolgen van deze verandering voor de managementinformatievoorziening worden eveneens weergegeven. Het voorbeeld is beperkt tot de hoofdlijnen van het groeiproces. De gedefinieerde plateaus die tussen twee toltypen worden bereikt, worden niet in dit voorbeeld behandeld.

De Speelgoedtol als pionier

De Speelgoedtol is een kleine, jonge onderneming die zich volledig toelegt op de 'ouderwetse' speelgoedmarkt. De oprichter wil graag uitgroeien tot een gerespecteerd speelgoedfabrikant die een goede boterham verdient. Hij heeft van zijn garage een productiehalletje gemaakt, waar hij samen met vijf medewerkers het speelgoed naar eigen ontwerp maakt. De Speelgoedtol is een pionierende organisatie met de volgende kenmerken:
- personeel: goed gemotiveerde medewerkers
- structuur: zeer eenvoudig georganiseerd
- administratieve organisatie: weinig regels en procedures
- cultuur: mythisch, improviserende manier van werken, inspirerend en motiverend leiderschap
- managementstijl: tight control, de oprichter is door de geringe omvang in staat zijn medewerkers direct aan te sturen. De oprichter is een typische ondernemer die voortdurend zoekt naar mogelijkheden om zijn doelstellingen te realiseren (contactpersoon/ondernemer)
- informatiesystemen: geen geautomatiseerde informatiesystemen
- financiële controls: geen, de enige vorm van financiële control is extern en wordt uitgeoefend door de financiële instelling die kredieten heeft verleend

---

Wat is de managementinformatiebehoefte van de directeur van De Speelgoedtol als pionier?

De oprichter heeft als directeur behoefte aan managementinformatie die met name extern is georiënteerd. De belangrijkste informatiebron is zijn informele netwerk. De interesse gaat daarbij uit naar nieuwe marktkansen, de successen van de individuele producten, het betalingsgedrag van klanten, de voortgang van lopende octrooi-aanvragen en de winst/omzet.

Alles verandert op de dag dat De Speelgoedtol een belangrijke prijs wordt toegekend. De bekendheid van het bedrijf neemt toe en de vraag naar producten groeit snel. Dit is de kans waar de oprichter jarenlang op heeft gewacht. Organisatieverandering is onvermijdelijk. Indien nu niet tot expansie wordt overgegaan, dan ontstaat het gevaar dat concurrenten die een efficiënter productieproces hebben, het speelgoedconcept gaan kopiëren.
Om meer medewerkers aan te kunnen stellen alsmede om de productieruimte uit te kunnen breiden zijn financiële middelen nodig. De oprichter besluit een aantal kennissen financieel en bestuurlijk te laten participeren in de onderneming. Er worden duidelijke afspraken gemaakt over de taakverdeling. De één wordt verantwoordelijk gesteld voor de productie, de ander voor verkoop en marketing en weer een ander

voor inkoop en algemene zaken (personeel, financiën en automatisering). Een functionele structuur dus.
Er wordt meer personeel aangetrokken en fors geïnvesteerd in productiemiddelen. Het productieproces wordt zo veel mogelijk gestandaardiseerd waarbij kwaliteit en efficiëntie centraal staan (een rationeel-empirische veranderstrategie). De Speelgoedtol ontwikkelt zich duidelijk tot een doelgerichte bureaucratie.

De Speelgoedtol als doelgerichte bureaucratie
Het beheerssysteem van De Speelgoedtol in de nieuwe typologie is met name gericht op efficiëntie en laat zich als volgt samenvatten:
- personeel: goed gemotiveerde medewerkers die specifieke kennis en vaardigheden moeten beheersen voor specifieke activiteiten binnen het productieproces
- administratieve organisatie: duidelijke regels en procedures
- cultuur: ontologisch, streven naar standaardisatie
- managementstijl: tight control, het nieuwe management wil graag alles weten, horen en zien en zich overal mee bemoeien. Dit heeft te maken met het feit dat de onderneming groeit en de managers allen eigen middelen hebben geïnvesteerd. Delegatie van verantwoordelijkheden en bevoegdheden vindt slechts in beperkte mate plaats.
- informatiesystemen: geautomatiseerde informatiesystemen worden geïmplementeerd. Er is sprake van IT-toepassingen die primair gericht zijn op het verbeteren van de efficiëntie. Er bestaat geen overall visie inzake de informatiehuishouding; dit leidt tot een aantal 'stand alone'-toepassingen.
- financiële controls: de functionele eenheden krijgen budgetten toegewezen. Periodiek vindt er op basis van de werkelijke kosten een evaluatie plaats van de budgetten en worden prognoses opgesteld. De aandacht richt zich primair op budgetbewaking.

Wat is de managementinformatiebehoefte van de directeur van De Speelgoedtol als doelgerichte bureaucratie?

Centraal in de informatievoorziening staat financieel-economische informatie en andere informatie die zicht geeft op de efficiëntie. Zo worden kosten en opbrengsten vergeleken met budgetten, doelstellingen en prognoses en is informatie over de voorraadkosten alsmede omtrent afval en uitval beschikbaar. Het belang van planning wordt onderstreept door uitgebreide informatievoorziening over de orderportefeuille en beschikbaarheid van middelen (mensen, grondstoffen, et cetera). De directeur-oprichter wordt niet langer over alles in detail geïnformeerd. Verantwoordelijkheden en bevoegdheden en daarmee ook de bijbehorende managementinformatiebehoefte zijn gedelegeerd aan functionele managers. Er wordt dan ook informatie verschaft omtrent de verschillende functionele gebieden (inkoop, voorraad, productie, verkoop e.d.). De informatie die de directeur-oprichter krijgt, verschaft echter voldoende inzicht om te kunnen beoordelen of het goed gaat met het bedrijf alsmede waar zich eventuele knelpunten en verbeterpunten voordoen.

De genoemde wijziging van toltype en de overeenkomstige aanpassing van de managementrapportage heeft De Speelgoedtol in staat gesteld te floreren. Binnen relatief korte tijd hebben de investeringen geld en roem gebracht. De Speelgoedtol is enorm gegroeid en een gerespecteerde en kapitaalkrachtige onderneming geworden.

> Nader marktonderzoek heeft uitgewezen dat er steeds minder sprake is van een 'uniforme' klant. Zo blijken de behoeften aan producten van De Speelgoedtol sterk te worden bepaald door de maatschappelijke en culturele achtergrond van de klanten. Om optimaal in te kunnen spelen op het multiraciale karakter van de West-Europese samenleving alsmede om de export buiten Europa te bevorderen, wordt het productenpakket sterk gedifferentieerd.

> **De Speelgoedtol als doelgericht concern**
> Besloten wordt de organisatie overeenkomstig aan te passen. Er worden stappen gezet die ertoe moeten leiden dat De Speelgoedtol een doelgericht concern wordt. Hierbij wordt een normatieve reëducatieve veranderstrategie gehanteerd.
> Rondom clusters van product-/marktcombinaties worden resultaatverantwoordelijke divisies geformeerd. De divisies zijn verantwoordelijk voor het integrale productieproces van hun eigen product(en) en kunnen zich laten bijstaan door eigen stafdiensten. Het oude management van De Speelgoedtol wordt het concernmanagement en voor de divisies worden divisiemanagers aangesteld. Ook op concernniveau bestaan stafdiensten die zich hoofdzakelijk bezighouden met de generieke administratieve, financiële en personele control.
> Het beheerssysteem van De Speelgoedtol in het nieuwe toltype laat zich als volgt samenvatten:
> - personeel: op divisieniveau werken goed gemotiveerde medewerkers die specifieke kennis en vaardigheden beheersen voor specifieke activiteiten binnen het productieproces. Op concernniveau zitten hoogwaardige professionals.
> - administratieve organisatie: relatief weinig regels en procedures die de relatie tussen het concern en de divisies regelen. Er is een performance measurement en early warningsysteem afgesproken. Daarmee is het *wat* (de door de divisie te leveren prestatie) redelijk goed gedefinieerd, voor wat betreft het *hoe* beschikken de divisies over een gezonde dosis autonomie.
> - cultuur: functioneel
> - managementstijl: loose control, het concernmanagement spreekt doelen/te behalen resultaten met het divisiemanagement af. Periodiek wordt over de voortgang gerapporteerd en gesproken.
> - informatiesystemen: er ontstaat vanuit het concernmanagement steeds meer de behoefte aan een meer gezamenlijke informatiehuishouding. De kosten van informatisering rijzen door allerlei 'individuele' oplossingen namelijk de pan uit. Bovendien wil het concernmanagement voor bepaalde toepassingen een standaard doorvoeren. Het financial accounting systeem is daar het duidelijkste voorbeeld van.
> - financial controls: de divisies krijgen op basis van hun doelstellingen financiële middelen toegewezen. De resultaten worden gerelateerd aan het beslag dat is gelegd op het budget. De aandacht ligt dus niet uitsluitend bij de budgetbewaking.

Wat is de managementinformatiebehoefte van de directie van De Speelgoedtol als doelgericht concern?

In de nieuwe situatie krijgt de concerndirectie maandelijks een concernrapport dat gebaseerd is op de divisierapportages. De rapportage geeft inzicht in de prestaties van het concern als geheel en de afzonderlijke divisies in het licht van de vooraf gedefinieerde doelstellingen. Hieromtrent zijn tussen concern en divisie een aantal relevante performance-indicatoren afgesproken.

Samenvatting

In dit hoofdstuk lieten we je zien dat je het tolmodel ook kunt gebruiken als diagnose-instrument, checklist en kompas. In deel 4, 5 en 6 maken we ook gebruik van het tolmodel om de specifieke kenmerken van een organisatie vast te stellen.

Daarnaast lieten we zien dat organisaties zich kunnen ontwikkelen van het ene relevantietype naar het andere aan de hand van de casus De Speelgoedtol. De Speelgoedtol ontwikkelt zich van een pioniersorganisatie via een doelgerichte bureaucratie tot een doelgericht concern. Deze veranderingen zijn door het management bewust en telkens tijdig in gang gezet. Hierdoor heeft De Speelgoedtol zich optimaal aangepast aan de zich telkens wijzigende omstandigheden. De kwaliteit van het management heeft er hierbij ook voor gezorgd dat negatieve toltypen (zwervende dan wel ongerichte toltypen) konden worden vermeden.

De zes delen van dit boek

Besturen en Beheersen

Deel 1
Interne Beheersing

2 Wat is beheersing?
3 Beheersing volgens Simons
4 COSO-modellen
5 Procesbeheersing met het KAD-model

Bestuurlijke Informatie

Deel 2
Betrouwbaarheid

6 Betrouwbaarheid en beheersing
7 Interne controle
8 Betrouwbaarheidstypologie
9 Procestypologie

Deel 3
Relevantie

10 Tolmodel
11 Bovenkant van de tol
12 Midden van de tol
13 Onderkant van de tol
14 Contingentiebenadering en tolmodel
15 Relevantietypologie
16 Andere toepassingen relevantie-typologie

Inrichten Bestuurlijke Informatieverzorging

Deel 4
Ontwerpen van administratieve processen

17 Ontwerpen van administratieve processen

Deel 5
BIV en Automatisering

18 Informatiebeleid en informatieplan
19 Ontwikkelen van informatiesystemen
20 General & application controls

Deel 6
Beheer van de BIV-functie

21 Organisatie van de BIV-functie
22 Vastleggen van de BIV

DEEL 4

Ontwerpen van administratieve processen

17 Ontwerpen van administratieve processen 291

Om relevante en betrouwbare informatie te kunnen produceren zul je een proces moeten inrichten. Deze bestuurlijk informatie opleverende processen (de zogenaamde administratieve processen) moeten ontworpen en geïmplementeerd worden. In deel 4 behandelen we hiervoor een aanpak. IT maakt een steeds groter deel uit van dergelijke administratieve processen. De verschillende processtappen, de interne controlemaatregelen, de te produceren informatie en de inrichting van de IT-applicaties moet dan ook hand in hand plaatsvinden. Op het onderwerp IT gaan we in deel 5 dieper in.

17
Ontwerpen van administratieve processen

17.1 Stappenplan voor het ontwerpen van administratieve processen
17.2 Stap 1: Uitvoeren van een bedrijfsverkenning
17.3 Stap 2: Analyseren van bestaande processen
17.4 Stap 3: Ontwerpen van nieuwe verbeterde administratieve processen
17.5 Stap 4: Implementatie

Dit hoofdstuk behandelt het ontwerpen van administratieve processen oftewel die processen die onderdeel uitmaken van het bestuurlijke informatieverzorgingsproces. Aan de hand van een stappenplan laten we je zien wat er allemaal komt kijken bij het ontwerpen van administratieve processen.

Ontwerpen van administratieve processen

17.1 Stappenplan voor het ontwerpen van administratieve processen

Een administratief proces is een proces waarbij gegevens vastgelegd, verzameld en verwerkt worden tot informatie. Deze informatie moet geschikt zijn om de juiste beslissingen te kunnen nemen, een proces te kunnen beheersen, een proces te laten functioneren en om verantwoording af te kunnen leggen.
Een goed functionerend BIV-proces is zo ingericht dat betrouwbare en relevante informatie geproduceerd kan worden. Daarnaast kun je nog andere criteria hanteren voor de inrichting van een goed BIV-proces. Denk bijvoorbeeld aan flexibiliteit en efficiëntie. Wij richten ons in deel 4 echter met name op het ontwerpen van BIV-processen die betrouwbare en relevante informatie opleveren.
Met het ontwerpen van een administratief of BIV-proces bedoelen wij het ontwerpen van een proces dat relevante informatie op een betrouwbare manier oplevert. Om te bepalen wat relevante informatie is, maken we gebruik van het in deel 3 behandelde tolmodel. De maatregelen die ervoor

Administratief proces

moeten zorgen dat deze informatie betrouwbaar is, ontlenen we aan de betrouwbaarheids- en procestypologie die behandeld is in deel 2.
De administratieve processen bestaan vaak gedeeltelijk uit activiteiten die door mensen worden uitgevoerd, maar ook uit activiteiten die door informatiesystemen worden uitgevoerd. Van het ontwerp van een administratief proces maken dus zowel handmatige als geautomatiseerde activiteiten deel uit. De vraag wie binnen en administratief proces welke activiteiten uitvoert, is mede bepalend voor de structuur van de organisatie. In deel 5 van dit boek gaan wij met name op het onderdeel automatisering in. De invoering van een nieuw administratief proces betekent dus veranderingen, en niet alleen op automatiseringsgebied. Medewerkers (en vaak ook managers) van de organisatie moeten op een andere manier gaan werken. Het werkt beter als zij de verandering ook begrijpen en liefst ook steunen. Het is vaak een heel gepuzzel (zie figuur 17.1) om een goed werkend administratief proces te krijgen waarbij IT, processen en mensen optimaal functioneren.

FIGUUR 17.1 Puzzelen met IT, processen, structuur en verandering

| Informatiesystemen en technische infrastructuur | Bedrijfsprocessen en organisatiestructuur | Personeel en verandering |

Welke vier stappen moet je doorlopen bij het ontwerpen van administratieve processen?

Business proces redesign

Het aanpassen en verbeteren of herontwerpen van processen wordt ook wel aangeduid met de term business proces redesign (BPR) (zie ook Harrington, Esseling en Van Nimwegen (1997)). Het is aan te bevelen het ontwerpen en implementeren van nieuwe of verbeterde administratieve processen uit te voeren in de vorm van een project. Bij dit project kun je het stappenplan hanteren uit tabel 17.2.

TABEL 17.2 Stappenplan voor het ontwerpen van administratieve processen

Stap	Doelstelling met korte omschrijving
1 Het uitvoeren van een bedrijfsverkenning	Het doel van deze voorbereidende stap is om kennis op te doen met betrekking tot de eigenschappen van de organisatie in het algemeen.
2 Het analyseren van bestaande processen	Het doel van deze stap is om inzicht te verkrijgen in de mate waarin de bestaande administratieve processen kunnen voorzien in de gewenste relevante en betrouwbare informatieverzorging.

TABEL 17.2 Stappenplan voor het ontwerpen van administratieve processen (vervolg)

Stap	Doelstelling met korte omschrijving
3 Het ontwerpen van nieuwe administratieve processen of aanpassen van bestaande	Het doel van deze stap is om te komen tot administratieve processen waarin gegevens zo vastgelegd worden dat de gewenste relevante en betrouwbare informatieverzorging mogelijk is. Dit kan soms het meest eenvoudig door bestaande administratieve processen aan te passen. Soms is het echter beter een proces volledig opnieuw te ontwerpen.
4 Het implementeren van de nieuwe of aangepaste administratieve processen	Het doel van deze stap is om ervoor te zorgen dat de zorgvuldig ontworpen wijzigingen of nieuwe processen adequaat ingevoerd worden. Het opleiden en trainen van medewerkers in de nieuwe manier van werken maakt onderdeel van deze stap uit.

Wij zullen deze stappen in het vervolg van dit hoofdstuk afzonderlijk behandelen. In dit deel maken we gebruik van de casus Super Sprinkler om de toepassing van dit stappenplan te laten zien.

Super Sprinkler BV is een onderneming met een omzet van 10 miljoen euro en 98 medewerkers. Bij Super Sprinkler zijn de volgende afdelingen aanwezig:
- *Verkoop*
- *Inkoop*
- *Magazijn*
- *Administratie*

Het bedrijf is gespecialiseerd in de verkoop van onderdelen voor sprinklerinstallaties. Grote instellingen en bouwbedrijven zijn de klanten van Super Sprinkler. Als gevolg van verzekeringseisen moeten de onderdelen van de sprinklers aan strenge eisen voldoen. Hoewel het bedrijf de eerste vijf jaar van haar bestaan een stormachtige groei heeft doorgemaakt, lijkt er nu een kentering te zijn gekomen. Klanten klagen over lange en onbetrouwbare leveringen.

Door de hectiek van de dag is er niet altijd veel aandacht geweest voor informatiesystemen. De directeur-grootaandeelhouder Kees Willems heeft twee maanden geleden een nieuwe financieel directeur aangetrokken: Patrick Houtman. Patrick Houtman is 33 jaar en was in zijn vorige functie senior manager bij een middelgroot accountantskantoor. Hij kent Kees Willems via zijn vrouw. De twee konden het direct goed samen vinden en Patrick heeft de taak op zich genomen om de financiële functie verder te professionaliseren, zodat uiteindelijk een goedkeurende controleverklaring verkregen kan worden. Deze maakt het makkelijker om extra vermogen aan te trekken.

Patrick heeft vrij snel in de gaten dat de administratieve processen bij Super Sprinkler niet zo lopen zoals ze zouden moeten lopen. Om niet onnodig vijanden te krijgen en omdat hij het erg druk heeft in zijn nieuwe functie, geeft hij aan een externe adviseur Lisa Kemperman de opdracht om een procesanalyse uit te voeren en met verbetervoorstellen te komen. Lisa werkt nog bij het accountantskantoor waar Patrick vandaan komt en is in het laatste jaar van haar masterstudie voor accountant. Het lijkt haar een leuke opdracht, weer eens iets anders!

17.2 Stap 1: Uitvoeren van een bedrijfsverkenning

Voordat je administratieve processen voor een organisatie kunt ontwerpen, zul je de organisatie voldoende moeten kennen. Soms is dit het geval omdat je er al een tijdje werkt. Ook als je ergens al een tijdje werkt weet je echter vaak lang niet alles van de organisatie en de processen waar je specifiek naar wilt gaan kijken. Je doet deze kennis op door het uitvoeren van een bedrijfsverkenning. Tijdens deze bedrijfsverkenning verzamel je informatie over de organisatie en meer specifiek over de administratieve processen die je wilt gaan ontwerpen. Dit doe je op de volgende manier:

Bedrijfsverkenning

- Je neemt kennis van eventuele vastleggingen met betrekking tot de administratieve processen en vraagt naar de actualiteit. Denk daarbij met name aan het handboek BIV dat wij in deel 6 (hoofdstuk 22) zullen behandelen.
- Je houdt interviews met leiding en medewerkers die veel te maken hebben met administratieve processen. Dit zullen in ieder geval de afdelingshoofden zijn en het hoofd Administratie.
- Je loopt rond en bouwt zelf een mening op over de organisatie in het algemeen.

Onderwerpen bij de bedrijfsverkenning zie je in tabel 17.3, met een verwijzing naar de subparagraaf waarin deze behandeld zullen worden.

Welke onderwerpen spelen een rol bij een bedrijfsverkenning in het kader van het ontwerpen van administratieve processen?

TABEL 17.3 Belangrijke punten om bij de bedrijfsverkenning aandacht aan te besteden

Onderwerpen bij bedrijfsverkenning	In subparagraaf:
Aard van de waardekringloop en het betrouwbaarheidstype van de organisatie	17.2.1
Kenmerken van de tolfactoren en het relevantietype van de organisatie	17.2.2
Structuur van de automatisering: • Welke applicaties zijn er? • Hoe ziet de infrastructuur er uit? • Welk beleid is er geformuleerd?	17.2.3
Oordeel managers en medewerkers over huidige BIV: • Wat ervaren managers en medewerkers als de sterke punten van de huidige wijze waarop de administratieve processen werken en wat ervaren ze als de zwakke plekken? • Zijn de managers tevreden met de managementinformatie die ze ontvangen? Is de informatie die ze ontvangen ook betrouwbaar (volledig en juist)?	17.2.4

Tijdens het uitvoeren van de bedrijfsverkenning krijg je tevens een indruk of de leiding in control is ten aanzien van de efficiëntie, effectiviteit en betrouwbaarheid van zowel de bedrijfsprocessen als de administratieve processen. De efficiëntie, effectiviteit en betrouwbaarheid van deze processen hangt samen met de opzet en werking van het interne beheersingssysteem. Volgens de exposure draft van Internal Control Framework van de COSO-organisatie (2011) zijn zeventien principes belangrijk bij het beoordelen van een intern beheersingssysteem. In tabel 17.4 zijn deze principes vertaald naar vragen waarmee je het interne beheersingssysteem kunt beoordelen.

TABEL 17.4 Vragen ter beoordeling van het internal control framework (gebaseerd op COSO, 2011)

Component van het internal control framework	Tijdens de bedrijfsverkenning te stellen vragen
Control environment	
	1 In hoeverre zijn integriteit en ethische waarden een belangrijk uitgangspunt?
	2 In hoeverre is de Raad van Commissarissen onafhankelijk van het management en oefent deze effectief toezicht uit op de opzet en ontwikkeling van het interne beheersingssysteem?
	3 In hoeverre sluit de structuur van de organisatie en de verdeling van bevoegdheden aan op de gestelde doelen?
	4 In hoeverre is de organisatie in staat om competente medewerkers aan te trekken, te ontwikkelen en te behouden die de organisatiedoelen kunnen verwezenlijken?
	5 In hoeverre worden individuen verantwoordelijk gehouden voor de voorschriften van het interne beheersingssysteem?
Risk assessment	
	6 In hoeverre zijn de doelen duidelijk genoeg om daar risico's aan te kunnen verbinden?
	7 In hoeverre identificeert de organisatie de risico's die voor de huishouding verbonden zijn met de gestelde doelen en analyseert deze?
	8 In hoeverre houdt de organisatie rekening met het risico op fraude?
	9 In hoeverre heeft de organisatie oog voor veranderingen die van invloed kunnen zijn op het interne beheersingssysteem?
Control activities	
	10 In hoeverre heeft de organisatie beheersingsactiviteiten gekozen en ontworpen die een effectieve bijdrage leveren aan het mitigeren van de risico's die verbonden zijn met de gestelde doelen?
	11 In hoeverre heeft de organisatie een algemeen stelsel van beheersingsactiviteiten gekozen en ontwikkeld dat gericht is op de binnen de organisatie aanwezige technologische hulpmiddelen?
	12 In hoeverre zijn de beheersingsactiviteiten verwoord in beleid en procedures?

TABEL 17.4 Vragen ter beoordeling van het internal control framework (gebaseerd op COSO, 2011) (vervolg)

Component van het internal control framework	Tijdens de bedrijfsverkenning te stellen vragen
Information and communication	
	13 In hoeverre maakt de organisatie gebruik van relevante informatie die ook aan andere kwaliteitseisen voldoet om het interne beheersingssysteem te laten functioneren?
	14 In hoeverre wordt deze informatie intern effectief gecommuniceerd zodat het intern beheersingssysteem goed kan functioneren?
	15 In hoeverre communiceert de organisatie effectief met externe partijen over de werking van het interne beheersingssysteem?
Monitoring activities	
	16 In hoeverre heeft de organisatie de juiste monitoring activiteiten (zowel separate als ongoing) gekozen om er zeker van te zijn dat de componenten van het interne beheersingssysteem bestaan en werken?
	17 In hoeverre worden tekortkomingen van het interne beheersingssysteem tijdig geëvalueerd en gecommuniceerd met de partijen die verantwoordelijk zijn voor het toezicht?

17.2.1 Aard van de waardekringloop en het betrouwbaarheidstype van de organisatie

Voordat je bestaande administratieve processen gedetailleerd gaat analyseren, is het goed om je af te vragen:
- Hoe ziet de waardekringloop er ongeveer uit?
- Wat is het betrouwbaarheidstype van de organisatie?

Door het globaal in kaart brengen van de waardekringloop (zie subparagraaf 7.4.3) krijg je inzicht in welke bedrijfsprocessen voor de organisatie in kwestie van groot belang zijn en hoe hun onderlinge samenhang is. De bedrijfsprocessen zijn immers gekoppeld aan de administratieve processen die ervoor moeten zorgen dat de bedrijfsprocessen soepel verlopen (informatie ten behoeve van het doen functioneren) en bestuurd worden met betrouwbare en relevante informatie. Binnen het administratieve proces leggen medewerkers, management en klanten gegevens vast die gebruikt worden voor de informatieverzorging aan anderen en zichzelf. Via het in kaart brengen van de waardekringloop kun je tevens vaststellen met welke betrouwbaarheidstypologie je te maken hebt (zie hoofdstuk 8). Het geeft je bovendien een beeld van de belangrijkste interne controlemaatregelen die je bij deze organisatie mag verwachten.

Lisa besluit om eerst de waardekringloop voor Super Sprinkler in kaart te brengen. Deze waardekringloop tref je in figuur 17.5 aan. Het is de waardekringloop van een handelsbedrijf. Eenvoudiger kan eigenlijk niet: die heeft ze in haar studie al zo vaak gehad.

FIGUUR 17.5 De waardekringloop van Super Sprinkler

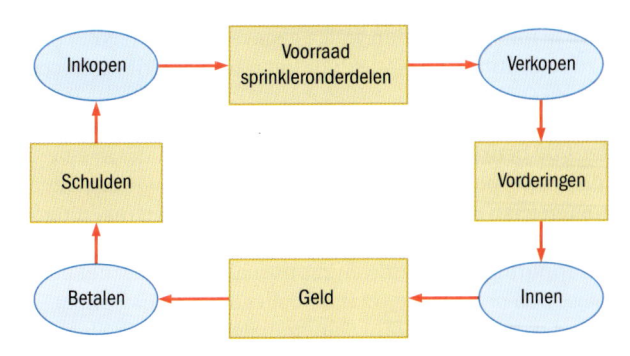

```
Inkopen → Voorraad sprinkleronderdelen → Verkopen
  ↑                                        ↓
Schulden                                Vorderingen
  ↑                                        ↓
Betalen ← Geld ← Innen
```

Vervolgens slaat ze subparagraaf 8.2.1 van dit boek er op na, en haalt daar het betrouwbaarheidsschema uit voor een handelsbedrijf op rekening. Dit schema wordt haar referentiekader voor de analyse van de effectiviteit van de betrouwbaarheidsmaatregelen van de huidige administratieve processen. Nu heeft ze een overzicht van de processen die bij Super Sprinkler een rol spelen en een aanknopingspunt voor de voornaamste interne controlemaatregelen die de betrouwbaarheid moeten waarborgen van de informatie die de administratieve processen genereren.

17.2.2 Kenmerken van de tolfactoren en het relevantietype van de organisatie

Het is tevens van belang om voor de organisatie waarvoor je administratieve processen gaat ontwerpen de verschijningsvorm van de afzonderlijke tolfactoren (figuur 17.6) te onderzoeken.

FIGUUR 17.6 Het tolmodel

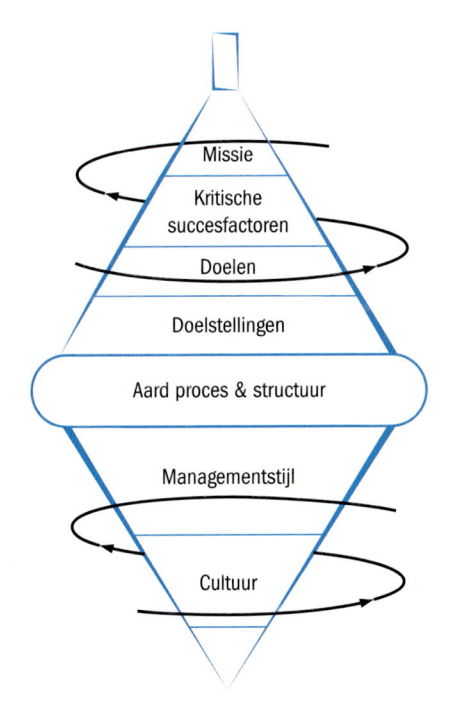

- Missie
- Kritische succesfactoren
- Doelen
- Doelstellingen
- Aard proces & structuur
- Managementstijl
- Cultuur

Het tolmodel hebben wij in deel 3 gebruikt om te bepalen welke managementinformatie relevant is. Bij het ontwerpen van de administratieve processen (stap 3 in tabel 17.2) zul je moeten bepalen welke gegevens vastgelegd moeten worden om zo relevante informatie door het administratieve proces te laten opleveren.

Daarnaast is het hanteren van het tolmodel een handige en gestructureerde wijze van kijken tijdens de bedrijfsverkenning. Je zult begrijpen dat er een fit moet zijn tussen de ontworpen administratieve processen en de organisatie waarin deze moeten gaan draaien. Zou je bijvoorbeeld geen rekening houden met de factor managementstijl, dan zou je een administratief proces met een hoge rapportagefrequentie en rapportages met veel details kunnen ontwerpen voor een organisatie waar de collectieve managementstijl als loose control kan worden beschouwd en managers eigenlijk niet al te vaak en op hoofdlijnen geïnformeerd willen worden. Op de inhoud van de individuele tolfactoren gaan wij hier niet verder in. Die kun je opzoeken in deel 3.

Hoe kun je het tolmodel gebruiken bij het ontwerpen van een administratief proces?

Lisa maakt op basis van het tolmodel een ruwe schets voor de situatie bij Super Sprinkler:
- *De bovenkant van de tol: formele vastleggingen met betrekking tot missie, kritische succesfactoren, doelen en doelstellingen zijn er eigenlijk niet. Super Sprinkler is wel op groei en winst gericht, maar Kees Willems lijkt aan een geformaliseerde strategie geen behoefte te hebben.*
- *Het midden van de tol: Een eenvoudige structuur en zo op het oog lijken niet alle bedrijfsprocessen beheerst te verlopen. De voornaamste functionele processen had Lisa al getekend bij het in kaart brengen van de waardekringloop*
- *Managementstijl en cultuur: deze worden sterk door Kees bepaald.*

Op basis van deze analyse zou Super Sprinkler zowel een pionier als een zwerver kunnen zijn.

De relevantietypologie kun je in dit opzicht ook gebruiken als een handig instrument om de richting aan te geven bij het ontwerp van de administratieve processen. Bij het ontwerpen van administratieve processen houd je met de volgende drie aspecten rekening:
1. doelen: financieel en/of niet-financieel
2. processen: beheerst of niet-beheerst
3. mate van detaillering van de rapportages

Deze aspecten zijn in tabel 17.7 uitgewerkt.

TABEL 17.7 Aan het tolmodel gerelateerde aspecten die van invloed zijn op ontwerpproces

Ontwerpaspect	Omschrijving
Doelen: financieel en/of niet-financieel	Wanneer de informatie die moet worden vastgelegd in het administratieve proces overwegend financieel van aard is, zal het karakter van de vast te leggen gegevens anders zijn dan wanneer de informatiebehoefte ook niet-financieel van aard is. In het laatste geval moet ook de niet-financiële informatie onderdeel van het administratieve proces worden. Deze informatie komt vaak uit andere (geautomatiseerde) systemen dan de financiële informatie.
Processen: beheerst of niet-beheerst	Wanneer de bedrijfsprocessen niet beheerst verlopen dan is het de vraag of dit met het verstrekken van informatie verholpen kan worden. Eerst zul je moeten onderzoeken of er aanpassingen in het bedrijfsproces of de wijze van aansturing nodig zijn, voordat je het daarbij horende administratieve proces gaat ontwerpen. Dit speelt onder meer een rol bij de negatieve toltypen.
Mate van detaillering van de rapportages	Een sterke detaillering van de informatiebehoefte ten aanzien van bedrijfsprocessen heeft als consequentie dat er ook veel of uitgebreide administratieve processen zullen zijn en omgekeerd.

Verschillende typen van de relevantietypologie leiden tot verschillen bij het ontwerpen van de administratieve processen. Tabel 17.8 geeft de effecten van het behoren tot een bepaald relevantietype op de inrichting van de administratieve processen weer.

TABEL 17.8 Relatie tussen relevantietype en inrichting administratieve processen

	Mate van detaillering van de rapportages	Aard van de doelen	Processen overwegend beheerst of niet-beheerst
Charismatische organisaties			
Pionier	Beperkt	Vooral financieel	Beheerst
Zwerver	Beperkt	Vooral financieel	*Mogelijk niet beheerst*
Doelgerichte organisaties			
Doelgerichte bureaucratie	Groot	Ook niet-financieel	Beheerst
Doelgericht concern	Van beperkt tot groot	Ook niet-financieel	Beheerst
Ongerichte organisaties			
Ongerichte bureaucratie	Groot	Vooral financieel	*Mogelijk niet beheerst*
Ongericht concern	Van beperkt tot groot	Vooral financieel	*Mogelijk niet beheerst*
Maatschappelijke organisaties			
Maatschappelijke professional	Beperkt	Ook niet-financieel	Beheerst
Maatschappelijk netwerk	Beperkt	Ook niet-financieel	Beheerst

TABEL 17.8 Relatie tussen relevantietype en inrichting administratieve processen (vervolg)

	Mate van detaillering van de rapportages	Aard van de doelen	Processen overwegend beheerst of niet-beheerst
Eenzijdige *organisaties*			
Eenzijdige professional	Beperkt	Ook niet-financieel	Overdreven beheerst op één aspect
Eenzijdig netwerk	Beperkt	Ook niet-financieel	Overdreven beheerst op één aspect

Lisa ziet zich nu steeds meer voor een dilemma geplaatst, want in de paar dagen dat ze nu bij de nieuwe werkgever van Patrick heeft mogen verblijven, heeft ze geen onverdeeld positieve indruk van Super Sprinkler gekregen. Ze vindt Kees Willems maar erg op zichzelf gericht en hij lijkt meer bezig met het uitzoeken van zijn nieuwe auto dan met het bedrijf zelf. De afdelingshoofden kunnen hem goed bespelen, maar ze heeft toch wel in de gaten dat veel processen niet goed lopen. Ze wil Patrick niet voor het hoofd stoten, maar ze vindt Super Sprinkler eerder een zwerver dan een pionier. Patrick is een rasoptimist en zegt: 'Wacht maar af, ik ga de zaken hier flink verbeteren en daar ga jij mij bij helpen. Maar ik ben blij met je objectieve analyse.'

17.2.3 Structuur van automatisering

Automatisering speelt een belangrijke rol bij het produceren van bestuurlijke informatie. Veel administratieve processen kunnen prima functioneren zonder handmatige activiteiten. Wanneer je in de praktijk een administratief proces gaat ontwerpen, zul je bij je ontwerp daarom rekening moeten houden met de mogelijkheden en risico's die geautomatiseerde systemen bieden. In deel 5 gaan wij hier uitgebreid op in.

Tijdens je bedrijfsverkenning gaat het er om dat je jezelf een algemeen beeld vormt van de kwaliteit van de geautomatiseerde systemen en IT-infrastructuur. Vragen die je jezelf hier zou kunnen stellen zijn:
- Loopt de organisatie voorop of achteraan bij de toepassing van ICT-techniek?
- Wordt gebruikgemaakt van standaard programma's of zijn de computerprogramma's zelf gemaakt?
- Zijn er onlangs automatiseringsprojecten in gang gezet of afgerond en hoe zijn de ervaringen?
- Hoe is de kwaliteit van het beheer van ICT in het algemeen?

Lisa is tot de conclusie gekomen dat Super Sprinkler bepaald niet voorop loopt als het om automatisering gaat. Twee jaar geleden is er een begin gemaakt met de aanschaf van een ERP-pakket dat in de toekomst zowel de inkoop-, de voorraad- als de verkoopprocessen tezamen met de financieel-administratieve processen moet gaan ondersteunen. De verkoopmodule (figuur 17.9) is toen als eerste aangeschaft en tevens de controlmodule. Hans Pieters, die hoofd verkoop is, was in het begin wel enthousiast over de mogelijkheden van het pakket, maar door het ontbreken van de voorraad- en inkoopmodule bleven de voordelen beperkt. Toen Kees Willems van bekenden hoorde hoeveel problemen ze hadden met hun ERP-systemen, besloot hij om voorlopig maar niet verder te gaan. Iedereen had toch een pc en kon printen en e-mailen?

FIGUUR 17.9 Print-out van invoerscherm verkoopmodule

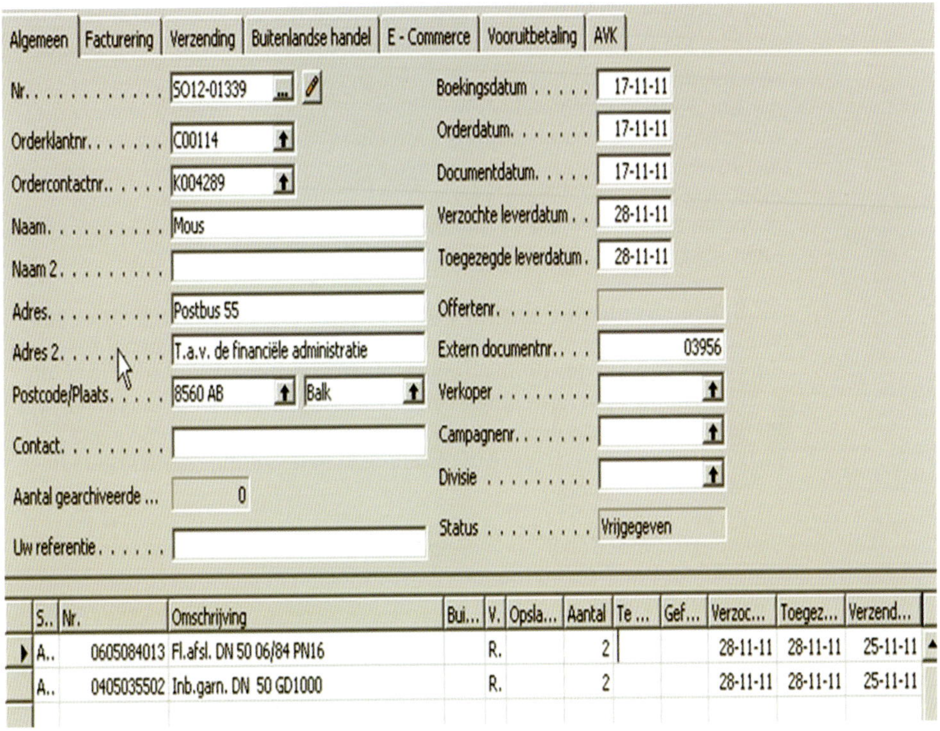

17.2.4 Oordeel managers en medewerkers over de huidige BIV

Ook is het belangrijk om een algemeen beeld te krijgen wat managers en medewerkers als de sterke punten van de huidige wijze van werken ervaren en wat ze ervaren als de zwakke plekken. Zijn de managers tevreden met de managementinformatie die ze ontvangen. Krijgen ze de juiste informatie en is de informatie die ze ontvangen ook betrouwbaar?

Door haar gesprekken met medewerkers en afdelingshoofden ontstaat bij Lisa de indruk dat de problemen vooral in het inkoop- en voorraadproces zitten. Vanuit de afdeling verkoop zijn er veel klachten over de onbetrouwbare en onvolledige informatie ten aanzien van deze processen. Het invoeren van veel basisgegevens in zowel de verkoopmodule als het afzonderlijke voorraadsysteem wordt als inefficiënt ervaren. Uiteraard zal een nadere analyse duidelijkheid moeten geven waar precies de problemen door veroorzaakt worden.

17.3 Stap 2: Analyseren van bestaande processen

Nadat je de bedrijfsverkenning hebt uitgevoerd, heb je inmiddels een aardig beeld opgebouwd van de organisatie. In overleg met de directie en andere leidinggevenden is besloten welke administratieve processen aangepast moeten worden of zelfs van de grond af aan moeten worden ontworpen.

Het is nu tijd voor de tweede stap uit tabel 17.2. Het analyseren van bestaande processen gebeurt in twee stappen:
1 bepalen van de doelstellingen van administratieve processen
2 vaststellen van de huidige procesgang en analyse van relevantie en betrouwbaarheidsrisico's

Patrick heeft in overleg met Kees Willems besloten dat Lisa zich eerst maar eens op het inkoopproces moet richten. Dat komt omdat het hoofd inkoop Hendrik de Gier volgend jaar met pensioen zal gaan en het makkelijker is om nu vast veranderingen aan te zwengelen. Bovendien is Hendrik iemand die weliswaar veel van de markt weet en uitstekend kan onderhandelen, maar niet bekend staat om zijn nauwkeurige manier van werken. Als hij vertrekt moet de continuïteit dus wel verzekerd zijn. Vanuit de waardekringloopgedachte zegt Patrick dat ze dan meteen maar even naar het opslagproces moet kijken.

17.3.1 Bepalen doelstellingen van administratieve processen

Voordat je aan de analyse kunt beginnen, zul je eerst moeten bepalen wat de doelstellingen van de administratieve processen zijn. Wij richten ons in dit deel met name op doelstellingen die verband houden met betrouwbaarheid en relevantie. Tijdens de analyse van de bestaande administratieve processen ga je dan na in hoeverre deze doelstellingen in de huidige situatie gerealiseerd kunnen worden.

Stel dat Lisa voor Super Sprinkler de algemene doelstellingen voor het inkoopproces en het voorraadproces zou moeten bepalen. Deze algemene doelstellingen vind je in tabel 17.10. Bij het bepalen van de relevantiedoelstellingen is ze ervan uitgegaan dat Super Sprinkler een pionier is (of wordt). Bij de ontwerpfase zal ze hier nog dieper op in moeten gaan.

TABEL 17.10 Betrouwbaarheids- en relevantiedoelstellingen van het administratieve inkoopproces

Betrouwbaarheidsdoelstellingen	Relevantiedoelstellingen

Het administratieve proces dat de inkoopfunctie ondersteunt, moet waarborgen dat:
a de inkoopprijs niet te hoog is
b het aantal ingekochte goederen en de daarvoor betaalde prijs juist wordt verantwoord
	Het administratieve proces ten aanzien van de inkopen moet zo opgezet zijn dat informatie ten aanzien van de volgende punten mogelijk is:
	1 Managementinformatie:
	  a Inkoopkosten gespecificeerd per artikelgroep
	  b Verleende kortingen per leverancier
	2 Operationele informatie:
	  Omvang voorraden per artikelgroep, aangevraagde en ontvangen offertes, leveranciersinformatie, klachten inzake leveranciers, openstaande inkooporders, goederenontvangst, openstaande schulden aan leveranciers

17.3.2 Vaststellen van de huidige procesgang en analyse van relevantie en betrouwbaarheidsrisico's

Nadat je de doelstellingen van het administratieve proces hebt bepaald, zul je moeten onderzoeken hoe de huidige procesgang verloopt. Dit doe je door kennis te nemen van de administratieve producten die het proces in gang zetten en die binnen het proces vervaardigd worden. Daarnaast worden interviews gehouden met de verantwoordelijke medewerkers. Bij de analyse van de huidige procesgang spiegel je de feitelijke gang van zaken aan je verwachting op basis van de procestypologie. Per processtap kun je dan de relevantie en betrouwbaarheidsrisico's bepalen.

Lisa Kemperman komt op basis van haar analyse van het inkoopproces tot de volgende bevindingen (zie tabel 17.11):

TABEL 17.11 Bevindingen ten aanzien van huidige procesgang inkoopproces Super Sprinkler

Processtap	Omschrijving situatie bij Super Sprinkler	Relevantierisico	Betrouwbaarheidsrisico
Impuls	Telefonische melding door magazijnmeester, inkoper noteert bestelling op blocnote	Geen inzicht in de samenstelling van de actuele voorraad	Juistheid van het niet meer op voorraad zijn
Leveranciersselectie	Inkoper surft op internet en doet navraag bij bekende leveranciers. Kortingen worden telefonisch bedongen en in schrift vastgelegd. Er worden geen offertes aangevraagd of contracten afgesloten	Geen inzicht in de activiteiten van de inkoper Geen inzicht in de afgesproken kortingen Geen inzicht in de huidige inkoopprijs per artikel	Bevoordeling leveranciers door inkoper Volledige registratie van ontvangen kortingen
Bestelling	Inkoper plaatst meestal via e-mail een bestelling bij leverancier en houdt een eigen administratie bij van de afgesproken prijzen die hij aan de verkoper ter beschikking stelt om de prijs te bepalen	Geen inzicht in lopende inkooporders anders dan na raadplegen e-mailbox van inkoper	Volledigheid van verplichtingen naar leveranciers onbekend
Goederenontvangst	Goederen worden bij de magazijnmeester afgegeven. Administratie werkt wekelijks de voorraad bij met behulp van de pakbonnen.	Geen direct inzicht in de levertijd van leveranciers Vertraagd inzicht in de samenstelling en hoogte van de voorraad	Juistheid van de ontvangen bestellingen wordt niet gecontroleerd

TABEL 17.11 Bevindingen ten aanzien van huidige procesgang inkoopproces Super Sprinkler (vervolg)

Processtap	Omschrijving situatie bij Super Sprinkler	Relevantierisico	Betrouwbaarheidsrisico
Ontvangst en controle van facturen	Inkoper tekent voor akkoord voor de prijs en administratie controleert met pakbon of artikelen geleverd zijn	Geen direct inzicht in de ontvangen en te betalen facturen	Juistheid van de inkoopprijs
Overige controles en activiteiten door administratie	Administratie totaliseert de goedgekeurde inkoopfacturen en bepaalt op basis van de tweemaandelijkse inventarisatie van de voorraad de kostprijs van de omzet	Geen tijdig en nauwkeurig inzicht in de kostprijs verkopen	Juistheid van de derving

De resultaten van haar analyse legt Lisa aan Patrick voor. Er worden in het inkoopproces onvoldoende interne controlemaatregelen uitgevoerd. Patrick schrikt er toch wel een beetje van. Hij vreest dat dit zelfs een goedkeurende controleverklaring in de weg zou kunnen staan. 'Vertel dit nog maar even aan niemand', zegt hij. 'Ik wil dit eerst even met Kees bespreken.' Kees laat zich door Patrick overtuigen dat een herontwerp voor het inkoop- en opslagproces noodzakelijk is.

17.4 Stap 3: Ontwerpen van nieuwe verbeterde administratieve processen

Na de analyse van de administratieve processen (stap 2) is het duidelijk geworden wat de tekortkomingen zijn van de bestaande administratieve processen. Het is nu tijd voor stap 3: het ontwerpen van nieuwe administratieve processen.

Wanneer een administratief proces enkele onvolkomenheden bevat, is het vaak het meest eenvoudig alleen deze onvolkomenheden te verhelpen. Als er echter veel verbeterpunten zijn, kan de aanpak waarbij je jezelf alleen op het oplossen van deze onvolkomenheden richt, wel eens niet tot het optimale resultaat leiden. Het kan dan tot lapwerk leiden. In zo'n geval is het beter om te besluiten het hele administratieve proces opnieuw te ontwerpen (zie ook Harrington, Esseling en Van Nimwegen, 1997).

Tijdens een dergelijk herontwerpproces worden de volgende functionarissen bij de ontwikkeling betrokken:
- *De leiding*: deze ontvangen de relevante managementinformatie en geven het project de noodzakelijke legitimiteit.
- *De administratie*: deze produceert de managementinformatie over het proces en is verantwoordelijk voor de interne controle.
- *Automatiseerders*: zij moeten de systemen opzetten waarmee het ontworpen proces technisch gerealiseerd kan worden (zie verder deel 5).
- *De afdelingshoofden*: zij hebben hun eigen informatiebehoefte.
- *De medewerkers*: zij moeten leren hoe het nieuwe proces functioneert en moeten met de aangepaste computersystemen kunnen werken.

Het ontwerpproces voor administratieve processen is afgebeeld in figuur 17.12. In hoofdlijnen gaat het om:
- het bepalen van de relevante informatie en de te treffen maatregelen van interne controle (betrouwbaarheid), zie paragraaf 17.4.1
- het ontwerpen van de administratieve processen, zie paragraaf 17.4.2
- het ontwerpen van gegevensverzamelingen, zie paragraaf 17.4.3
- het veelal vertalen van dit ontwerp naar een geautomatiseerd informatiesysteem, zie deel 5

FIGUUR 17.12 Het ontwerp van administratieve processen

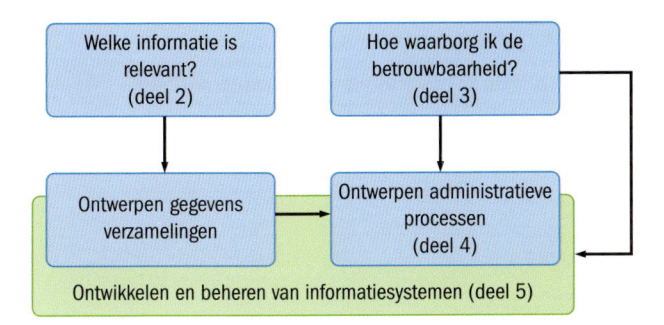

* Pijlen geven de richting van de invloed aan
  Factoren die een rol spelen bij het ontwerpen van administratieve processen

17.4.1 Bepalen managementinformatie en te treffen interne controlemaatregelen

Het ontwerp moet zo zijn dat uiteindelijk de bestuurlijke informatieverzorging van de processen betrouwbaar en relevant is. Relevante managementinformatie kun je het beste bepalen met het tolmodel (deel 3). De betrouwbaarheidsmaatregelen zijn afhankelijk van het type organisatie en proces, zoals je hebt kunnen lezen in deel 2. Wij hebben daarbij de structuur volgens tabel 17.13 gehanteerd.

TABEL 17.13 Maatregelen van interne controle ter waarborging van de betrouwbaarheid

Preventieve maatregelen van interne controle	Repressieve maatregelen van interne controle
Uitvoeren van een risicoanalyse (subpar. 7.4.1) om het stelsel te ontwerpen	
Oordeelsvorming ex ante (subpar. 7.4.2) en opzet managementinformatie (subpar. 7.4.7)	Oordeelsvorming ex post door middel van cijferbeoordeling (subpar. 7.5.1)
Controletechnische functiescheiding (subpar. 7.4.3)	Materiële verbandscontroles (subpar. 7.5.2)
Procedures, richtlijnen en wet- en regelgeving (subpar. 7.4.4)	Detailcontroles en controles op de naleving van procedures, richtlijnen en wet- en regelgeving (subpar. 7.5.3)
Opzet van geautomatiseerde informatiesystemen (subpar. 7.4.6)	Verwerkingsverslagen en testen van general en application controls (subpar. 7.5.4)
Beveiliging van zaken (subpar. 7.4.5)	Waarneming ter plaatse zoals inventarisatie (subpar. 7.5.5)

Na de stappen die je hebt uitgevoerd in het kader van de voorgaande paragrafen, heb je voldoende basis om een goed ontwerp te kunnen maken van het verbeterde proces. De leiding dient zich allereerst akkoord te verklaren met de geformuleerde betrouwbaarheids- en relevantiedoelstellingen (subparagraaf 17.3.1) voordat je verder gaat met het ontwerpproces.

Lisa heeft in overleg met de directeur (Kees), de administrateur en Patrick de informatiebehoefte voor het management (tabel 17.14) en de inkoopmedewerker (tabel 17.15) bepaald ten aanzien van het inkoopproces.

TABEL 17.14 Managementinformatie ten aanzien van het inkoopproces

Managementinformatie in relatie tot begroting en de vorige periode
Inkoopkosten
Omvang inkopen per inkoper
Contractpositie
Omvang uitstaande offerteaanvragen
Omvang uitstaande bestellingen
Contractpositie
Leverbetrouwbaarheid leveranciers

TABEL 17.15 Operationele informatie ten aanzien van het inkoopproces

Operationele informatie inkoopmedewerker
Aanvraag tot bestelling
Spoedorder van afdeling verkoop
Actuele prijs op inkoopmarkt voor een artikel
Leveranciersdocumentatie
Leverproblemen van een leverancier
Huidige voorraadpositie van een artikel

Lisa heeft vervolgens per processtap voor Super Sprinkler op basis van haar eerdere risicoanalyse een voorstel gemaakt van de te treffen maatregelen van interne controle (zie tabel 17.16). Dit voorstel legt ze voor aan Patrick en de administrateur. Deze zijn blij met haar gestructureerde aanpak.

TABEL 17.16 Risicoanalyse met voorstel voor in te voeren maatregelen van interne controle

Processtap	Risico	In te voeren maatregelen van interne controle
Impuls	Bevoegdheid aanvrager	Competentietabel: wie is tot wat bevoegd en voor welk bedrag?
	Juiste inkoop-hoeveelheid	• Werken met bestelniveaus en vaste bestelhoeveelheden • Vastleggen van inkoopbeslissingen, versturen van orderbevestigingen • Bestelling omvat onder meer: kwaliteit, levertijd, plaats levering, wijze van verpakking
Leveranciersselectie	Bevoegdheid inkoper	Competentietabel: wie is tot wat bevoegd en voor welk bedrag? Anders autorisatie directie
	Juistheid inkoopprijs	Offerteprocedure
	Samenspanning leverancier met inkoop	• Periodieke roulatie van inkopers • Adequate offerteprocedure (zie inkoop-proces) • Training hoe om te gaan met giften van leveranciers
Bestelling	Bevoegdheid besteller	Logische toegangsbeveiliging gekoppeld aan een competentietabel
	Volledige en juiste registratie van verplichtingen	• Contractprocedure met doorlopende nummering • Logische toegangsbeveiliging en invoercontroles tot contractbestand • Invoercontroles, zie deel automatisering
Goederenontvangst, levering dienst	Alleen bestelde goederen/diensten worden ontvangen	• Raadplegen inkoopbestand door magazijnmeester, ontvanger dienst • Verlenen van kwijting (tekenen pakbon)
	Telfouten	Informeer tellende ontvanger niet over de bestelde hoeveelheid; laat ontvangstrapport tekenen
	Volledige registratie van de ontvangen aantallen	Administratie legt verband tussen bestelde goederen/diensten en geleverde goederen/diensten
Ontvangst en controle van facturen	Zie verder crediteurenproces	Zie verder crediteurenproces

17.4.2 Maken van het procesontwerp

Nadat de informatiebehoefte en betrouwbaarheidsmaatregelen voor de administratieve processen bepaald zijn, is het nu tijd voor het procesontwerp. Het logische ontwerp van een administratief proces geeft een voorstelling van de samenhang tussen de administratieve processen en de gegevensverzamelingen. Deze voorstelling zal later door middel van een meer gedetailleerd ontwerp (het technische ontwerp van vaak geautomatiseerde informatiesystemen) gerealiseerd moeten worden. Op het ontwikkelen van het technisch ontwerp gaan we in deel 5 in.

Lisa komt na overleg met Patrick tot de conclusie dat het administratieve proces met betrekking tot de inkopen de stappen zou moeten omvatten uit tabel 17.17.

TABEL 17.17 Processtappen uit het ontwerp van het administratieve inkoopproces

Stappen bedrijfsproces	Stappen administratief proces
Impuls	*Vastleggen gegevens bestelaanvraag*
Leveranciersselectie	*Vastleggen gegevens aangevraagde offertes*
	Vastleggen gegevens afgesloten contracten
Bestellen	*Vastleggen gegevens bestelling*
Ontvangst	*Vastleggen gegevens ontvangst*
Factuurcontrole	*Vastleggen gegevens goedgekeurde facturen*

Met behulp van een speciaal tekenprogramma maakt Lisa het logische ontwerp van het administratieve inkoopproces dat je in figuur 17.18 ziet afgebeeld.

Figuur 17.18 Ontwerp van het administratieve inkoopproces bij Super Sprinkler

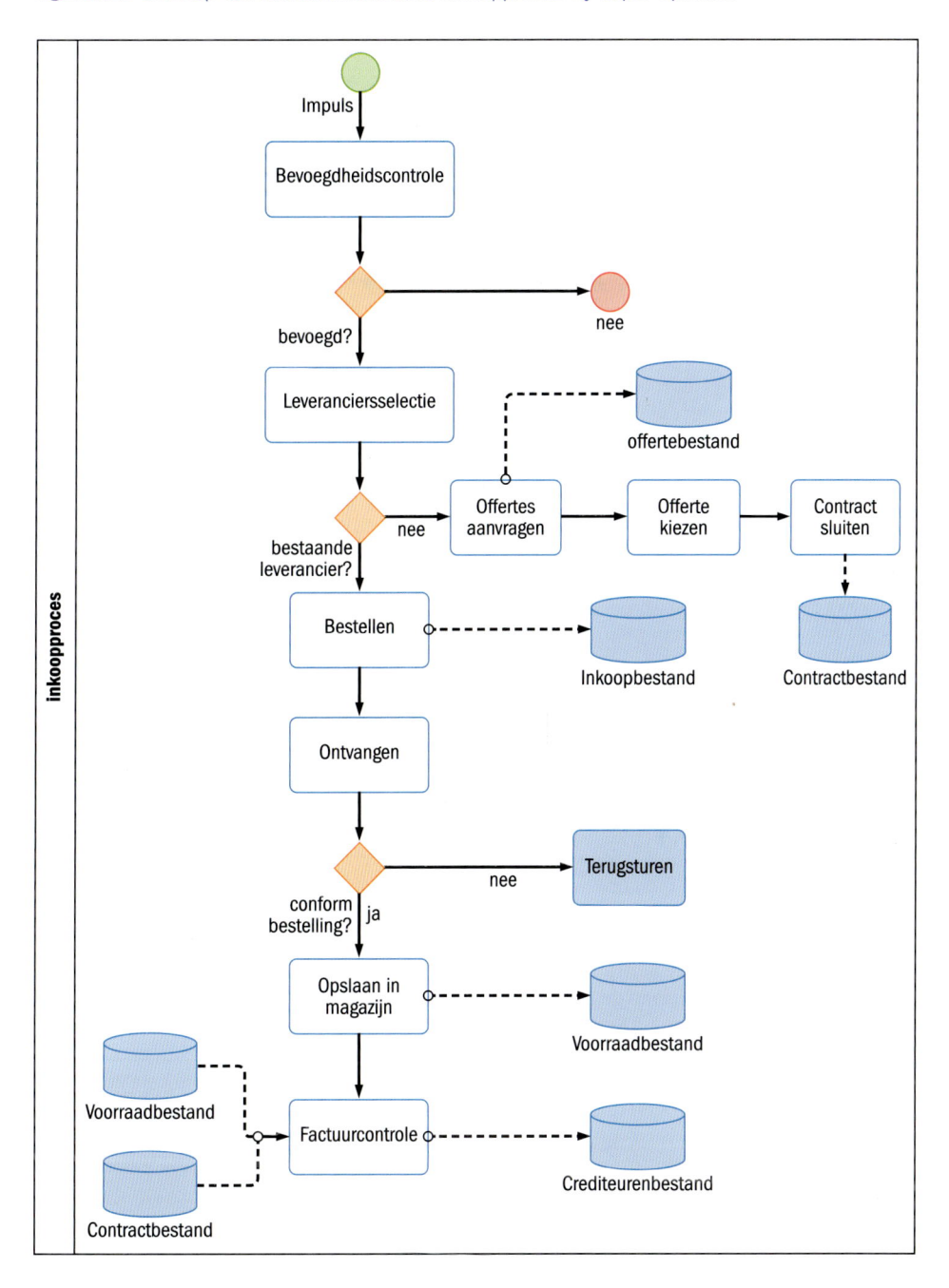

Ze legt dit globale ontwerp voor aan Patrick. Hij vindt het een helder schema maar ziet tot zijn verbazing bestanden, terwijl de afdeling Inkoop volgens de uitdrukkelijk wens van Hendrik de Gier nog met formulieren werkt. Bijdehand als ze is, antwoordt Lisa: 'Maar ik mag toch wel vooruit denken?' Patrick lacht: 'Natuurlijk, maar dan moet je voor mij wel in detail de inhoud van de

bestanden uitwerken, met een link naar de informatiebehoefte. Bovendien mis ik in jouw schema nog de betrouwbaarheidsmaatregelen. Die moet je voor mij ook nog in detail uitwerken.'

Lisa is blij met zijn antwoord en gaat direct aan de slag. In overleg met de administrateur werkt ze de stappen uit haar ontwerp in detail uit en laat ze precies zien hoe in de informatiebehoefte kan worden voorzien en welke betrouwbaarheidsmaatregelen nodig zijn. De volgende punten komen daarbij aan bod:

- *Bevoegdheidscontrole.* Hierbij beschrijft Lisa de opzet van de competentietabel die later in het ERP-pakket moet worden opgenomen en die bepaalt wie bevoegd is om bestellingen uit te voeren en tot welk bedrag.
- *Opzet en inhoud van de inkoopbronnendocumentatie.* Hoe kun je op een gestructureerde wijze ervaringen met leveranciers bijhouden met de computer?
- *Offerteprocedure* met een subschema indien de directie betrokken moet worden, werkinstructies en een voorstel voor een offerteaanvraagformulier.
- *Contractprocedure.* Boven welk bedrag moet behalve hoofd inkoop ook de directie tekenen? Op welke wijze en door wie moeten de contracten bewaard worden?
- *Bestelprocedure.* Hierbij denkt Lisa vast na over de nodige invoercontroles die in het ERP-systeem moeten worden opgenomen (zie deel 5, hoofdstuk 21) met de werkinstructies voor de inkoopmedewerkers.
- *Ontvangstprocedure voor de magazijnmeester.* Hierin beschrijft ze in detail welke handelingen de magazijnmeester moet uitvoeren en welke vastleggingen deze moet plegen in de voorraadmodule.
- *Procedure rond de factuurcontrole.* Hierin beschrijft ze in detail hoe de administratie de factuur moet controleren.

Het detailontwerp van het inkoopproces neemt heel wat tijd in beslag en dan moet ze hetzelfde proces ook nog eens uitvoeren voor het opslagproces! Patrick en alle betrokkenen zijn blij met haar werk en vragen Lisa: 'Je hebt nu zoveel kennis opgedaan van onze processen en hoe het moet veranderen. Je helpt ons toch ook wel bij de implementatie?'

17.4.3 Het ontwerpen van gegevensverzamelingen

Een van de kenmerken van administratieve processen is dat tijdens de processtappen gegevens vastgelegd worden in gegevensverzamelingen (bestanden). Tijdens het ontwerp van een administratief proces zul je dus al moeten nadenken over de opbouw van de gegevensverzamelingen waar je later informatie uit kunt verkrijgen. Tegenwoordig zullen de meeste gegevensverzamelingen door een geautomatiseerd systeem worden vastgelegd. Daarom is het ontwerp van gegevensverzamelingen sterk verbonden met het ontwerp van het geautomatiseerde systeem, waaraan we in deel 5 aandacht zullen besteden. Het gaat in deze fase dan vooral om het logisch ontwerp dat later vertaald zal moeten worden in het technisch ontwerp.

Uiteraard zijn op deze gegevensverzamelingen betrouwbaarheidsmaatregelen van toepassing. Vooral de logische toegangsbeveiliging die bepaalt wie, welke gegevens in welke gegevensverzameling mag muteren (waarbij dit vaak voor vaste – zogenaamde stamgegevens – en variabele gegevens verschillend is) dan wel raadplegen, is hier van belang.

Lisa Kemperman maakt een voorlopig ontwerp voor de volgende vijf bestanden:
1 offertebestand
2 contractbestand
3 inkoopbestand
4 crediteurenbestand
5 voorraadbestand

Voor elk bestand maakt ze een beschrijving van de gegevens die dit bestand zou moeten bevatten om in de informatiebehoefte te kunnen voorzien. Ze is zich er terdege van bewust dat ze het een en ander wellicht later zal moeten bijstellen wanneer ze de mogelijkheden van de modules van het ERP-pakket beter leert kennen. Nadenkend over de logische toegangsbeveiliging komt ze tot een bevoegdhedenmatrix als afgebeeld in tabel 17.19.

TABEL 17.19 Bevoegdheden matrix ten aanzien van het inkoopproces

	Offertebestand	Contractbestand	Inkoopbestand	Crediteurenbestand	Voorraadbestand
Hoofd Inkoop	M	M	M	R	R
Medewerker Inkoop		R	M	R/M	R
Magazijn-meester			R		M
Medewerker administratie	R	R	R	M	R
Hoofd Administratie	C	C	C	C	C

(M=muteren, R=raadplegen, C=controleren)

Hierbij mag de medewerker inkoop de vaste crediteurengegevens muteren. De overige crediteurengevens mag hij raadplegen. De medewerker administratie muteert de variabele gegevens.
Bovendien heeft Lisa vast nagedacht over de verbandscontroles tussen deze gegevensverzamelingen:
- Afboeking inkoopbestand = Opboeking voorraadbestand = Opboeking crediteurenbestand.
- Afboeking crediteurenbestand = Afboeking bank.

Het zou mooi zijn als het geautomatiseerde systeem deze verbanden zelf kan leggen, maar dat is van latere zorg!

17.5 Stap 4: Implementatie

De nieuw ontworpen administratieve processen zullen alleen de verwachte bijdrage kunnen leveren indien de implementatie (zie ook Harrington, Esseling en Van Nimwegen, 1997) en het latere beheer (zie deel 6) van het nieuw ontworpen proces zorgvuldig gebeurt. Implementeren is mensenwerk. De nieuw ontworpen processen moeten niet alleen goed zijn, de medewerkers van de organisatie moeten er ook mee willen werken. Om dit te bereiken is het van belang al in het begin van het project (en uiteraard in de latere stappen) de direct bij het proces betrokken managers en medewerkers zo veel mogelijk te betrekken en goed naar hun meningen en suggesties te luisteren. Om nieuwe administratieve processen in te voeren, kun je het stappenplan uit tabel 17.20 volgen.

TABEL 17.20 Stappenplan voor implementatie nieuw ontworpen administratieve processen

Stap	Aandachtspunten
Stap 1. Stel al bij de start van het project een team samen dat verantwoordelijk is voor de latere implementatie	De leden moeten niet alleen technische specialisten of actoren in het proces zijn, maar ook ervaring hebben in het begeleiden van verandertrajecten en de daarbij voorkomende weerstanden vanuit de organisatie.
Stap 2. Stel een implementatieplan en budget op	Geef voldoende aandacht aan voorlichting, opleiding en training. Is er voldoende rekening gehouden met eventuele negatieve effecten van het nieuwe proces? Zorg dat de toekomstige gebruikers een rol vervullen bij het testen van het nieuwe proces en de systemen.
Stap 3. Ga over tot implementatie	Vooral de eerste negentig dagen zijn cruciaal voor de rest van het project. Betrokkenheid en steun vanuit het topmanagement is een voorwaarde.
Stap 4. Meet en rapporteer de resultaten van de implementatie	Loopt de implementatie zoals verwacht zowel in tijd, geld als het bereiken van de doelstellingen?
Stap 5. Meet en rapporteer de resultaten van de veranderde administratieve bedrijfsprocessen	Leveren de veranderde administratieve processen de verwachte bijdrage met betrekking tot de relevantie en betrouwbaarheid van de informatieverzorging? In feite vormt deze stap het begin van het beheer van de geïmplementeerde administratieve processen (zie deel 6).

Lisa stelt samen met Patrick een implementatieplan op voor het nieuw ontworpen administratieve inkoop- en voorraadproces. Patrick verwacht aardig wat weerstand van de oude garde, maar dat is niet anders. De directeur Kees Willems is zo langzamerhand overtuigd geraakt van de noodzaak van de verandering. Dit heeft al tot een ruzie geleid met Hendrik de Gier, die nu ziek thuis zit. Omdat hij toch binnenkort met pensioen zou gaan, staat de vacature voor inkoper nu in de krant. Met de softwareleverancier die de module voor verkoop en de controlmodule twee jaar geleden heeft geïnstalleerd is contact gezocht om te kijken of het mogelijk is een inkoop- en voorraadmodule te leveren die aansluit bij de ontwerpen die Lisa gemaakt heeft. Centraal in het implementatieplan staat het geven van voorlichting aan de medewerkers over de veranderingen die op de rol staan (de nieuwe rapportages, processtappen en uit te voeren interne controlemaatregelen) en wat daarbij van hen verwacht wordt. Lisa heeft een planning gemaakt van wie welke opleiding zal krijgen en wie welke testwerkzaamheden zal verrichten. Kees en Patrick zullen de voorlichtingen steeds samen geven. Lisa en een medewerker van de softwareleverancier zullen de trainingen verzorgen en het testtraject managen.

Samenvatting

Administratieve processen zijn processen waarbij gegevens vastgelegd, verzameld en verwerkt worden tot informatie. Bij het ontwerpen van administratieve processen volg je vier stappen:
- *Stap 1. Het uitvoeren van een bedrijfsverkenning.* Je let hierbij op zaken als aard van de waardekringloop, het betrouwbaarheidstype, het relevantietype, de structuur van de organisatie en het oordeel van organisatieleden over de huidige BIV.
- *Stap 2. Het analyseren van bestaande processen.* Bij de analyse van de bestaande administratieve processen onderzoek je of deze voldoende waarborgen voor betrouwbaarheid bevatten en de relevante informatie produceren.
- *Stap 3. Het ontwerpen van nieuwe administratieve processen of aanpassen van bestaande.* Op basis van de bevindingen uit stap 3 maak je een logisch ontwerp voor het administratieve proces. Tevens bepaal je welke gegevensverzamelingen noodzakelijk zijn.
- *Stap 4. Het implementeren van de nieuwe of aangepaste administratieve processen.* Voor het succesvol implementeren van een gewijzigd administratief proces is een projectmatige aanpak vereist waarbij zowel gebruikers als management betrokken zijn.

De zes delen van dit boek

Besturen en Beheersen

**Deel 1
Interne Beheersing**

2 Wat is beheersing?
3 Beheersing volgens Simons
4 COSO-modellen
5 Procesbeheersing met het KAD-model

Bestuurlijke Informatie

**Deel 2
Betrouwbaarheid**

6 Betrouwbaarheid en beheersing
7 Interne controle
8 Betrouwbaarheidstypologie
9 Procestypologie

**Deel 3
Relevantie**

10 Tolmodel
11 Bovenkant van de tol
12 Midden van de tol
13 Onderkant van de tol
14 Contingentiebenadering en tolmodel
15 Relevantietypologie
16 Andere toepassingen relevantie-typologie

Inrichten Bestuurlijke Informatieverzorging

**Deel 4
Ontwerpen van administratieve processen**

17 Ontwerpen van administratieve processen

**Deel 5
BIV en Automatisering**

18 Informatiebeleid en informatieplan
19 Ontwikkelen van informatiesystemen
20 General & application controls

**Deel 6
Beheer van de BIV-functie**

21 Organisatie van de BIV-functie
22 Vastleggen van de BIV

DEEL 5

Bestuurlijke informatieverzorging en automatisering

18 Bestuurlijk informatieverzorgingsbeleid en informatieplan 317
19 Ontwikkelen van nieuwe bestuurlijke informatieverzorgingssystemen 325
20 General en application controls 341

In dit deel behandelen we de relatie tussen BIV en automatisering. Geautomatiseerde informatiesystemen die gegevens tot informatie verwerken (informatie produceren) vormen immers vrijwel altijd de kern van het bestuurlijke informatieverzorgingssysteem. De betrouwbaarheid en continuïteit van de bestuurlijke informatieverzorging wordt daardoor voor een belangrijk deel bepaald door de kwaliteit van het ontwikkelen en implementeren van nieuwe geautomatiseerde informatiesystemen en de kwaliteit van de beheerorganisatie van deze systemen.

De rol van de toekomstige bestuurlijke informatieverzorging wordt door een organisatie vastgelegd in het bestuurlijk informatieverzorgingsbeleid. ICT kan daarbinnen de rol hebben van het ondersteunen van een gekozen strategie, maar kan ook een nieuwe strategie initiëren of mogelijk maken. Denk daarbij aan de internetrevolutie die bijvoorbeeld gezorgd heeft voor de opkomst van webwinkels. Het bestuurlijk informatieverzorgingsbeleid wordt concreet vormgegeven in het informatieplan. In het informatieplan worden de projecten benoemd die in de toekomst door de organisatie uitgevoerd moeten worden. Dit betekent het ontwikkelen en implementeren van nieuwe informatiesystemen.

Voor de wijze van functioneren van de geautomatiseerde bestuurlijke informatieverzorgingssystemen zal de organisatie algemene interne controlemaatregelen (general controls) hanteren. Voor elk geautomiseerd systeem (applicatie) zijn application controls noodzakelijk om ervoor te zorgen dat de applicatie de juiste informatie produceert.

18
Bestuurlijk informatieverzorgingsbeleid en informatieplan

18.1 Onderdelen van een geautomatiseerd informatieverzorgingssysteem
18.2 Bestuurlijk informatieverzorgingsbeleid en ondernemingsstrategie
18.3 Informatieplan

De periodieke informatie die de directie van een bedrijf ontvangt over de werking en resultaten van de bedrijfsprocessen is vrijwel altijd afkomstig uit een geautomatiseerd bestuurlijk informatieverzorgingssysteem. Veel organisaties ontwikkelen een beleid over de rol die deze geautomatiseerde systemen in de toekomst spelen. Het bestuurlijk informatieverzorgingsbeleid geef je concreet vorm in het informatieplan. In het informatieplan benoem je de projecten die een organisatie in de toekomst moet uitvoeren. In dit hoofdstuk leer je uit welke onderdelen een geautomatiseerd informatieverzorgingssysteem bestaat. Daarnaast besteden we uitgebreid aandacht aan het bestuurlijk informatieverzorgingsbeleid op automatiseringsgebied (het informatiebeleid) en het informatieplan.

18.1 Onderdelen van een geautomatiseerd informatieverzorgingssysteem

Een geautomatiseerd bestuurlijk informatieverzorgingssysteem bestaat uit meer onderdelen dan de alleen de hardware en software. De kwaliteit van al deze onderdelen kan de relevantie, betrouwbaarheid en beschikbaarheid van de informatie beïnvloeden. Geen ketting is sterker dan de zwakste schakel!
Een geautomatiseerd bestuurlijk informatieverzorgingssysteem bestaat uit (Starreveld, Van Leeuwen en Van Nimwegen, 2002):
1 apparatuur of hardware
2 programmatuur, waaronder besturingsprogramma's (denk ook aan middleware, communicatieprogramma's et cetera en de toepassingsprogrammatuur)

3 mensen, waaronder niet alleen medewerkers van de ICT-afdeling maar ook de gebruikers
4 uit te voeren activiteiten met de geautomatiseerde systemen blijkend uit procedures en functie- en taakomschrijvingen
5 de in bestanden en databases opgeslagen gegevens

Een geautomatiseerd bestuurlijk informatieverzorgingssysteem moet goed passen bij de organisatie waarin het functioneert. Veranderingen in de organisatie van het bedrijf hebben regelmatig gevolgen voor de informatiebehoeften en daarmee voor het geautomatiseerd informatiesysteem. Bovendien gaan de ontwikkelingen op het gebied van informatie- en communicatietechnologie (ICT) erg snel. Aanpassingen van het geautomatiseerd informatiesysteem zijn dus regelmatig nodig, máár moeten wel beheerst verlopen.

Het traditionele beeld waarbij de organisatie zelf alles op het gebied van automatisering in huis heeft, is aan het veranderen. Niet zelden zul je zien dat binnen organisaties met meerdere vestigingen, de verwerking van gegevens op een andere locatie gecentraliseerd is in een zogenaamd shared service center. Nog verder gaat het wanneer de organisatie het beheer over data en programmatuur aan een derde partij toevertrouwd. Wanneer de organisatie zelf niet meer fysiek de beschikking heeft over de programmatuur en hardware is het gewoon om te spreken van 'computing in the cloud'. De organisatie weet dan zelf niet waar zijn gegevens zijn opgeslagen en waar de computerprogramma's die het gebruikt, de gegevens van de organisatie bewerken. Deze ontwikkeling is mogelijk door gebruik te maken van het internet.

Cloud computing leidt vaak tot aanzienlijke besparingen voor organisaties. Uiteraard zijn veel particulieren al gewend dat zij een e-mailaccount hebben bij organisaties als MSN en Google. Voor bedrijven is niet alleen de betrouwbaarheid en continuïteit van dit soort dienstverlening belangrijk, maar ook de exclusiviteit. Daarmee bedoelen we dat de organisatie ervan op aan moet kunnen dat de gegevens die zich in 'the cloud' bevinden, niet gebruikt worden door anderen (denk aan de concurrentie of cybercriminelen). Zorgvuldig onderzoek naar de betrouwbaarheid en kwaliteit van de 'cloud diensten' verlenende partij is daarom van groot belang.

In deel 5 borduren wij verder op de in deel 4 geïntroduceerde case over Super Sprinkler.

In deel 4 heb je kunnen lezen hoe het handelsbedrijf Super Sprinkler BV kampte met problemen in de administratieve processen. Vooral het inkoop- en opslagproces waren slecht georganiseerd. Lisa Kemperman, die bij een accountantskantoor werkt, heeft toen in opdracht van de nieuwe financieel directeur Patrick Houtman de processen geanalyseerd en opnieuw ontworpen. Daarbij heeft ze bewust rekening gehouden met de verdere implementatie van het ERP-systeem. De organisatie had de verkoop- en controlmodule al aangeschaft en geïmplementeerd, maar door weerzin in de organisatie was het daarbij gebleven. De voorraad- en inkoopmodule ontbraken nog maar zijn wel hard nodig want:
- *Er is geen inzicht in de huidige voorraadpositie anders dan na inventarisatie.*
- *Er is geen inzicht in lopende inkooporders anders dan na raadplegen van de handmatig in Word door de secretaresse bijgehouden inkoopadministratie.*

Lisa heeft overigens begrepen dat de benodigde ERP-modules inmiddels ook als 'cloud service' leverbaar zijn.

18.2 Bestuurlijk informatieverzorgingsbeleid en ondernemingsstrategie

Het zal duidelijk zijn dat wanneer de directie van een bedrijf voor een bepaalde strategie kiest, dit ook gevolgen heeft voor de inrichting van het informatiesysteem. De directie wil immers weten in hoeverre het bedrijf succesvol is bij het realiseren van de geformuleerde strategie. Het informatiesysteem zal moeten voorzien in deze informatiebehoeften. ICT speelt hierbij een indirecte rol: het moet de relevante informatie produceren die het volgen van de realisatie van deze strategie mogelijk maakt.

Het komt ook voor dat nieuwe mogelijkheden op het gebied van ICT leiden tot een nieuwe strategie voor het bedrijf. Je kunt hierbij denken aan de strategische mogelijkheden die ontstonden door de internettechnologie. Hierdoor is bijvoorbeeld een geheel nieuwe bedrijfstak ontstaan rondom webwinkels. ICT speelt dan een directe rol: het leidt tot wijzigingen in de strategie.

Op welke vragen moet het informatieverzorgingsbeleid een antwoord geven?

De directie van een bedrijf zal om het bestuurlijk informatieverzorgingsbeleid te kunnen bepalen, onder meer antwoord moeten geven op de volgende vier vragen:
1 Hoe zien we de rol van de bestuurlijke informatiesystemen bij de toekomstige strategie?
2 Welke eisen stellen we aan de kwaliteit en de efficiency van de bestuurlijke informatievoorziening?
3 Volgens welke principes willen we de informatiesystemen en het gegevensbeheer organiseren?
4 Welke bestuurlijke informatietechnologie is voor de komende jaren het meest geschikt?

Bestuurlijk informatieverzorgingsbeleid

Het strategische deel van het informatiebeleid wordt door Starreveld, Van Nimwegen en Van Leeuwen (2002) omschreven als *informatiestrategie* en maakt dus deel uit van de algehele strategie van de onderneming. Doel van de informatiestrategie is om met behulp van ICT de concurrentiepositie van het bedrijf te behouden en/of te verbeteren. Een methode om tot een informatiestrategie te komen is het uitvoeren van een SWOT-analyse (SWOT staat voor: strengths, weaknesses, opportunities, threaths).

Om het verband tussen strategie en ICT nog beter te kunnen begrijpen, lichten we dit verband toe met behulp van de concurrentiestrategieën van Porter (1980).
Porter onderscheidt drie concurrentiestrategieën:
1 *Kostenleiderschapstrategie.* Het bedrijf probeert een leidende positie in de markt te verwerven door sterk op de kosten te letten en daarmee een lage prijs mogelijk te maken. Denk hierbij aan bijvoorbeeld een autofabrikant als DACIA, die in eerste instantie slechts één model aanbood met de laagste prijs op de markt.

2 *Differentiatiestrategie*. Het bedrijf probeert een leidende positie in de markt te verwerven door het product zo veel mogelijk aan te passen aan de wensen van de klant. Denk hierbij aan een autofabrikant als Volkswagen die vele modellen aanbiedt, elk gericht op een specifieke doelgroep.
3 *Focusstrategie*. Het bedrijf richt zich op een specifiek product. Denk hierbij aan Donkervoort, die zich richt op een niche in de markt voor sportauto's.

In tabel 18.1 kun je per concurrentiestrategie een voorbeeld zien van de directe en indirecte rol van ICT.

TABEL 18.1 Ondernemingsstrategie en de rol van ICT

Concurrentie-strategie	Indirecte rol ICT, geautomatiseerd informatiesysteem geeft relevante informatie over:	Directe rol ICT
Kostenleider-schapstrategie	Kostprijsbepalende factoren Prijsinformatie concurrenten Efficiency bedrijfsprocessen, etc.	(ERP-)systemen en 'cloud computing' maken verlaging van voorraad en ICT-kosten mogelijk
Differentiatie-strategie	Omzet en winst per productvariant Klantperceptie per productvariant etc.	Customer Relations Management-systemen geven nieuwe mogelijkheden om klanten te benaderen
Focusstrategie	Marktaandeel Voortgang productinnovatie	Customer Relations Management-systemen geven nieuwe mogelijkheden om de specifieke doelgroep te benaderen

Super Sprinkler BV opereert in een markt waarin veel afnemers (bedreiging), maar ook concurrenten (kans) in liquiditeitsproblemen verkeren. De onderneming staat bekend om de uitstekende kwaliteit van de sprinkleronderdelen tegen concurrerende prijzen (sterkte). De huidige interne organisatie past niet goed meer bij de sterk gegroeide onderneming (zwakte). Super Sprinkler BV probeert door een strategie van kostenleiderschap marktaandeel te veroveren.
Het informatiebeleid zal er derhalve op gericht zijn kostenbeheersing (betrouwbare inkoopkosten en lage voorraadkosten) en goed inzicht in de liquiditeitspositie van klanten (inzicht in kredietwaardigheid afnemers) mogelijk te maken. Er zal ook gezocht moeten worden naar een zo efficiënt mogelijke organisatiestructuur die past bij het sterk gegroeide bedrijf. Wellicht kan het door inzet van ICT-toepassingen ook mogelijk worden om offertes sneller en efficiënter uit te brengen en sneller inzicht te krijgen in de kredietwaardigheid van een potentiële klant dan de concurrentie (directe rol). Deze strategie kan resulteren in een keuze voor een ERP-achtig pakket (zonder al aan te geven wat precies de architectuur zou moeten zijn of de leverancier), eventueel in de vorm van een 'cloud service' om daarmee door integratie van processen lagere voorraadkosten en een beter inzicht in verkoopresultaten te realiseren.

18.3 Informatieplan

Het bestuurlijk informatieverzorgingsbeleid wordt concreet vormgegeven in het informatieplan. In het informatieplan worden de projecten benoemd die in de toekomst door de organisatie uitgevoerd moeten worden. Het geeft een blauwdruk van de toekomstige bestuurlijke informatieverzorging. Het *informatieplan* bestaat uit de volgende vijf onderdelen (Starreveld, Van Nimwegen en Van Leeuwen, 2002):

Informatieplan

1 informatiesysteemmodel
2 technische infrastructuur
3 organisatie van de bestuurlijke informatieverzorging
4 procesmodel
5 projectplannen

Ad 1 Informatiesysteemmodel
Het informatiesysteemmodel beschrijft de aan te schaffen of de te ontwikkelen dan wel te verbeteren informatiesystemen. De applicaties en het informatiemodel, oftewel een datamodel op hoog niveau (gegevensgroepen, relatiegroepen, dus nog niet gedetailleerd naar entiteit- en attribuuttypen), maken hier deel van uit.

Informatiesysteemmodel

Voor Super Sprinkler BV kan het informatiesysteemmodel van de in de toekomst te gebruiken applicaties (heel grof) geschetst worden als in figuur 18.2.

FIGUUR 18.2 Informatiesysteemmodel Super Sprinkler

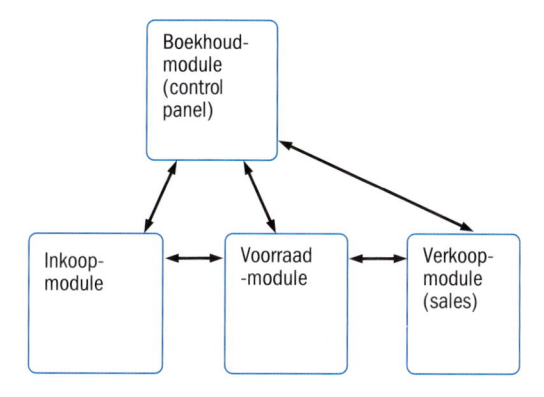

```
            ┌──────────────┐
            │ Boekhoud-    │
            │ module       │
            │ (control     │
            │ panel)       │
            └──────────────┘
             ↑    ↑     ↖
             │    │       ↘
┌─────────┐  │    │        ┌─────────┐
│ Inkoop- │←→│ Voorraad  │←→│ Verkoop- │
│ module  │  │ -module   │  │ module   │
│         │  │           │  │ (sales)  │
└─────────┘  └───────────┘  └──────────┘
```

De inkoop- en voorrraadmodule zijn momenteel nog niet aanwezig.

Ad 2 Technische infrastructuur
Het informatieplan bestaat verder uit een beschrijving van de technische infrastructuur waarin wordt aangegeven welke informatietechnologie zal worden ingezet om het informatiebeleid te verwezenlijken. Keuzes die gemaakt worden en die hun invloed hebben op de technische infrastructuur zijn onder andere:
- in huis verwerking of uitbesteding
- state-of-the-art technology of proven technology

Super Sprinkler BV besluit om vooralsnog de nieuwe ERP-modules in eigen beheer te implementeren en nog niet direct met een 'cloud toepassing' te beginnen.

Ad 3 Organisatie van de bestuurlijke informatieverzorging
En het informatieplan bevat de organisatie van de informatieverzorging waarin de organisatorische invulling van de informatiseringfunctie wordt beschreven. De beslissing om wel of niet zelf tot ontwikkeling over te gaan heeft hier grote gevolgen voor.

Voor Super Sprinkler BV staat in het informatieplan: 'Op dit moment is er nog geen systeembeheerder, maar is systeembeheer een taak van de administratie. De bedoeling is om volgende jaar een systeembeheerder aan te trekken die onder de directie zal vallen. De omvang van de administratie zal tegelijkertijd met één fte worden gereduceerd. Het voornemen is om zo veel mogelijk gebruik te maken van standaardpakketten en in het bijzonder de inkoop- en voorraadmodule van het ERP-pakket.'

Ad 4 Procesmodel
In het procesmodel wordt de hoofdlijn van de toekomstige bestuurlijke informatieverzorgingsprocessen van de organisatie beschreven. In het algemeen gebeurt dit in het informatieplan op het hoogste niveau van de organisatie: het globaal procesniveau. Hoe een globale procesbeschrijving gemaakt moet worden, wordt in hoofdstuk 22 van deel 6 verder uitgewerkt.

Voor Super Sprinkler BV is in het informatieplan in hoofdlijn een beschrijving opgenomen van het inkoop- en opslagproces.

Ad 5 Projectplannen
Het informatieplan bevat tot slot projectplannen waarin concrete projecten worden gedefinieerd om van de huidige naar de gewenste situatie over te gaan.

Voor Super Sprinkler BV staan de volgende projecten in het informatieplan gedefinieerd: aanschaf en implementatie van de inkoop- en voorraadmodule. Het databestand van het ERP-systeem zal hierbij worden gehanteerd en als basis dienen voor de managementinformatie inzake het inkoop- en het opslagproces.

Samenvatting

In dit hoofdstuk heb je kunnen lezen dat het informatieverzorgingsbeleid van een organisatie antwoord moet geven op de volgende vragen:
1 Hoe zien we de rol van de bestuurlijke informatiesystemen bij de toekomstige strategie?
2 Welke eisen stellen we aan de kwaliteit en de efficiency van de bestuurlijke informatievoorziening?
3 Volgens welke principes willen we de informatiesystemen en het gegevensbeheer organiseren?
4 Welke bestuurlijke informatietechnologie is voor de komende jaren het meest geschikt?

ICT kan zowel een directe als een indirecte rol vervullen bij het ontwikkelen en realiseren van een strategie. Je spreekt van een directe rol wanneer ICT leidt tot wijzigingen in de strategie. Het informatieplan kun je beschouwen

als de blauwdruk van de toekomstige bestuurlijke informatieverzorging en omvat de volgende onderdelen:
1 informatiesysteemmodel
2 technische infrastructuur
3 organisatie van de bestuurlijke informatieverzorging
4 procesmodel
5 projectplannen

19 Ontwikkelen van nieuwe bestuurlijke informatieverzorgingssystemen

- 19.1 Algemene uitgangspunten bij het ontwikkelen van informatiesystemen
- 19.2 Risico's en beheersingsmaatregelen bij systeemontwikkeling in het algemeen
- 19.3 Fasen in de levenscyclus van een geautomatiseerd informatiesysteem
- 19.4 Drie veelgebruikte methoden voor systeemontwikkeling

In deel 4 behandelden wij hoe je nieuwe bestuurlijke informatieverzorgingsprocessen kunt ontwerpen. In dit hoofdstuk richten wij ons met name op de ICT-kant van de implementatie van zo'n proces. Vaak moet daarvoor een nieuw ICT-systeem gebouwd of ontwikkeld worden. We hadden dit onderwerp ook kunnen behandelen in deel 4 als onderdeel van het ontwerpen van administratieve processen. We hebben er echter voor gekozen om de onderwerpen die met automatisering samenhangen zo veel mogelijk gebundeld in deel 5 te behandelen.

In dit hoofdstuk komen eerst een aantal algemene uitgangspunten voor systeemontwikkeling aan de orde. Vervolgens behandelen we drie veelgebruikte methodes van systeemontwikkeling. Wanneer je dit hoofdstuk gelezen hebt, ben je in staat om de directie van een bedrijf te adviseren bij de organisatie van de ontwikkeling van nieuwe bestuurlijke informatieverzorgingssystemen.

19.1 Algemene uitgangspunten bij het ontwikkelen van informatiesystemen

Ongeacht de gekozen methode van ontwikkeling zal steeds moeten gelden dat het ontwikkelde geautomatiseerde informatiesysteem aan de volgende eisen voldoet:
1 relevante informatie produceren
2 betrouwbare informatie produceren
3 continu werken

Ad 1 Relevante informatie produceren

Om de informatiebehoeften voor een bedrijf te bepalen, kun je het beste gebruikmaken van het tolmodel (figuur 19.1) dat in deel 3 uitgebreid is behandeld.

FIGUUR 19.1 Het tolmodel

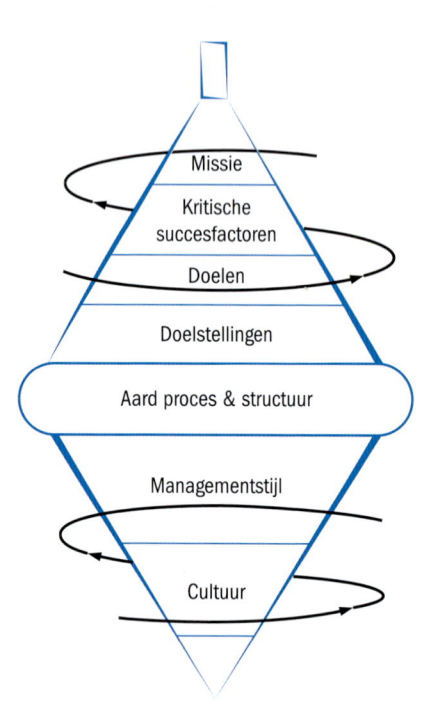

(Tolmodel met van boven naar beneden: Missie, Kritische succesfactoren, Doelen, Doelstellingen, Aard proces & structuur, Managementstijl, Cultuur)

Ad 2 Betrouwbare informatie produceren

In dit hoofdstuk onderscheiden we twee soorten betrouwbaarheids- of interne controlemaatregelen:
- automatiseringsgerelateerde betrouwbaarheidsmaatregelen, denk aan general en application controls (hoofdstuk 20 gaat verder op deze interne controlemaatregelen in)
- betrouwbaarheidsmaatregelen die afhankelijk zijn van het type organisatie. (deze categorie interne controlemaatregelen hebben we al in deel 2 van dit boek behandeld)

Ad 3 Continu werken

Aangezien het uitvallen, haperen of niet goed functioneren van informatiesystemen in het algemeen tot grote problemen leidt, moet worden geborgd dat de systemen eigenlijk altijd goed draaien. De hiervoor benodigde interne controlemaatregelen (general controls) worden deels behandeld in het volgende hoofdstuk in paragraaf 20.1.

19.2 Risico's en beheersingsmaatregelen bij systeemontwikkeling in het algemeen

De beheersingsmaatregelen die gebruikt worden bij de ontwikkeling van nieuwe informatiesystemen kun je beter begrijpen als je het verband ziet tussen deze beheersingsmaatregelen en de risico's waaraan de maatregelen verbonden zijn. Tabel 19.2 geeft een samenvatting van deze risico's en mogelijke beheersingsmaatregelen bij systeemontwikkeling.

Beheersingsmaatregelen bij systeemontwikkeling

TABEL 19.2 Algemene risico's bij systeemontwikkeling en beheersingsmaatregelen

Belangrijke risico's	Mogelijke beheersingsmaatregelen

Het opgeleverde geautomatiseerde informatiesysteem levert geen relevante informatie	• Bepalen van de informatiebehoefte op basis van het tolmodel (zie deel 3)
	• Goed uitgewerkt informatieplan met de daarin vastgelegde informatiebehoeftes
	• Tussentijds testen van deelmodules: sluit de output aan bij de vooraf bepaalde informatiebehoeftes?
	• Functiescheiding tussen:
	  a het geven van de opdracht tot ontwikkeling met de daaraan gestelde eisen
	  b het ontwikkelen zelf
	  c het testen en een goede testacceptatie en overdrachtsprocedure uitmondend in een gebruikersacceptatietest: gebruikers zijn akkoord!

Het opgeleverde geautomatiseerde informatiesysteem levert geen betrouwbare informatie	• Vooraf bepalen van betrouwbaarheidsrisico's (zie deel 2)
	• Benodigde betrouwbaarheidsmaatregelen (interne controle) uitwerken in requirements (vereisten) die als verschillende deliverables (op te leveren producten) moeten worden gespecificeerd
	• Functiescheiding tussen:
	  a het geven van de opdracht tot ontwikkeling met de daaraan gestelde eisen
	  b het ontwikkelen zelf
	  c het testen en een goede testacceptatie en overdrachtsprocedure uitmondend in een testen of geprogrammeerde en andere betrouwbaarheidsmaatregelen (vooral application controls, zie paragraaf 20.2) werken en aansluiten op de eisen uit het projectplan

Het opgeleverde geautomatiseerde informatiesysteem werkt niet continu	• Vooraf bepalen van continuïteitseisen • Testen of aan continuïteitseisen wordt voldaan • Inrichten van een systeem en architectuurbeheerorganisatie (general controls, zie paragraaf 20.1)

TABEL 19.2 Algemene risico's bij systeemontwikkeling en beheersingsmaatregelen (vervolg)

Belangrijke risico's	Mogelijke beheersingsmaatregelen
De ontwikkeling van het geautomatiseerde informatiesysteem duurt te lang	• Heldere taakafspraken tussen stuurgroep waarin directie zitting heeft en werkgroepen die het ontwikkelwerk doen • Werken met normen (zoals op te leveren functiepunten per ontwikkelaar per maand) • Gedetailleerde projectplanning per fase • Registratie werkelijke voortgang met behulp van mijlpaaldocumenten • Voortgangscontrole en rapportage aan de stuurgroep • Keuze geschikte systeemontwikkelmethode
De ontwikkeling van het geautomatiseerde informatiesysteem kost te veel geld	• Gedetailleerd ontwikkelbudget per fase aan taken gebonden • Registratie uren en overige kosten per fase • Nacalculatie en verschillenanalyse per fase • Tijdige rapportage aan de stuurgroep • Keuze geschikte systeemontwikkelmethode
De gebruikers kunnen of willen niet met het ontwikkelde geautomatiseerde informatiesysteem werken	• Directie benadrukt het belang van het ontwikkelproject en is actief betrokken • Participatie van gebruikers in werkgroepen en specifiek bij de aan het systeem te stellen eisen • Gebruikersacceptatietest • Scholingsplan voor gebruikers • Keuze geschikte systeemontwikkelmethode

19.3 Fasen in de levenscyclus van een geautomatiseerd informatiesysteem

De veranderingen binnen een bedrijf of veranderingen op het gebied van ICT hebben vaak tot gevolg dat informatiesystemen aangepast of vervangen moeten worden. Figuur 19.3 laat zien dat informatiesystemen een levenscyclus doorlopen die meestal uit een aantal vaste stappen bestaat.

FIGUUR 19.3 Fasen bij systeemontwikkeling

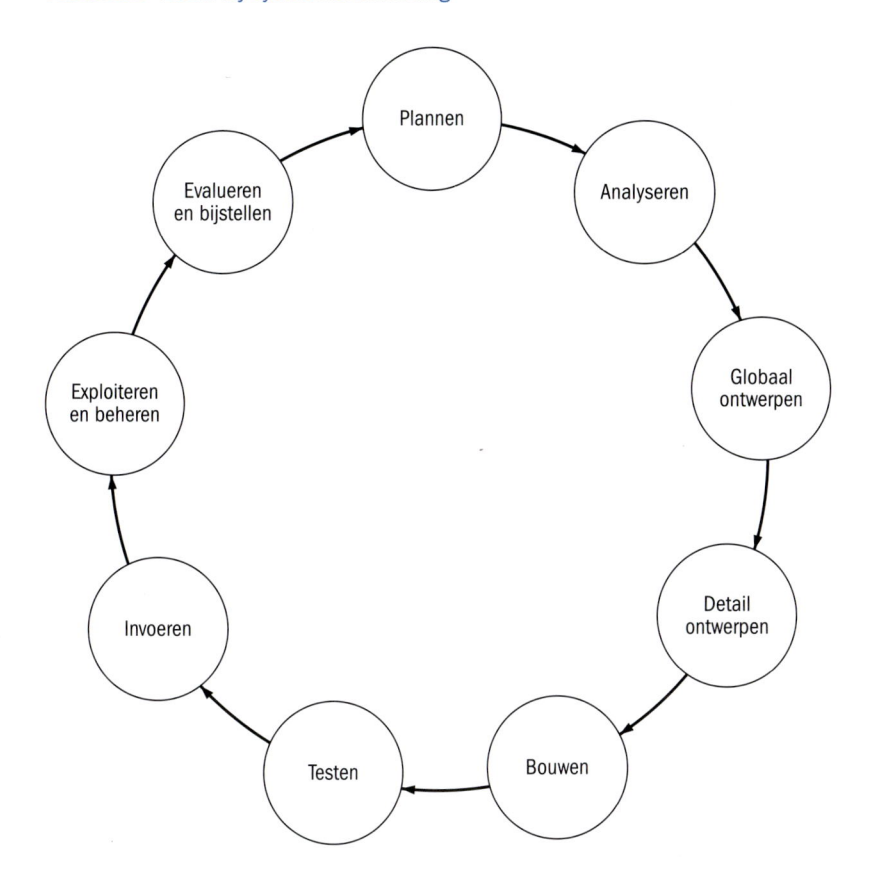

[Diagram: cyclisch proces met de fasen Plannen → Analyseren → Globaal ontwerpen → Detail ontwerpen → Bouwen → Testen → Invoeren → Exploiteren en beheren → Evalueren en bijstellen → (terug naar Plannen)]

Deze fasen van systeemontwikkeling geven de algemene levenscyclus van een geautomatiseerd informatiesysteem weer. Een geautomatiseerd informatiesysteem is geen statisch geheel. Het is voortdurend aan verandering onderhevig. Vroeger was het ontwerpen en bouwen van een applicatie in het kader van systeemontwikkeling een gebruikelijke keuze. Momenteel wordt veel gekozen voor de implementatie van een standaardpakket. Op het terrein van financiële en logistieke informatiesystemen is een uitgebreid scala van standaardpakketten beschikbaar. Deze standaardpakketten bestaan veelal uit onderling gekoppelde modules (zogenaamde ERP-systemen) met één gedeelde database. Indien wordt gekozen voor de implementatie van een ERP-systeem wordt de term bouwen veelal aangeduid met de term parametriseren.

Fasen van systeemontwikkeling

Levenscyclus geautomatiseerd informatiesysteem

19.4 Drie veelgebruikte methoden voor systeemontwikkeling

In deze paragraaf worden drie methodes besproken om een nieuw informatiesysteem te verwerven:
- de traditionele sterk gefaseerde methode van systeemontwikkeling om maatwerk te verwerven aan de hand van System Development Methodology (SDM)

- prototyping als methode van maatwerkontwikkeling aan de hand van de methode Dynamic System Development Method
- aanschaf en inregelen van standaardsoftware (behandeld aan de hand van Enterprise Resource Planning (ERP) sofware)

De verschillen tussen deze drie mogelijke aanpakken zijn weergegeven in figuur 19.4.

FIGUUR 19.4 Verschillende aanpakken voor systeemontwikkeling

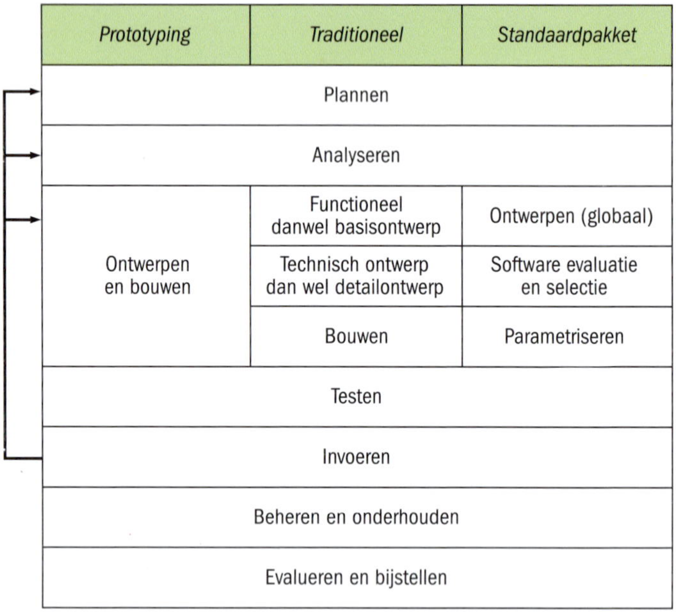

Prototyping	Traditioneel	Standaardpakket
	Plannen	
	Analyseren	
Ontwerpen en bouwen	Functioneel danwel basisontwerp	Ontwerpen (globaal)
	Technisch ontwerp dan wel detailontwerp	Software evaluatie en selectie
	Bouwen	Parametriseren
	Testen	
	Invoeren	
	Beheren en onderhouden	
	Evalueren en bijstellen	

19.4.1 Traditionele watervalmethoden (behandeld SDM)

System Development Methodology (SDM)

De traditionele methoden, waarvan hier als voorbeeld de System Development Methodology (SDM) wordt behandeld, hebben als kenmerk dat de fasen in een vaste volgorde afgerond moeten worden (zie figuur 19.5). Je kunt pas met de volgende fase beginnen als je een eerdere fase hebt afgerond. Vandaar de term watervalmethode. Uit figuur 19.5 blijkt bijvoorbeeld dat pas met bouwen begonnen kan worden als de ontwerpfase is afgerond. De fasen worden afgesloten met mijlpaaldocumenten die aangeven dat een fase formeel is afgesloten.

FIGUUR 19.5 Traditionele methoden van ontwikkeling, of watervalmethoden: SDM

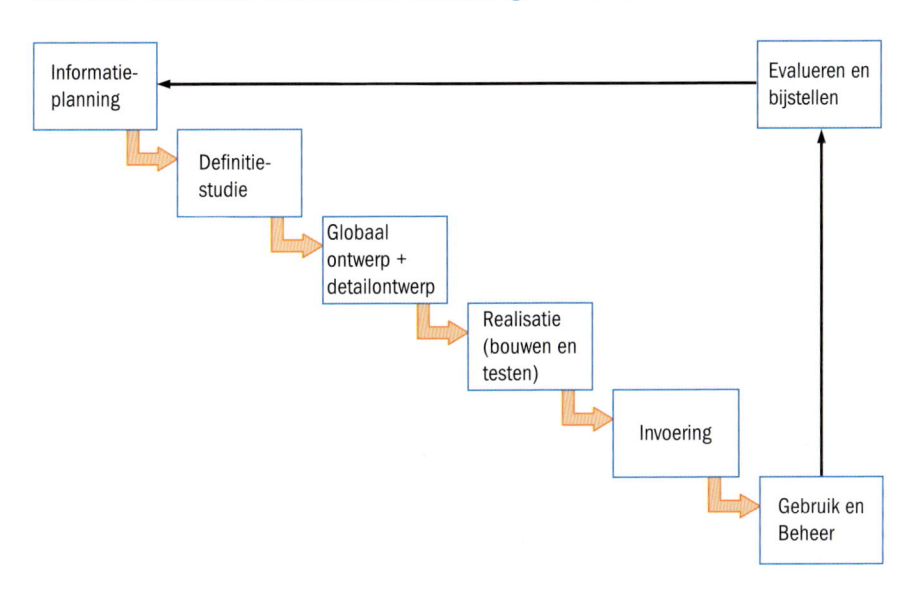

```
Informatie-          ←──────────────────────────  Evalueren en
planning                                           bijstellen
    ↓                                                   ↑
    Definitie-
    studie
        ↓
        Globaal
        ontwerp +
        detailontwerp
            ↓
            Realisatie
            (bouwen en
            testen)
                ↓
                Invoering
                    ↓
                    Gebruik en
                    Beheer
```

Dat kan in de praktijk vervelende gevolgen hebben. Automatiseringsprojecten hebben – wanneer deze omvangrijk zijn – vaak een lange doorlooptijd. Het gevaar is niet denkbeeldig dat er veranderingen in de omgeving of de organisatie plaatsvinden waardoor informatiebehoeften veranderen en de fasen van het ontwikkelproces opnieuw doorlopen moeten worden. Door het *formele karakter* van de traditionele methoden worden gebruikers weinig geïnspireerd tot participatie. Ondanks deze nadelen blijft SDM een zeer bruikbaar denkmodel. De gevaren van het ongestructureerd overgaan tot ontwikkeling en implementatie van een geautomatiseerd informatiesysteem zijn immers niet gering en kunnen dagelijks in de praktijk worden waargenomen. Deze gevaren kunnen resulteren in:
- projecten die wel begonnen zijn maar nooit afgemaakt
- projecten waarbij geen rekening gehouden is met de noodzaak tot integratie met andere systemen
- informatiesystemen waar gebruikers niet mee kunnen en willen werken

Hieronder worden de acht fasen van een watervalmethode, de System Development Methodology, kort toegelicht:
1 Informatieplanning
2 Definitiestudie (analysefase)
3 Basisontwerp (globaal of functioneel)
4 Detailontwerp
5 Realisatie (bouwen en testen)
6 Invoering
7 Gebruik en beheer
8 Evalueren en bijstellen

Fase 1 Informatieplanning
De inhoud van het informatieplan is in paragaaf 18.3 behandeld. Uiteraard moet de ontwikkeling van nieuwe informatiesystemen passen binnen het informatieplan.

Fase 2 Definitiestudie (analysefase)
In deze fase worden de uitgangspunten en randvoorwaarden van het ontwikkelproject bepaald. Denk hierbij aan:
- verzamelen en analyseren van gegevens over het huidige en het gewenste informatiesysteem
- evalueren van veranderingsbehoefte, definiëren van systeemeisen en organisatorische gevolgen
- bepalen van systeemconcept en systeemontwikkeling- en productieomgeving en selecteren van een optimale oplossing

Fase 3 Basisontwerp (globaal of functioneel)
Deze fase omvat het globaal vastleggen van de informatiebehoefte en de te automatiseren procestappen opdat het geautomatiseerde informatiesysteem op hoofdlijnen kan worden ontworpen en in deelsystemen kan worden ontwikkeld en ingevoerd. Deze fase leidt onder meer tot het ontwerp van de gewenste informatievoorziening samen met een beschrijving van interne betrouwbaarheidsmaatregelen.

Fase 4 Detailontwerp
De informatiebehoefte wordt gedetailleerd vastgesteld en de deelsystemen worden gedetailleerd uitgewerkt. Het detailontwerp werkt het globaal ontwerp in detail uit. Dit betekent onder andere dat werkinstructies, functie- en taakomschrijvingen, competentietabellen toegevoegd worden aan de eerder globaal beschreven informatievoorziening.

Fase 5 Realisatie (bouwen en testen)
Apparatuur, programmatuur en handmatige procedures worden gebouwd en getest. Het testen verdient nadere aandacht. Starreveld, Van Leeuwen en Van Nimwegen (2002) onderscheiden drie soorten testen:
1. *Programmeurstest* die uitgevoerd wordt door de programmeurs nadat de programmeur een (deel)programma heeft ontworpen. Dit is in feite een zelftest.
2. *Systeem- of integratietest* die wordt uitgevoerd door systeemontwikkeling en waarmee in feite getest wordt of alle afzonderlijke programma's samengevoegd werken zoals het behoort. Deze test raakt vooral de betrouwbaarheid en continuïteit van het geautomatiseerde informatiesysteem.
3. *Gebruikersacceptatietest.* Dit is een test door de gebruikers. Gebruikers controleren onder andere of het systeem de relevante en betrouwbare informatie genereert zoals die is vastgelegd in de door hen geaccordeerde specificaties (functioneel ontwerp) en of zij met het systeem kunnen werken.

Gebruikersacceptatietest

De gebruikersacceptatietest kan plaatsvinden door proefdraaien, schaduwdraaien of het doorvoeren van testgevallen. Bij proefdraaien wordt aan de hand van eerder verwerkte gegevens gecontroleerd of het nieuwe systeem dezelfde output geeft. Bij schaduwdraaien draait het oude systeem parallel aan het nieuwe systeem en wordt de output van beide systemen vergeleken.

Zowel schaduwdraaien als proefdraaien kennen een aantal nadelen. Hoe weet men zeker of de gevallen die vergeleken worden representatief zijn voor alle gevallen die in de praktijk zullen voorkomen? Bovendien is het onwaarschijnlijk of het oude en het nieuwe systeem voor wat betreft de output zo rechtstreeks met elkaar vergelijkbaar zijn. Het ontwikkelen van een testset die representatief beschouwd kan worden voor de praktijk waarin het systeem moet opereren, verdient daarom de voorkeur. In ieder geval is natuurlijk alles beter dan het testen in de gebruikersomgeving, zoals dat toch nog steeds in de praktijk wordt gedaan met alle nadelige gevolgen van dien.

Bij de gebruikersacceptatietest wordt overigens niet alleen de goede werking van het systeem getest en of het systeem de juiste output oplevert, maar worden ook de nieuw ontworpen processen in combinatie met de werking van het geautomatiseerde systeem getest. Daarnaast wordt getoetst of gebruikersdocumentatie correct en voldoende duidelijk is.

Fase 6 Invoering
Deze fase omvat de activiteiten die nodig zijn om het geautomatiseerde informatiesysteem operationeel te maken. Denk hierbij aan:
- vervaardigen van taakbeschrijvingen
- opleiden van gebruikers
- converteren van gegevens
- daadwerkelijk in gebruik nemen van het geautomatiseerde informatiesysteem

Fase 7 Gebruik en beheer
Het gaat er hier om ervoor te zorgen dat het systeem blijvend tegemoet komt aan de eisen van organisatie.

Fase 8 Evalueren en bijstellen
Periodiek zal gekeken moeten worden of het systeem nog wel in voldoende mate voorziet in de informatiebehoeften die door wijzigingen in processen, structuren maar ook strategische oriëntatie kan veranderen.

19.4.2 Prototyping met Dynamic Systems Development Method

Bij prototyping worden de verschillende fasen parallel en iteratief uitgevoerd. Parallel wil in dit geval zeggen dat ontwerpen, bouwen en testen tegelijkertijd kunnen plaatsvinden. Iteratief wil in dit geval zeggen dat bijvoorbeeld ervaringen die bij de bouw van het systeem worden opgedaan, kunnen leiden tot aanpassing van het ontwerp.

Prototyping

Een *prototype* is een experimentele, meestal beperkte, versie van het geautomatiseerde informatiesysteem. Een prototype kan dienen om de functionaliteit en toepasbaarheid te demonstreren en te testen. Maar met een prototype kan ook het gedrag en de toepasbaarheid worden onderzocht, of er kan een indruk worden gekregen van de snelheid (of andere prestatiekenmerken) van het systeem.

Een prototype is meestal niet een volledig geautomatiseerd informatiesysteem, het kan zich bijvoorbeeld concentreren op de gebruikersinterface of op een erg belangrijk verwerkingsonderdeel.

Er wordt gewerkt met een prototype van het geautomatiseerde informatiesysteem dat, door het voor te leggen aan de gebruikers en het steeds verder aan hun wensen aan te passen, steeds verder wordt verfijnd. De actieve betrokkenheid van de gebruikers biedt een extra waarborg voor de relevantie van de informatie die het te ontwikkelen systeem moet gaan produceren. In de eerste stappen worden de belangrijkste functionaliteiten zodanig ontwikkeld dat ze voor de organisatie reeds bruikbaar zijn. In elke volgende stap wordt het aantal functionaliteiten uitgebreid en/of verfijnd. Het informatiesysteem groeit derhalve geleidelijk zowel qua breedte als qua diepgang van de functionaliteit. Als het systeem gemaakt wordt, begint men dus vrij snel met de realisatie van een beginproduct. Het hoeft nog niet volkomen duidelijk te zijn welke functies het systeem allemaal moet hebben. Want door de bijdrage van de gebruiker van het beginproduct kan het steeds verder uitgebreid en verbeterd worden. Het wordt dus in opeenvolgende versies gebouwd en getest. Deze methode wordt de *incrementele methode* genoemd. Daarbij wordt er begonnen met de lastigste problemen of met de problemen waaraan het hoogste risico zit.

Deze methode sluit aan op de ervaring dat het onmogelijk is om in één keer een perfect werkend geautomatiseerd informatiesysteem te ontwikkelen. Vooral bij grotere systemen is het voor de individuele participanten onmogelijk om het geheel te overzien. Ook is de kans niet denkbeeldig dat participanten later op nieuwe gedachten komen, niet omdat ze ondeskundig zijn of niet gemotiveerd, maar omdat het een menselijke eigenschap is dat inzichten kunnen veranderen, zeker in discussie met andere organisatieleden. De traditionele methoden als SDM bieden niet de mogelijkheid om met veranderende omstandigheden rekening te houden.

Wat zijn de kenmerken en voordelen van prototyping? En uit welke onderdelen bestaat de Dynamic Systems Development Method?

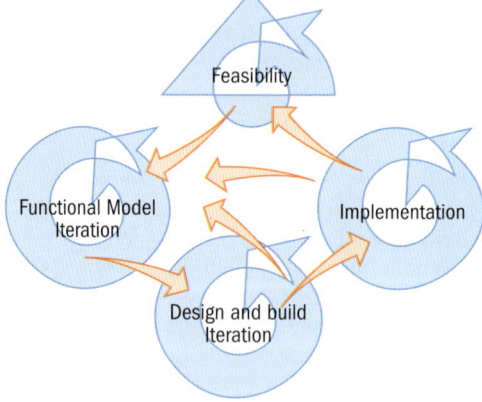

FIGUUR 19.6 Dynamic Systems Development

Dynamic Systems Development Method

Zoals je in figuur 19.6 kunt zien, bestaat er een voortdurende interactie tussen de verschillende stappen van ontwikkeling bij de Dynamic Systems Development Method. De DSDM-methode (als voorbeeld van prototyping) bestaat uit vier stappen:

Stap 1 Feasibility & Foundations
In het haalbaarheidsonderzoek wordt gedurende een periode van maximaal twee weken verkend of het te ondernemen project wel een kans van slagen

heeft en een positieve bijdrage kan leveren aan de organisatie. Tevens dient onderzocht te worden wat de uitgangspunten zijn van de organisatie zelf in termen van strategie, doelstellingen, processen en de daaruit voortvloeiende informatiebehoefte.

Stap 2 Functional Model Iteration
In deze stap wordt vastgesteld met welke functionaliteit bedrijfsprocessen ondersteund zullen worden, oftewel wát het systeem moet gaan doen. De functionaliteit wordt iteratief ontwikkeld met behulp van prototypen en functionele modellen.

Stap 3 Design and Build Iteration
Op basis van de eerder bepaalde functionaliteit van het te ontwikkelen systeem (Functional Model Iteration) vindt nu een daadwerkelijk ontwerp en de bouw plaats. Deze stap leidt tot een werkend geautomatiseerd informatiesysteem.

Stap 4 Implementation
De laatste fase is die van de invoering: het systeem wordt geïmplementeerd, in de ruimste zin van het woord. De tijdens het project ontwikkelde documentatie wordt voltooid, gebruikers worden opgeleid en de formele acceptatie vindt plaats. De laatste stap van de implementatie omvat een evaluatie van wat er is bereikt.

19.4.3 Standaardpakketten (aan de hand van ERP-pakket)

Enterprise Resource Planning (ERP) pakketten zijn standaardpakketten die uitgebreide mogelijkheden hebben te worden aangepast aan de bestaande processen van een organisatie of te ondersteunen bij het invoeren van een nieuwe wijze van werken door middel van het veranderen van de zogenaamde parameters van het ERP-systeem. Je komt deze pakketten veel tegen. Ze kenmerken zich door een grote integratie zowel tussen de individuele modules onderling als tussen de modules en de bedrijfsprocessen. Door deze integratie is een snellere uitwisseling van gegevens mogelijk dan bij een niet-geïntegreerd informatiesysteem en is het ook mogelijk om deze bedrijfsgegevens vanuit verschillende invalshoeken te benaderen (bijvoorbeeld logistiek dan wel financieel). Door deze integratie is het soms gemakkelijker relevante informatie te verstrekken. Daarnaast kan de betrouwbaarheid van de verstrekte informatie toenemen.

Enterprise Resource Planning

Het zogenaamde *datamodel* vormt de kern van het ERP-systeem. Dit datamodel zorgt ervoor dat in alle modules van het ERP-systeem met dezelfde gegevensdefinitie wordt gewerkt. Hierdoor is het mogelijk de gegevens van een leverancier slechts eenmaal vast te leggen (bijvoorbeeld bij het plaatsen van een bestelling) en vervolgens van deze gegevens gebruik te maken bij de ontvangst van de dienst en de betaling van de dienst. Dergelijke gegevens worden ook wel aangeduid met de term *stamgegevens*.

Datamodel

De variabele gegevens (bijvoorbeeld omvang van de bestelling en de hoeveelheid die daadwerkelijk ontvangen en door de leverancier gefactureerd wordt) worden in het algemeen wel afzonderlijk ingevoerd. Indien de eerste vastlegging in het systeem goed is, zorgt het datamodel er daardoor voor dat verderop in het proces steeds met de juiste correcte stamgegevens wordt gewerkt.

Overigens komt het in de praktijk steeds meer voor dat bestaande (veelal aangeduid als 'best of breed') pakketten via specifieke zogenaamde 'middle ware' applicaties aan elkaar verbonden worden. Hierdoor wordt, net als bij ERP-systemen, het voordeel van integratie tussen de informatiesystemen van de verschillende afdelingen van een organisatie bereikt. Indien 'middle ware' gebruikt wordt, is het van des te meer belang om voldoende aandacht te schenken aan het ontwerp van het datamodel om ervoor te zorgen dat de stamgegevens slechts eenmaal op een correcte wijze worden vastgelegd.

Wat heeft de voorkeur: het aanpassen van de processen aan het ERP-pakket of het aanpassen van het ERP-pakket aan de processen?

Super Sprinkler BV heeft, zoals aangegeven in het informatieplan, besloten om de bestaande sales- en controlmodule uit te breiden met de inkoop- en voorraadmodule. Wanneer deze modules adequaat geïmplementeerd zijn, wordt de relevantie en betrouwbaarheid van de informatieverzorging vergroot. De inkoper krijgt nu bijvoorbeeld inzicht in de actuele voorraad per artikelsoort, waar hij voorheen moest bellen met de magazijnmeester of de resultaten van de inventarisatie moest afwachten (relevantie). De administratie kan door de koppeling tussen de inkoopmodule en de voorraadmodule bij de factuurcontrole vaststellen dat een bestelling daadwerkelijk is ontvangen in het magazijn voor de factuur wordt vrijgegeven voor betaling (betrouwbaarheid).

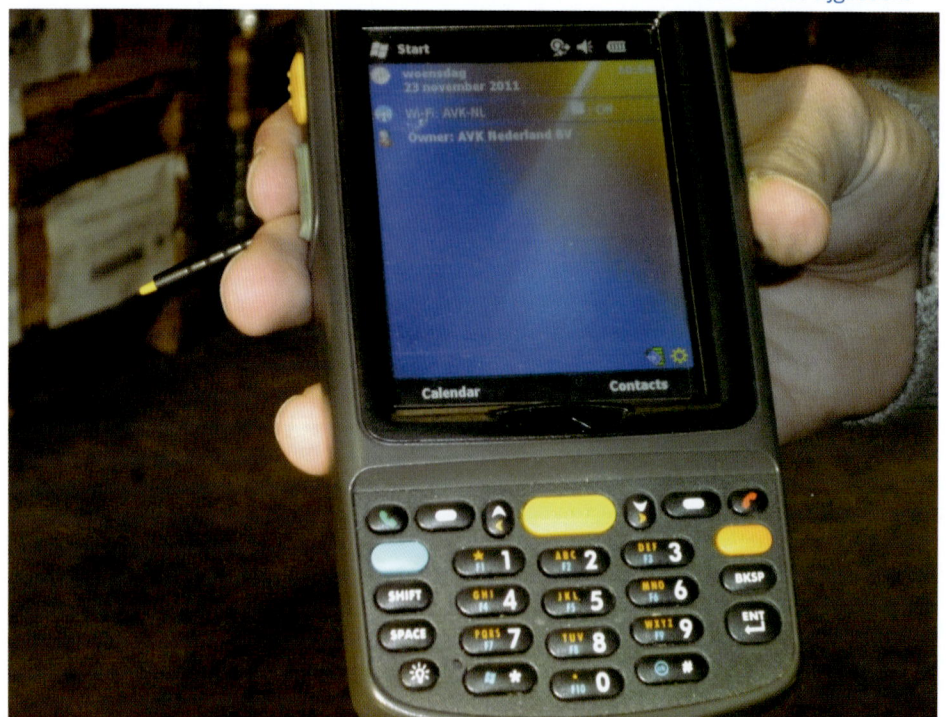

FIGUUR 19.7 Handscan om de barcodes te lezen waarmee de voorraadmodule wordt bijgeboekt

Selectie en aanpassing ERP-pakket

Bij deze standaardpakketten ligt de nadruk op de selectie van een pakket dat de informatiebehoeften en de gewenste procesgang zo veel mogelijk afdekt. Er dient nog wel enige specificatie plaats te vinden. Een (globaal) ontwerp dient uit te monden in een 'requirements list', die criteria verschaft op basis waarvan de pakketselectie wordt uitgevoerd. Na de selectie van het standaardpakket, waarbij ook naar de betrouwbaarheid van de leverancier gekeken moet worden, zullen pakket en organisatie aan elkaar aangepast moeten worden.

Aanpassingen in het pakket zijn te realiseren door het *instellen van de parameters* en het eventueel uitbreiden van het pakket met een extra module. Standaardpakketten worden echter ontworpen voor de grootste gemene deler binnen de bestaande beroepspraktijk (zogenaamde best practices). Dit betekent dat wanneer de processen van het bedrijf afwijken van die beroepspraktijk, er in principe twee mogelijkheden zijn:
1 het aanpassen van de bedrijfsprocessen aan de structuur zoals die in de standaardmodules is vastgelegd
2 het door programmeren (maatwerk) aanpassen van de standaardmodules aan de bedrijfsprocessen

De eerste mogelijkheid, het aanpassen van de bedrijfsprocessen aan de structuur zoals die in de standaardmodules is vastgelegd, kan drie voordelen hebben:
- Vaak zijn afwijkingen tussen de bedrijfsprocessen en de best practices ontstaan door toevalligheden en worden uit traditie gehandhaafd. Het opnieuw heroverwegen en inrichten van de bedrijfsprocessen (Business Process Redesign) leidt dan tot extra efficiëntie.
- Het gebruikmaken van standaardmodules betekent dat de ervaringen van meerdere gebruikers verwerkt zijn in de programmatuur. Dit heeft een positief effect op de betrouwbaarheid.
- Het verlaagt de kosten voor toekomstige aanpassingen van het ERP-pakket.

Bij de tweede mogelijkheid, het door programmeren (maatwerk) aanpassen van de standaardmodules aan de bedrijfsprocessen, ontstaat in feite op dit onderdeel maatwerk. De softwareleverancier zal in nauw overleg met de gebruikers de standaardmodule herprogrammeren. Deze mogelijkheid is eigenlijk alleen te overwegen wanneer de afwijking van de beroepspraktijk een significant concurrentievoordeel oplevert. Onderzoeken laten echter zien dat het aanpassen van de standaardmodules door programmeren vaak tot budgetoverschrijdingen en tegenvallende prestaties leidt (Sumner, 2004).

Ontwikkelfasen bij ERP-systemen

Bij de ontwikkeling van ERP-systemen onderscheid je acht fasen:
1 planning en onderzoek naar mogelijke voordelen ERP
2 analyse van de bedrijfsprocessen en de daaruit voortvloeiende informatiebehoeften
3 globaal ontwerp
4 softwareselectie en -evaluatie
5 parametriseren
6 testen
7 implementatie
8 onderhoud en bijstellen

Fase 1 Planning en onderzoek naar mogelijke voordelen ERP
In eerste instantie moet worden onderzocht wat de mogelijke voordelen kunnen zijn van de verwerving en implementatie van een ERP-systeem (tabel 19.8). De technologische voordelen kunnen leiden tot bedrijfseconomische voordelen.

TABEL 19.8 Voordelen van ERP-systeem (Sumner, 2004)

Technologische voordelen	Mogelijke bedrijfseconomische voordelen
De mogelijkheid om tijdig de beschikking te hebben over operationele gegevens	Verlaging van voorraadkosten
De mogelijkheid om met één geautomatiseerd systeem te werken in plaats van verschillende aparte systemen	Verlaging van automatiseringskosten
De mogelijkheid om gebruik te maken van updates van de softwareleverancier in plaats van deze zelf te moeten ontwikkelen	Verlaging personeelskosten
De mogelijkheid om gebruik te maken van nieuwe technologische mogelijkheden geboden door de softwareleverancier	Verhoging winstgevendheid
Online en realtime toegang tot operationele gegevens De mogelijkheid om met één gegevensbestand te werken	Verhoging productiviteit Vermindering van fouten door verkeerde overname van gegevens

Fase 2 Analyse van de bedrijfsprocessen en de daaruit voortvloeiende informatiebehoeften
Welke processen moeten ondersteund worden door een ERP-pakket en wat zijn de daaruit voortvloeiende informatiebehoeften? Het ERP-pakket moet de bestaande processen zo veel mogelijk ondersteunen. Niet alle ERP-leveranciers leveren pakketten die geschikt zijn voor de branche waarin de organisatie actief is. Er kan in zo'n situatie ook gekozen worden voor een zogenaamd 'best of breed'-pakket.

Fase 3 Globaal ontwerp
De belangrijkste beslissing die de organisatie hier moet nemen is of men de processen aanpast aan het ERP-pakket (Business Proces Redesign) of dat men het pakket aanpast aan de organisatie. Het aanpassen van de processen kan leiden tot verstoringen. Het aanpassen van het pakket maakt het voor de organisatie lastiger gebruik te maken van de standaard updates die door de leverancier ter beschikking worden gesteld en leidt tot hogere onderhoudskosten.

Fase 4 Softwareselectie en -evaluatie
Uit de mogelijke leveranciers moet een aantal kandidaten gekozen worden aan wie gevraagd wordt om een voorstel in te dienen. Met de beste kandidaat/kandidaten worden onderhandelingen gevoerd over een mogelijk contract. Bij de keuze gaat het niet alleen om de prijs, maar ook om de te verwachten ondersteuning, technologische risico's en de mate waarin het pakket aansluit bij de bestaande organisatie.

Fase 5 Parametriseren
In nauw overleg met de gebruikers zal de softwareleverancier een leidende rol hebben bij het inregelen van de aangeschafte modules. De aan de gebruikerswens aangepaste modules zullen aan de gebruikers voorgelegd worden. De gebruikers zullen commentaar geven op het werk van de softwareleverancier die indien mogelijk tot verdere aanpassing zal komen. Dit proces zal een aantal keren herhaald worden tot een product is ontstaan waarmee de gebruikers tevreden zijn. Tijdens deze fase zal blijken of de leverancier de eerder gewekte verwachtingen waar kan maken.

Fase 6 Testen
Het testen verloopt op een vergelijkbare wijze zoals besproken bij de traditionele methoden (SDM, subparagraaf 19.4.1).

Fase 7 Implementatie
De opgeleverde en geteste modules zullen geïmplementeerd moeten worden. Waar ERP-modules bestaande systemen vervangen, kan de neiging bij sommige gebruikers zijn om met deze oude systemen nog een tijdje te willen doorwerken. Dit leidt echter tot hogere kosten en een minder snelle implementatie van de gewenste situatie. Het geeft een verkeerd signaal naar andere gebruikers die hun werkwijze ten gevolge van de invoering van het ERP-systeem moeten wijzigen.

Fase 8 Onderhoud en bijstellen
Met de softwareleverancier wordt veelal een service level agreement afgesloten, waarin de verplichtingen van de leverancier voor het uitvoeren van onderhoud en het invoeren van nieuwe releases is vastgelegd.

Samenvatting

Het ontwikkelen van nieuwe informatiesystemen is niet zonder risico. Automatiseringsprojecten kosten vaak meer dan begroot en de ontwikkeling duurt langer dan gepland. Bovendien is het uiteindelijke resultaat soms niet zoals verwacht. Voor het beheerst laten verlopen van deze ontwikkeling kun je drie verschillende aanpakken onderscheiden:
1 de traditionele watervalmethoden, waarvan System Development Methodology een bekend voorbeeld is
2 prototyping, waarvan Dynamic System Development Method een bekende toepassing is
3 aanschaf van standaard software zoals een ERP-pakket

De keuze voor een aanpak hangt af van de specifieke situatie bij een organisatie. Bij het invoeren van een ERP-pakket kun je de volgende stappen volgen:
1 planning en onderzoek naar mogelijke voordelen ERP
2 analyse van de bedrijfsprocessen en de daaruit voortvloeiende informatiebehoeften
3 globaal ontwerp
4 softwareselectie en -evaluatie
5 parametriseren
6 testen
7 implementatie
8 onderhoud en bijstellen

20 General en application controls

20.1 General control framework
20.2 Application control framework

Een gebruikelijke indeling van de interne controlemaatregelen op het vlak van ICT is die tussen management (ook wel general) controls en de interne controlemaatregelen die de applicaties uitvoeren (application controls) (Weber, 1999). De algemene IT interne controlemaatregelen (general controls) zijn de maatregelen die van invloed zijn op alle toepassingen (applicaties) die binnen de organisatie draaien. De application controls hebben betrekking op individuele applicaties. Vele application controls zijn geprogrammeerd bij de ontwikkeling van het informatiesysteem. Het informatiesysteem produceert met behulp van deze application controls verwerkingsverslagen en foutlijsten op basis van de verwerkte transacties.

20.1 General control framework

De algemene interne controlemaatregelen (management of general controls) zijn de maatregelen die van invloed zijn op alle toepassingen (applicaties) binnen een organisatie (zie tabel 20.1). Deze beheermaatregelen worden vaak bij grotere organisaties uitgevoerd door de automatiseringsorganisatie onder de verantwoordelijkheid van een CIO (zie ook deel 6). Als deze algemene interne controlemaatregelen niet goed functioneren, dan bestaan er risico's voor de betrouwbaarheid en continuïteit van de informatieverzorging. Wij behandelen achtereenvolgens security controls, operationeel systeembeheer en quality assurancy.

General controls

Uit welke onderdelen bestaat het general control framework voor IT en wat is de globale inhoud van deze onderdelen?

TABEL 20.1 General control framework (Weber, 1999)

Type beheersactiviteit IT Management of general controls	Betekenis
Top controls	Hebben betrekking op zaken als het informatiebeleid en het informatieplan. Deze zijn in hoofdstuk 18 behandeld.
System Development controls	Hebben betrekking op de beheersmaatregelen rond de ontwikkeling van nieuwe informatiesystemen. Deze zijn behandeld in hoofdstuk 19.
Programming controls	Hebben betrekking op de beheersmaatregelen rond de ontwikkeling van nieuwe programmatuur. Deze zijn behandeld in hoofdstuk 19.
Data Resource controls	Hebben betrekking op de organisatie van gegevensbeheer. Ze vallen buiten de scope van dit boek omdat veel maatregelen slechts economisch toepasbaar zijn in zeer grote organisaties.
Security controls	Hebben betrekking op de beveiliging van het geautomatiseerde systeem en worden behandeld in subparagraaf 20.2.1.
Operations controls	Hebben betrekking op maatregelen rond het operationeel beheer en worden behandeld in subparagraaf 20.2.2.
Quality Assurance controls	Hebben betrekking op de kwaliteitsborging van het geautomatiseerde systeem en worden behandeld in subparagraaf 20.2.3.

20.1.1 Security control framework

Het geautomatiseerde informatiesysteem van een bedrijf wordt bloot gesteld aan vele risico's die de betrouwbare en continue werking negatief kunnen beïnvloeden. In tabel 20.2 nemen wij in navolging van Weber (1999) de algemene risico's op het gebied van ICT op, alsmede de beheersmaatregelen waarmee deze risico's gemitigeerd kunnen worden. Deze vormen het security control framework.

Security control framework

TABEL 20.2 Risico's ten aanzien van ICT met beheersmaatregelen

Categorie risico's	Voorbeelden van beheersmaatregelen
Schade door brand	Het hebben van een adequaat brandbestrijdingsplan dat regelmatig getest wordt en voorziet in zaken als brandblussers, etc.
Schade door water	Er zijn verschillende mogelijkheden om het geautomatiseerde informatiesysteem tegen wateroverlast te beschermen: • plaatsen boven begane grond • waterkerende muren, vloeren etc. • pompen • watermelders
Schade door variaties in de stroomvoorziening	Het hebben van een systeem dat de kwaliteit van de stroom bewaakt. Diverse soorten van noodstroomvoorziening.

TABEL 20.2 Risico's ten aanzien van ICT met beheersmaatregelen (vervolg)

Categorie risico's	Voorbeelden van beheersmaatregelen
Vervuiling	Stof, koffie etc. kan de werking van het geautomatiseerde informatiesysteem verstoren. Een oplossing kan zijn het opzetten van een schoonmaakplan of het weren van de oorzaak van de vervuiling.
Vernieling als gevolg van een ramp	Dit kan gebeuren door verschillende oorzaken, denk aan: aardbeving, windhoos, vloedgolf en sneeuw. De basis om dit te voorkomen ligt in het ontwerp en de locatie van het gebouw.
Ongeoorloofde inbraak	Dit kan voorkomen worden door fysieke beveiliging.
Virus en wormen	*Preventief*: Gebruik alleen schone software. Deel geen belangrijke gegevens op het internet. Maak gebruikers bewust van het gevaar van virussen en wormen. Zorg voor een goede virusscan. *Detectief*: Maak regelmatig een scan. Kijk of bestanden niet ongewild gewijzigd zijn. *Correctief*: Zorg ervoor dat een schone backup wordt gemaakt. Draai een antivirusprogramma om virussen te verwijderen.
Misbruik van software, gegevens en diensten	Belangrijk is onder meer om de integriteit van het personeel te bewaken. Dit betekent niet alleen aandacht voor dit aspect bij werving en selectie, maar ook het hebben van een code of conduct en voorlichting die dit misbruik verbiedt.
Hackers	Het inbreken op informatiesystemen is in veel landen wettelijk verboden en kan verder tegengegaan worden door het hebben van een firewall. Daarnaast kan bij wijze van test worden nagegaan of het systeem te hacken is.

Het kennisnemen van deze inventarisatie van ICT-beveiligingsrisico's met de daaraan gekoppelde algemene beheersmaatregelen, kan al een bijdrage leveren aan het risicobewustzijn. In de praktijk kom je echter regelmatig organisaties tegen waar men zich niet zo druk lijkt te maken om dit soort risico's. Hier geldt vaak: Als het kalf verdronken is, dempt men de put. Daarom adviseren wij om de algemene risico's op het vlak van ICT-beveiliging regelmatig te beoordelen en te bekijken of de bestaande beheersingsmaatregelen wel voldoende zijn in opzet en ook worden nageleefd.

Een goede methode om de risico's te beheersen nadat deze geïnventariseerd zijn, is het toepassen van het in paragraaf 4.3 behandelde COSO-ERMF-model. Zie hiervoor tabel 20.3.

TABEL 20.3 Risicobeheersing ten aanzien van ICT met behulp van COSO-ERMF

ERMF-component	Toepassing ICT
Internal environment	• Welke functionaris is verantwoordelijk voor de afdeling automatisering? • Belang dat directie hecht aan automatisering • Risicobewustzijn bij medewerkers ten aanzien van ICT
Objective settting	Vooral betrouwbaarheid en continuiteit

TABEL 20.3 Risicobeheersing ten aanzien van ICT met behulp van COSO-ERMF (vervolg)

ERMF-component	Toepassing ICT
Event Identification	Vele soorten negatieve gebeurtenissen (risico's), bijvoorbeeld: brand, wateroverlast, diefstal, vervuiling, virussen en hackers (zie hierboven)
Risk Assessment	Het bepalen van de verwachte waarde van de risico's door middel van kans * impact
Risk response	Mogelijke acties ten opzichte van een ICT-risico zijn: • accepteer (lage kans, lage impact) • reduceer (gemiddelde kans, beperkte impact) • verzeker (lage kans, hoge impact) • vermijd (hoge kans, hoge impact)
Control activities	Bijvoorbeeld het hebben van een rampenherstelplan (disaster recovery plan), het testen van dit rampenherstelplan, het maken van een back-up etc.
Information & Communication	Informatie verstrekken over bedreigingen en welk effect die hebben gehad
Monitoring	Naleving van beveiligingsprocedures

FIGUUR 20.4 Staat de server wel in een brandvrije en tegen wateroverlast beschermde ruimte?

20.1.2 Operationeel systeembeheer

Operationele systeembeheer

Het operationele systeembeheer is er verantwoordelijk voor dat het geautomatiseerde informatiesysteem in al zijn componenten dag in dag uit goed functioneert. Vaak zijn delen van dit operationele systeembeheer uitbesteed. Soms in de vorm van 'cloud computing'. Indien er sprake is van uitbesteding is het van groot belang dat er een adequate Service Level Agreement met de externe dienstverlener is opgesteld. Om tot zo'n Service Level Agreement te komen, doorloop je vijf stappen (vergelijk Starreveld, Van Leeuwen en Van Nimwegen, 2002):

Service Level Agreement

Stap 1 Onderzoek naar het niveau en het soort ICT-diensten
Onderzoek naar de ICT-diensten die gebruikers wensen en het niveau waarop ze die dienst willen afnemen. Bij dit onderzoek dient uiteraard het belang van ICT voor de organisatie meegenomen te worden. Organisaties kunnen bijvoorbeeld apparatuur uitbesteden ('time sharing, cloud computing'), netwerkbeheer uitbesteden, systeemontwikkeling uitbesteden, de helpdeskfunctie uitbesteden, gegevensbeheer uitbesteden (eventueel in de vorm van 'cloud computing').

Stap 2 Specificeren en kwantificeren van de af te nemen diensten
De te leveren diensten zullen zo veel mogelijk moeten worden gespecificeerd en gekwantificeerd om vast te leggen in de beoogde Service Level Agreement. Bij het te globaal vastleggen van de afspraken kan later makkelijk onenigheid ontstaan over de uitvoering met de dienstverlener.

Stap 3 Selectie van de dienstverlener
Uit de mogelijke dienstverleners zal op basis van onderhandeling en na zorgvuldig onderzoek naar de kwaliteit van de dienstverlener een selectie gemaakt moeten worden. De afspraken tussen de organisatie en de dienstverlener worden vastgelegd in de Service Level Agreement.

Stap 4 Meten van de werkelijke prestaties en vergelijken met de afgesproken prestaties
Uiteraard zal de werkelijk geleverde dienstverlening gevolgd en vergeleken moeten worden met de gemaakte afspraken in de Service Level Agreement en gerapporteerd moeten worden aan de directie.

Stap 5 Bijstellen van de afgesloten Service Level Agreement
Op basis van de vergelijking tussen werkelijkheid en afspraken aangevuld met de mogelijk veranderde wensen ten aanzien van de aard en het niveau van de te leveren dienst, zal over een nieuwe Service Level Agreement onderhandeld worden.

20.1.3 Quality Assurance Controls

De quality assurance controls vormen het stelsel van beheersingsmaatregelen dat ervoor zorg draagt dat (naar Starreveld, Van Leeuwen en Van Nimwegen, 2002):

Quality assurance controls

1 de informatie uit de informatiesystemen voldoet aan kwaliteitscriteria zoals relevantie en betrouwbaarheid
2 het informatieverzorgingsproces aan kwaliteitseisen voldoet (zoals continuïteit)
3 het ontwerp- en ontwikkelproces aan kwaliteitseisen voldoet zodat systemen bijvoorbeeld zo worden gebouwd dat eventuele latere aanpassingen mogelijk zijn (flexibiliteit)
4 beheer en onderhoud van bestanden en systemen aan kwaliteitseisen voldoen (zoals continuïteit)

Het geautomatiseerde informatiesysteem kan een directe bijdrage leveren aan de kwaliteitsbeheersing van de bedrijfsprocessen. Immers, om aan bepaalde kwaliteitsnormen te voldoen zal het bedrijf een dusdanig informatiesysteem moeten hebben opgezet dat het management informatie ontvangt over de werkelijk gerealiseerde kwaliteit.

20.2 Application control framework

Binnen de kaders van de algemene interne controlemaatregelen rondom ICT (management of general control framework) draaien vele applicaties. De betrouwbare werking van deze applicaties (het op betrouwbare wijze produceren van operationele en managementinformatie) kun je waarborgen door in aanvulling op de general controls een specifieke set interne controlemaatregelen per applicatie te ontwikkelen. Deze noemen we application controls. Tezamen vormen zij een stelsel: het application control framework (zie tabel 20.5).

Application controls

TABEL 20.5 Application control framework (Weber, 1999)

Type interne controle-activiteit application controls	Betekenis
IT Boundary controls	Dit zijn interne controlemaatregelen die de toegang regelen tot applicaties. Deze worden behandeld in subparagraaf 20.2.1.
Input controls	Dit zijn interne controlemaatregelen die zorg dragen voor een volledige en juiste invoer in de applicaties. Deze worden behandeld in subparagraaf 20.2.2.
Processing controls	Dit zijn interne controlemaatregelen die zorg dragen voor een volledige en juiste verwerking van de ingevoerde gegevens. Deze worden behandeld in subparagraaf 20.2.3.
Output controls	Dit zijn interne controlemaatregelen die zich richten op de juistheid en volledigheid van de uitvoer. Deze worden behandeld in subparagraaf 20.2.4.
Communication controls	Dit zijn interne controlemaatregelen die zorg dragen voor een betrouwbare verbinding tussen de invoerder en het verwerkende geautomatiseerde informatiesysteem. Deze worden behandeld in subparagraaf 20.2.5.
Database controls	Dit zijn interne controlemaatregelen die zorg dragen voor een betrouwbare werking van de databases. Deze worden behandeld in subparagraaf 20.2.6.

De application controls zijn met name gericht op de betrouwbaarheid van de geproduceerde informatie. Application controls hebben drie gemeenschappelijke kenmerken:

1 Application controls zijn aangebracht tijdens het ontwerp, de bouw en implementatie van het geautomatiseerde informatiesysteem (zie hoofdstuk 19).
2 Application controls maken deel uit van de programmatuur.
3 De betrouwbare werking van de application controls moet vastgesteld en bewaakt (kunnen) worden.

De samenhang tussen de verschillende soorten application controls staat afgebeeld in figuur 20.6. Je ziet daar een gebruiker die gegevens invoert. Deze gegevens worden verwerkt, opgeslagen en leiden tot informatie.

FIGUUR 20.6 Application control framework

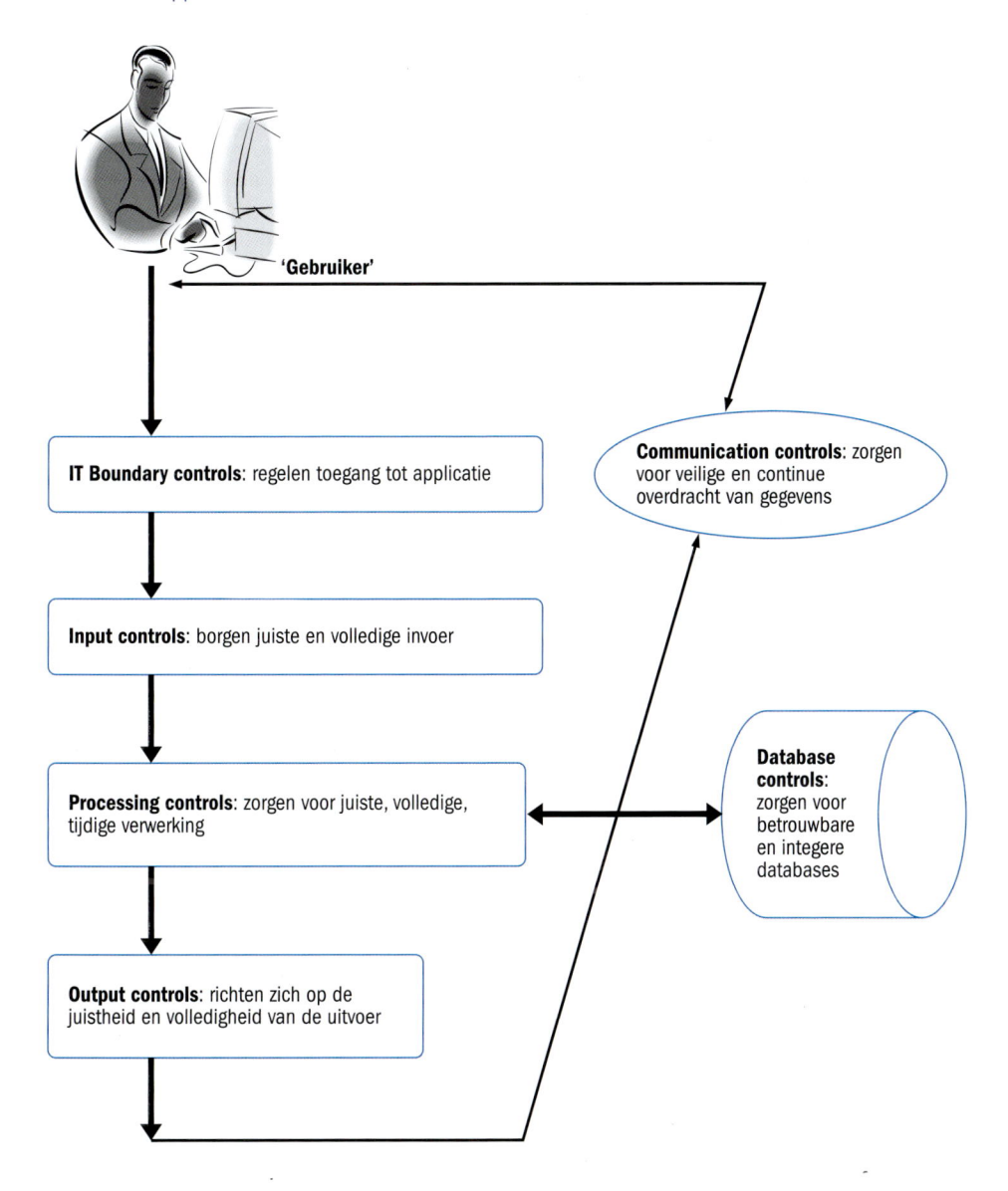

'Gebruiker'

IT Boundary controls: regelen toegang tot applicatie

Communication controls: zorgen voor veilige en continue overdracht van gegevens

Input controls: borgen juiste en volledige invoer

Processing controls: zorgen voor juiste, volledige, tijdige verwerking

Database controls: zorgen voor betrouwbare en integere databases

Output controls: richten zich op de juistheid en volledigheid van de uitvoer

*Aan de hand van de case Super Sprinkler laten we de werking van de application controls zien. Bij de bestelling van sprinklerapparatuur dienen de klanten zich via de website te registreren en persoonlijke gegevens te verstrekken, zoals naam, adres, woonplaats, e-mailadres en geboortedatum. Ook moeten zij aangeven in welke producten zij geïnteresseerd zijn.
Nadat de klant expliciet akkoord is gegaan met de bestelling, wordt de order in de verkoopmodule van het ERP-systeem van Super Sprinkler vastgelegd. Het wachten is dan op de bevestiging van de betaling die door de betalingsorganisatie Triple Pay wordt afgewikkeld. Na ontvangst van de bevestiging van de betaling wordt de definitieve bestelling (order) in het verkoopbestand als verkoop geregistreerd en ontvangt de klant op het opgegeven e-mailadres automatisch een elektronische bevestiging van zijn order en de ontvangst van de betaling. Het verkoopbestand vormt de basis voor de dagelijkse uitlevering van de bestelde producten.
Het aanbieden van producten op de website, de verkoop en de administratieve en logistieke processen worden ondersteund door software die Super Sprinkler in eigen beheer ontwikkelt en onderhoudt. Super Sprinkler heeft de uitvoering van de computerprocessen, inclusief de verwerking en opslag van alle gegevens, uitbesteed aan de firma Center. Die firma is daarin gespecialiseerd en is door zijn omvang in staat de benodigde beveiliging en continuïteit te bieden. Super Sprinkler heeft met Center een contract afgesloten waarin het niveau en de kwaliteit van de dienstverlening is vastgelegd. Center rapporteert jaarlijks aan Super Sprinkler over de geleverde diensten en de naleving van de contractuele afspraken.*

20.2.1 IT Boundary controls

IT Boundary controls

IT Boundary controls zijn de interne controlemaatregelen die ervoor zorgen dat applicatie afgegrensd is tegen ongeoorloofd gebruik. Door deze interne controlemaatregelen worden:
- de identiteit en de authenticiteit van een mogelijke gebruiker vastgesteld
- de mogelijkheden van gebruikers ten opzichte van een bepaalde applicatie beperkt tot vooraf geautoriseerde handelingen

Een gebruiker identificeert zich bij een systeem dat de toegang regelt door informatie te geven zoals bijvoorbeeld zijn naam, personeelsnummer of rekeningnummer. Met behulp van deze informatie over de identiteit van de gebruiker kan het systeem uit een bestand informatie halen die aangeeft welke gegevens de mogelijke gebruiker moet invoeren om zijn authenticiteit te bevestigen. Een veel gebruikte interne controlemaatregel om een applicatie af te grenzen voor ongeoorloofd gebruik, is het gebruik van userid (identificatie) en password (authentificatie), maar er zijn ook veel andere mogelijkheden (zie tabel 20.7).

TABEL 20.7 Voorbeelden van authentificatie

Soort informatie	Voorbeeld
Informatie uit het geheugen van de gebruiker	Naam, geboortedatum, rekeningnummer, wachtwoord, PIN
Voorwerpen in bezit van de gebruiker	Sleutel, plastic kaarten
Persoonlijke eigenschappen	Vingerafdruk, stemherkenning, handtekening, oogherkenning

De bevoegdheden die de gebruiker worden toegewezen zijn afhankelijk van de functie en de aard van het middel dat hij wenst te gebruiken. De bevoegdheden zijn vastgelegd in een *competentietabel*. Gebruikers kunnen ten aanzien van bestanden de volgende bevoegdheden hebben:

- *Lezen.* Alles lezen of bijvoorbeeld alleen geaggregeerde gegevens lezen.
- *Toevoegen.* Invoegen in een daarvoor bestemd veld of daadwerkelijk een bestand met een veld uitbreiden.
- *Veranderen.* Het overschrijven van eerder ingebrachte gegevens.

Toewijzing bevoegdheden

De betrouwbaarheid van de werking van boundary controls kan ernstig ondermijnd worden door:

- *slordig omgaan met wachtwoorden.* Dit kun je in een organisatie zien wanneer gele papiertjes met passwords op de monitor zijn geplakt of wanneer meerdere mensen gebruikmaken van hetzelfde account.
- *het niet goed bijhouden van de competentietabel.* Mensen krijgen bijvoorbeeld een andere functie maar behouden tevens de rechten die behoren bij de oude functie.
- *het bestaan van zogenaamde superusers.* Dit zijn gebruikers met heel veel rechten. Dergelijke superusers zijn vaak nodig omdat iemand wijzigingen ten aanzien van het gehele systeem moet kunnen aanbrengen. Vaak is dit bij kleinere bedrijven het hoofd Administratie die tevens het systeembeheer voert. Dergelijke superusers vormen vaak een belangrijk risico. Zij zijn bijvoorbeeld in staat rekeningnummers in het crediteurenstambestand aan te passen om zo geld naar zichzelf te laten overmaken. Ter mitigering van dit risico worden vaak aanvullende interne controlemaatregelen getroffen binnen zowel de automatiseringsorganisatie (bijvoorbeeld door het loggen van de activiteiten van de superusers in de systemen en het beoordelen van deze logging) als de gebruikersorganisatie (bijvoorbeeld door grote betalingen handmatig te autoriseren).

Superusers

Het inrichten en implementeren van adequate autorisaties is in de praktijk een ingewikkeld proces als gevolg van zowel technologische oorzaken (welke mogelijkheden hebben de verschillende systemen) als door organisatorische oorzaken (verificatie van autorisaties kost veel tijd).

De klant die bij Super Sprinkler zijn bestelling plaatst, heeft beperkte rechten. Hij mag bijvoorbeeld het artikelbestand inzien, maar kan natuurlijk niet de artikelcode of de prijs wijzigen.

20.2.2 Input controls

Input controls of invoercontroles zijn interne controlemaatregelen die ervoor zorgen dat de invoer in een applicatie juist en volledig plaatsvindt. Deze zijn uiterst belangrijk. Immers, alleen juiste invoer zal tot juiste uitvoer leiden.

Input controls

In hoofdstuk 5 van deel 1 heb je gezien dat bij standaardprocessen de nadruk op regeling invoer komt te liggen. Het hebben van goede inputcontrols is een van de interne controlemaatregelen om een goede regeling invoer te realiseren.

Invoer in een geautomatiseerd informatiesysteem kan op vele wijzen plaatsvinden. Gebruikers kunnen direct via een toetsenbord gegevens invoeren op een invoerscherm. Het kan ook zo zijn dat gebruikers een apparaat gebruiken om gegevens in te voeren in het systeem. Denk daarbij bijvoorbeeld aan een lezer bij point of sale apparatuur.

Wanneer de invoer vanaf een door een derde ingevuld standaardformulier dient te geschieden, zal goed nagedacht moeten worden over het ontwerp van het formulier. Hetzelfde geldt voor de opzet van het invoerscherm, indien de gebruiker de gegevens rechtstreeks invoert.

Invoercontroles die zich op de *juistheid* van de ingevoerde gegevens richten zijn:
- *Field checks*. Klopt bijvoorbeeld het soort data dat ingevoerd wordt? Bij geboortejaar verwacht men bijvoorbeeld vier cijfers en niet vier letters.
- *Bestaanscontrole*. Bestaat bijvoorbeeld de postcode wel?
- *Waarschijnlijkheidscontrole op geboortedatum*. Het is onwaarschijnlijk dat een potentiële koper ouder dan honderd jaar is.
- *Redelijkheidscontrole* op bijvoorbeeld aantal artikelen. Het is onwaarschijnlijk dat een potentiële koper meer dan één spelcomputer tegelijk zal kopen.

Invoercontroles die zich op de *volledigheid* van de ingevoerde gegevens richten zijn:
- *Verplichte invoervelden*. Pas indien alle verplichte velden zijn ingevuld, kan een bestelling in behandeling genomen worden.
- *Batchcontroles*. Wanneer bijvoorbeeld de invoer aan de hand van bestelformulieren geschiedt, moet het aantal formulieren dat ingevoerd is, aansluiten met het aantal ingevoerde bestellingen en het aantal geweigerde bestellingen in verband met fouten op het formulier.

Foutieve invoer die door het geautomatiseerde systeem wordt geaccepteerd zal tot fouten in de verwerking leiden. De controle op de werking van de invoercontroles zal binnen een bedrijf dus indirect (doorvoerregeling terug) plaatsvinden aan de hand van fouten in de verwerking.

Voordat de klant zijn bestelling bij Super Sprinkler kan plaatsen, dient hij eerst een account aan te maken. Het invoerscherm (zie figuur 20.8) kent verplichte invoervelden. De ingevoerde gegevens moeten aan een vooraf opgegeven definitie voldoen. Op postcode en huisnummer vindt een bestaanscontrole plaats.

FIGUUR 20.8 Invoerscherm Super Sprinkler

MIJN SUPERSPRINKLER.NL ACCOUNT AANMAKEN
Vul hieronder je gegevens in.

Voorletters: * [   ]

Achternaam: * [   ] (SUPERSPRINKLER.NL levert uitsluitend aan particulieren binnen Nederland.)

Nickname: * [   ] (Deze gebruik je bij het schrijven van reviews en vragen & antwoorden.)

Geslacht: * ○ Vrouw   ○ Man

Geboortedatum: * [dag ▼] [maand ▼] [jaar ▼]

Postcode: * [   ] (Levering naar een postbusadres is niet mogelijk.)

Huisnummer: * [   ]
Toevoeging: [   ] (Bijvoorbeeld a of II)

Telefoonnummer: [   ]

Mobiel nummer: [   ]

* Deze velden dienen ingevuld te worden.

Wanneer blijkt dat heel veel orders niet geaccepteerd kunnen worden omdat klanten een niet-bestaand adres zouden hebben opgegeven, kan het zo zijn dat de postcode-check niet goed verloopt.

20.2.3 Processing controls

Processing controls zijn de interne controlemaatregelen die ervoor zorgen dat de ingevoerde gegevens juist, volledig en tijdig worden verwerkt. Het systeem dat de ingevoerde gegevens verwerkt, bestaat uit een processor, een programma en een geheugen. Het programma verwerkt met behulp van de processor de gegevens volgens de in het programma vastgelegde instructies. Zonder te veel op de techniek in te gaan, lichten we een aantal aspecten toe:
- Veel processing controls zijn technisch van aard. Zo wordt bijvoorbeeld de verwerkingstijd bewaakt. Indien de verwerkingstijd boven een bepaalde tijd komt, verschijnt er een foutmelding om te voorkomen dat het systeem in een eindeloze loop raakt.
- Belangrijk voor een juiste, volledige en tijdige verwerking is de aanwezigheid van een robuust besturingsprogramma dat niet door invloeden van buiten gemanipuleerd kan worden.
- De volledigheid van de verwerking door het computersysteem wordt gewaarborgd door middel van geprogrammeerde verbanden.

Processing controls

Figuur 20.9 laat zien hoe een ingevoerde order bij Super Sprinkler verschillende stadia in de verwerking doorloopt.

FIGUUR 20.9 Processing controls Super Sprinkler

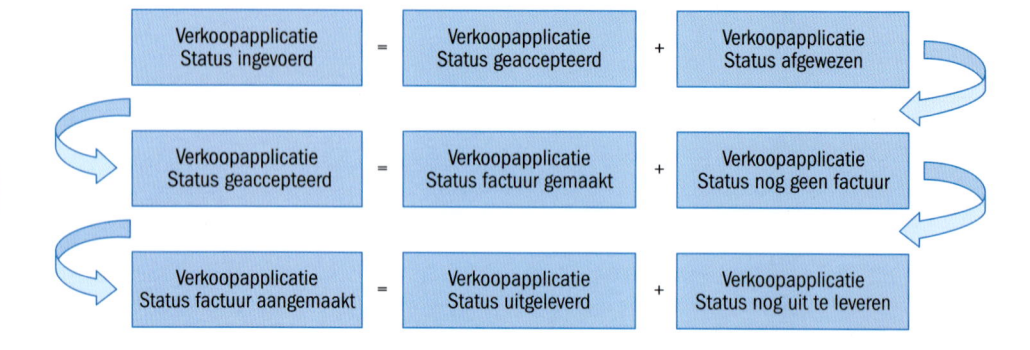

Verkoopapplicatie Status ingevoerd = Verkoopapplicatie Status geaccepteerd + Verkoopapplicatie Status afgewezen

Verkoopapplicatie Status geaccepteerd = Verkoopapplicatie Status factuur gemaakt + Verkoopapplicatie Status nog geen factuur

Verkoopapplicatie Status factuur aangemaakt = Verkoopapplicatie Status uitgeleverd + Verkoopapplicatie Status nog uit te leveren

De computer genereert rapporten van de verwerking. In deze rapportage staat bijvoorbeeld niet alleen het aantal transacties dat verwerkt is, maar ook het aantal transacties met fouten. Uiteraard is het voor de effectiviteit van deze interne controlemaatregel noodzakelijk dat de gerapporteerde foute verwerkingen adequate follow-up krijgt. Indien de fouten in de verwerking niet hersteld worden, of door wijzigingen in de programmatuur in de toekomst worden voorkomen, zullen de problemen zich blijven voortdoen.

20.2.4 Output controls

Verschillende soorten interne controlemaatregelen zorgen ervoor dat de inhoud van de gegevens die aan de gebruiker ter beschikking wordt gesteld, juist en volledig is.

Output controls

In de eerste plaats zijn er output controls of uitvoercontroles die ervoor zorgen dat de gebruiker alleen die gegevens te zien krijgt die voor hem bestemd zijn. Zo staat op de loonstrook van de werknemer wel zijn sociale lasten, maar niet het werkgeversdeel. Dit is voor de werknemer immers niet relevant.

In de tweede plaats maakt het systeem ook een verslag van batchgewijze verwerking. Bijvoorbeeld het aantal geprinte loonstroken. De gebruiker kan dit verslag aansluiten met het aantal personeelsleden uit het personeelsbestand en zo de volledigheid van de productie van de loonstroken vaststellen.

In de derde plaats stelt de gebruiker de inhoudelijke juistheid van de output vast. De werknemer bekijkt zijn loonstrook en zal willen onderzoeken of het salaris overeenkomt met zijn arbeidscontract. In geval van fouten zal hij contact opnemen met personeelszaken en die zullen opdracht geven aan de salarisverwerkingsorganisatie om te onderzoeken waar in de verwerking of de invoer fouten zijn gemaakt.

20.2.5 Communication controls

Veelal zullen de ingevoerde gegevens pas na verzending verwerkt kunnen worden en veelal zal de gebruiker het resultaat van de verwerking in de vorm van output pas kunnen zien nadat deze is teruggezonden. Beheersingsmaatregelen die gericht zijn op de betrouwbaarheid en continuïteit van de

verzending van gegevens worden communication controls genoemd. **Communication controls**
Tijdens de uitwisseling van gegevens kunnen verschillende zaken fout gaan:
1 *Verminking gegevens door technische oorzaak.* Gegevens kunnen verminkt raken door een technische oorzaak tijdens de uitwisseling (bijvoorbeeld door ruis of verzwakking van het signaal). De oplossing voor dit probleem zijn in het algemeen technisch van aard. Een verdere behandeling past niet in dit boek.
2 *Falen van hardware en sofware.* Hardware en software die verantwoordelijk zijn voor de gegevensuitwisseling tussen gebruiker en systeem kunnen falen. De eisen die aan het systeem gesteld worden, zijn meestal vastgelegd in een service level agreement. Uiteraard dient er door de verwerkende organisatie van tevoren een risicoanalyse gemaakt te worden en dient de capaciteit en omvang van de hardware aangepast te worden op het verwachte gebruik.
3 *Communicatielijnen worden aangevallen van buiten.* De communicatielijnen kunnen onderhevig zijn aan aanvallen van buiten. Het hoeft daarbij niet alleen om hackers te gaan die de gegevens aantasten, maar het kunnen ook ongewenste meelezende hackers zijn. Om gegevens tegen aanvallen van buiten te beschermen wordt onder andere gebruikgemaakt van encryptietechnieken. Bij de keuze van de techniek dient de verwerkende organisatie rekening te houden met fraudegevoeligheid van de over te zenden gegevens.

Indien een bedrijf voor belangrijke bedrijfsprocessen afhankelijk is van communicatie met derden, is het noodzakelijk om de snelheid van de verbinding en de continuïteit te controleren. In geval van problemen zal de oorzaak opgespoord moeten worden en zullen maatregelen moeten worden getroffen om herhaling in de toekomst zo veel mogelijk te voorkomen.

20.2.6 Database controls
Database controls zijn interne controlemaatregelen die erop gericht zijn om een database integer en beschikbaar te houden. Een database is een verzameling gegevens die langs meerdere ingangen te raadplegen is en vaak ook door meerdere applicaties. De concentratie van gegevens die dit met zich meebrengt, is zowel een kracht als een zwakte. Sterk is dat de gegevens bijvoorbeeld door rapportages naar meerdere invalshoeken meer informatie kunnen opleveren en sneller ter beschikking staan aan de gebruikers dan dit bij afzonderlijke bestanden het geval zou zijn. Een zwakte is dat de gevolgen van uitval door technische storingen, softwareproblemen of moedwillig inbreken door onbevoegden groter kunnen zijn dan bij het gebruik van individuele bestanden. **Database controls**

Softwarematig wordt er vaak gebruikgemaakt van een database management systeem (DBMS). Het DBMS bepaalt de bevoegdheden die individuele gebruikers ten opzichte van de gegevens hebben. Tevens regelt het DBMS de volgorde waarin individuele applicaties toegang krijgen tot de database. Organisatorisch wordt het belang dat er aan kritieke databases wordt gehecht, onderstreept door het benoemen van een aparte functionaris die verantwoordelijk is voor het beheer van de database. Dit is de databasemanager. **Database management systeem**

Voor de betrouwbare werking van databases is het belangrijk dat het DBMS een logfile bijhoudt, waarin ook ongeautoriseerde pogingen om de database te gebruiken worden geregistreerd. De databasemanager dient alert te zijn op deze gevaren en zal veelvuldig de logfile raadplegen.

Samenvatting

In hoofdstuk 20 zijn de general en application controls behandeld. Dit zijn interne controlemaatregelen die bijdragen aan de betrouwbare en continue werking van het geautomatiseerde bestuurlijke informatieverzorgingssysteem. De general controls zijn algemene interne-controlemaatregelen die op het gehele geautomatiseerde systeem van toepassing zijn. De volgende general controls zijn besproken:

- security control framework gericht op beveiliging
- operationeel systeembeheer gericht op operationeel beheer
- quality Assurance Controls gericht op het handhaven van de kwaliteit

Binnen dit geautomatiseerde systeem draaien applicaties. De applicaties hebben specifieke interne-controlemaatregelen die de betrouwbare en continue werking van de applicaties bevorderen. Besproken zijn:

- IT boundary controls die verband houden met de toegangsbeveiliging tot een applicatie
- input controls die gericht zijn op betrouwbare invoer van gegevens in een applicatie
- processing controls die gericht zijn op de betrouwbare verwerking van gegevens
- output controls die zich richten op de betrouwbaarheid van uitvoer van de applicatie
- communication controls die zich richten op betrouwbare datacommunicatie tussen gebruiker en applicatie
- database controls die zich richten op het voorkomen van ongeoorloofd gebruik van een database en het bewaken van de integriteit van de opgeslagen gegevens

De zes delen van dit boek

Besturen en Beheersen

Deel 1
Interne Beheersing

2 Wat is beheersing?
3 Beheersing volgens Simons
4 COSO-modellen
5 Procesbeheersing met het KAD-model

Bestuurlijke Informatie

Deel 2
Betrouwbaarheid

6 Betrouwbaarheid en beheersing
7 Interne controle
8 Betrouwbaarheidstypologie
9 Procestypologie

Deel 3
Relevantie

10 Tolmodel
11 Bovenkant van de tol
12 Midden van de tol
13 Onderkant van de tol
14 Contingentiebenadering en tolmodel
15 Relevantietypologie
16 Andere toepassingen relevantietypologie

Inrichten Bestuurlijke Informatieverzorging

Deel 4
Ontwerpen van administratieve processen

17 Ontwerpen van administratieve processen

Deel 5
BIV en Automatisering

18 Informatiebeleid en informatieplan
19 Ontwikkelen van informatiesystemen
20 General & application controls

Deel 6
Beheer van de BIV-functie

21 Organisatie van de BIV-functie
22 Vastleggen van de BIV

DEEL 6

Beheer van de bestuurlijke informatieverzorgingsfunctie

21 Organisatie van de bestuurlijke informatieverzorgingsfunctie 359
22 Vastleggen van de bestuurlijke informatieverzorging 385

Het bestuurlijke informatieverzorgingssysteem moet effectief verankerd zijn in de organisatie. Dit betekent dat medewerkers moeten weten hoe het bestuurlijk informatieverzorgingssysteem van hun organisatie werkt. Anders kunnen ze hun functie niet goed uitoefenen. Veel organisaties hebben voor dit doel een Handboek bestuurlijke informatieverzorging (of 'Administratieve Organisatie') geschreven of op hun intranet staan.

Organisaties zijn bovendien voortdurend aan verandering onderhevig. Het bestuurlijke informatieverzorgingssysteem zal dus regelmatig aangepast moeten worden. Dit aanpassen gebeurt door functionarissen die daarmee door de leiding belast zijn. Maar wie zijn dit?

In dit deel behandelen we in hoofdstuk 21 de organisatie van de BIV-functie. Voor verschillende soorten organisaties kijken we naar de wijze waarop de BIV-functie is ingericht. En in het laatste hoofdstuk gaan we in op de structuur en inhoud van het beschrijven en vastleggen van de bestuurlijke informatieverzorging.

21
Organisatie van de bestuurlijke informatieverzorgingsfunctie

21.1 Wat is BIV-beheer?
21.2 Organisatie van het beheer
21.3 Objecten van beheer van bestuurlijke informatieverzorging
21.4 Efficiëntie van administratieve processen
21.5 BIV-beheer en de relevantietypologie

In dit hoofdstuk beschrijven we eerst wat het begrip BIV-beheer inhoudt. Vervolgens gaan we in op de vraag hoe je dit moet organiseren. Daarna gaan we in detail in op het beheer van de objecten van bestuurlijke informatieverzorgingen die wij in deel 2 behandeld hebben, zoals functiescheiding en verbandscontroles. We besteden in dit hoofdstuk ook aandacht aan ontwikkelingen die de efficiëntie van de administratieve functie bevorderen. Tevens leggen we de link tussen de wijze van inrichting van het BIV-beheer en de in deel 3 behandelde relevantietypologie.

21.1 Wat is BIV-beheer?

In deel 4 heb je kunnen zien hoe je administratieve processen kan ontwerpen die relevante en betrouwbare informatie opleveren. In deel 5 is beschreven op welke manier je een geautomatiseerd informatiesysteem kan ontwikkelen en implementeren dat aansluit bij de administratieve processen. Bovendien hebben we in dit deel de maatregelen besproken die ervoor moeten zorgen dat zo'n geautomatiseerd informatiesysteem betrouwbaar en continu blijft functioneren (general controls en application controls). Ook een bestuurlijk informatieverzorgingssysteem heeft onderhoud nodig. Nadat het ontworpen en geïmplementeerd is, zal het net als een ICT-toepassing ook beheerd moeten worden om ervoor te zorgen dat het blijvend goed functioneert.

Welke aspecten behoren tot het beheer van bestuurlijke informatieverzorging?

BIV-beheer

Onder BIV-beheer verstaan wij:
- de uitvoerende taken die nodig zijn om een eenmaal ontworpen bestuurlijk informatieverzorgingssysteem te laten functioneren
- de controle op de wijze van uitvoering van deze taken (controle op het functioneren van de bestuurlijke informatieverzorging)
- de evaluatie waarmee vastgesteld wordt of het bestaande bestuurlijke informatieverzorgingssysteem in opzet nog toereikend is

Uit de controle op de wijze van uitvoering van de taken die nodig zijn om een bestuurlijk informatieverzorgingssysteem te laten functioneren, kan blijken dat voorschriften en richtlijnen met betrekking tot de bestuurlijke informatieverzorging mogelijk niet goed door de organisatieleden worden nageleefd.

De organisatie en de omgeving waarvan het bestuurlijk informatieverzorgingssysteem deel uitmaakt veranderen voortdurend. Dit kan ertoe leiden dat de inrichting van het bestaande bestuurlijk informatieverzorgingssysteem niet meer aansluit bij deze veranderde werkelijkheid. Uit de evaluatie kan blijken dat onderhoud of zelfs een nieuw ontwerp (zie deel 4 en 5) van de bestuurlijke informatieverzorging noodzakelijk is.

Hieruit blijkt dat de activiteiten die met beheer samenhangen verschillend van aard zijn. In tabel 21.1 zie je een aantal voorbeelden.

TABEL 21.1 Voorbeelden van beheertaken

Objecten van BIV	Voorbeelden van beheertaken
Uitvoerende taken	Bijhouden van de financiële administratie, uitvoeren van controlemaatregelen (detailcontroles, leggen van verbanden en dergelijk), maken van managementrapportages
Controle op wijze van uitvoering van de uitvoerende taken	Controle door bijvoorbeeld een afdeling interne controle of een in- of externe accountantsdienst op de uitvoering van de inventarisatie door de administratie
Evalueren of het bestaande BIV-systeem nog toereikend is dan wel moet worden aangepast	Evalueren door de controller van bijvoorbeeld de effectiviteit van het inkoopproces, waaruit blijkt dat de bestaande offerte-procedure bij inkoop tot grote problemen leidt omdat deze in de ogen van de inkopers onpraktisch is

Lees nu de volgende casus goed door. De casus gaat over Gert de Boer, die tijdens zijn carrière op verschillende manieren met beheer en evaluatie van bestuurlijke informatieverzorging wordt geconfronteerd.

Gerts werkervaring bij Continue

Gert de Boer begon in 1986 na een studie aan de HEAO met zijn carrière op de administratie van machinefabriek Continue. De machinefabriek die in 1920 was opgericht, stond toen bekend als een degelijk bedrijf en had zich gespecialiseerd in machines voor de scheepvaart. Toen Gert daar in 1986 kwam werken, vond hij de gang van zaken op de administratie tamelijk ouderwets. Op de administratie waren er nog bijna geen computers en de administratie werd handmatig gevoerd.

Gert wordt hoofd Administratie

Gert had het echter goed naar zijn zin en toen in 1989 het hoofd Administratie met pensioen ging, werd hij gevraagd om hem op te volgen. In zijn eerste drie jaar had hij een goede indruk gemaakt. Vooral zijn ideeën om door middel van activity based costing meer grip te krijgen op de productiekosten, sprak de directeur aan. De concurrentie vanuit Azië en Oost-Europa leverde dan wel technisch inferieure producten, maar de prijs was veel lager.

Zijn nieuwe functie als hoofd Administratie had hij toch wel een beetje onderschat. Vooral de medewerkers op de productieafdelingen waren telkens te laat met het aanleveren van de urenstaten, waardoor zijn collega's op de financiële administratie altijd achter liepen met het bijwerken van de projectadministratie. Daardoor had Gert de managementinformatie voor de directie nooit op tijd af en bleek soms dat projecten al af waren, terwijl ze nog bij het onderhanden werk stonden. Het hoofd productie was op zich een aardige kerel, maar had een hekel aan het papierwerk. Het kostte Gert veel moeite om de directeur te overtuigen van zijn gelijk, maar uiteindelijk ging het de goede kant op en kreeg de administratie de urenstaten op tijd.

Elk jaar kwam ook de accountant een paar keer langs. Gert had daar altijd een beetje een hekel aan. Telkens waren er toch wel punten van kritiek. Zo vond de accountant dat de factuurcontrole niet goed ging en kwamen er bij de inventarisatie grote voorraadverschillen aan het licht. Ook vond de accountant dat voor elke project een nacalculatie en verschillenanalyse uitgevoerd moest worden, terwijl ze dat nu alleen maar voor de grootste projecten deden.

De directeur reageerde hier naar Gerts gevoel vervelend op. Hij zei: 'Ja jongen, jij wist toch hoe het beter moest? Regel het dan maar, want die goedkeurende verklaring wil ik toch wel hebben!'

Invoer van een ERP-systeem

Om de administratie op orde te krijgen zoals de accountant het wilde hebben, had Gert onvoldoende menskracht op de administratie. Dat had het vorige hoofd hem ook wel eens toevertrouwd. Voor Gert was het duidelijk dat de enige manier om met hetzelfde aantal mensen meer te kunnen doen, de inzet van automatisering was. Dit had Gert altijd al graag gewild. In de avonduren volgde hij een opleiding tot controller en daar had een enthousiaste docent hem laten zien welke mogelijkheden computerboekhouden bood. Ook kende hij een student die bij een groot internationaal bedrijf werkte waar men een Enterprise Resource Planning (ERP) systeem gebruikte. Gert luisterde hier altijd graag naar, maar dacht dat hij de directeur van de machinefabriek wel nooit om zou kunnen krijgen.

Tot zijn verbazing lukte hem dit nu echter wel. De directeur gaf hem toestemming om contact te zoeken met een automatiseringsbedrijf dat het een en ander zou kunnen regelen. Gert nam het voortouw en legde contact met een Nederlands bedrijf op de Veluwe dat een ERP-pakket had ontwikkeld. Na de nodige opstartproblemen, die de inmiddels jonge vader slapeloze nachten bezorgde, kreeg hij het uiteindelijk toch voor elkaar. De accountant ziet ook geen grote problemen meer en geeft de felbegeerde goedkeurende controleverklaring. Het is dan 1993 en Gert heeft zijn opleiding tot controller inmiddels afgerond. Hij is eigenlijk wel toe aan een volgende uitdaging. De functie van hoofd Administratie heeft geen geheimen meer voor hem.

Gert wordt controller
Voor de kerst komt de directeur-grootaandeelhouder echter met een verrassing. Hij is van plan om de fabriek te verkopen. Een Amerikaans bedrijf heeft hem benaderd en hem een goed openingsbod gedaan. Volgende week komen ze verder praten. De directeur wil graag dat Gert ook bij deze gesprekken aanwezig is. De onderhandelingen verlopen voorspoedig en de deal wordt gesloten.
De CFO van het Amerikaanse bedrijf heeft Gert gevraagd om controller in het nieuwe concern te worden, met een aantrekkelijke salarisverhoging. Hij zal dan leiding moeten geven aan het hoofd Administratie, dat nieuw geworven moet worden. Gert hoeft niet lang te aarzelen en accepteert het aanbod. In zijn nieuwe functie maakt hij deel uit van het managementteam. Hij wordt gewaardeerd vanwege zijn inmiddels grote kennis en ervaring. Bij elk nieuw project toetst hij de financiële haalbaarheid aan de criteria van de Amerikaanse moedermaatschappij. Maandelijks moet hij volgens een vast format de cijfers aanleveren. Het nieuwe hoofd Administratie vindt dat Gert wel heel precies let op alle procedures en richtlijnen.
Nieuw voor Gert is dat hij ook liquiditeitscijfers moet aanleveren. In Amerika is er namelijk een aparte treasury-afdeling die zich bezighoudt met het liquiditeitsbeheer binnen de holding. Tevens is er een nieuwe accountant benoemd die werkt bij een internationaal kantoor.

'Troubles in paradise'
De jaren gaan voorbij en Gert heeft het goed naar zijn zin. De machinefabriek floreert vooral sinds de Raad van Bestuur heeft besloten om op het gebied van geautomatiseerde machines voorop te willen lopen. Naast zijn riante salaris heeft hij ook een mooie optieregeling bedongen. In Amerika is het heel gebruikelijk dat de algemeen directeur (Chief Executive Officer) en de financieel directeur (Chief Financial Officer) op die manier een aanvulling krijgen op hun salaris. Het bedrijf is geliefd bij beursanalisten. Gert zegt tegen zijn vrouw: 'Moet je kijken hoe hard die opties stijgen, daar kan je toch niet tegenop werken!' Zijn vrouw is iets voorzichtiger en zegt: 'Pas maar op, het lijkt bijna te mooi om waar te zijn!' Helaas krijgt zij gelijk en stort de beurs in 2001 in. De opties van Gert zijn nu bijna niets meer waard. Erger nog zijn de geruchten dat de Amerikaanse moeder stelselmatig de geactiveerde ontwikkelkosten te hoog zou hebben gewaardeerd. De CEO staat bekend om zijn flamboyante levensstijl en dat valt nu slecht bij de financiële pers. De machinefabriek in Nederland heeft hier natuurlijk niets mee te maken, maar Gert vindt het wel bijzonder vervelend.

Gert krijgt te maken met de SOX-wetgeving
In 2002 wordt in Amerika de Sarbanes Oxley (SOX)-wetgeving van kracht. Om aan de verplichtingen van deze wetgeving te voldoen moet Gert van alle processen en posten die met de jaarrekening te maken hebben, een risicoanalyse maken en vastleggen hoe deze worden afgedekt. Dit moet allemaal gebeuren naar goeddunken en volgens aanwijzingen van iemand op het hoofdkantoor in Amerika, die zichzelf compliance officer noemt. Nog vervelender vindt Gert, dat hij behalve met de externe accountant nu ook te maken krijgt met medewerkers van de auditafdeling van het hoofdkantoor. 'Wat kost dit allemaal wel niet?', vraagt hij zich vertwijfeld af.

> Het kost inderdaad veel geld, dat is iedereen binnen het concern wel duidelijk. Maar het is een verplichting waaraan ze niet kunnen ontkomen. In een poging om dit weer terug te verdienen, hoort Gert dat ze in Amerika een nieuw idee hebben ontwikkeld. Voor alle Europese werkmaatschappijen wil men de financiële administratie centraliseren in Polen, in een zogenaamd Shared Service Center. Dit zou betekenen dat de administratie bij de machinefabriek in Nederland bijna geheel moet gaan verdwijnen.
> Gert heeft inmiddels aardig wat grijze haren gekregen en af en toe betrapt zijn vrouw hem erop dat hij over zijn pensioen praat.

21.2 Organisatie van het beheer

Het beheer van de bestuurlijke informatieverzorging is in elke organisatie weer anders ingericht. De inrichting is situatieafhankelijk. Zo zijn er verschillen tussen grote en kleine organisaties, hebben sommige organisaties een controller en/of een interne auditafdeling en andere weer niet. Ook beïnvloeden corporate governance codes de inrichting van het beheer van de bestuurlijke informatieverzorging. In het vervolg van deze paragraaf gaan wij hier nader op in.

21.2.1 Organisaties met beperkte omvang

Van oudsher en bij organisaties met een beperkte omvang is de verantwoordelijkheid voor het beheer van de bestuurlijke informatieverzorging door de directie bij het hoofd van de administratie geplaatst. De externe accountant heeft een belangrijke aanvullende rol op het gebied van de evaluatie van het systeem van bestuurlijke informatieverzorging. Hij geeft in zijn managementletter adviezen ter verbetering van de bestuurlijke informatieverzorging, met name op het gebied van betrouwbaarheid van de informatie.

Hoofd van de administratie

De effectiviteit van deze vorm van beheer is sterk afhankelijk van het belang dat de directie hecht aan de BIV-functie. Wanneer de directie het hoofd Administratie voldoende ondersteunt, dan heeft het hoofd Administratie voldoende legitimiteit om het beheer uit te voeren en zullen ook de adviezen van de accountant in vruchtbare aarde vallen.

Wanneer de directie het belang van de bestuurlijke informatieverzorging onvoldoende onderkent, dan zullen afdelingshoofden de directie hier in volgen en zal het voor het hoofd Administratie lastig zijn het beheer goed uit te voeren (denk aan de productiemedewerkers in de machinefabriek van Gert die te laat hun urenstaten aanleveren). De afdelingshoofden moeten er immers op toezien dat de medewerkers zich aan de regels en richtlijnen met betrekking tot bestuurlijke informatieverzorging houden en spelen ook een belangrijke functie bij het signaleren van noodzakelijke veranderingen. In figuur 21.2 zie je de taken en verantwoordelijkheden die een hoofd Administratie heeft.

Wat is de rol van het hoofd Administratie?

FIGUUR 21.2 Wat doet een hoofd Administratie?

Wat doet een hoofd Administratie?

Het hoofd Administratie zorgt ervoor dat alle administratieve processen op rolletjes verlopen. Door een goede administratie weet het management wat de financiële positie van het bedrijf is, worden salarissen en facturen op tijd betaald en zijn de belastingdienst en eventuele toezichthouders tevreden.

Het hoofd Administratie:

- is verantwoordelijk voor de financiële administratie (crediteuren-, debiteuren- en salarisadministratie, grootboek)
- zorgt voor een zo goed mogelijke inrichting van de administratie en de administratieve processen
- geeft leiding aan medewerkers van de administratieve afdeling
- zorgt aan het eind van een verslagperiode voor onderlinge afstemming tussen de diverse deeladministraties
- helpt mee bij het opstellen van maand-, kwartaal- en jaarverslagen, of verzorgt deze zelfstandig
- adviseert de bedrijfsleiding bij financieel-administratieve vragen en problemen

Bron: www.Carrièretijger.nl

21.2.2 Organisaties met een controllersfunctie

Controllersfunctie

Een eerste logische uitbreiding van de financiële functie vanuit een organisatie die uitsluitend een administrateur heeft, is het instellen van de controllersfunctie. Wanneer een organisatie doorgroeit neemt niet alleen de omvang van de financiële administratie toe, maar nemen ook de eisen die de organisatie stelt aan de BIV-functie toe. Dat de cijfers uit de administratie kloppen is nu niet meer voldoende. De directie en afdelingshoofden hebben behoefte aan meer toegevoegde waarde. Zij zijn op zoek naar iemand met financiële deskundigheid die hen kan helpen bij het nemen van beslissingen. De behoefte aan managementinformatie waarmee ze effectief grip kunnen houden op de organisatie neemt toe. In al deze behoeftes kan het hoofd Administratie veelal niet voorzien. Er wordt daarom een controller aangesteld. Dat komt niet alleen omdat de kennis of ervaring van het hoofd Administratie onvoldoende is, maar ook omdat de persoon waarnaar men op zoek is andere persoonlijkheidskenmerken heeft. De persoonlijkheid van de controller vereist dat hij graag een actieve bijdrage levert aan het beleid, terwijl de administrateur heel gelukkig is binnen de grenzen van de boekhouding. De actieve betrokkenheid die de controller bij het beleid heeft, is in potentie een gevaar voor de betrouwbaarheid van de financiële cijfers. Niemand rapporteert immers graag slechte resultaten over besluiten die hij als lid van het managementteam mede heeft genomen.

Het zoeken naar de zogenaamde 'strong controller' die én onafhankelijk blijft én actief betrokken is bij het bedrijfsgebeuren, is niet eenvoudig. Soms is het praktischer te accepteren dat deze twee eigenschappen (onafhankelijkheid en betrokkenheid) niet in één persoon te vinden zijn. Je zou dan kunnen overwegen om de financiële administratie niet rechtstreeks onder de controller te plaatsen. In de praktijk wordt hier echter zelden voor gekozen aangezien de controller verreweg de meeste kennis heeft om het functioneren van de administratie te kunnen beoordelen.

Wat is de rol van de controller?

De taken en verantwoordelijkheden van een controller zie je treffend geïllustreerd in figuur 21.3.

FIGUUR 21.3 Taken en verantwoordelijkheden van een controller

Wat doet een controller?
De controller is een financieel-economisch expert die directie en management ondersteunt bij het besturen en beheersen van de organisatie.
De controller:
• houdt toezicht op en geeft soms leiding aan de financiële administratie, of een financiële of bedrijfseconomische afdeling
• geeft financiële informatie en adviezen aan directie en management en bereidt met hen het financiële beleid voor
• zorgt voor de planning & control cyclus, periodieke financiële rapportages, investerings- analyse, interne kostenverrekeningen, balansen, winst- en verliesrekeningen, begrotingen/ budgettering, de jaarrekening en meerjarenplanningen
• ontwerpt en beheert managementinformatiesystemen, administratieve systemen, werkwijzen en procedures
• bewaakt de financiële positie en resultaten van het bedrijf
Het werkgebied van de controller is niet beperkt tot strikt financiële aspecten. Hij houdt zich bijvoorbeeld ook bezig met bredere systemen voor het meten en evalueren van prestaties, zoals de balanced scorecard. Hierin spelen ook klantenservice, levertijd en kwaliteit een rol. Een moderne controller is een generalist.

Bron: www.Carrièretijger.nl

21.2.3 Organisaties met een financieel directeur

Wanneer organisaties nog verder groeien, zie je vaak dat binnen de directie de positie van financieel directeur (Chief Financial Officer) gevormd wordt. De controller en het hoofd Administratie rapporteren dan ieder apart aan deze financieel directeur. Dit lost tevens het in de vorige paragraaf geschetste probleem op dat strong controllers vaak moeilijk te vinden zijn. Bij grotere organisaties rapporteert tevens een afdeling interne controle aan de financieel directeur.

Financieel directeur

De taakverdeling is dan als volgt:
- De administratie voert de boekhouding.
- De afdeling interne controle gaat na of alle interne controlehandelingen zowel in de lijnorganisatie als op de administratie goed zijn uitgevoerd.
- De controller ondersteunt het besluitvormingsproces.

Verdere uitbreiding en opdeling van de financiële functie kan plaatsvinden door het aanstellen van een treasurymanager en een informatiemanager. De treasuryfunctie 'managet' de geldstromen van de organisatie. Deze functie omvat 'het geheel van taken dat is gericht op de financiële planning, de financiering, de optimalisering van de geldstromen en het management van rente- en valutarisico's' (Starreveld, Van Leeuwen en Van Nimwegen, 2002). De informatiemanager is een staffunctionaris die zich op een hoog niveau in de organisatie bezighoudt met bestuurlijke informatieverzorging. Daarbij kun je denken aan onderwerpen die zijn behandeld in deel 5, zoals informatiebeleid, informatieplanning en het logisch ontwerp van de bestuurlijke informatieverzorging.

Overigens komt het in de praktijk regelmatig voor dat ook niet-financiële afdelingen, zoals de facilitaire diensten, aan de financieel directeur rapporteren.

Wat is de taakverdeling tussen de financieel directeur, de controller, het hoofd Administratie, de treasurer, de informatiemanager en de afdeling interne controle?

21.2.4 Aparte auditafdeling: verbijzondering van de evaluatiefunctie

Het beoordelen van de wijze van functioneren (het evalueren) van de bestuurlijke informatieverzorging door de administratie en later door de controller heeft een belangrijke beperking. Deze houdt verband met de volgende vragen: vormt het gehele (BIV-)systeem een doelmatig en doeltreffend geheel en worden de voorschriften van het (BIV-)systeem voldoende nageleefd?

Deze vragen kunnen in principe alleen objectief beantwoord worden door functionarissen die niet betrokken zijn bij de opzet van de bestuurlijke informatieverzorging en evenmin betrokken zijn bij de uitvoering van de voorschriften. Anders controleren ze namelijk hun eigen werk. Zowel de administratie als de controller hebben veelal een actieve rol bij de opzet van het BIV-systeem en aan hen zijn ook controlerende taken opgedragen. Met andere woorden: wie controleert de controleur?

Bij grote organisaties gebeurt de controle op het uitvoeren van de interne controlemaatregelen soms door een afdeling interne controle. Op een bepaald moment is de organisatie echter zo gegroeid, dat het opzetten van een eigen auditdienst of interne accountantsdienst gewenst is. Deze voert dan de evaluatie van de opzet en werking van de interne controlemaatregelen uit. Ook kan deze dienst andere vormen van audits uitvoeren. Bijvoorbeeld een audit gericht op de efficiency of kwaliteit van bedrijfsprocessen.

Auditdienst

Wat is de rol van de interne accountantsdienst en aan wie rapporteert deze?

De interne accountantsdienst rapporteert vaak aan de CFO, maar neemt in het algemeen ook deel aan bijeenkomsten van het audit comité. Het audit comité is een commissie van de Raad van Commissarissen (RvC). De RvC oefent toezicht uit op de directie.

Audit comité

Wat is de rol van het audit comité?

Daarnaast zijn bij veel grotere organisaties externe accountants werkzaam. Deze controleren of de jaarrekening van een organisatie een getrouw beeld geeft van de bezittingen en schulden en activiteiten van de organisatie.

Gedurende de uitvoering van zijn controle beoordeelt de externe accountant of de bestuurlijke informatieverzorging in opzet voldoende waarborgen biedt om de betrouwbaarheidsrisico's af te dekken. Indien er bij een organisatie een interne accountantsdienst en/of een afdeling interne controle is, maakt de externe accountant bij het uitvoeren van zijn controle vaak gebruik van het werk van deze afdelingen. De externe accountant zal zelf meer controlewerk verrichten bij kleinere organisaties waar geen interne accountants of interne controleafdelingen voorkomen.

Wat is de taak en rol van een externe accountant?

21.2.5 Invloed op bestuurlijke informatieverzorging vanuit corporate governance codes

Soms zie je dat de betrouwbaarheid van de financiële verslaggeving onder druk komt te staan doordat de leiding de financiële resultaten zo gunstig mogelijk wil doen voorkomen. Het boekhoudschandaal bij Ahold (figuur 21.4) illustreert dit op treffende wijze.

FIGUUR 21.4 Boekhoudschandaal bij Ahold

28-01-2009 Cees van der Hoeven, voormalig topman van Ahold, moet een boete van 30.000 euro betalen voor zijn rol bij het boekhoudschandaal bij Ahold. Oud-CFO Michiel Meurs kreeg een boete van 100.000 euro, 240 uur dienstverlening en een voorwaardelijke gevangenisstraf van zes maanden opgelegd.

Hoofdrol Michiel Meurs

Dat heeft het gerechtshof in Amsterdam woensdag in hoger beroep bepaald. Michiel Meurs speelde volgens het gerechtshof als CFO de grootste rol in het Ahold-schandaal. Michiel Meurs heeft volgens het hof misleidende documenten opgesteld, die Ahold veel groter deden doen lijken dan het was. Hij heeft deze documenten achtergehouden voor accountant Deloitte.

Bron: Managementscope

Als gevolg van deze en andere grote boekhoudschandalen als bij World Com, Enron en Shell ontstond er vanuit de samenleving druk op de nationale overheden om actie te nemen teneinde dergelijke boekhoudschandalen in de toekomst te voorkomen. De reactie in veel landen was het instellen van zogenaamde corporate governance codes. Deze codes beogen de voorwaarden te scheppen voor goed ondernemingsbestuur. In dit boek beperken we de behandeling van deze codes voor zover ze betrekking hebben op ons vakgebied (bestuurlijke informatieverzorging). We focussen ons hierbij met name op de codes voor Nederland en de Verenigde Staten, aangezien de code voor de Verenigde Staten ook geldt voor de Nederlandse dochters van aan de Amerikaanse beurs genoteerde bedrijven.

Corporate governance codes

In Nederland is sinds 2003 de code Tabaksblat van toepassing, die onder leiding van Frijns in 2008 op een aantal punten is aangescherpt. De code omvat een aantal zogenaamde 'best practice' bepalingen. Van de code mag alleen worden afgeweken indien wordt uitgelegd waarom dat gedaan is ('comply or explain'). De opstellers van deze code leggen de verantwoordelijkheid voor de betrouwbaarheid van de financiële rapportage bij het

Code Tabaksblat

bestuur van een organisatie, dus niet alleen bij de financieel directeur. Het bestuur moet, om de verantwoordelijkheid voor de betrouwbaarheid van de financiële rapportage te kunnen dragen, een adequaat risicobeheersings- en interne controlesysteem opzetten. Het bestuur moet daarbij niet alleen verklaren dat de cijfers in de jaarrekening betrouwbaar zijn, maar ook dat het BIV-systeem waaruit deze voortkomen, naar behoren werkt.

Letterlijk staat er in de code (onder II.1.5): 'Ten aanzien van financiële verslaggevingrisico's verklaart het bestuur in het jaarverslag dat de interne risicobeheersings- en controlesystemen een redelijke mate van zekerheid geven dat de financiële verslaggeving geen onjuistheden van materieel belang bevat en dat de risicobeheersings- en controlesystemen in het verslagjaar naar behoren hebben gewerkt. Het bestuur geeft hiervan een duidelijke onderbouwing.'

De eindverantwoordelijkheid voor de opzet, het bestaan en de werking van de bestuurlijke informatieverzorging die ten grondslag ligt aan de cijfers in de jaarrekening, ligt in Nederland dus bij het bestuur.

Wie is verantwoordelijk voor de bestuurlijke informatieverzorging volgens de code Tabaksblat?

Sarbanes Oxley-wet

De Sarbanes Oxley-wet die sinds 2002 in de Verenigde Staten van toepassing is voor bedrijven die daar aan de effectenbeurs genoteerd staan, stelt zowel de algemeen directeur als de financieel directeur verantwoordelijk voor de betrouwbaarheid van de bestuurlijke informatieverzorging. Deze wet kent onder meer twee bepalingen:

1 In sectie 302 stelt de wet dat zowel de algemeen directeur (chief executive officer) als de financieel directeur (chief financial officer) elk kwartaal moeten verklaren dat de inhoud van de financiële en niet-financiële rapportages die naar buiten gaan, betrouwbaar zijn (zogenaamde 302-verklaring).
2 In sectie 404 wordt het bestuur (CEO en CFO) verplicht om jaarlijks een formulier in te vullen waarmee het bestuur onder meer verklaart dat:
   - zij verantwoordelijk zijn voor het inrichten en onderhouden van de interne controle met betrekking tot de jaarverslaggeving van de onderneming;
   - het BIV-systeem dat betrekking heeft op de jaarrekening gedurende het jaar betrouwbaar heeft gefunctioneerd en
   - laten zien op basis van welke methodiek (veelal COSO) zij deze uitspraak menen te kunnen doen.

Wie is verantwoordelijk voor de bestuurlijke informatieverzorging volgens de Sarbanes Oxley-wet?

21.2.6 'Three lines of defense' voor betrouwbaarheid bestuurlijke informatieverzorging

Veel beursgenoteerde organisaties zijn als gevolg van de boekhoudschandalen en de eisen die de corporate governance codes stellen, tot de conclusie gekomen dat de wijze van aansturing van de bestuurlijke informatieverzorging binnen hun organisatie versterkt moest worden. Dit leidde onder meer tot het versterken van het toezicht door het instellen van afzonderlijke audit comités als commisie van de Raad van Commissarissen en het actief bezig zijn met risicobeheersing (zie deel 1), vaak op basis van de COSO-systematiek.

In het audit comité worden naast één of meerdere RvC-leden vaak ook de financieel directeur, de externe accountant en indien aanwezig de interne accountant uitgenodigd om deel te nemen aan het overleg.

Leg het principe van de 'three lines of defense' uit. Leg uit of in de praktijk soms meer 'lines of defense' voorkomen.

In dit opzicht is het niet ongebruikelijk om te spreken van drie verdedigingslinies (three lines of defense) om problemen op het gebied van de betrouwbaarheid van de bestuurlijke informatieverzorging te voorkomen. In figuur 21.5 zie je bij wijze van voorbeeld hoe deze verdedigingslinies bij Binck Bank zijn opgezet.

Three lines of defense

FIGUUR 21.5 Three lines of defense bij Binck Bank

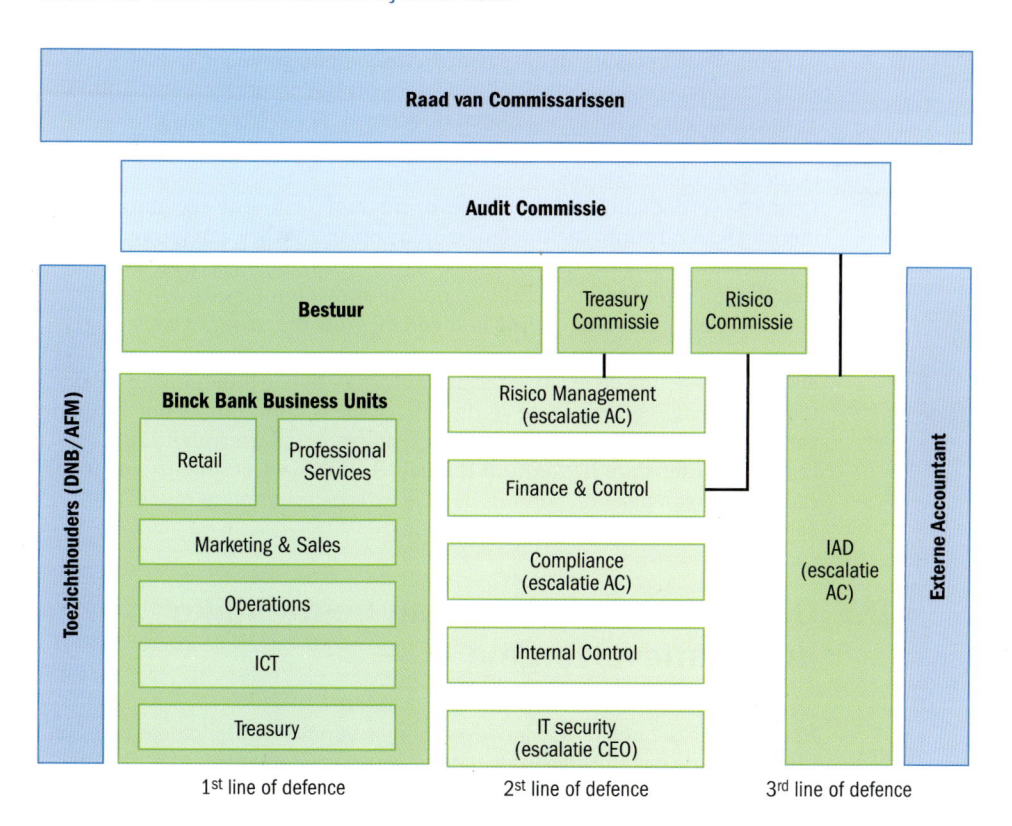

[Figuur: organogram met Raad van Commissarissen bovenaan, Audit Commissie daaronder, Bestuur met Treasury Commissie en Risico Commissie. 1ste line of defence: Binck Bank Business Units (Retail, Professional Services, Marketing & Sales, Operations, ICT, Treasury). 2de line of defence: Risico Management (escalatie AC), Finance & Control, Compliance (escalatie AC), Internal Control, IT security (escalatie CEO). 3de line of defence: IAD (escalatie AC). Links: Toezichthouders (DNB/AFM). Rechts: Externe Accountant.]

De inhoud van deze drie verdedigingslinies is als volgt:

De eerste verdedigingslinie
De eerste verdedigingslinie wordt gevormd door het management van de afdelingen (de lijnorganisatie). Deze moeten actief toezien op de naleving van de organisatorische (preventieve) maatregelen en de repressieve maatregelen door de medewerkers die onder hun beheer vallen (zie deel 2).

De tweede verdedigingslinie
Omdat deze vorm van toezicht zowel qua objectiviteit als deskundigheid zijn beperkingen heeft, is een tweede verdedigingslinie noodzakelijk. Deze verdedigingslinie wordt bij organisaties met beperkte omvang gevormd door het hoofd Administratie, de controller als die er is en de directie. Bij Binck Bank zie je echter dat deze tweede verdedigingslinie veel uitgebreider is dan bij organisaties met een beperkte omvang.

- De afdeling risicomanagement evalueert of alle materiële risico's voldoende onderkend zijn en of daar adequate beheersingsmaatregelen voor zijn getroffen. Indien dit naar oordeel van deze afdeling onvoldoende gebeurt, rapporteren ze daarover aan de audit commissie, die in opdracht van de Raad van Commissarissen toezicht houdt op de betrouwbaarheid van de financiële rapportage door het bestuur.
- Tevens is er een afdeling compliance die onderzoekt of de wet- en regelgeving voor banken voldoende wordt nageleefd en die bij niet-naleven aan de audit commissie rapporteert.
- Uiteraard maken de afdeling finance & control en de afdeling internal control ook deel uit van deze tweede verdedigingslinie.
- Bovendien is er nog een afdeling IT security die rapporteert over automatiseringsrisico's aan de algemeen directeur.

De derde verdedigingslinie
De derde verdedigingslinie wordt gevormd door de interne accountantsdienst. Deze zal controle uitoefenen op de opzet en wijze van werken van de eerste en de tweede verdedigingslinie. Over de uitkomst van haar werkzaamheden rapporteert deze dienst aan de audit commissie (of het audit comité). Deze verdedigingslinie is alleen bij grote organisaties aanwezig.

Tot slot is daar nog de externe accountant. Deze kun je beschouwen als de *vierde verdedigingslinie*. Deze verdedigingslinie is nodig omdat het toezicht van de interne accountantsdienst in het uiterste geval overruled zou kunnen worden door het bestuur (hoewel de interne accountantsdienst ook rapporteert aan de audit commissie). De externe accountant rapporteert aan de RvC (vaak via de audit commissie).

21.3 Objecten van beheer van bestuurlijke informatieverzorging

In paragraaf 21.2 heb je kunnen lezen hoe de verantwoordelijkheid voor het beheer van de bestuurlijke informatieverzorging georganiseerd is. In tabel 21.6 zie je de objecten die beheerd moeten worden in het kader van de betrouwbaarheid van de bestuurlijke informatieverzorging. Zoals er met alle systemen iets mis kan gaan, geldt dit ook voor interne beheersingssystemen. Voorbeelden van indicaties dat een intern beheersingssysteem niet goed meer werkt of niet meer relevant is, zijn (IFAC, 2011):

- Maatregelen van interne controle zijn niet langer geschikt om het risico af te dekken.
- Maatregelen van interne controle worden niet goed uitgevoerd.

- Veranderingen in de organisatie en omgeving maken dat bestaande beheersingsmaatregelen niet langer relevant zijn.
- Er is bij de personen die de interne controlemaatregelen uitvoeren sprake van een gebrekkige kennis van de bedrijfsprocessen waar de interne controlemaatregelen deel van uitmaken.

Zoals je in tabel 21.6 ziet, hanteren we de maatregelen van interne controle die we ook in hoofdstuk 7 behandeld hebben als beheerobjecten. Lees voor meer begrip daarom eerst hoofdstuk 7 van deel 2 eens door.

Beheerobjecten

TABEL 21.6 Beheerobjecten van bestuurlijke informatieverzorging

Beheerobjecten en vragen op het vlak van maatregelen van organisatorische aard (preventieve maatregelen van interne controle)	Beheerobjecten en vragen op het vlak van het daadwerkelijk uitvoeren van controlehandelingen (repressieve maatregelen van interne controle)
Oordeelsvorming ex ante (tabel 21.7)	Oordeelsvorming ex post (tabel 21.7)
Controletechnische functiescheiding (tabel 21.8)	Materiële verbandscontroles (tabel 21.8)
Procedures en richtlijnen (tabel 21.9)	Detailcontroles en controles op de naleving van procedures (tabel 21.9)
Opzet van geautomatiseerde informatiesystemen (deel 5)	General en application controls (deel 5)
Beveiliging (tabel 21.10)	Waarneming ter plaatse (tabel 21.10)

In de tabellen 21.7 tot en met 21.10 behandelen we de preventieve en repressieve maatregelen van interne controle als objecten van beheer. De opzet van het geautomatiseerde informatiesysteem en de general en application controls worden hier niet behandeld aangezien deze in deel 5 uitgebreid aan bod zijn geweest. In elke tabel behandelen we:
1 uitvoerende activiteiten
2 vragen ten aanzien van naleving
3 vragen ten aanzien van de relevantie

We lichten de objecten van BIV-beheer steeds toe aan de hand van de ervaringen van Gert de Boer bij machinefabriek Continue. Deze toelichting is cursief gedrukt.
In tabel 21.7 kun je zien welke beheeractiviteiten er uitgevoerd moeten worden op het vlak van oordeelsvorming ex ante en ex post. De toepassing voor de casus Continue is daarbij opgenomen.

TABEL 21.7 Beheerobjecten en vragen op het vlak van oordeelsvorming ex ante en ex post

Oordeelsvorming ex ante	Oordeelsvorming ex post
1 Het ondersteunen van leden van de organisatie bij het opstellen van begrotingen, normen en tarieven vooral vanuit het oogpunt van financiële consistentie. *Gert de Boer organiseerde in opdracht van de directie als controller jaarlijks de bijeenkomsten waarbij het budget werd vastgesteld. Bij deze bijeenkomsten waren de hoofden verkoop, inkoop, logistiek, productie en het bedrijfsbureau aanwezig. Gert zorgde voor de sturing en coördinatie.*	1 Het vervaardigen van de periodieke managementrapportage volgens de vastgestelde systematiek. *Bij Continue moet de financiële administratie elke maand onder leiding van Gert de Boer een managementrapportage maken.*
2 Worden begrotingen, normen en tarieven opgesteld volgens de vastgestelde systematiek? *Als controller gaf Gert de Boer de administratie de opdracht om regelmatig de voorcalculaties te controleren die het bedrijfsbureau had gemaakt. De administratie moest daarbij vooral ook kijken of de calculatievoorschriften goed waren uitgevoerd.*	2 In hoeverre worden de cijfers in de rapportages door de afdelingshoofden, administratie en directie beoordeeld op hun betrouwbaarheid? *Gert de Boer heeft opdracht gegeven aan de administratie om elke maand een overzicht te maken van de lopende projecten met daarbij de resultaten per project. Hoewel hier soms opvallende zaken uit naar voren kwamen die achteraf onjuist bleken te zijn, valt hem op dat niemand van de leidinggevenden hier ooit een vraag over heeft gesteld.*
3 Is de huidige systematiek om begrotingen, normen en tarieven te bepalen nog realistisch of zijn de omstandigheden sterk gewijzigd en zou deze aangepast moeten worden? *Toen Gert de Boer controller werd, was een van zijn eerste acties het onderzoeken van de relevantie van de kostprijsmethodiek. Op basis van een onderzoek dat hij liet uitvoeren door een extern deskundige, kwam aan het licht dat door de huidige wijze van kostprijscalculatie kleine orders goedkoper leken dan ze feitelijk waren. Als gevolg van de toename van kleinere orders leidde dit tot onjuiste besluiten. Op basis van de bevindingen van de externe deskundige werd de wijze van kostprijscalculatie aangepast.*	3 Leent de rapportagevorm zich voor een zinvolle cijferbeoordeling of moeten deze aangepast worden? *Navraag onder de leidinggevenden van Continue bracht aan het licht dat de meesten de resultatenanalyse zoals Gert de Boer die door de administratie liet vervaardigen, niet goed begrepen of dat zij er te veel tijd in moesten stoppen om de rapportage goed te begrijpen. In overleg met deze leidinggevenden heeft Gert daarom besloten om het format aan te passen en meer met grafieken te gaan werken.*

In tabel 21.8 kun je zien welke beheeractiviteiten er uitgevoerd moeten worden op het vlak van controletechnische functiescheiding en materiële verbandscontroles. De toepassing voor de casus Continue is daarbij opgenomen.

TABEL 21.8 Beheerobjecten en vragen op het vlak van controletechnische functiescheiding en materiële verbandscontroles

Controletechnische functiescheiding	Materiële verbandscontroles
1 Het bijhouden van functieomschrijvingen, taakomschrijvingen en competentietabellen. *Toen Gert de Boer controller werd veranderde zijn functie en bevoegdheden aanzienlijk. Op basis van aanwijzingen van de Amerikaanse CFO werden deze veranderingen in de competentietabellen doorgevoerd en door de CFO geautoriseerd.*	1 Het leggen van verbanden door de administratie. *De medewerkers van de administratie van Continue leggen wekelijks het verband tussen de ingekochte materialen volgens de afdeling inkoop en de ontvangen materialen volgens het magazijn.*
2 In hoeverre houden de medewerkers zich aan de bevoegdheden die samenhangen met de vastgestelde functiescheiding? *Onderzoek van de interne auditafdeling van het concern waar Continue toe behoort, bracht aan het licht dat drie gepensioneerde medewerkers van de afdeling administratie nog allerlei rechten in het geautomatiseerde systeem bezaten.*	2 In hoeverre worden de verbandscontroles uitgevoerd en worden eventuele verschillen geanalyseerd? *Gert de Boer is tot de ontdekking gekomen dat de verschillen tussen de geregistreerde bestelde en ontvangen goederen door de administratieve medewerkers eenvoudig als goederen onderweg worden beschouwd zonder dat zij controleren of dit ook echt zo is.*
3 In hoeverre passen de vastgestelde functie- en taakbeschrijvingen en de bijbehorende bevoegdheden nog bij de organisatorische ontwikkelingen? *Toen Continue werd overgenomen door het Amerikaanse concern, moest het stelsel van functiescheidingen opnieuw overdacht worden. Uitkomst van dit proces was in ieder geval dat de bevoegdheden van de Nederlandse directie aanzienlijk beperkt moesten worden in vergelijking met vroeger.*	3 In hoeverre is het aanwezige stelsel van verbandscontroles nog steeds relevant voor het volgen van de verbanden binnen de waardekringloop? *Van andere dochters van de Amerikaanse moedermaatschappij krijgt Continue tegenwoordig ook halffabricaten aangeleverd. In de bestaande verbandscontroles is daar tot nog toe geen rekening mee gehouden. Deze moeten dus worden aangepast.*

In tabel 21.9 kun je zien welke beheeractiviteiten er uitgevoerd moeten worden op het vlak van procedures, richtlijnen en de daaraan gekoppelde detailcontroles. De toepassing voor de casus Continue is daarbij opgenomen.

TABEL 21.9 Beheer van procedures en richtlijnen en de daarmee verbonden controles

Procedures en richtlijnen	Detailcontroles en controles op de naleving van procedures
1 Het opstellen en vastleggen van procedures en richtlijnen alsmede communicatie en uitleg van deze procedures en richtlijnen. Het hoofd productie van Continue legt per productieopdracht uit hoe zijn medewerkers de gewerkte uren per productieopdracht moeten registreren.	1 Het uitvoeren van detailcontroles en controles op naleving van procedures. Binnen Continue moet de crediteurenadministratie alvorens een factuur te accorderen nagaan of de goederen ook daadwerkelijk besteld en ontvangen zijn.
2 In hoeverre houden de medewerkers zich aan de vastgestelde procedures en richtlijnen? De medewerkers van de administratie controleren of de productiemedewerkers zich aan de procedure van urenregistratie houden. Daartoe leggen zij in totaal en per productiemedewerker het verband tussen de op de opdracht geregistreerde uren en de aanwezige uren.	2 In hoeverre worden de controles uitgevoerd zoals vastgesteld en wordt de uitkomst geanalyseerd? Uit een controle door de interne auditdienst van de holding kwam aan het licht dat de factuurcontrole bij Continue zeer slordig is uitgevoerd. Verschillende inkoopfacturen waren in de crediteurenadministratie opgenomen en betaald terwijl de goederen nog niet waren ontvangen.
3 In hoeverre dekken de vastgestelde procedures en richtlijnen nog de risico's af op het gebied van de betrouwbaarheid van de informatieverzorging? Toen de Arbowet veranderde betekende dit dat Continue een aantal procedures moest bijstellen, omdat extra registraties gedurende de uitvoering van de productiewerkzaamheden noodzakelijk werden. Gert de Boer leidde als controller deze bijstelling in overleg met het hoofd personeelszaken.	3 In hoeverre moeten de controles worden aangepast als gevolg van wijzigingen in de procedures? Omdat Continue sinds de overname door de Amerikaanse moeder verplicht is om sommige onderdelen in dollars in te kopen, ontstaat een valutaprobleem. De medewerkers van de administratie moeten in detail controleren of voor deze inkopen de juiste valutakoers is toegepast.

In tabel 21.10 kun je zien welke beheeractiviteiten er uitgevoerd moeten worden op het vlak van beveiliging en de daaraan gekoppelde waarneming ter plaatse. De toepassing voor de casus Continue is daarbij opgenomen.

TABEL 21.10 Beheer van beveiliging en waarneming ter plaatse

Beveiliging	Waarneming ter plaatse
1 Het uitvaardigen van beveiligingsrichtlijnen en het zorg dragen voor het uitvoeren van beveiligingsmaatregelen. *Bij Continue geldt als regel dat bekend moet zijn wie er op het bedrijfsterrein aanwezig is. De portier is daarvoor verantwoordelijk. Hij houdt toezicht op de toegang tot het fabrieksterrein. Gasten moeten zich bij hem melden en de persoon bij wie zij op bezoek gaan aangeven. De portier noteert de gegevens van de gast en zorgt dat de gast wordt opgehaald door de persoon met wie hij een afspraak heeft.*	1 Het uitvoeren van waarnemingen ter plaatse. *De magazijnmeester moet maandelijks de voorraad onderdelen bij Continue partieel roulerend inventariseren onder leiding van de administratie. Hiervan wordt een inventarisatieprotocol opgesteld dat beiden ondertekenen. Op basis hiervan wordt vastgesteld of de werkelijke voorraad overeenkomt met de voorraad volgens de administratie.*
2 In hoeverre worden de beveiligingsvoorschriften nageleefd? *Medewerkers van de interne auditafdeling hebben geprobeerd om zich onder valse voorwendselen toegang te verschaffen tot het fabrieksterrein. Hiermee controleerden zij de naleving van beveiligingsvoorschriften.*	2 In hoeverre wordt waarneming ter plaatse daadwerkelijk uitgevoerd? *Controle door de interne auditdienst van de werkmaatschappijen heeft aan het licht gebracht dat door tijdgebrek de inventarisatie in de praktijk slechts om de twee maanden plaatsvindt. Aanbeveling naar de directie van Continue is om beter toe te zien op het uitvoeren van de inventarisatie zoals vastgelegd in het controle manual.*
3 In hoeverre is de huidige wijze van beveiliging van zaken nog toereikend gegeven de risico's op diefstal, inbraak etc.? *Bij Continue worden vanuit logistieke overwegingen de onderdelen voor weefmachines in een open stelling bij de productieafdeling bewaard. Omdat voor de productie van nieuwe machines gebruik wordt gemaakt van een uiterst kostbare titaniumlegering, heeft de beveiligingsexpert geadviseerd om dergelijke kostbare metalen in het afgesloten magazijn te bewaren.*	3 In hoeverre zijn de vastgestelde waarnemingen ter plaatse nog toereikend? *Ten aanzien van de kostbare onderdelen met titaniumlegering heeft de interne auditdienst voorgesteld om deze integraal in plaats van partieel roulerend te laten inventariseren.*

21.4 Efficiëntie van administratieve processen

In de voorgaande hoofdstukken hebben wij bij het ontwerp en het beheer van bestuurlijke informatieverzorgingssystemen de nadruk gelegd op betrouwbaarheid en relevantie. In de praktijk van alledag proberen organisaties op tal van terreinen besparingen te realiseren en de administratieve functie is daar niet van uitgezonderd.

Wellicht kun je je uit de inleiding nog herinneren dat de baten van informatie in ieder geval groter moeten zijn dan de kosten (zie paragraaf 1.2). Hiermee bedoelen we in feite dat het financiële voordeel die deze informatie oplevert door het nemen van een betere beslissing of betere beheersing, groter moet zijn dan de kosten van het produceren en verwerken van deze informatie. In de praktijk is het erg lastig om deze financiële voordelen nauwkeurig te

Efficiëntie van administratieve processen

berekenen en is het ook moeilijk om de kosten die samenhangen met het verwerken van informatie door een gebruiker objectief te bepalen.
De directe kosten van de informatieverzorging laten zich beter, maar ook niet zonder moeite bepalen. Veel organisaties hebben een redelijk beeld van de personele kosten van de administratie en van de geautomatiseerde systemen. Overigens moeten ook de kosten worden meegenomen van de activiteiten van medewerkers van andere afdelingen die samenhangen met het genereren van bestuurlijke informatieverzorging. Hoe vaak hoor je medewerkers in een organisatie niet klagen over de al maar groeiende hoeveelheid gegevens die ze 'van hoger hand' moeten vastleggen bij het vervullen van hun taken, zonder dat ze daar extra tijd voor krijgen. Wanneer je dergelijke geluiden hoort, dan besef je waarschijnlijk niet dat deze vaak het gevolg zijn van veranderingen binnen de administratieve functie. Het gebruikmaken van de mogelijkheden die ICT biedt en het concentreren van administraties in een zogenaamd shared service center zijn twee voorbeelden van activiteiten die veel organisaties in het kader van het beheer van hun BIV inzetten om de efficiëntie te verbeteren en daardoor de kosten te verlagen. Door deze en andere ontwikkelingen is bij veel organisaties de administratie al lang niet meer de stafafdeling die het vroeger was.

21.4.1 Gebruik van ICT

In de voorgaande hoofdstukken zijn wij er bijna steeds van uitgegaan dat de medewerkers van verschillende afdelingen gegevens zelf invoeren in het geautomatiseerde systeem. Vroeger vulden deze medewerkers allerlei soorten formulieren in. Deze formulieren werden vervolgens door de medewerkers van de administratie in de boekhouding verwerkt. Door het zelf invoeren wordt de administratie ontlast bij het uitvoeren van haar registrerende functie. De administratie blijft nog wel verantwoordelijk voor de juiste opzet van het systeem en de verwerking van de gegevens. De medewerkers van de andere afdelingen zou je dan wanneer zij gegevens vastleggen in bestanden, kunnen beschouwen als uitvoerend ten opzichte van de registrerende functie die bij de administratie blijft liggen.
Overigens is het de kunst om deze gegevens door andere afdelingen, maar bij voorkeur nog door de klanten en leveranciers zelf eenmalig in het systeem te laten inbrengen. Zo worden de gegevens van de bestelling van een klant via het internet gebruikt om de debiteuren-, de voorraad- en de transportadministratie, de omzet en het grootboek bij te werken zonder dat deze gegevens opnieuw worden ingevoerd.
Wanneer je ICT op deze manier wilt gebruiken en daarmee de efficiëntie van de administratieve functie wilt verhogen, dan is het bijna altijd nodig de bestaande processen zo veel mogelijk te standaardiseren. In deel 4 en 5 heb je kunnen lezen hoe je dergelijke gestandaardiseerde processen tezamen met het informatiesysteem en de bijbehorende application controls kan ontwerpen.

Op welke wijze kun je door de inzet van ICT de efficiëntie van de bestuurlijke informatieverzorging verhogen?

21.4.2 Concentratie in shared service centers en outsourcing

Op de administratie van veel organisaties voeren medewerkers vaak routinematige taken uit, zoals het bijhouden van de debiteurenadministratie, de crediteurenadministratie en de salarisadministratie. Een kenmerk van deze routinematige taken is dat het administratieve handelingen zijn die het kenmerk hebben van standaardprocessen. Wanneer je deze taken samen met andere organisatieonderdelen onderbrengt in een zogenaamd shared service center (SSC), dan zou de organisatie schaalvoordelen kunnen realiseren en daarmee de efficiëntie van de administratieve functie verhogen. Een voorbeeld hiervan is wanneer de holding van een concern besluit om de financiële administratie voor de divisies voortaan gemeenschappelijk te voeren vanuit één locatie.

Shared service center

Je kunt behalve voor de administratieve processen ook voor andere standaardprocessen een shared service center opzetten. Denk daarbij aan het personeelsproces en het ICT-proces (zie figuur 21.11).

Indien uitsluitend administratieve processen worden geconcentreerd wordt ook wel gesproken van een 'accounting house'. Binnen een accounting house worden als gevolg van specialisatie minder taken door één persoon uitgevoerd. Tegelijkertijd ontstaat als gevolg van deze specialisatie de mogelijkheid een loopbaan binnen het accounting house uit te stippelen, waarbij de verschillende functies die aanwezig zijn binnen het accounting house worden doorlopen.

FIGUUR 21.11 Mogelijkheden voor shared service centers

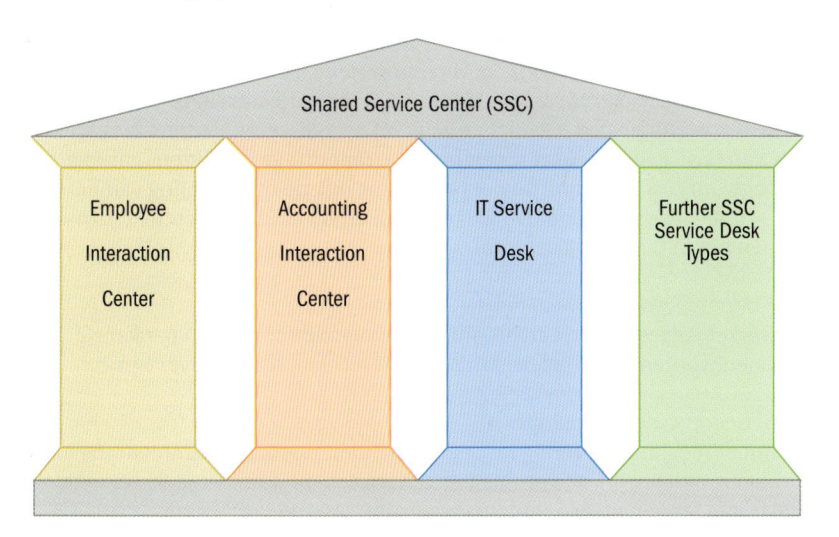

Sinds 2011 heeft de holding van Continue het voornemen om de financiële administratie van de Europese businessunits onder te brengen in een shared service center in Ierland. Het vestigingsklimaat is daar gunstig door tal van Europese subsidies. De lonen zijn er relatief laag, de voertaal is Engels en er is veel gekwalificeerd personeel beschikbaar. Het probleem is echter dat er tussen de businessunits grote verschillen zijn in het voeren van de productieadministratie. De CFO van de holding heeft Gert de Boer gevraagd om een werkgroep te leiden die de verschillen tussen businessunits in kaart brengt en een voorstel doet voor een uniforme wijze van verwerken.

Aandachtspunten voor het opzetten van een shared service center
Aandachtspunten voor het succesvol opzetten van een shared service center zijn:
1 standaard wijze van aanleveren
2 overeenkomen standaardnorm
3 vastleggen afspraken in service level agreement
4 meten werkelijke resultaten
5 goede overlegstructuur

Ad 1 Standaard wijze van aanleveren
De organisaties die van het shared service center gebruikmaken zullen de te verwerken gegevens op een standaardwijze en in de afgesproken hoeveelheid moeten aanleveren. Alleen dan zijn efficiencyvoordelen te verwachten.

Ad 2 Overeenkomen standaardnorm
Om efficiencyvoordelen te realiseren is het noodzakelijk dat het shared service center en de deelnemende organisaties van tevoren een standaardnorm overeenkomen per uit te voeren taak. Op deze wijze kan achteraf door het vergelijken van de werkelijke kosten met de toegestane kosten gemeten worden of er daadwerkelijk sprake is van een efficiencyvoordeel. De norm moet marktconform worden vastgesteld uitgaande van de beste alternatieve organisaties op de markt (benchmarking).

Ad 3 Vastleggen afspraken in service level agreement
De afspraken tussen het shared service center en de deelnemende organisatie moeten in een service level agreement (SLA) zijn vastgelegd met meetbare afspraken op het gebied van aan te leveren hoeveelheid en kwaliteit, af te leveren kwaliteit en hoeveelheid, verwerkingstijd en verwerkingskosten. Een belangrijke maatstaf voor kwaliteit is het percentage fouten in de te verwerken en de verwerkte posten. Overigens geldt bij het SSC wel dat onjuiste aanlevering van basisgegevens ook tot en onjuiste rapportage zal leiden (garbage in garbage out). Het regeling invoer proces (zie ook de behandeling van het KAD-model in deel 2, hoofdstuk 5) staat bij de gestandaardiseerde processen binnen het SSC dan ook centraal.

Ad 4 Meten werkelijke resultaten
De werkelijke resultaten van het shared service center moeten naukeurig gemeten worden en vergeleken met de afgesproken service level agreements.

Ad 5 Goede overlegstructuur
Wanneer regelmatig overleg moet plaatsvinden tussen de administratie en de andere afdelingen, zijn problemen te verwachten wanneer je de verwerking plaats laat vinden op een andere locatie. Immers, alleen al door de fysieke afstand wordt het overleg bemoeilijkt. Er moet dus een goede overlegstructuur worden opgezet.

Door het opvragen van offertes bij externe organisaties die de administratieve taken zouden kunnen overnemen, heeft Gert de Boer vastgesteld dat het controleren en inboeken van een inkoopfactuur 15 euro zou mogen kosten. Dit op basis van een verwachte tijdsbesteding van 15 minuten en een all-in uurtarief van 60 euro.

Outsourcing

Een volgende mogelijke stap is het uitbesteden van je shared service center aan een derde. Wanneer je taken door een externe organisatie laat uitvoeren, spreek je van *outsourcing*. Een voorbeeld hiervan dat je in de praktijk veel tegen zal komen is de verwerking van lonen en salarissen door een externe organisatie. Ook hier geldt natuurlijk weer dat de wederzijdse afspraken in een duidelijke Service Level Agreement moeten zijn vastgelegd en dat het nakomen hiervan moet worden bewaakt.

Outsourcing kan leiden tot substantiële voordelen voor de organisatie op het gebied van snelheid van de verwerking van de administratieve gegevens, efficiëntie van de verwerking van de administratieve gegevens en kostenbesparing (IFAC, 2011).

Het is echter niet zonder risico's. De organisatie zal effectief toezicht moeten uitoefenen op de activiteiten van de externe dienstverlener en heeft daartoe behoefte aan betrouwbare informatie en communicatie over de kwaliteit van de uitvoering van de taken.

Het al of niet uitbesteden van administratieve processen moet derhalve kritisch worden beoordeeld (figuur 21.12). De organisatie wordt hiermee deels afhankelijk van een externe organisatie. De kwaliteitsproblemen die deze externe organisatie mogelijk heeft bij de verwerking van administratieve gegevens zal dan zijn weerslag krijgen op de organisatie zelf. Denk bijvoorbeeld aan de uitbesteding van de facturering aan een externe organisatie. Bij fouten in de factuur zal de klant zich wenden tot de eigen organisatie en die verantwoordelijk houden, hoewel de fout gemaakt kan zijn door de externe organisatie.

Welke factoren spelen een rol bij het uitbesteden van de administratie?

FIGUUR 21.12 Denk goed na over wat je wel of niet wilt uitbesteden!

21.5 BIV-beheer en de relevantietypologie

BIV-beheer en de relevantie-typologie

In deel 3 hebben we in het verlengde van het tolmodel de relevantietypologie behandeld. Deze omvat tien verschillende categorieën organisaties. De eigenschappen van deze organisatie zijn bepalend voor de vorm en inhoud van de managementinformatie. In deze paragraaf lees je dat er ook een relatie bestaat tussen BIV-beheer en de relevantietypologie.

We maken hierbij een onderscheid op basis van de volgende vier punten:

1. *Wat is de rol van de BIV-functie?* Deze vraag betreft het belang en de functie van de bestuurlijke informatieverzorging voor het sturen en beheersen van een organisatie.
2. *Wat zijn de doelen van de BIV-functie?* De bestuurlijke informatieverzorging moet dienstbaar zijn aan de doelen van de organisatie. Je kan dus verwachten dat wanneer de doelen van organisaties verschillen, dit ook gevolgen heeft voor de doelen van de BIV-functie.
3. *Hoe is de beheerorganisatie ingericht?* In paragraaf 21.2 is de organisatie van het BIV-beheer behandeld. Hier laten we zien dat organisatie van het BIV-beheer kan verschillen per type organisatie.
4. *Hoe vindt de evaluatie en mogelijke bijstelling van de BIV-functie plaats?* De afdeling die deze evaluatie uitvoert verschilt vaak afhankelijk van de relevantietypologie.

In tabel 21.13 zie je de invulling van deze vier punten voor de typen uit de relevantietypologie.

TABEL 21.13 Rol en beheer van BIV in relatie tot de relevantietypologie

	Rol van de BIV-functie	Doelen	Inrichting beheerorganisatie	Evaluatie en mogelijke bijstelling van de BIV-functie
Pionier	Beperkt, hoofdzakelijk financieel gericht	Betrouwbaarheid van de administratie met oog op verkrijgen goedkeurende controleverklaring	Administratie heeft uitvoerende taken, ondersteuning door externe accountant bij controle en externe rapportage	Vooral vanuit management letter accountant, adviezen leiden tot extra maatregelen van interne controle die verdere formalisering met zich mee brengen
Zwerver	Beperkt, hoofdzakelijk financieel gericht	Sterk gerelateerd aan de doelen van de ondernemer	Administratie heeft uitvoerende taak. Vaak regelmatige functiewisseling. Externe accountant wordt indien mogelijk gebruikt voor eigen doel.	Aanbevelingen accountant worden niet opgevolgd, verbetering vindt niet plaats anders dan na doorgroei naar positieve variant
Doelgerichte bureaucratie/ doelgericht concern	Deel uitmakend van de operationele processen	Betrouwbaarheid, efficiency, afdwingen standaard werkwijze	Sterke controllersfunctie, soms aparte interne accountantsdienst die naleving BIV-procedures controleert. Binnen het concern komen SSC's voor.	Vanuit bevindingen management, interne audits en accountants vindt verdere bijstelling BIV-functie plaats

TABEL 21.13 Rol en beheer van BIV in relatie tot de relevantietypologie (vervolg)

	Rol van de BIV-functie	Doelen	Inrichting beheerorganisatie	Evaluatie en mogelijke bijstelling van de BIV-functie
Ongerichte bureaucratie/ ongericht concern	Op papier belangrijk. De politieke managers kijken echter meer naar hun eigen afdeling dan naar het geheel.	Elke afdeling wil BIV inzetten ter ondersteuning van zijn eigen doelen	Veel wisselingen in de controllersfunctie, interim managers, veel taken worden dubbel uitgevoerd. Binnen het concern tracht het unitmanagement te voorkomen dat SSC's worden ingevoerd.	Bevindingen interne audits en accountants leiden niet tot effectieve bijstelling BIV-functie
Maatschappelijke professional/ maatschappelijk netwerk	Belangrijk ook als middel om de belangen van klanten en medewerkers te realiseren	Niet alleen maar financieel-economisch maar ook gericht op dienstverlening aan klanten en medewerkers	Aparte controllersfunctie, overlegstructuren met gebruikers van informatie bepalen mede inrichting	Vanuit bevindingen management, belangrijke stakeholders en accountants vindt een bijstelling van de BIV plaats
Eenzijdige professional/ eenzijdig netwerk	Wordt door de stakeholders als middel gebruikt om het door hen verkozen doel te benadrukken	Sterke druk vanuit de stakeholders om het door hen verkozen doel te benadrukken	Aparte controllersfunctie die in managementbijeenkomsten onder druk gezet wordt zich op het eigen verkozen doel te richten.	Bevindingen van één groep kunnen leiden tot overdreven bijstelling BIV-functie, meestal hebben deze echter geen effect op de formele BIV-functie

Van tabel 21.13 worden hieronder bij wijze van voorbeeld de pionier en de maatschappelijke professional wat uitgebreider behandeld.

BIV-beheer bij een pionier
BIV-beheer bij een pionier behandelen we vanuit de volgende vier gezichtspunten:
1 rol van de BIV-functie
2 doelen van BIV-beheer
3 inrichting van de beheerorganisatie
4 evaluatie en mogelijke bijstelling van de BIV-functie

Ad 1 Rol van de BIV-functie
Bij de pionier heeft de bestuurlijke informatieverzorging een beperkte functie. De ondernemer stuurt en beheerst zijn organisatie immers vooral door informele contacten, oogtoezicht en fingerspitzengefühl. Het beperkte bestuurlijke informatieverzorgingssysteem is op hoofdlijnen en gericht op de balans en resultatenrekening. Hoewel de ondernemer een natuurlijke weerstand heeft tegen administratieve procedures, begrijpt hij de noodzaak hiervan voor het verkrijgen of behouden van een goedkeurende controleverklaring. Er wordt primair gestuurd op het genereren van voldoende 'cash'.

Ad 2 Doelen van BIV-beheer

De pionier zit bovenop zijn organisatie. Hij weet meestal al hoe goed hij het gedaan heeft zonder daarvoor zijn administratie te hoeven raadplegen. Het belangrijkste doel ten aanzien van het beheer van de bestuurlijke informatieverzorging is daarom betrouwbaarheid van de financiële rapportage. Om dit doel te realiseren is dikwijls een uitbreiding van de administratieve processen noodzakelijk om de cijfers controleerbaar te maken. Veel organisaties van dit type kampen met onzekerheden in de controle.

Ad 3 Inrichting van de beheerorganisatie

De beheerorganisatie is beperkt van omvang en bestaat dikwijls uit een hoofd Administratie met één of meerdere medewerkers. Op basis van de beperkte omvang zal het veelal moeilijk zijn om binnen de administratie de functiescheiding tussen de registrerende en controlerende taak aan te brengen. De externe accountant zal actief aanwezig zijn bij de organisatie en de directie en het hoofd Administratie adviseren bij de verdere vervolmaking van de beheerorganisatie.

Ad 4 Evaluatie en mogelijke bijstelling van de BIV-functie

Op basis van adviezen die de accountant uitbrengt in zijn management letter, zal het hoofd Administratie de BIV-functie verder uitbreiden. Dit brengt extra maatregelen van interne controle met zich mee die alleen gedragen kunnen worden indien zij gefinancierd kunnen worden door de feitelijke financiële groei van de onderneming zelf.

BIV-beheer bij een maatschappelijke professional

Maatschappelijke professional

BIV-beheer bij een maatschappelijke professional behandelen we vanuit de volgende vier gezichtspunten:
1. rol van de BIV-functie
2. doelen van BIV-beheer
3. inrichting van de beheerorganisatie
4. evaluatie en mogelijke bijstelling van de BIV-functie

Ad 1 Rol van de BIV-functie

De bestuurlijke informatieverzorging is belangrijk voor interne en externe stakeholders om te meten in hoeverre men geslaagd is in het realiseren van de doelen en de belangen van de stakeholders.

Ad 2 Doelen van BIV-beheer

De doelen van de organisatie liggen niet alleen op financieel-economisch gebied, maar zijn ook sterk gerelateerd aan de belangen van interne en externe stakeholders. De BIV-functie voorziet zo goed mogelijk in de informatievragen van de verschillende afdelingen, klanten en afnemers.

Ad 3 Inrichting van de beheerorganisatie

Bijna altijd zul je bij dit type organisatie een controller vinden. Deze controller neemt in de planning en control cyclus niet alleen financiële doelstellingen mee maar ook doelstellingen die gerelateerd zijn aan de stakeholders (toezichthouders, aandeelhouders, leveranciers en medewerkers). Informatie is voor de belangrijke stakeholders toegankelijk. Om dit te kunnen realiseren zijn er overlegstructuren waaraan de belangrijke stakeholders deelnemen en waarbij de controller ook aanwezig is.

Ad 4 Evaluatie en mogelijke bijstelling van de BIV-functie
Wensen van het management en interne en externe stakeholders kunnen tot bijstelling van de BIV-functie leiden.

Samenvatting

In dit hoofdstuk is behandeld wie er in een organisatie verantwoordelijk zijn voor het beheer van de BIV en welke functionarissen hierbij in het algemeen een rol spelen. De rol van de controller, de financieel directeur, een interne controleafdeling en die van een interne en externe accountant zijn je inmiddels duidelijk. Daarnaast weet je hoe het beheer van de verschillende BIV-objecten op het gebied van de betrouwbaarheid van de informatieverzorging (de interne controleactiviteiten) plaatsvindt. Je begrijpt hoe je door inzet van IT en het concentreren van administraties de efficiëntie kan verbeteren. Ten slotte is je helder welke invloed de relevantietypogie heeft op de wijze van inrichting van het BIV-beheer.

22
Vastleggen van de bestuurlijke informatieverzorging

22.1 Integrale benadering bij vastleggen BIV
22.2 Doel en reikwijdte van de BIV-vastlegging
22.3 Doelgroepen voor de BIV-vastlegging
22.4 Inhoud die vastgelegd moet worden
22.5 Bepalen vorm en technieken voor vastleggen
22.6 De vastleggingsmix als basis voor het handboek BIV
22.7 Vastleggen van interne controlemaatregelen
22.8 Gebruik van softwarepakketten bij het vastleggen van de BIV
22.9 Het proces rond het beheer van de BIV-vastleggingen

Dit boek sluiten wij af met een hoofdstuk over het vastleggen van bestuurlijke informatieverzorging. Veel organisaties bundelen deze vastleggingen in een handboek. Dit handboek BIV kom je in de praktijk meestal tegen onder de naam Handboek AO. Dit handboek is bij veel organisaties terug te vinden op hun intranet. Indien je je bij het vastleggen van de BIV richt op de rapportages, kan je bij het analyseren van bestaande processen tot het inzicht komen dat de benodigde vastleggingen ontbreken of (en dat blijkt ook nogal eens voor te komen!) dat bestaande vastleggingen geen relatie (meer) hebben met een informatiebehoefte.

22.1 Integrale benadering bij vastleggen BIV

Gedurende het vastleggen van administratieve processen analyseer je vaak tevens in hoeverre deze processen een voldoende bijdrage leveren aan de relevantie en betrouwbaarheid van de informatievoorziening. Daarom zou je in ieder geval eerst de processen moeten analyseren zoals is beschreven in paragraaf 17.3. Wellicht moet een administratief proces ook opnieuw ontworpen worden. Lees voor dit onderwerp eerst paragraaf 17.4 nog een keer door.

Wat is de integrale benadering voor het vastleggen van de BIV?

Integrale benadering

Bruikbaar bij het nadenken over het vastleggen van BIV is de zogenaamde integrale benadering (Noordam, Van den Oever en Kamermans, 1996), die je in figuur 22.1 ziet afgebeeld. Bij de integrale benadering bepalen het doel waarvoor je vastlegt (bijvoorbeeld het versnellen van het rapportageproces of het betrouwbaarder maken van de informatieverwerking) en doelgroep (bijvoorbeeld het management of mensen die met informatiesystemen moeten werken) de uiteindelijke inhoud (wat leg je precies vast) en vorm (bijvoorbeeld een schema of een beschrijving in tekst) van de BIV-vastlegging.

FIGUUR 22.1 Integrale benadering bij vastleggen van BIV

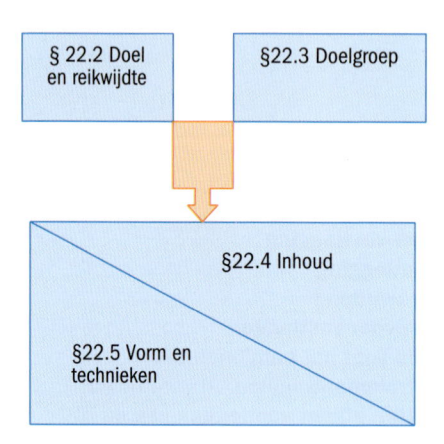

```
┌─────────────────┐  ┌─────────────────┐
│ § 22.2 Doel     │  │ §22.3 Doelgroep │
│ en reikwijdte   │  │                 │
└─────────────────┘  └─────────────────┘
            │
            ▼
┌───────────────────────────────────┐
│                    §22.4 Inhoud   │
│                                   │
│   §22.5 Vorm en                   │
│   technieken                      │
└───────────────────────────────────┘
```

In de volgende paragrafen gaan wij allereerst nader in op doel, doelgroep, inhoud en vorm van het vastleggen van de BIV resulterend in de vastleggingsmix. Vervolgens richten we ons op enkele specifieke onderwerpen, zoals het vastleggen van interne controlemaatregelen, het gebruik van software voor het vastleggen van de BIV en de vraag wie verantwoordelijk is voor het vastleggen van de bestuurlijke informatieverzorging.

22.2 Doel en reikwijdte van de BIV-vastlegging

Algemene doelen

Algemene doelen die je met het vastleggen van de BIV kunt bereiken, zijn:
1 ondersteunen van analyse van bestaande processen
2 vastleggen manier zoals leiding vindt dat processen zouden moeten lopen (soll-positie)
3 overdragen van kennis over een proces
4 gebruik als norm bij de controle van de uitvoering van taken

Ad 1 Ondersteunen van analyse van bestaande processen
Vaak zie je in de praktijk dat eerst de processen vastgelegd worden zoals ze nu lopen (ist-positie). Vervolgens worden per proces de doelstellingen aangegeven. Vervolgens wordt een analyse van de risico's uitgevoerd. Eventueel worden aanvullende beheersmaatregelen getroffen voordat de processen vastgelegd worden zoals ze zouden moet lopen (soll-positie).

Zie hiervoor met name paragraaf 17.3 (het analyseren van bestaande processen) in deel 4 en hoofdstuk 2 (de COSO-modellen) in deel 1.

Ad 2 Vastleggen manier zoals leiding vindt dat processen zouden moeten lopen (soll-positie)
Na de analyse zie je dat verbetervoorstellen in de beschrijving van de BIV worden opgenomen. De verbeterde procesbeschrijvingen en de beschrijvingen van bevoegdheden en verantwoordelijkheden zijn een middel waarmee de leiding de verwachtingen ten aanzien van de uitvoering van de functie communiceert. Zie voor dit doel met name paragraaf 17.4 in deel 4 van dit boek.

Ad 3 Overdragen van kennis over een proces
Door het kennisnemen van de vastlegging van de BIV kan bijvoorbeeld iemand die pas bij een organisatie is komen werken, inzicht krijgen in hoe de voor hem of haar relevante processen lopen. Je moet je daarbij wel realiseren dat de inhoud van de kennis waaraan behoefte is, sterk per persoon kan verschillen. Zo zal een nieuwe medewerker van de financiële administratie behoefte hebben aan veel gedetailleerdere kennis over het debiteurenproces dan een nieuwe algemeen directeur (zie ook paragraaf 22.3).

Ad 4 Gebruik als norm bij de controle van de uitvoering van taken
Een accountant of andere interne dan wel externe controleur kan de BIV-documentatie gebruiken bij zijn controle. Bij een systeemgerichte controle zoals die vaak in de praktijk voorkomt, is immers de veronderstelling dat een proces dat voorzien is van de juiste interne controlemaatregelen betrouwbare informatie produceert, indien deze controles adequaat worden uitgevoerd. Om er bijvoorbeeld voor te zorgen dat de medewerkers van de afdeling verkoop de juiste prijs hanteren, is er door de directie een prijsprocedure ingesteld. Deze procedure is vastgelegd. Bij zijn controle zal bijvoorbeeld een accountant of de afdeling interne controle nagaan of de medewerkers zich bij de uitvoering houden aan de vastgelegde prijsprocedure.

Belangrijker dan deze algemene doelen is eigenlijk de vraag wat de gewenste reikwijdte van de BIV-beschrijving moet zijn. De kenmerkende BIV-beschrijving waarmee je in je beroep wordt geconfronteerd is soms alleen gericht op betrouwbaarheid, soms zowel op beheersing als betrouwbaarheid, maar de BIV-beschrijving richt zich soms ook op het verbeteren van de efficiëntie of het versnellen van de administratieve processen. Op deze drie punten gaan we wat dieper in.

Reikwijdte

BIV-beschrijving is alleen gericht op betrouwbaarheid: Het doel van een dergelijke beschrijving is dan vaak om de norm vast te leggen die gehanteerd wordt bij de controle van de posten en processen uit de jaarrekening. Deze opdracht kom je niet alleen tegen bij pioniers die een goedkeurende controleverklaring willen verkrijgen, maar ook bij grote organisaties die moeten voldoen aan verplichtingen vanuit corporate goverance codes (zie subparagraaf 21.2.5). Door het doel van de BIV-vastlegging te beperken tot betrouwbaarheid wordt de groep van potentiële gebruikers voornamelijk beperkt tot medewerkers van de administratie, de afdeling interne controle en andere controleurs.

BIV-beschrijving is gericht op zowel beheersing als betrouwbaarheid: Het doel van een dergelijke beschrijving is om een hulpmiddel te zijn bij het betrouwbaar en beheerst laten verlopen van processen. Uiteraard is de toegevoegde waarde van een BIV-beschrijving die zich zowel op betrouwbaarheid als beheersing richt in potentie het grootst. Betrouwbaar een verlies rapporteren is één ding, mooier is natuurlijk om door beheersing betrouwbaar een winst te kunnen rapporteren. De BIV-beschrijving moet dan zo worden ingericht, dat ook kan worden geconstateerd of er sprake is van een beheerst proces.

Het gebruiken van verschillende handboeken voor beheersing en betrouwbaarheid is niet aan te raden. Niet alleen betekent dit immers dat de gebruikers verschillende handboeken over hetzelfde proces moeten raadplegen, maar ook dat er verschillende handboeken onderhouden moeten worden wanneer er wijzigingen in de processen plaatsvinden. In de praktijk zal dit nooit synchroon gebeuren met alle problemen van dien. Wij pleiten dan ook waar mogelijk voor integratie en dus niet het naast elkaar handhaven van een handboek BIV en een ISO-handboek, wat je nog wel eens ziet.

Andere reikwijdte van BIV-beschrijving: In principe is de reikwijdte die een BIV-beschrijving kan hebben onbeperkt. Wanneer de reikwijdte bijvoorbeeld is om na te gaan of processen efficiënt verlopen, zullen ook de kosten van het BIV-proces op enige wijze in kaart gebracht moeten worden. Als de reikwijdte is om na te gaan of de BIV-processen ook sneller kunnen verlopen, zal ook de tijd die gemoeid is met het uitvoeren van de verschillende processtappen en de wachttijden in kaart moeten worden gebracht.

22.3 Doelgroepen voor de BIV-vastlegging

Doelgroepen voor BIV-vastleggingen

De potentiële doelgroepen voor BIV-vastleggingen verschillen sterk in hun behoeftes en mogelijkheden om BIV-vastleggingen te begrijpen. Door deze verschillen is het bijna ondoenlijk om iedereen met hetzelfde handboek BIV optimaal tevreden te stellen. Noordam, Van den Oever en Kamermans (1996) onderscheiden de volgende zes doelgroepen:

1 *Management.* Het management is geïnteresseerd in vastleggingen op hoofdlijnen waarin vooral ingegaan wordt op de delegatie van bevoegdheden en waaruit blijkt dat de organisatie beheerst is.
2 *Medewerkers.* De medewerkers zijn vooral geïnteresseerd in de taakgebieden waarvoor zij verantwoordelijk zijn en hebben op dat gebied behoefte aan gedetailleerde beschrijvingen.
3 *Accountants.* Accountants zijn vooral geïnteresseerd in vastleggingen waaruit interne controlemaatregelen blijken ten aanzien van balansposten en posten uit de verlies en winstrekening.
4 *Automatiseerders.* Automatiseerders zijn met name geïnteresseerd in de relatie tussen gegevens, bestanden en systeem.
5 *Klanten/afnemers.* Zij zijn met name geïnteresseerd in de stappen die ze moeten doorlopen om de bijdrage van de organisatie te verkrijgen.
6 *Toezichthouders.* Toezichthouders zijn met name geïnteresseerd in de vastleggingen van de processen waaruit blijkt dat de organisatie aan de eisen voldoet van de wet- en regelgeving waarop zij toezicht houden.

Bij het kiezen van de vorm van de vastlegging is bovendien het onderscheid van belang tussen:
- *professionals*, die zowel schema's als tekst goed kunnen lezen
- *alfa-lezers*, die schema's en modellen maar moeilijk kunnen doorgronden en daarom vooral platte tekst prefereren (komt relatief veel voor bij verkopers)
- *bèta-lezers*, die een voorkeur hebben voor modellen en schema's boven tekst (komt relatief veel voor bij technici)
- *generalisten*, die zowel schema's als tekst kunnen begrijpen maar een voorkeur hebben voor informatie op hoofdlijnen (komt relatief veel voor bij managers)

Alfa-lezers

In figuur 22.2 zie je dit onderscheid weergegeven.

FIGUUR 22.2 Lezersbrillen van handboeken en ao-procedures

Hieruit blijkt dat je bij de vorm en detaillering van de vastleggingen goed rekening moet houden met de doelgroepen voor wie deze bestemd zijn.

22.4 Inhoud die vastgelegd moet worden

Nadat je het doel en de doelgroepen hebt bepaald, zul je moeten bepalen waarvan je de bestuurlijke informatieverzorging wilt vastleggen. Soms zal de opdracht zijn om de BIV van de hele organisatie vast te leggen. Dit zal vooral het geval zijn wanneer de organisatie een start wil maken met het vastleggen van de bestuurlijke informatieverzorging en vanuit het niets moet beginnen. Er kan echter ook gevraagd worden om de BIV van een proces of afdeling vast te leggen. Regelmatig zul je samen met de opdrachtgever deze opdracht moeten inkaderen.

Wat leg je precies vast en op welk niveau van detail?

Of je nu de BIV van de hele organisatie moet vastleggen of slechts van een proces of afdeling, in alle gevallen zul je eerst kennis moeten opdoen van de eigenschappen van de organisatie. Eerst kijk je naar het product dat de organisatie voorbrengt, vervolgens naar de processen die deze producten realiseren en tot slot naar de structuren waarbinnen deze processen draaien. Hier ligt een duidelijke relatie met het KAD-model (zie deel 1, hoofdstuk 4), die inderdaad uit een productmodule, procesmodule en structuurmodule bestaat. Noordam, Van den Oever en Kamermans (1996) hanteren deze methode, maar geven een zeer algemene invulling aan de procesmodule, waarbij ze het onderscheid in regelkringen loslaten. Hoewel de volgorde om eerst naar de producten te kijken, dan naar de processen en vervolgens naar de structuren conceptueel juist is, kunnen deze stappen soms ook in een andere volgorde doorlopen worden. Je kan je ook voorstellen dat de leiding de organisatiestructuur als een vast gegeven beschouwt en dat de inrichting van de processen zich daarnaar moet richten. In zo'n geval kun je bij het vastleggen van de BIV beter eerst kijken naar de organisatiestructuur bestaande uit producten, processen en structuren.

Stap 1 Producten
Welke producten maakt de organisatie of produceert het BIV-proces? Wat zijn de eisen die afnemers stellen aan deze producten? Door het kennisnemen van de producten met de daaraan verbonden klanteisen kan je beter beoordelen in hoeverre de processen en structuren waarmee deze producten gerealiseerd moeten worden, op dit moment toereikend zijn. Een product zal bij een BIV-proces vaak een administratief karakter hebben. Denk bijvoorbeeld aan een offerte, een contract, een factuur of een rapportage. Aan administratieve producten worden vaak eisen gesteld als betrouwbaarheid en tijdigheid. Processen en afdelingen die geen producten voortbrengen zijn in feite overbodige processen en afdelingen.

Stap 2 Processen
De tweede stap is om te bepalen welke processen vastgelegd moeten worden. Kenmerk is dat deze processen noodzakelijk zijn voor de realisatie van de producten. Daarnaast moet worden bepaald hoe deze processen met elkaar samenhangen. Om de samenhang tussen de processen te bepalen is de waardekringloop en de daarop gebaseerde betrouwbaarheidstypologie een bruikbaar uitgangspunt. Deze zijn uitgebreid in deel 2 van dit boek behandeld. Meestal zal je zien dat de opdrachtgever zich focust op enkele processen die niet goed lopen en vraagt om een vastlegging van de bestuurlijke informatieverzorging van dat ene proces. De samenhang met andere processen wordt daarbij dan gemakkelijk over het hoofd gezien. Hiermee moet uiteraard rekening worden gehouden. In paragraaf 22.5 kun je zien welke vormen en technieken geschikt zijn voor het vastleggen van processen.

Stap 3 Structuren
De derde stap is om te bepalen welke structuren noodzakelijk zijn voor het laten functioneren van de processen en welke vastgelegd moeten worden. Je kan hierbij onderscheid maken tussen drie niveaus.

1 Het hoogste niveau geeft de structuur van de organisatie aan met de daarbij horende afdelingen.
2 Het middelste niveau is de beschrijving van de taken per afdeling.
3 Het laagste niveau is de beschrijving van de taken en bevoegdheden per medewerker/functionaris.

In paragraaf 22.5 kun je zien welke vormen en technieken bruikbaar zijn voor het vastleggen van de structuren.

22.5 Bepalen vorm en technieken voor vastleggen

Doel, doelgroepen en inhoud bepalen uiteindelijk welke vorm en techniek geschikt is voor de gewenste vastlegging. In deze paragraaf kun je zien wat enkele veelgebruikte vastleggingstechnieken zijn voor het vastleggen van administratieve processen (subparagraaf 22.5.1) en structuren (subparagraaf 22.5.2).

22.5.1 Vormen en technieken voor vastleggen van processen

Welke vormen en technieken voor het vastleggen van processen kun je onderscheiden?

Vastleggen van processen

Noordam, Van den Oever en Kamermans onderscheiden vier niveaus van procesvastlegging:
1 *blauwdrukniveau*, het hoogste niveau waarbij op hoofdlijnen alle in de organisatie aanwezige processen worden beschreven
2 *globaal procesniveau*, waarbij op hoofdlijn de inhoud van een proces wordt beschreven
3 *detailprocesniveau*, waarbij stappen uit het globaal procesniveau in detail verder worden uitgewerkt
4 *werkinstructieniveau*, waarbij in detail belangrijke stappen van het detailprocesniveau worden uitgeschreven.

De vorm en technieken voor deze vier niveaus behandelen we hierna. In de praktijk worden ook andere vormen en technieken gehanteerd. Deze vallen buiten het bestek van dit boek.

1 Blauwdrukniveau
Op blauwdrukniveau kan je voor wat betreft de vorm kiezen uit tekst of schema's. Wanneer je voor tekst kiest, dan kun je op dit niveau onder meer aandacht schenken aan de volgende aspecten:
- strategie (missie, kritische succesfactoren, doelen en doelstellingen)
- risico's; betrouwbaarheidstype en daarmee samenhangende processen
- organisatiestructuur en per verantwoordelijk manager welke rapportages er zijn
- managementstijl
- cultuur

Blauwdrukniveau

In deze opsomming herken je ongetwijfeld het tolmodel en dat is ook niet verbazingwekkend. In paragraaf 17.2 werd het inzetten van het tolmodel voor het uitvoeren van een bedrijfsverkenning al behandeld.
Veelgebruikte schema's op dit hoogste niveau zijn een schematische voorstelling van de waardekringloop (zie subparagraaf 7.4.3) en het hiërarchisch processchema. Het hiërarchisch processchema geeft een hiërarchische opsplitsing van de in de organisatie aanwezige processen. Op deze manier krijg je een overzicht van de processen die in een organisatie draaien en hun onderlinge samenhang. Bij een functioneel ingerichte organisatie zie je dat het hiërarchisch processchema sterk lijkt op het organogram. Dit is logisch omdat de afdelingen sterk verbonden zijn met de processen.

Hiërarchisch processchema

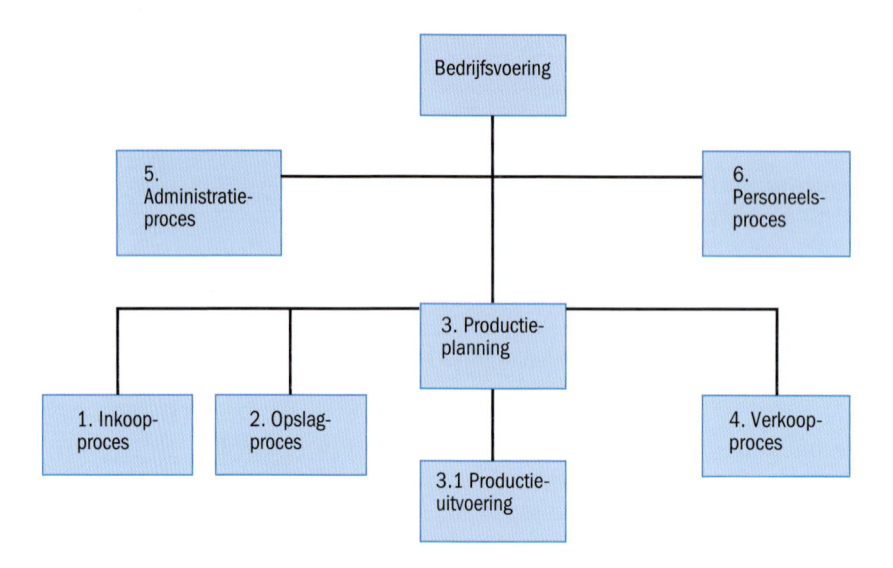

Voor Continue zie je het hiërarchisch processchema in figuur 22.3. Je ziet dat de administratieve processen genummerd zijn. De nummering verwijst naar de globale processchema's. Zo werken we de bestuurlijke informatieverzorging steeds meer in detail uit. Je kan ze dus ook beschouwen als een handige inhoudsopgave van het handboek BIV.

FIGUUR 22.3 Hiërarchisch processchema voor Continue

```
                        Bedrijfsvoering
                              |
   5.                                              6.
   Administratie-                                  Personeels-
   proces                                          proces
      |                                               |
      |-------------------+-------------------|
                          |
                    3. Productie-
                    planning
      |           |                     |
   1. Inkoop-   2. Opslag-          4. Verkoop-
   proces       proces              proces
                          |
                    3.1 Productie-
                    uitvoering
```

2 Globaal procesniveau

Op het globale procesniveau worden de benoemde processen globaal uitgewerkt in stappen. Op dit niveau moet je voorkomen dat je al te veel in detail gaat. Dat doe je door uit te gaan van de stappen die het te beschrijven proces over het algemeen volgt. De uitzonderingen bewaar je voor het detailprocesniveau. Ga er bij het maken van een globale procesbeschrijving van uit dat deze in de eerste plaats bedoeld is voor de leiding van de organisatie. Deze wil op hoofdlijnen weten hoe een proces loopt en wil niet vermoeid worden met uitzonderingen en details.

Op globaal procesniveau kun je voor de vorm kiezen uit de volgende twee manieren:
1 gebruik van tekst
2 gebruik van schema's

Ad 1 Gebruik van tekst
Indien de doelgroep problemen heeft met het lezen van schema's (bijvoorbeeld een alfalezer: zie paragraaf 22.3), dan kan het gebruik van tekst een prima oplossing zijn. Uiteraard moet je dan wel de nodige structuur in de tekst aanbrengen. Maak hierbij in elk geval onderscheid tussen de processtappen en de functionarissen die daarbij betrokken zijn. Zie voor voorbeelden in dit boek deel 2, hoofdstuk 8, waarin voor enkele veelvoorkomende processen de stappen globaal zijn uitgewerkt.

Ad 2 Gebruik van schema's
Hoewel schema's niet door elke doelgroep aantrekkelijk worden gevonden, hebben ze toch als groot voordeel dat ze overzichtelijker zijn dan platte tekst. Enkele aanwijzingen voor het gebruik van schema's zijn:
- Beperk het aantal aspecten dat behandeld wordt.
- Gebruik niet te veel symbolen en let op het bevattingsvermogen van de gebruiker.
- Veel tekst vermindert de overzichtelijkheid.
- Veel schema's moeten zo worden gemaakt dat de logische volgorde van links-boven naar rechtsonder loopt.

Schema's die geschikt zijn om op globaal niveau een proces vast te leggen zijn:
- het input-proces-outputschema (afgekort IPO)
- het globaal-processchema

Een voorbeeld van een gedeelte van een IPO-schema van een inkoopproces zie je in tabel 22.4 afgebeeld.

IPO-schema

TABEL 22.4 Voorbeeld input-proces-outputschema

Bron	Input	Proces	Output	Bestemming
Bedrijfsbureau	Stuklijst	Beoordelen stuklijst Vaststellen inkoopbehoefte Raadplegen inkoopbronnendocumentatie Opstellen offerteaanvragen	Offerteaanvragen	Leveranciers
Leveranciers	Offertes	Beoordelen offertes Keuze leverancier Plaatsen bestelling door mutatie inkoopbestand	Inkoopformulier	Leverancier
Etc.				

Het globaal-processchema is bedoeld om op hoofdlijnen de inhoud van een administratief proces weer te geven. Vaak worden de globaal-processchema's gecombineerd met een beschrijving van de inhoud van de processtap.

Globaal-processchema

Je rangschikt de processtappen in een logische volgorde van boven naar onderen. Van belang is dat ook per processtap globaal de vastlegging wordt aangegeven. Dit is immers de link met de informatieverzorging. Op de linkerpagina beeld je dan het schema af en op de rechterpagina beschrijf je de inhoud van de stappen. Door de stappen te nummeren in het schema en daaraan vast te houden bij de beschrijving, houd je het overzichtelijk. Het schema is niet geschikt om handelingen in detail weer te geven, maar kan worden gebruikt als een inhoudsopgave van de beschrijving van de onderdelen van het proces.

In figuur 22.5 vind je als voorbeeld het globaal-processchema van het inkoopproces bij Continue. De activiteiten zijn genummerd om later een link te leggen met de detail-processchema's.

FIGUUR 22.5 Globaal-processchema van het inkoopproces bij Continue

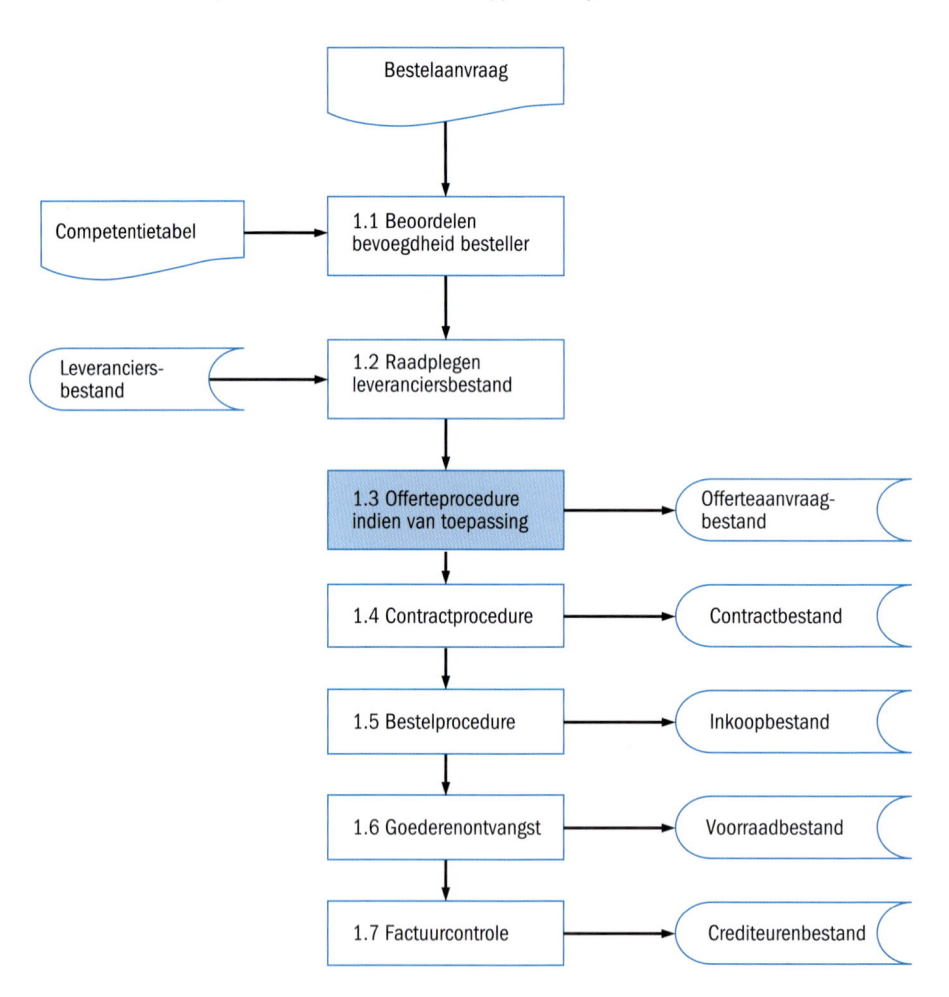

```
                    ┌──────────────────┐
                    │  Bestelaanvraag  │
                    └────────┬─────────┘
                             ▼
┌──────────────────┐   ┌──────────────────────┐
│ Competentietabel │──▶│ 1.1 Beoordelen       │
└──────────────────┘   │ bevoegdheid besteller│
                       └──────────┬───────────┘
                                  ▼
┌──────────────────┐   ┌──────────────────────┐
│ Leveranciers-    │──▶│ 1.2 Raadplegen       │
│ bestand          │   │ leveranciersbestand  │
└──────────────────┘   └──────────┬───────────┘
                                  ▼
                       ┌──────────────────────┐    ┌──────────────────────┐
                       │ 1.3 Offerteprocedure │───▶│ Offerteaanvraag-     │
                       │ indien van toepassing│    │ bestand              │
                       └──────────┬───────────┘    └──────────────────────┘
                                  ▼
                       ┌──────────────────────┐    ┌──────────────────────┐
                       │ 1.4 Contractprocedure│───▶│ Contractbestand      │
                       └──────────┬───────────┘    └──────────────────────┘
                                  ▼
                       ┌──────────────────────┐    ┌──────────────────────┐
                       │ 1.5 Bestelprocedure  │───▶│ Inkoopbestand        │
                       └──────────┬───────────┘    └──────────────────────┘
                                  ▼
                       ┌──────────────────────┐    ┌──────────────────────┐
                       │ 1.6 Goederenontvangst│───▶│ Voorraadbestand      │
                       └──────────┬───────────┘    └──────────────────────┘
                                  ▼
                       ┌──────────────────────┐    ┌──────────────────────┐
                       │ 1.7 Factuurcontrole  │───▶│ Crediteurenbestand   │
                       └──────────────────────┘    └──────────────────────┘
```

3 Detailprocesniveau

Sommige stappen uit het globaal-processchema moeten verder uitgewerkt worden omdat bepaalde stappen bijvoorbeeld belangrijk zijn voor de interne controle of uit een groot aantal handelingen bestaan. Wanneer je al deze stappen in de globale procesbeschrijving had opgenomen, dan zou deze te uitgebreid en daarmee moeilijk leesbaar zijn geworden.

De doelgroep van deze gedetailleerde procesbeschrijvingen zijn vooral de medewerkers die voor het uitvoeren van hun werkzaamheden behoefte hebben aan een dergelijk niveau van detail. Dit kunnen bijvoorbeeld medewerkers van een afdeling zijn die verantwoordelijk zijn voor de uitvoering van de in detail beschreven processtap. Het kunnen natuurlijk ook controleurs zijn die in detail moeten controleren of de medewerkers zich aan de voorgeschreven werkwijze houden.

De vorm die je het meeste tegenkomt op het detailprocesniveau zijn schema's, maar ook tekst is niet onmogelijk. Er is geen vast omschreven vorm. Een voorbeeld van een procedurebeschrijving gebaseerd op tekst en het hanteren van een tabel zie je in tabel 22.6 (Noordam, Van den Oever en Kamermans 1996, p. 34).

Wat beschrijf je op detailprocesniveau? Welke vorm kies je?

TABEL 22.6 Voorbeeld van een procedurebeschrijving

Proces	Factuurafhandeling crediteuren	
Wie?	Wat?	Wanneer?
Financiële administratie	Een factuur wordt ontvangen door de financiële administratie. De financiële administratie legt de factuur vast en stuurt deze door naar het bedrijfsbureau.	Dagelijks
Bedrijfsbureau	Het bedrijfsbureau beoordeelt of de factuur overeenkomt met de bestelling. Vervolgens bereidt het bedrijfsbureau de ontvangstverklaring voor en geeft deze aan de projectleider.	Dagelijks
Projectleider	De projectleider vult de ontvangstverklaring in en ondertekent deze.	Wekelijks
Financiële administratie	De verklaring wordt gestuurd aan de financiële administratie die de factuur definitief registreert in het financiële systeem. Voordat de factuur definitief wordt vastgelegd, controleert de financiële administratie of de ontvangstverklaring en berekening zijn geaccordeerd.	Driewekelijks

In figuur 22.7 vind je een voorbeeld van een detail-processchema in schemavorm van de offerteprocedure bij een inkoopproces. Voor de andere processtappen van het inkoopproces zijn soortgelijke detail-processchema's te maken.

Detail-processchema

FIGUUR 22.7 Detail-proceschema van de offerteprocedure bij een inkoopproces

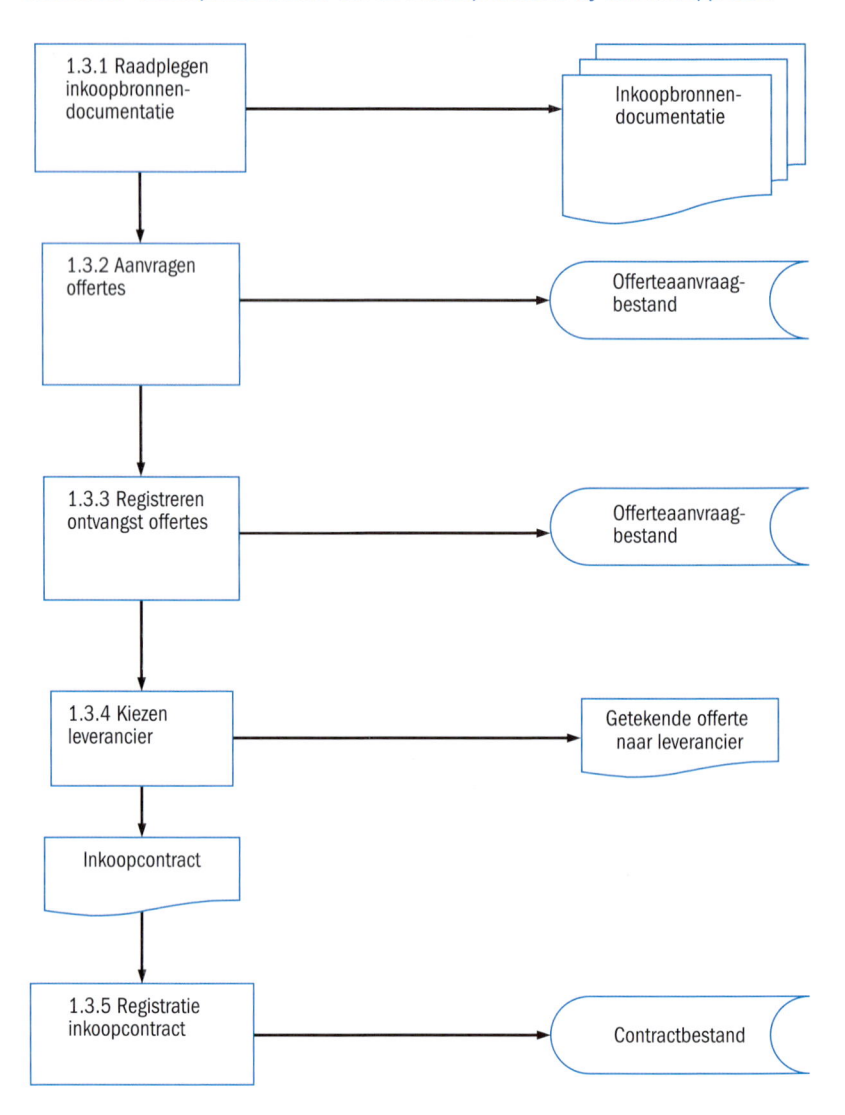

```
┌─────────────────────┐
│ 1.3.1 Raadplegen    │           ┌──────────────────┐
│ inkoopbronnen-      │──────────▶│ Inkoopbronnen-   │
│ documentatie        │           │ documentatie     │
└─────────┬───────────┘           └──────────────────┘
          │
          ▼
┌─────────────────────┐
│ 1.3.2 Aanvragen     │           ┌──────────────────┐
│ offertes            │──────────▶│ Offerteaanvraag- │
│                     │           │ bestand          │
└─────────┬───────────┘           └──────────────────┘
          │
          ▼
┌─────────────────────┐
│ 1.3.3 Registreren   │           ┌──────────────────┐
│ ontvangst offertes  │──────────▶│ Offerteaanvraag- │
│                     │           │ bestand          │
└─────────┬───────────┘           └──────────────────┘
          │
          ▼
┌─────────────────────┐
│ 1.3.4 Kiezen        │           ┌──────────────────┐
│ leverancier         │──────────▶│ Getekende offerte│
│                     │           │ naar leverancier │
└─────────┬───────────┘           └──────────────────┘
          │
          ▼
┌─────────────────────┐
│ Inkoopcontract      │
└─────────┬───────────┘
          │
          ▼
┌─────────────────────┐
│ 1.3.5 Registratie   │           ┌──────────────────┐
│ inkoopcontract      │──────────▶│ Contractbestand  │
└─────────────────────┘           └──────────────────┘
```

De nummers verwijzen naar de tekst op de rechterpagina waar de processtappen in detail worden beschreven. Van belang is dat je nu nog meer dan bij het globaal processchema per processtap de vereiste vastlegging in het schema opneemt.

4 Werkinstructieniveau

Werk-instructies

Werkinstructies zijn een paar kantjes tekst waar precies, stap voor stap, staat beschreven hoe een medewerker een taak moet uitvoeren. Het voorbeeld dat daar vaak voor wordt gegeven, is de instructie op welke wijze de kas moet worden opgemaakt. Voorwaarde om het stellen van een werkinstructie zinvol te maken is dat de uit te voeren taak elke keer op dezelfde manier uitgevoerd moet worden. Indien de medewerker regelmatig zijn werkwijze moet aanpassen vanwege de veranderde omstandigheden, hebben dergelijke gedetailleerde voorschriften immers geen zin.

Tegenwoordig komt het natuurlijk ook vaak voor dat de stappen die de werknemer moet volgen in applicatie van het geautomatiseerde systeem liggen verankerd. Denk bijvoorbeeld aan verplichte invoervelden. Procedures en detailcontroles lenen zich vaak uitstekend om vast te leggen in werkinstructies. Het is immers ongewenst dat deze procedures en detailcontroles voor meerdere uitleg vatbaar zijn.

Wat beschrijf je op werkinstructieniveau? Welke vorm kies je?

22.5.2 Vormen en technieken om structuren vast te leggen

Met structuur wordt bedoeld de wijze waarop de uitvoering van de processen in de organisatie gestructureerd is in taken, bevoegdheden en verantwoordelijkheden. Bij het uitwerken van de structuurinvalshoek kan je drie niveaus onderscheiden.

Het hoogste niveau is de structuur van de organisatie zelf, bestaande uit lijnafdelingen, stafafdelingen en commissies. Het middelste niveau betreft het afdelingsniveau en dan met name een beschrijving van de taken per afdeling. Het laagste niveau is het functionarissenniveau. Op dit niveau beschrijf je per functionaris de uit te voeren taken, bevoegdheden en verantwoordelijkheden.

Het hoogste niveau: de organisatiestructuur

Dit hoogste niveau kan je over het algemeen goed weergeven met behulp van schema's. Veel gebruikt is het organogram. In het organogram kan je zien hoe de hiërarchische en functionele relaties tussen de afdelingen binnen een organisatie liggen. Vanuit directieniveau kijk je naar de onderliggende afdelingen. Belangrijke voor zich sprekende voorschriften bij het opstellen van een organogram zijn:
- Een hiërarchisch hogere laag wordt in het schema boven een lagere laag geplaatst.
- Stafafdelingen worden getekend bij de afdelingen waaraan de staf is toegewezen.

Op basis van een organogram kun je vaak al zien of de voor de betrouwbaarheid noodzakelijke functiescheiding (zie deel 2) in opzet aanwezig is of dat daar op zich risico's aanwezig zijn.

In figuur 22.8 zie je het organogram van Continue toen Gert de Boer in 1986 dienst trad. Op basis van dit organogram kon Gert zien dat de functiescheiding binnen de organisatie overeenkwam met zijn verwachtingen. Je kunt dit verifiëren door in subparagraaf 8.3.2 het schema van stukproductie te bekijken.

Organogram

FIGUUR 22.8 Organogram Continue in 1986

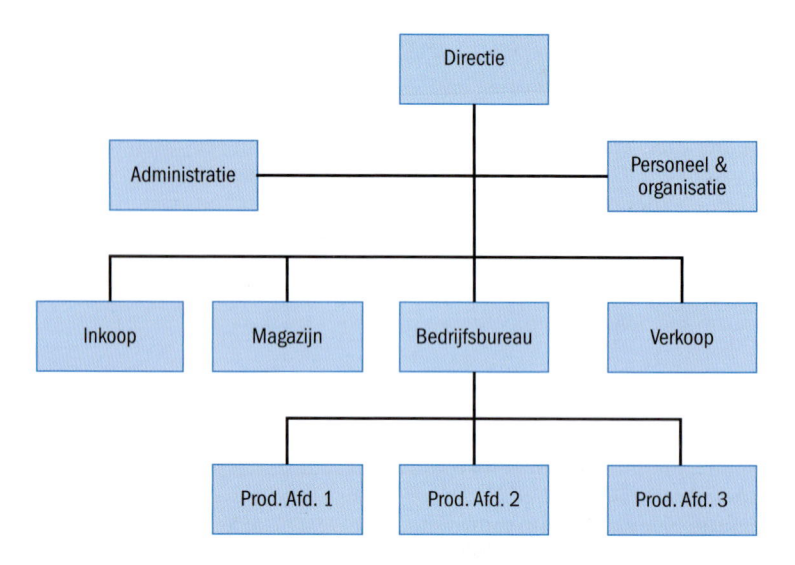

```
                        Directie
                           │
        ┌──────────────────┼──────────────────┐
   Administratie ──────────┤            Personeel &
                           │            organisatie
        ┌──────────┬───────┴────────┬──────────┐
      Inkoop    Magazijn      Bedrijfsbureau  Verkoop
                                   │
                    ┌──────────────┼──────────────┐
                Prod. Afd. 1   Prod. Afd. 2   Prod. Afd. 3
```

Het middelste niveau: de afdeling

Een volgende stap is om de structuur binnen een afdeling te vast te leggen. Je kan hiervoor zowel schema's als tekst gebruiken.

Vaak bestaan afdelingen binnen organisaties uit subafdelingen. Wanneer je ook al deze subafdelingen in een organogram zou weergeven, ontstaat al snel een onoverzichtelijk beeld. Beter is dan om voor deze afdelingen een apart organogram toe te voegen dat de subafdeling weergeeft.

In figuur 22.9 zie je het organogram van de financiële administratie van Continue in 1986.

FIGUUR 22.9 Organogram van de financiële administratie bij Continue

```
                    Hoofd
                 administratie
                      │
        ┌─────────────┼─────────────┐
   Debiteuren-    Crediteuren-    Productie-
   administratie  administratie   administratie
```

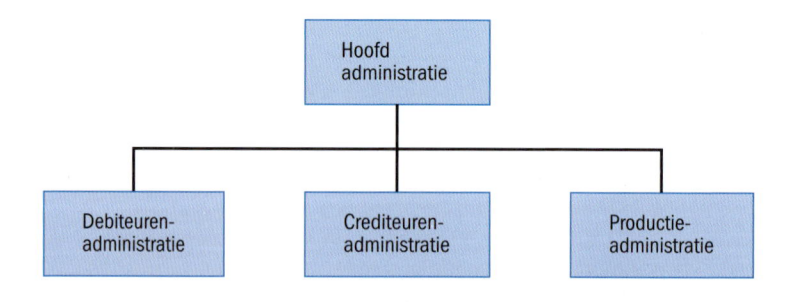

Met tekst kun je goed de taken van de afdelingen en subafdelingen weergeven. Het handigste is om bij elkaar horende taken te clusteren tot groepen. Aandachtspunt is om niet hier al in details te verzanden. Dit detailniveau hoort bij de onderste laag, waar je de taken van de functionaris beschrijft.

In figuur 22.10 zie je de taken van de financiële administratie bij Continue beschreven.

FIGUUR 22.10 Taken financiële administratie Continue

Taken Financiële administratie	
Produceren van rapportages	**Uitvoeren van beheertaken:**
• Balans • Resultatenrekening • Liquiditeitsoverzicht • Productieresultaten per project • Ouderdomsanalyse debiteuren • Etc.	• Maandelijkse afsluiting • Nacalculatie, verschillenanalyse • Inventarisatie • Aanmaningen versturen • Etc.

Het laagste niveau: functionarissen
Op dit laagste niveau gaat het om het vastleggen van de taken en bevoegdheden die bij de betreffende functies horen. Voor het opstellen van functie- en taakomschrijvingen wordt meestal platte tekst gebruikt. Het is de kunst een organisatie zo te ontwerpen dat de taken en bevoegdheden leiden tot een aantrekkelijk en uitvoerbaar takenpakket dat past bij de daarvoor beschikbare beloning.
Kennis van human resource management is hiervoor gewenst.

Functie- en taakomschrijvingen

22.5.3 Vormen en technieken om de proces- en structuurinvalshoek te combineren

In de subparagrafen 22.5.1 en 22.5.2 heb je gezien welke vormen en technieken er zijn om processen en structuren binnen een organisatie vast te leggen. Binnen een organisatie lopen processen en structuren echter door elkaar heen. Je kijkt er daarom meestal in combinatie naar.
Een manier om op hoofdlijnen inzicht te geven in de samenhang tussen afdelingen (of functionarissen) en processen is het totaaloverzicht van processen en afdelingen. Dit totaaloverzicht is een matrix waarin je op de verticale as de administratieve processen zet en op de horizontale as de betrokken afdelingen of functionarissen. Net zoals bij het organogram leg je dit op verschillende abstractieniveaus vast. We maken een onderscheid tussen:
- het hoogste niveau waar je de relatie legt tussen processen en afdelingen en
- het laagste niveau waarbij je subprocessen met functionarissen relateert

Op welke wijze kun je de proces- en structuurinvalshoek met elkaar combineren?

Op de raakvlakken tussen proces en structuur leg je de aard van de bemoeienis vast. Vaak wordt er een onderscheid gemaakt naar de aard van de functie, refererend aan de controletechnische functiescheiding (zie hoofdstuk 6 uit deel 2). De aard van de bemoeienis kort je af met een letter, bijvoorbeeld:
B = beschikken
Bw = bewaren
C = controleren
R = registreren
U = uitvoeren

Totaaloverzicht In tabel 22.11 vind je een voorbeeld van een totaaloverzicht voor Continue op het hoogste niveau.

TABEL 22.11 Totaaloverzicht van processen en structuren op het hoogste niveau

Proces	Directie	Afdeling verkoop	Afdeling bedrijfsbureau	Productieafdelingen	Afdeling inkoop	Afdeling financiële administratie	Afdeling magazijn	Afdeling personeelszaken
Verkoop		B, U				R, C		
Debiteuren						R, C		
Planning			B			R, C		
Inkoop					B	R, C		
Crediteuren						R, C		
Opslag						R, C	Bw	
Productie				U		R, C		
Personeel						R, C		U

Stel dat je voor Continue het inkoopproces in stappen ontleedt en voor de betrokken functionarissen een totaaloverzicht maakt, dan krijg je het beeld van tabel 22.12.

TABEL 22.12 Totaaloverzicht voor het inkoopproces

Processtap	Directie	Hoofd bedrijfsbureau	Hoofd inkoop	Medew. inkoop	Magazijnmeester	Hoofd administratie	Crediteurenadministratie
Impuls		B (intern)					
Leveranciersselectie	B		B			R, C	
Bestelling				B		R, C	
Goederenontvangst					U	R, C	
Ontvangst en controle van facturen (zie verder crediteurenproces)						C	R, U

Toelichting: Hoofd Administratie is er verantwoordelijk voor dat de andere lijnafdelingen de registrerende taken goed uitvoeren.

Op deze manier kun je de aanwezige functiescheiding vastleggen en beoordelen. Dergelijke schema's zijn geschikt voor meerdere doeleinden. Je kunt bijvoorbeeld ook in de tabel een korte omschrijving van de processtap aangeven.

In plaats van in de linkerkolom processen op te nemen, kun je ook de bestanden opnemen. Per afdeling kun je dan aangeven welke bevoegdheid een bepaalde afdeling heeft ten aanzien van een bestand (muteren, raadplegen).

22.6 De vastleggingsmix als basis voor het handboek BIV

In paragraaf 22.5 zijn op hoofdlijnen vormen en technieken besproken om processen, structuren en de combinatie van proces en structuur vast te leggen. Wij kunnen ons voorstellen dat je je afvraagt hoe je deze verschillende vormen en technieken moet combineren bij het maken van een handboek BIV. Maar deze vraag is niet een, twee, drie te beantwoorden, omdat deze afhankelijk is van het doel van de vastlegging en van de doelgroep waarvoor je vastlegt.

Toch zie je dat in de praktijk bepaalde combinaties van vastleggingstechnieken veel gebruikt worden. Zo'n combinatie van vastleggingstechnieken wordt door Esseling en Van Nimwegen (1992) treffend omschreven als vastleggingsmix.

Bij een veelgebruikte BIV-vastleggingsmix gebruik je de volgende technieken:

BIV-vastleggingsmix

- *organogram* om aan te geven uit welke afdelingen de organisatie is opgebouwd
- *hiërarchisch processchema* om weer te geven welke administratieve processen er binnen de organisatie aanwezig zijn
- *totaaloverzicht* om te laten zien welke afdeling voor welk proces verantwoordelijk is, wat de aard van die verantwoordelijkheid is en/of welke actviteiten uitgevoerd moeten worden
- *globaal processchema* om hoofdlijnen van administratieve processen te beschrijven
- *detail-processchema* om een stap uit een globaal processchema in detail uit te werken
- *werkinstructies* om precies te beschrijven welke activiteiten uitgevoerd moeten worden

Indien je deze vastleggingsmix aanvult met functie- en taakomschrijvingen, heb je de basis voor het handboek BIV gelegd. De samenhang tussen deze vastleggingstechnieken die samen de vastleggingsmix vormen, zie je in figuur 22.13 afgebeeld.

FIGUUR 22.13 Vastleggingsmix

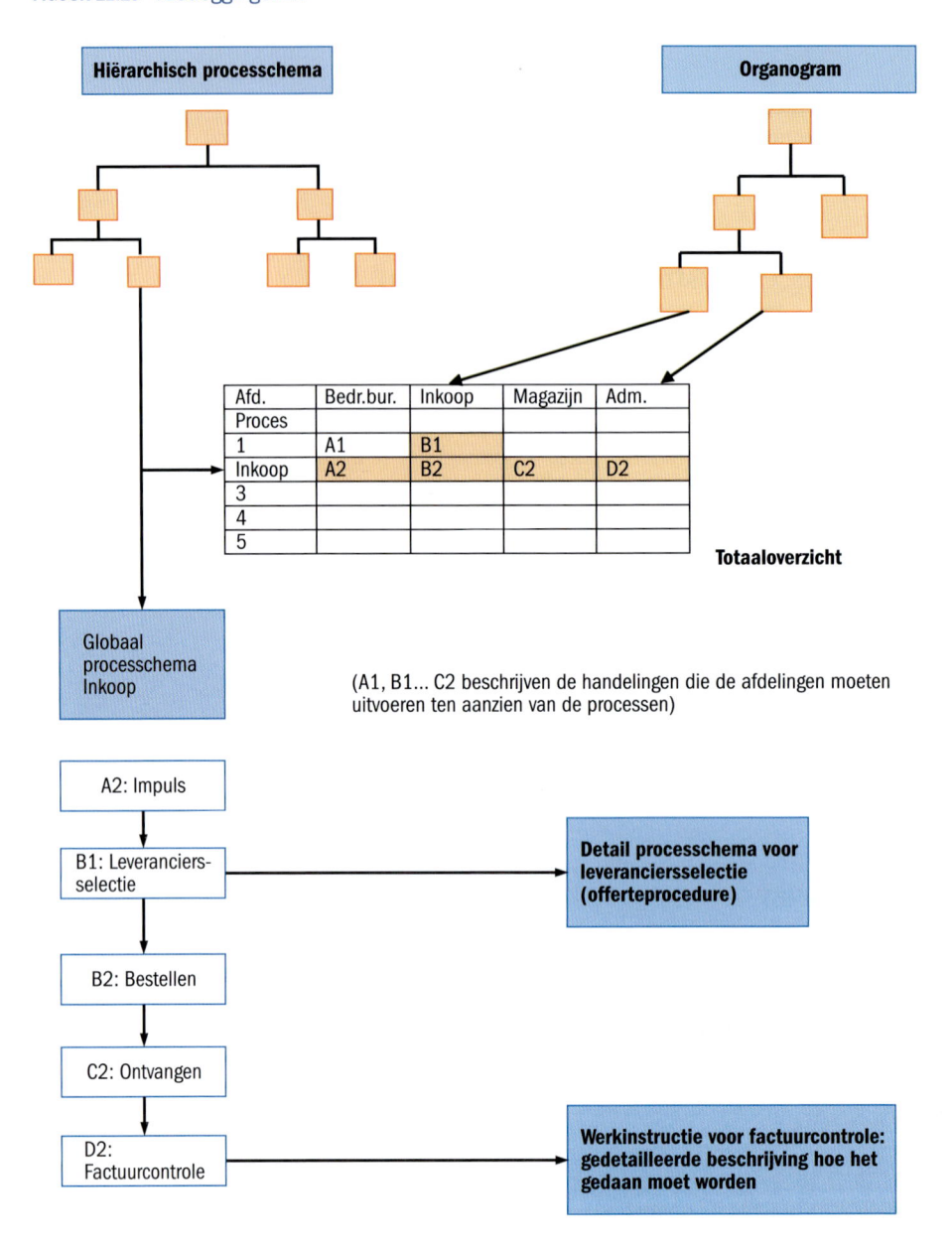

Hiërarchisch processchema

Organogram

Afd. Proces	Bedr.bur.	Inkoop	Magazijn	Adm.
1		B1		
Inkoop	A1	B2	C2	D2
	A2			
3				
4				
5				

Totaaloverzicht

(A1, B1... C2 beschrijven de handelingen die de afdelingen moeten uitvoeren ten aanzien van de processen)

Globaal processchema Inkoop

A2: Impuls

B1: Leveranciers-selectie → Detail processchema voor leveranciersselectie (offerteprocedure)

B2: Bestellen

C2: Ontvangen

D2: Factuurcontrole → Werkinstructie voor factuurcontrole: gedetailleerde beschrijving hoe het gedaan moet worden

22.7 Vastleggen van interne controlemaatregelen

Door interne controlemaatregelen vast te leggen kan een organisatie aantonen dat het systeem van interne controlemaatregelen in opzet voldoende is. Interne en externe controleurs kunnen deze vastleggingen gebruiken voor de controle op het bestaan en de werking van de interne controlemaatregelen die de betrouwbaarheid van de informatie moeten borgen. In tabel 22.14 vind je de vastleggingstechnieken gekoppeld aan de betrouwbaarheidsmaatregelen die zijn behandeld in deel 2. De meeste vastleggingstechnieken, met uitzondering van de risicomatrix, zijn in dit hoofdstuk al behandeld of spreken voor zich.

TABEL 22.14 Betrouwbaarheidsmaatregelen en vastleggingstechnieken

Betrouwbaarheidsrisico's	Vastleggingstechniek Risicomatrix
Organisatorische (preventieve) maatregelen	
Begroting, normen, tarieven	Vastleggen van de begrotingsvoorschriften, regels en calculatiemodellen
Controletechnische functiescheiding	Organogram Totaaloverzicht van processen en afdelingen Competentietabel voor bestanden
Procedures, wet- en regelgeving, richtlijnen	Procedure: detail-processchema, werkinstructie Beschrijving van de richtlijn (tekst)
Belangrijke periodieke managementinformatie in relatie tot begroting en vorige periode	Uitdraai format managementinformatie Werkinstructie voor opstellen managementinformatie
Essentiële bestanden	Uitdraai gegevensverzamelingen (eventueel formulier) Logisch ontwerp
Repressieve maatregelen van interne controle	
Cijferanalyse	Beschrijving in tekst welke posten in ieder geval beoordeeld moeten worden
Verbandscontroles	Detail-processchema Werkinstructie voor het leggen van verbandscontroles Uitdraai processing controls
Detailcontroles	Detail-processchema Werkinstructie
Waarneming ter plaatse	Werkinstructie Standaardformulier

Een mogelijk format voor een eenvoudige risicomatrix tref je in tabel 22.15. In plaats van processtappen kan je ook jaarrekeningposten opnemen. Bij risico kan je nog aandacht schenken aan kans, impact en actie conform COSO-ERMF (zie deel 1). De controleur kan het schema gebruiken bij zijn evaluatie.

Risicomatrix

TABEL 22.15 Voorbeeld van een eenvoudige risicomatrix voor een crediteurenproces (zie ook paragraaf 9.3)

Processtap	Risico	Beheersmaatregel	Evaluatie
Ontvangst en controle facturen	Juistheid van de factuur	Controle door crediteurenadministratie op prijs, aantal, rekeningnummer, bestelling, ontvangst	Zijn de detailfactuurcontroles uitgevoerd? Wat waren de bevindingen? Welke acties moeten op basis van deze bevindingen worden getroffen?
Bijwerken crediteurenadministratie	Juistheid invoer factuurgegevens Juistheid invoer betaalgegevens	Logische toegangsbeveiliging tot crediteurenadministratie gekoppeld aan competentietabel Invoercontroles Controle van de rekeningnummers van de crediteuren Omvang aantal facturen verwerkt = opboeking crediteurenbestand	Hebben de toegangscontroles gefunctioneerd? Wat waren de bevindingen? Welke acties moeten op basis van deze bevindingen worden getroffen? Zijn de invoer- en totaalcontroles uitgevoerd? Wat waren de bevindingen? Welke acties moeten op basis van deze bevindingen worden getroffen?
Processtap 3, etc			

22.8 Gebruik van softwarepakketten bij het vastleggen van de BIV

Voor het gestructureerd vastleggen van de bestuurlijke informatieverzorging en het onderhoud daarvan kan software een nuttige bijdrage leveren. In deze paragraaf gaan we eerst in op het vastleggen van betaande processen, vervolgens behandelen we het vastleggen van de BIV als onderdeel van de implementatie van een ERP-systeem.

Op welke wijze kunnen softwarepakketten ondersteuning bieden bij het vastleggen van de BIV?

22.8.1 Het vastleggen van bestaande processen

Het gebruik van software bij het vastleggen van de bestaande BIV kan variëren van het gebruik van een tekstverwerkingsprogramma tot het gebruik van een pakket dat speciaal ontwikkeld is om processen vast te leggen.

Tekstverwerkingsprogramma's zoals Word hebben tegenwoordig een uitgebreide tekenset waarmee de gebruiker in staat is om schema's te maken. Het voordeel van deze aanpak is dat het geen investering vraagt van de organisatie, omdat het immers al de beschikking heeft over een dergelijk pakket. Ook is bijna iedereen bekend met het gebruik van deze programma's, zodat er geen tijd besteed hoeft te worden aan scholing. Er zitten echter ook nadelen aan het gebruik van dit soort programma's. Ze werken niet volgens een vaste structuur en wanneer de vastlegger niet zeer methodisch werkt, worden de vastleggingen al snel onoverzichtelijk en moeilijk onderhoudbaar. Voor een organisatie met een beperkte omvang die een eerste begin wil (moet) maken met het vastleggen van de bestuurlijke informatieverzorging, zijn deze programma's echter zeer geschikt.

Het aantal pakketten dat speciaal ontwikkeld is om processen vast te leggen is talrijk en verschilt sterk qua functionaliteit en complexiteit. Het valt buiten het bestek van dit boek om deze allemaal te behandelen. Bovendien passen de organisaties die deze pakketten op de markt brengen deze pakketten voortdurend aan, zodat een beschrijving van de mogelijkheden die een individueel pakket heeft snel verouderd zal zijn.
Voorbeelden van gangbare pakketten zijn:
- BWise
- Bizzdesign
- Mavim
- Protos
- Visio

Bosman, Griep en Schijff (2011) leggen een verband tussen de complexiteit en de functionaliteiten die een pakket heeft. Daarmee bedoelen zij dat een pakket dat meer mogelijkheden heeft, ook complexer in gebruik zal zijn. Bij gebruik zal de BIV-beheerder zich dus moeten afvragen in hoeverre hij de extra functionaliteiten van een complexer pakket nodig heeft of dat hij wellicht kan volstaan met een minder complex pakket.
In figuur 22.16 zie je hoe enkele veelgebruikte pakketten zijn ingedeeld op basis van de mogelijkheden.

FIGUUR 22.16 Complexiteit vs functionaliteiten voor enkele softwarepaketten

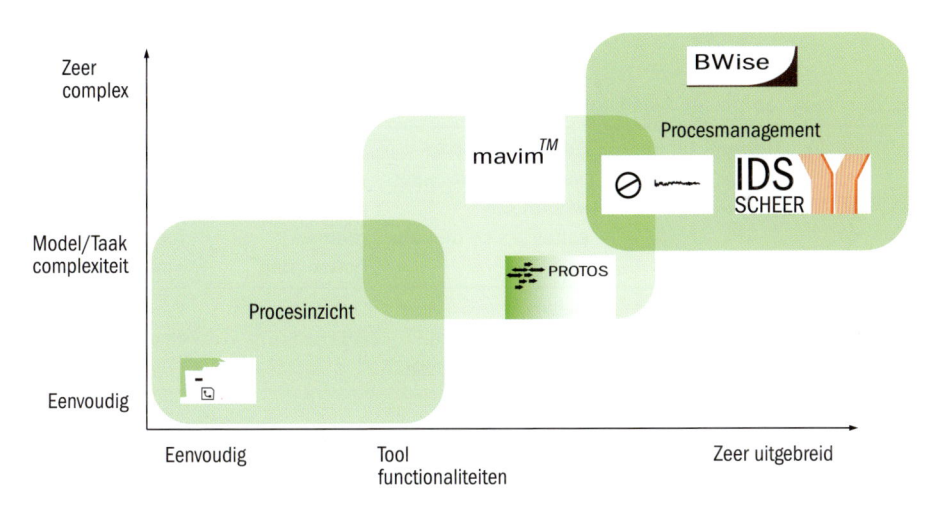

Zoals je in figuur 22.16 kunt zien is er een groot verschil in complexiteit en functionaliteit van op de markt zijnde pakketten. Helemaal links zie je de meest eenvoudige pakketten, die vooral gericht zijn op het vastleggen van processen in overzichtelijke schema's. Deze kan je soms als gratis programma's downloaden om bijvoorbeeld flowcharts mee te maken. Het voordeel van deze pakketten is dat ze de consistentie bewaken van de schema's die je maakt. Ze controleren of de symbolen met elkaar verbonden zijn. Bij de geavanceerdere programma's uit deze categorie is het format van de proces- en structuurschema's zoals beschreven in dit hoofdstuk al aanwezig. Dit heeft als voordeel dat wanneer je met zo'n pakket een detail-processchema maakt, je volgens een gangbare conventie werkt. Het nadeel van dergelijke

Procesinzicht

pakketten is dat ze goed in schema's zijn, maar dat je de tekst er als los geheel bij moet voegen.

Een stap verder naar rechts heb je de pakketten die een bijdrage leveren aan de procesbeheersing. Zo kan je met Mavim bijvoorbeeld instructies en schema's via het intranet aan een geselecteerde groep gebruikers ter beschikking stellen. Een medewerker zal zich op deze wijze op de hoogte kunnen stellen van de reiskostenregeling en een reiskostenformulier kunnen uitprinten. Uiteraard zijn deze pakketten duurder in aanschaf, maar een geschoolde beheerder kost het minder tijd om wijzigingen in processen of structuren aan te brengen. Wanneer je bijvoorbeeld de naam van de inkoper op één plaats verandert, dan past het pakket dit automatisch aan voor alle andere plaatsen. Dergelijke pakketten hebben vooral meerwaarde voor grote organisaties waar een aparte functionaris belast is met het beheer van de BIV-vastleggingen en leveren daarmee een bijdrage aan de beheersing van de processen.

Procesbeheersing

Nog een stap verder naar rechts staan de pakketten die niet alleen een bijdrage leveren aan procesbeheersing, maar ook aan procesmanagement. Dit betekent dat niet alleen de wijze van werken duidelijk gecommuniceerd wordt maar dat het pakket ook de werkelijke resultaten van de uitvoering meet. In feite heb je dan te maken met geïntegreerde pakketten die in dit opzicht vergelijkbaar zijn met ERP-pakketten (voor de relatie tussen vastleggen van BIV en ERP: zie subparagraaf 22.8.2).

Procesmanagement

In tabel 22.17 zijn de verschillen tussen de soorten softwarepakketten samengevat waarmee je de BIV kunt vastleggen in een bestaande situatie.

TABEL 22.17 Verschillen tussen typen softwarepakketten waarmee je de BIV kan vastleggen

	Gebruik tekstverwerker	Gebruik tekstverwerker en eenvoudig pakket om schema's te maken	Gebruik geïntegreerd pakket voor procesbeheersing	Gebruik geïntegreerd pakket voor procesmanagement
Type organisatie	Vooral bij kleine organisaties, denk aan pionier	Meestal bij organisaties die het stadium van pionier gepasseerd zijn	Vooral bij grote organisaties	Vooral bij grote organisaties
Directe investering	Geen	Zeer beperkt	Overzienbaar voor grote organisaties	Aanzienlijk
Scholing	Geen	Beperkt, meestal niet nodig	Noodzakelijk om de vele mogelijkheden te benutten	Noodzakelijk, ook voor het uitoefenen van de bedrijfsprocessen
Onderhoudbaarheid	Lastig, wordt meestal niet onderhouden	Lastig, wordt meestal niet onderhouden	Bij de ontwikkeling van de pakketten is vaak expliciet rekening gehouden met toekomstig onderhoud door de gebruiker	Door integratie met de bedrijfsprocessen leiden wijzigingen in de processen tot wijzigingen in de vastleggingen

TABEL 22.17 Verschillen tussen typen softwarepakketten waarmee je de BIV kan vastleggen (vervolg)

	Gebruik tekstverwerker	Gebruik tekstverwerker en eenvoudig pakket om schema's te maken	Gebruik geïntegreerd pakket voor procesbeheersing	Gebruik geïntegreerd pakket voor procesmanagement
Aantrekkelijk voor organisatieleden	Meestal niet aantrekkelijk voor anderen dan BIV-professionals	Meestal niet aantrekkelijk voor anderen dan BIV-professionals	Kan in een vorm aangeboden worden (bijvoorbeeld intranet) die motiveert tot raadplegen	Is geïntegreerd met de bedrijfsprocessen die uitgevoerd moeten worden en wordt derhalve niet als een afzonderlijk onderdeel ervaren

22.8.2 Vastleggen BIV als onderdeel van de implementatie van ERP-systeem

Als er sprake is van een nieuw ontwerp van de bestuurlijke informatieverzorging als onderdeel van de implementatie van een ERP-pakket (zie deel 5) breng je bij de implementatie van het ERP-systeem vrijwel altijd als eerste de proceskant in kaart. Sommige ERP-systemen beschikken hiervoor over een eigen vastleggingsmodule. Deze vastleggingsmodules bieden efficiëntievoordelen bij het latere parametriseren van het ERP-pakket.

ERP-pakket

Tegelijk met het life gaan van het ERP-pakket wordt dan tevens de procesdocumentatie opgeleverd. De procesdocumentatie inclusief de interne controlemaatregelen worden nog voor de lifegang tezamen met de correcte werking van het ERP-pakket getest. Deze procesdocumentatie is vaak online opvraagbaar en wordt zowel gebruikt voor trainingsdoeleinden als voor latere ondersteuning van gebruikers van het ERP-systeem.

Doordat het ERP-systeem over vooraf ontworpen invoerschermen beschikt, is de behoefte aan een handboek AO waarin staat wat de medewerkers moeten vastleggen ook minder. Het ERP-systeem geeft immers per module precies de velden aan die door de medewerkers ingevoerd moeten worden. De procesgang ligt daarmee vast en hoeft niet met behulp van een handboek achterhaald te worden. Bovendien kan op basis van de ingevoerde gegevens managementinformatie geproduceerd worden die het management laat zien in hoeverre de doelstellingen gerealiseerd zijn.

22.9 Het proces rond het beheer van de BIV-vastleggingen

Het beheer van het handboek BIV of andere BIV-vastleggingen is in veel organisaties een probleem. Regelmatig kom je de situatie tegen dat er wel een aantal jaren geleden een BIV-handboek is gemaakt, maar dat er vervolgens geen onderhoud meer heeft plaatsgevonden. Redenen hiervoor kunnen zijn:

Beheer van het handboek BIV

- Het handboek BIV is indertijd opgesteld met een beperkt doel. De accountant vroeg er bijvoorbeeld om en anders was een goedkeurende verklaring niet mogelijk. Nadat de goedkeurende verklaring binnen is, ontbreekt de motivatie om de vastleggingen verder te onderhouden.

- Daarmee samenhangend: de leiding ziet maar in heel beperkte mate de meerwaarde van BIV-vastleggingen. Dit is bijvoorbeeld het geval bij een pionier waar de managementstijl informeel is.
- Degene die verantwoordelijk is voor het beheer van de BIV is niet goed in staat om de meerwaarde aan andere organisatieleden te verhelderen.

Hoe richt je het proces rondom het vastleggen van de BIV in?

Hoe zou het dan moeten zijn? In het ideale geval onderschrijft het lijnmanagement het belang van de bestuurlijke informatieverzorging en draagt dit over aan de medewerkers. De medewerkers geven door wanneer de werkelijke gang van zaken afwijkt van de vastleggingen van processen en structuren en of dit volgens hen ook zo zou moeten zijn. De lijnmanager geeft de noodzakelijke wijzigingen door aan de BIV-beheerder. Die doet een voorstel in tekst of schemavorm waarop de betrokkenen in de lijn kunnen reageren. De BIV-beheerder past de bestaande vastleggingen van processen en structuren definitief aan en stelt ook de andere organisatieleden van de wijzigingen op de hoogte.

In die situaties waarbij gebruik is gemaakt van de vastleggingsmodule van een ERP-systeem voor het vastleggen van de BIV, worden wijzigingen in het ERP-systeem vaak uitsluitend doorgevoerd in combinatie met het aanpassen van de gebruikersdocumentatie. In deze gevallen triggert het aanpassen van het systeem dus het aanpassen van de BIV-vastleggingen.

Samenvatting

In dit hoofdstuk zijn doel, functie, vorm en beheer van BIV-vastleggingen besproken. Hoewel de mogelijkheden tot vastleggen uitgebreid zijn, zal je steeds moeten proberen om vorm en inhoud zoveel mogelijk af te stemmen op het doel en de doelgroep.
Er zijn vele vormen en technieken om processen en structuren vast te leggen. Schema's kunnen daarbij een belangrijk hulpmiddel zijn. Steeds zul je bij het vastleggen van globaal naar detailniveau willen inzoomen.
In de praktijk zie je dat er vaak gebruik wordt gemaakt van de volgende vastleggingsmix:
- *organogram* om aan te geven uit welke afdelingen de organisatie is opgebouwd
- *hiërarchisch processchema* om weer te geven welke administratieve processen er binnen de organisatie aanwezig zijn
- *totaaloverzicht* om te laten zien welke afdeling voor welk proces verantwoordelijk is, wat de aard van die verantwoordelijkheid is en/of welke activiteiten uitgevoerd moeten worden
- *globale processchema's* om hoofdlijnen administratieve processen te beschrijven
- *detail processchema* om een stap uit een globaal processchema in detail uit te werken
- *werkinstructies* om precies te beschrijven welke activiteiten uitgevoerd moeten worden

Voor het vastleggen van BIV zijn vele programma's beschikbaar die verschillen wat complexiteit betreft en functionaliteit. De keuze is mede afhankelijk van het soort organisatie. ERP-pakketten hebben vaak zelf een functionaliteit om een soort handboek te genereren.

Begrippenlijst

Adhocratie	Dit is een netwerkorganisatie. De structuur is gericht op hoogwaardige innovatie. Experts uit verschillende disciplines worden in ad-hocprojectgroepen geplaatst om unieke problemen op te lossen. Het onderscheid lijn-staf is in deze structuur erg vaag. Het voornaamste coördinatiemechanisme is wederzijdse afstemming.
Administratief proces	Proces waarbij gegevens vastgelegd worden. Indien deze gegevens verwerkt worden tot informatie, dan spreekt men van een BIV-proces.
Alfa-lezers	Aanduiding voor mensen die liever tekst lezen dan schema's en modellen.
Application controls	In ICT-toepassingen (applicaties) ingebouwde controlemaatregelen die de betrouwbare en continue werking van toepassingen (applicaties) moeten waarborgen.
Balanced Business Scorecard	Rapportagevorm bedacht door Kaplan en Norton waarbij de prestaties van een organisatie vanuit vier perspectieven gemeten worden.
Bedrijfsbureau	Afdeling die de planning, werkuitgifte, voortgangscontrole en technische nacalculatie ten aanzien van het productieproces verzorgt. Het bedrijfsbureau vervult een intern beschikkende rol in de aansturing van het uitvoerende productieproces.
Begroting	Toekomstverwachting in geldeenheden.
Beheer van BIV	De managementrol die nodig is om het bestuurlijk informatiesysteem goed te laten functioneren. Deze rol omvat: a de uitvoerende taken die het bestuurlijk informatiesysteem laten functioneren (inclusief interne controlemaatregelen), b de controle op de naleving van deze uitvoerende taken, alsmede c de evaluatie waarmee vastgesteld wordt of het bestaande bestuurlijke informatieverzorgingssysteem in opzet nog toereikend is.

Beheersen	In staat zijn om activiteiten beheerst te laten verlopen. Van een beheerst proces is sprake bij een meetbare norm, het meten van de werkelijke resultaten ten opzichte van deze norm en het bijsturen van het proces na het vergelijken van de werkelijkheid met de norm.
Beleidsbeoordeling	Beleidsbeoordeling is onderdeel van het interne beheersingssysteem: zijn de beslissingen die werden genomen en de opdrachten die aan ondergeschikten werden gegeven, inhoudelijk juist geweest?
Belief systems	Set van waarden en normen die richting geven aan het handelen binnen de organisatie. Ze vertolken de gemeenschappelijke kernwaarden van de organisatie.
Bestand	Een verzameling van elektronisch opgeslagen gegevens.
Bestuurlijke informatieverzorging	Afgekort: BIV. Alle activiteiten met betrekking tot het systematisch vastleggen, verzamelen en verwerken van gegevens gericht op het verstrekken van informatie ten behoeve van het nemen van beslissingen, het doen functioneren, het beheersen van een huishouding en de verantwoordingen die daarover moeten worden afgelegd.
Betaaladvieslijst	Lijst met te betalen posten die aan een procuratiehouder wordt voorgelegd om te beoordelen en goed te keuren alvorens de betaling kan plaatsvinden.
Bèta-lezers	Aanduiding voor mensen die een voorkeur hebben voor modellen en schema's boven tekst.
Betrouwbaarheidstypologie	Typologie die per type bedrijf aangeeft welke interne betrouwbaarheidsmaatregelen bij dat bedrijf verwacht kunnen worden. Synoniem voor Starreveld-typologie.
Betrouwbare informatie	Informatie die volledig en juist is.
BIV	Zie bestuurlijke informatieverzorging
BIV-proces	Een combinatie van processtappen waarbij gegevens vastgelegd worden met als doel deze gegevens te verwerken tot betrouwbare informatie. In feite een administratief proces met informatieverschaffing.
Boundary systems	Geven belangrijke strategische grenzen aan waarbinnen medewerkers zich dienen te gedragen. Er wordt helder aangegeven wat niet mag.
BPR	Business Proces Redesign. Herontwerp van bedrijfsprocessen zodat deze beter functioneren.
Cijferbeoordeling	Kritisch bedrijfseconomisch getinte beoordeling van informatie.

Communication controls	Beheersmaatregelen die ertoe bijdragen dat de communicatie tussen een gebruiker en een applicatie betrouwbaar en continu blijft functioneren. Denk aan encryptie of het gebruik van dubbele servers.
Contactpersoon	Individuele managementstijl die wordt gekenmerkt door het graag vervullen van representatieve verplichtingen.
Contingentie-benadering	In de organisatiekunde gaat de contingentiebenadering uit van de gedachte dat de organisatie zich moet aanpassen aan de omgeving en dat een aantal zogenaamde contingentie-factoren bepalend zijn voor de wijze waarop die aanpassing plaatsvindt.
Control activities	Activiteiten nodig om risico's te beheersen die samenhangen met het behalen van de doelstellingen.
Control environment	Beheersomgeving van een organisatie. Legt de basis voor de uitwerking van de andere elementen van het COSO-raamwerk.
Controletechnische functiescheiding	Functieverdeling tussen beschikken, bewaren, uitvoeren, registreren en controleren, waarbij de nadruk op het uitoefenen van controle ligt. Het vergelijken van registraties van functionarissen met een tegengesteld belang heeft bijzondere waarde bij het vaststellen van de betrouwbaarheid van informatie.
COSO	Committee on Sponsoring Organizations. Auteur van de COSO frameworks.
COSO ERMF	Een raamwerk uit 2004 voor een zogenaamd Enterprise Risk Management-systeem.
COSO ICF	COSO Internal Control Framework. Het eerste COSO-model dat in 1992 werd gepubliceerd. Doelstellingen van het model zijn: • efficiency en effectiviteit van de bedrijfsprocessen • betrouwbare verslaggeving • houden aan wet- en regelgeving • 'safeguarding of assets'
Cycle	Een logisch geheel van processtappen waarbij een proces gevolgd wordt van de impuls tot en met de financiële afwikkeling.
Database controls	Beheersmaatregelen die ervoor zorgen dat een database betrouwbaar en continu blijft werken en dat alleen geoorloofd gebruik plaatsvindt. Wordt aangestuurd door het database-managementsysteem (DBMS).
Debiteurenbeheer	Het beheren van de debiteuren. Omvat onder meer klantacceptatie, de vastleggingen in de debiteurenadministratie alsmede aanmaning en incasso van debiteuren.

Detail processchema	Schema waarin een processtap uit een globaal processchema in detail in stappen met de daarbij horende vastleggingen wordt uitgewerkt.
Detailcontrole	Controle waarbij een vastlegging in detail gecontroleerd wordt. Vooral geschikt om de juistheid van een bewering te controleren. Bijvoorbeeld de juistheid van de gehanteerde inkoopprijs.
Diagnostic control systems	Meten en bijsturen op basis van periodieke management-informatie die werkelijke cijfers toont in relatie tot de norm. Zie ook beheersen.
Differentiatiestrategie	Met deze strategie wil de organisatie haar positie op de markt versterken door – in de ogen van de consument – unieke eigenschappen van het product te profileren.
Directie	Leiding
Doelgericht concern	Op efficiëntie gerichte organisatie met een concernstructuur.
Doelgerichte bureaucratie	Op efficiëntie gerichte organisatie met een functionele taakverdeling.
Doelstelling	Gekwantificeerd doel
Doorvoerregeling terug	Het leervermogen van de organisatie, waarbij op basis van afwijking tussen norm en werkelijkheid bijsturing van het proces plaatsvindt.
Doorvoerregeling vooruit	Vorm van besturing. Gericht op het bijsturen van het proces (flexibiliteit) om de producteisen te kunnen realiseren.
Dynamic Systems Development Methodology	Laatste versie van Rapid Application Development.
Eenvoudige structuur	Dit zijn organisaties met een sterke leider, weinig midden-kader en weinig stafpersoneel. Centrale beheersing staat voorop. Directe supervisie is dan ook het belangrijkste coördinatiemechanisme.
Eenzijdig netwerk	De tegenhanger van het maatschappelijke netwerk. De belangen van één groep stakeholders overheersen sterk zodat er overdreven op één aspect gestuurd wordt.
Eenzijdige professional	De tegenhanger van de maatschappelijke professional. De belangen van één groep stakeholders overheersen sterk zodat er overdreven op één aspect gestuurd wordt.

ERP	Enterprise Resource Planning. ERP-pakketten zijn geïntegreerde standaardpakketten die uitgebreide mogelijkheden hebben tot aanpassing aan de bestaande processen door middel van het veranderen van de parameters.
Event identification	Het identificeren van gebeurtenissen die invloed hebben op het behalen van de doelstellingen (COSO ERMF).
Expenditure cycle	De cycle die betrekking heeft op het inkoopproces van de impuls tot en met ontvangst van goederen of diensten en de betaling van de crediteuren.
Externe controle	Controle van een organisatie door een derde. Bijvoorbeeld de accountant die de jaarrekening controleert.
Factuurcontrole	Controle op de juistheid van een factuur.
Focusstrategie	Met deze strategie richt de organisatie zich op een specifiek product.
Functiescheiding	De scheiding tussen functies (taakverdeling) die ontstaat door delegatie van bevoegdheden. Zie ook controletechnische functiescheiding.
Functionaris	Medewerker die een bepaalde functie uitoefent.
Functionele cultuur	Organisaties met een functionele cultuur zijn niet op zichzelf gericht, maar op het welzijn van degenen die zowel binnen als buiten de onderneming door de activiteiten van de onderneming worden geraakt.
Functionele structuur	Structuur waarbij het voortbrengingsproces is opgeknipt in meerdere afdelingen, bijvoorbeeld inkoop, opslag, verkoop.
Fysiek gesloten magazijn	Magazijn waarin de goederen in een afgesloten ruimte worden bewaard.
Gebruikers-acceptatietest	Belangrijkste test na het ontwikkeld hebben van een nieuw informatiesysteem. Kunnen de gebruikers werken met het systeem? Is het gebouwd conform hun wensen?
General IT controls	Zie IT management controls
Gesloten magazijn	Zie magazijnvoorraadadminstratie
Globaal processchema	Schema waarin globaal de stappen van een proces met de bijbehorende vastleggingen wordt getoond.
Handboek BIV	Omvat een vastlegging van de bestuurlijke informatieverzorgingsprocessen van een organisatie. Vergelijkbaar met handboek administratieve organisatie.
Hiërarchisch processchema	Schema waarin de administratieve processen in hun onderlinge samenhang en hiërarchie worden getoond.

Huishouding	In dit boek synoniem met organisatie.
Illegitiem belang	Het belang dat een functionaris heeft bij een handeling die tegen het organisatiebelang indruist. De magazijnmeester bijvoorbeeld kan door ontvangsten lager te verantwoorden dan de werkelijk door hem ontvangen goederen waarden aan de organisatie onttrekken.
Informatiebeleid	Geheel van visies, uitspraken en voorschriften die richting geven aan de ontwikkeling en inrichting van de BIV-huishouding. Deze ontwikkelingen hebben impact op de ICT-architectuur en de wijze van inrichting van de BIV-processen. Het informatiebeleid bestaat uit informatieplannen.
Informatieplan	De concrete uitwerking van het informatiebeleid bestaande uit het informatiesysteemmodel, procesmodel, de technische infrastructuur, de organisatie van de informatieverzorging en de daarbij behorende projectplannen.
Informatiesysteemmodel	Het informatiesysteemmodel beschrijft de aan te schaffen of de te ontwikkelen dan wel te verbeteren informatiesystemen in hun onderlinge logische samenhang. Bijvoorbeeld inkoopmodule, opslagmodule, verkoopmodule.
Input control	(Veelal) geprogrammeerde controle waarmee de juistheid en volledigheid van de invoer in een applicatie zo veel mogelijk gewaarborgd wordt.
Integrale inventarisatie	Vorm van waarneming ter plaatse waarbij de gehele voorraad geteld wordt.
Interactive control systems	Periodiek overleg van het management met klanten en medewerkers waardoor nieuwe inzichten kunnen worden verkregen die kunnen leiden tot bijstelling van de strategie en een andere invulling van de overige levers of control.
Intern beheersingssysteem	Systeem gericht op de beheersing van de organisatie bestaande uit verwachtingsbeoordeling, beleidsbeoordeling, uitvoeringsbeoordeling en normcontrole.
Intern betrouwbaarheidssysteem	Systeem gericht op betrouwbare informatieverstrekking. Dit systeem omvat zowel het scheppen van organisatorische randvoorwaarden (preventieve maatregelen) als het uitvoeren van feitelijke controlehandelingen. In dit boek synoniem met intern controlesysteem.
Internal environment	Vergelijkbaar met control environment maar met expliciete aandacht voor risk appetite (COSO ERMF).
Interne controle	Controle door of namens de leiding op de activiteiten en oordeelsvorming van anderen.
Inventarisatie	Waarneming ter plaatse waarbij de administratie de voorraad telt.

IT Management controls	Algemene beheersmaatregelen gericht op het behalen van de doelen van IT. In dit boek met name toegepast op de betrouwbare en continue werking van het geautomatiseerde informatiesysteem. Deze zijn van toepassing op alle applicaties die in deze omgeving draaien. Synoniem met general IT controls.
KAD-model	Model dat speciaal is ontwikkeld voor het beheersen van administratieve processen.
Kostenleiderschapstrategie	Bij deze strategie probeert de organisatie de concurrentie af te troeven en de gunst van de klanten te winnen op basis van prijsstelling en kostenverlaging.
Kritische succesfactor	Die aspecten die doorslaggevend zijn voor het slagen of mislukken van een organisatie.
Leegstandscontrole	Controle waarbij de feitelijke leegstand van capaciteit op een leegstandsprotocol wordt vastgelegd.
Legitiem belang	Handelen conform het organisatiebelang.
Leiding	De persoon of het team dat leiding geeft aan een organisatie. In dit boek synoniem met het management of de directie.
Logische toegangsbeveiliging	Toegangsbeveiliging tot het geautomatiseerde systeem door middel van user id's en passwords. Deze zijn gekoppeld aan een competentietabel. In de competentietabel staat wie, wat (raadplegen of muteren) mag doen ten aanzien van welke toepassing (applicatie).
Loose control	Collectieve managementstijl waarbij het management de medewerkers relatief veel vrijheden gunt en hun werkzaamheden op hoofdlijnen stuurt. Synoniem met losse delegatie.
Losse delegatie	Zie loose control
Maatschappelijk netwerk	Een netwerkorganisatie bestaande uit professionals met een heldere missie en doelen.
Maatschappelijke professional	Een professionele bureaucratie met een heldere missie en doelen.
Maatwerk	Product vervaardigd naar specifieke klanteisen.
Machinebureaucratie	Dit zijn functioneel ingerichte organisaties. Standaardisatie van de werkprocessen is het belangrijkste coördinatiemechanisme. Ze functioneren conform regels en voorschriften die precies voorschrijven hoe het werk moet worden uitgevoerd.
Magische cultuur	Negatieve cultuur waarbij de leider de grip heeft verloren, maar zijn gezag niet wenst te delen en een sfeer van wantrouwen schept.

Management	Zie leiding
Managementinformatie	Informatie die de leiding ontvangt die nodig is om een organisatie te kunnen sturen en beheersen.
Materiële verbandscontrole	Verbandscontrole waarbij de verschillende onderdelen van de waardekringloop met elkaar vergeleken worden. Bijvoorbeeld Beginvoorraad + Inkopen − Eindvoorraad = Verkocht.
Missie	Bestaansreden van een organisatie.
Monitoring	Toezicht op de goede werking van het interne beheersingssysteem. Worden de voorschriften en regels van het beheersingssysteem nog nageleefd? Zijn de voorschriften en regels van het beheersingssysteem nog steeds doeltreffend?
Mythische cultuur	Positieve cultuur die past bij een sterke leider.
Nacalculatie	Het bepalen van de werkelijke kosten door de administratie.
Normbeoordeling	Zijn de normen waarmee de feitelijke uitvoering beoordeeld wordt juist?
Objective setting	Het formuleren van doelstellingen (COSO ERMF).
Ondernemer	Individuele managementstijl die wordt gekenmerkt door het zich richten op nieuwe marktmogelijkheden.
Ongericht concern	De tegenhanger van het doelgericht concern, waarbij de leiding geen duidelijke richting aangeeft en de doelen onvoldoende helder zijn.
Ongerichte bureaucratie	De tegenhanger van de doelgerichte bureaucratie. Organisatie met een functionele taakverdeling waarbij de doelen onduidelijk zijn.
Ontologische cultuur	Positieve op efficiëntie gerichte cultuur die werkt met gedetailleerde regels en voorschriften waarmee de organisatie geleid wordt.
Oordeelsvorming ex ante	Zich een oordeel vormen over de toekomst.
Oordeelsvorming ex post	Zich een oordeel vormen over het verleden.
Operationalistische cultuur	Negatieve cultuur waarbij één of enkele aspecten te zwaar worden aangezet. Men wordt bijvoorbeeld te klantgericht of te mensgericht.
Operationeel systeembeheer	Het operationele systeembeheer is er verantwoordelijk voor dat het informatiesysteem en al zijn componenten dag in dag uit goed functioneren.

Operationele informatie	Informatie die een medewerker nodig heeft om de dagelijkse taken uit te voeren.
Organogram	Schema waarin de afdelingen en andere organisatie-eenheden in hun onderlinge samenhang en hiërarchie worden getoond.
Output controls	Beheersmaatregelen die erop gericht zijn om de juistheid en volledigheid van de uitvoer van een applicatie vast te stellen. Deze zijn vaak handmatig.
Outsourcing	Het uitbesteden van werkzaamheden aan een derde.
Parametriseren	Het aanpassen van de variabele waardes van een standaardpakket om zo tot de beste 'fit' met de bestaande organisatie te komen.
Partieel roulerende inventarisatie	Vorm van waarneming ter plaatse waarbij telkens een deel van de voorraad (vaak één of meerdere artikelsoorten) geteld worden.
Pionier	Veelal jonge/kleine organisatie die gedomineerd wordt door een sterke leider.
Point of Sale	Automatisch kasregister waarbij de voorraad tegelijkertijd wordt afgeboekt op moment van verkoop.
Politiek manager	Individuele managementstijl die wordt gekenmerkt door het proberen te verbeteren of handhaven van de eigen positie door middel van machtsspelletjes.
Prestatie-indicator	De eenheid waarin je de geleverde prestaties meet.
Procedure	Door de leiding voorgeschreven eenduidige werkwijze die bestaat uit een aantal vast te doorlopen stappen. Bijvoorbeeld kasprocedure.
Procesmodule	Maakt onderdeel uit van het KAD-model en bepaalt de inrichting van de processen.
Processing control	Beheersmaatregelen waarmee een geautomatiseerd systeem zorgdraagt voor de juistheid en volledigheid van de verwerking door een applicatie.
Procestypologie	Typologie van processen waarbij processen met overeenkomstige processtappen en maatregelen van interne controle worden onderscheiden.
Procuratiehouder	Functionaris die gemachtigd is opdracht te geven tot betaling.

Productgerichte structuur	Een structuur waarbij de organisatieonderdelen verantwoordelijk zijn voor het gehele voortbrengingsproces. Je kunt een geografische structuur en een markt- of klantgerichte structuur onderscheiden.
Productieorderbestand	Bestand waarin per productieorder de geplande kosten en verbruiken en de werkelijke kosten en verbruiken worden vastgelegd.
Production cycle	De cycle die betrekking heeft op het productieproces, van productontwerp tot en met nacalculatie en verschillenanalyse.
Productmodule	Maakt onderdeel uit van het KAD-model en is gericht op het vaststellen van de producteisen die van belang zijn voor het inrichten van processen en structuren.
Professionele bureaucratie	Professionals – goed opgeleide specialisten met aanzienlijke bevoegdheden – nemen een sleutelpositie in bij het uitvoeren van de primaire bedrijfsprocessen. Standaardisatie van de vaardigheden is het belangrijkste coördinatiemechanisme.
Projectadministratie	Administratie waarin voorcalculatie, planning, voortgang en nacalculatie van een bepaald project vastgelegd wordt.
Prototyping	Richting binnen systeemontwikkeling waarbij gebruikers en ontwikkelaars samen door voortdurende aanpassingen tot een bruikbaar eindproduct proberen te komen. Het prototype wordt steeds meer bijgeschaafd.
Quality Assurance Controls	Algemene beheersmaatregelen die ervoor moeten zorgen dat de geautomatiseerde informatieverzorging aan de gestelde kwaliteitseisen blijft voldoen.
Quasi goederen	Doorlopend genummerde toegangsbewijzen gedrukt bij een betrouwbare drukker die tegen een vergoeding aan klanten worden verkocht.
Rapid Application Development	Afgekort: RAD. Een systeemontwikkelingsmethodologie gebaseerd op de techniek van prototyping.
Real time manager	Individuele managementstijl die zich kenmerkt door het oplossen van kortetermijnproblemen en het ontbreken van een langetermijnvisie.
Regeling invoer	Maakt onderdeel uit van het KAD-model en is gericht op het aantrekken van te verwerken input in de juiste hoeveelheid en kwaliteit.
Regeling uitvoer	Maakt onderdeel uit van het KAD-model en is gericht op de controle of de output voldoet aan de vooraf gestelde eisen.
Relatiematrix	Term binnen MAVIM (softwarepakket om de BIV mee vast te leggen) om het totaaloverzicht aan te duiden.

Relevante informatie	Informatie geschikt voor het nemen van beslissingen.
Relevantietypologie	Typologie van organisaties op basis waarvan kan worden bepaald welke informatie relevant is. Synoniem voor toltypologie.
Retrogrademethode	Methode bij massaproductie om achteraf op basis van het werkelijk aantal geproduceerde goederen uitgaande van de standaard kostprijs de toegestane kosten te bepalen.
Revenue cycle	De cycle die betrekking heeft op het verkoopproces, van orderontvangst tot en met uitlevering van goederen of diensten en de betaling door de debiteuren.
Richtlijn	Door de leiding aangegeven wijze van handelen. Geeft vaak een vooraf bepaalde ruimte aan de functionaris. Bijvoorbeeld: de aan een klant te verstrekken korting mag tussen de 0 en 10% liggen.
Risk assessment	Het inschatten en waarderen van een risico.
Samengesteld product	Mengvorm tussen een standaard product en maatwerk.
SDM	System Development Methodology is een van de meest bekende watervalmethoden.
Security management control framework	Management controls die op basis van een risicoanalyse tot een stelsel van beveiligingsmaatregelen komen die zowel organisatorisch als technisch van aard kunnen zijn.
Service Level Agreement	Afgekort: SLA. Overeenkomst tussen gebruiker en leverancier waarin de wederzijdse verplichtingen zo veel mogelijk objectief meetbaar zijn vastgelegd.
Shared service center	Organisatieonderdeel die voor andere organisatieonderdelen een standaard dienst uitvoert met als doel om zo door schaalvoordelen efficiëntievoordelen te behalen.
SOX-wetgeving	Wetgeving in Amerika op het gebied van Corporate Governance.
Standaardkostprijs	Normkosten van één product dat in een massafabricageproces gemaakt wordt.
Standaardproduct	Product dat voor elke klant dezelfde vorm en uitstraling heeft.
Standenregister	Controlemiddel geschikt voor controle op vaste periodieke ontvangsten en uitgaven. Dient door een ander te worden bijgehouden dan degene die zich met de inning van de ontvangsten of de betaling van de uitgaven bezighoudt.
Starreveld	Grondlegger van de huidige invulling van het vakgebied Bestuurlijke Informatieverzorging in Nederland. Bedenker van de betrouwbaarheidstypologie.

Strakke delegatie	Collectieve managementstijl waarbij het management zich in detail bemoeit met de uitvoering van de taken door de medewerkers door middel van het stellen van gedetailleerde voorschriften en veel en gedetailleerd toezicht.
Strategie	De strategie geeft de weg aan waarlangs de doelen en doelstellingen kunnen worden bereikt.
Structuren	Structuren zijn het resultaat van het verdelen van taken, bevoegdheden en verantwoordelijkheden en het clusteren hiervan tot functies, afdelingen, businessunits enzovoorts.
Structuurmodule	Maakt onderdeel uit van het KAD-model en bepaalt de inrichting van de structuren (afdelingen etc.) die nodig zijn om de processen te laten functioneren.
Substantialistische cultuur	Negatieve cultuur met grote afstand tussen management en medewerkers. De gedetailleerde regels en voorschriften worden als knellend ervaren en vooral ten eigen faveure door de verschillende afdelingen aangewend.
Teammanager	Individuele managementstijl waarbij teamgericht leiding wordt gegeven.
Tight control	Wijze van beheersing van een organisatie waarbij de leidinggevende zijn ondergeschikten strak aanstuurt en weinig ruimte openlaat voor zelfstandig handelen.
Tolmodel	Model waarmee relevante informatie bepaald kan worden.
Toltypologie	Zie relevantietypologie
Uitvoeringsbeoordeling	Zijn de activiteiten goed uitgevoerd? Hierbij wordt gelet op kwaliteit, efficiency en voortgang.
Vastleggingsmix	Mix van schema's en andere vastleggingen die als basis kunnen dienen voor een handboek BIV.
Verbandscontrole	Controle waarbij twee of meerdere gegevensverzamelingen met elkaar worden vergeleken. Kan zowel op detail als totaalniveau uitgevoerd worden.
Verschillenanalyse	Het bepalen van het verschil tussen de werkelijke en de toegestane kosten door de administratie
Verwachtingsbeoordeling	Richt zich op de beoordeling van de kwaliteit van de oordeelsvorming ex ante.
Voorcalculatie	Het bepalen van de toegestane kosten.
Voorfacturering	Methode van factureren waarbij de factuur opgemaakt wordt op basis van de verkoop.

Voorraadadministratie	Registratie van de voorraad. Voorraden kunnen per stuk, per artikelsoort, per artikelgroep, per partij of in totaal geadministreerd worden.
Waardekringloop	Visualisering van de kringloop van de waarden van een organisatie waaruit het verband tussen opgeofferde en verkregen waarden blijkt. Vaak wordt onderscheid gemaakt tussen voorraden (toestanden) en activiteiten (gebeuren).
Waarneming ter plaatse	Repressieve maatregel van interne controle waarmee de naleving van procedures en de beveiliging van waarden wordt gecontroleerd.
Watervalmethode	Sterk gefaseerde systeemontwikkelingsmethode die als kenmerk heeft dat pas aan een volgende fase begonnen kan worden als de eerdere fase volledig is afgerond.
Werkinstructie	Gestructureerde gedetailleerde beschrijving van de activiteiten die een medewerker moet uitvoeren.
Zwerver	De tegenhanger van de pioniersorganisatie waarbij de sterke leider het overzicht heeft verloren.

Literatuurlijst

Agema, P. & Bergsma, J.B.T. (2007). *Mavim, een procesgerichte aanpak!* Apeldoorn: A&W Uitgeverij.
Bosman, J., Griep, R. & Schijff, M. (2011). *Verbeteren en beheersen. De rol van procesmanagement in organisatieontwikkeling.* Deventer: Kluwer.
Bots, R.T.M. & Jansen, W. (1991). *Organisatie en informatie.* Alphen aan de Rijn: Samsom Bedrijfsinformatie.
Committee of Sponsoring Organizations of the Treadway Commission (COSO) (1992). *Internal Control - Integrated Framework.*
COSO (2004). *Enterprise Risk Management – Integrated Framework.*
COSO (2006). *Internal Control over Financial Reporting – Guidance for Smaller Public Companies.*
COSO (2011) *Internal Control – Integrated Framework, Exposure Draft.*
Davis, G.B. & Olson, M.H. (1985). *Management Information Systems; conceptual foundations, structure and development* (2e druk). New York: McGraw-Hill Book Company.
Earl, M.J. & Hopwood, A.G. (1988). From management information to information management. In: Lucas, H.C., jr., et al. (Red.), *The information systems environment.* Amsterdam: Noord-Holland.
Emanuels, J., van Leeuwen, O., van Praag, B. & Wallage, P. (2008). Abnormale rendementen rond de bekendmaking van problemen bij 'Interne Betrouwbaarheid van Financiële Verslaggeving'. *Maandblad voor Accountancy en Bedrijfseconomie.*
Esseling, E.K.C. & van Nimwegen, H. (1992). *Administratieve processen. Aanpak en technieken t.b.v. vastlegging, analyse en ontwerp* (3e druk). Deventer: Kluwer Bedrijfswetenschappen.
Harrington, H.J., Esseling, E.K. & van Nimwegen, H. (1997). *Business Process Improvement Workbook.* New York: McGraw Hill.
Hartog, P., Molenkamp, A. & Otten, J.H.M. (1992). *Kwaliteit van administratieve dienstverlening: managen is integreren.* Deventer: Kluwer Bedrijfswetenschappen.
Helden, G.J. van (1994). *De bedrijfsmatige non-profitorganisatie: perspectieven en belemmeringen.* Inaugurele rede. Amsterdam: Vrije Universiteit.
Hofstede, G. (1991). Management control of public and not-for-profit actvities. *Accounting, Organizations and Society.*
Hopstaken, B. & Kranenadonk, A. (1991). *Informatieplanning in tweevoud.* Deventer: Kluwer Bedrijfswetenschappen/Stenfert Kroese.
Hopstaken, B. & Kranenadonk, A. (1991). *Informatieplanning. Puzzelen met beleid en plan* (2e druk). Deventer: Kluwer Bedrijfswetenschappen/Stenfert Kroese.
International Federation of Accountants: Professional accountants in business (2011). *Evaluating and improving internal control in organizations. Exposure Draft.*
Jans, E.O.J. (2007). *Grondslagen administratieve organisatie, deel A en B* (20e druk). Groningen: Wolters-Noordhoff.
Kamermans, M.C. & van Leeuwen, O.C. (1993). De manager en zijn informatievoorziening. De kunst van het kiezen. *Informatiemanagement,* oktober.

Kamermans, M.C. & van Leeuwen, O.C. (1993). De positie van het vak administratieve organisatie. *Maandblad Accountancy en Bedrijfseconomie,* juli–augustus.

Kaplan, R.S & Norton, D.P. (1992). The balanced scorecard – measures that drive performance. *Harvard Busines Review,* januari–februari.

Keuning, D. & Eppink, D.J. (2008). *Management en organisatie, theorie en toepassing* (9e druk). Groningen/Houten: Wolter-Noordhoff.

Leeuwen, O.C. van (1996). *Managementinformatie voor periodieke besluitvorming: tollen of stilstaan*? Alphen aan de Rijn: Samsom Bedrijfsinformatie.

Leeuwen, O.C. van (1997). *Bestuurlijke informatieverzorgers ondersteunen het management control proces: control en audit in de toekomst*. Inaugurele rede. Amsterdam: Vrije Universiteit.

Leeuwen, O.C. van & Roos, J. (1992). Cultuur bepalende factor bij opzetten informatiesysteem Marskramer. Praktijkgids. *De controller en Informatiemanagement trends & interviews.*

Leeuwen, O.C. van & Wallage, Ph. (2007). De zoektocht naar meer transparantie. *Maandblad voor Accountancy en Bedrijfseconomie*, oktober.

Leeuwen, O.C. van & Wallage, Ph. (2010). Het evalueren van de interne beheersomgeving een onderbelicht thema. *Maandblad voor Accountancy en Bedrijfseconomie*, september.

Leeuwen, O.C. van & Wallage, Ph. (2011). Het toetsen van de werking van de interne beheersingsomgeving door de Raad van Commissarissen. *Maandblad voor Accountancy en Bedrijfseconomie*, september.

Leeuwen, O.C. van & Wemmenhove, P. (2002). Een verkennend onderzoek naar trends in Finance & Control: 'De toekomst van de controller en de financiële functie; een zaak voor managers!' *Maandblad voor Accountancy en Bedrijfseconomie*, september.

Lewy, C.P. (1993). Versterkte dijkbewaking noodzaak bij 'losse' delegatie. *Tijdschrift Financieel Management*, aflevering 1.

Lewy, C.P. (1994). *Management control regained.* Deventer: Kluwer Bedrijfswetenschappen.

Mentink, H.B.J. (1989). *Organisatiecultuur en informatiesystemen.* Leiden: Stenfert Kroese.

Mintzberg, H. (1983). *Structure in fives, designing effective organizations*. Englewood Cliffs: Prentice Hall.

Noordam, P.G., van den Oever, J.B.B. & Kamermans, M.C. (1996). *Handen en voeten aan de administratieve organisatie. Vastleggen, gericht op analyse, ontwerp en beheersing*. Alphen aan de Rijn: Samsom Bedrijfsinformatie.

Noordam, P.G. & van den Oever, J.B.B. (2005). *Handen en voeten aan de adminstratieve organisatie. Een praktische aanpak voor het inrichten en vastleggen van de administratieve organisatie.* 't Harde: Pad.

Otley, D.F. & Berry, J. (1980). Control organization and accounting. Accounting, *Organizations and Society.*

Porter, M.E. (1980). *Competitive strategy. Techniques for analyzing industries and competitors*. New York: The Free Press.

Rockart, J.F. (1974). Chief executives define their own data needs. *Harvard Business Review*, maart–april.

Romney, M.B. & Steinbart, P.J. (1999). *Accounting information systems* (10e druk). Upper Saddle River: Prentice Hall.

Simons, R. (1995). Control in an age of empowerment. *Harvard Business Review*, maart–april.

Snellenberg, J.A.N.M. & Nijhuis, C.J. (1993). *Interne berichtgeving: een methode*. Deventer: Kluwer Bedrijfswetenschappen.

Starreveld, R.W., van Leeuwen, O.C. & de Mare, H.B. (2008). *Bestuurlijke informatieverzorging. Deel 2B: Typologie van de bedrijfshuishoudingen* (5e druk). Groningen/Houten: Stenfert Kroese.

Starreveld, R.W., van Leeuwen, O.C. & van Nimwegen, H. (2002). *Bestuurlijke informatieverzorging. Deel 1: Algemene Grondslagen* (5e druk). Groningen/Houten: Stenfert Kroese.

Starreveld, R.W., van Leeuwen, O.C. & van Nimwegen, H. (2004). *Bestuurlijke informatieverzorging. Deel 2A: Fasen van de waardekringloop* (5e druk). Groningen/Houten: Stenfert Kroese.

Sumner, M. (2004). *Enterprise resource planning*. Up Saddle River: Prentice Hall.

Waal, A.A. de & Bulthuis, H. (1995). *Cijfers zeggen niet alles*. Deventer: Kluwer Bedrijfswetenschappen.

Weber, R. (1999). *Information Systems Control and Audit*. Upper Saddle River: Prentice Hall.

Illustratieverantwoording

Figuur:

3.1 Antec Mare 2000

3.7 Wikipedia (wikipedia.org/wiki/Volkswagen_Kever)

4.7 M. Minderhoud

7.7, 8.9, 8.11, 8.13, 8.15, 8.17, 8.21, 8.29, 8.33, 8.37, 8.39, 17.9, 19.7, 20.4 Jon Bergsma

8.3 Marcel te Lindert, Logistiek Totaal

8.5 Wikipedia (wikipedia.org/wiki/Bijenkorf_amsterdam)

8.23 Wikipedia (wikipedia.org/wiki/2.5 Unported Bestand:Laptop-ebook)

15.6 Wikipedia (wikipedia.org/wiki/Sloep photographed by: Per Palmkvist Knudsen)

Register

A
Adhocratie   197
Administratief proces   291
Agrarische bedrijven   113
Akkerbouwbedrijven   115
Alfa-lezers   389
Application controls   346
Audit comité   366
Auditdienst   366

B
Balanced business scorecard   180
Banken   138
Bedrijfsverkenning   294
Beheerobjecten   371
Beheersingsmaatregelen bij systeemontwikkeling   327
Beheer van het handboek BIV   407
Belief systems   33
Bestuurlijk informatieverzorgingsbeleid   319
BETA-formule   96
Betrouwbaarheidstypologie   101
Beveiliging van zaken   91
Bevoegdheidscontrole   79
Bewaringscontrole   79
BIV-beheer   360
BIV-beheer bij een maatschappelijke professional   382
BIV-beheer bij een pionier   381
BIV-beheer en de relevantietypologie   380
BIV-vastleggingsmix   401
Blauwdrukniveau   391
Boundary controls   348
Boundary systems   34
Bovenkant van het tolmodel   177
Business proces redesign   292

C
Charismatische organisaties   224
Cijferbeoordeling   95
Code of conduct   45
Code Tabaksblat   367
Collectieve managementstijl   206
Communication controls   353

Configuraties van Mintzberg   196
Contactpersoon   205
Contingentiebenadering   216
Control activities   48
Control environment   45
Controleren   81
Controletechnische functiescheiding   87
Controllersfunctie   364
Corporate governance codes   367
COSO ERMF-model   55
COSO for Small Companies   63
Crediteurenproces   152
Cultuur   208
Cyclebenadering   148

D
Database controls   353
Database management systeem   353
Datamodel   335
Debiteurenproces   164
Detailcontrole   97
Detail-processchema   395
Diagnostic control system   34
Dienstverleningsbedrijven die via vaste leidingen leveren   124
Dienstverlening met levering van informatie   126
Dienstverlening met specifieke reservering van ruimten   128
Dienstverlening zonder specifieke reservering van ruimten   131
Doelgerichte bureaucratie   236
Doelgerichte concern   249
Doelgroepen voor BIV-vastleggingen   388
Doorstroming van goederen van derden   121
Doorvoerregeling terug   67
Doorvoerregeling vooruit   67
Dynamic Systems Development Method   334

E
Eenvoudige structuur   196
Eenzijdige netwerk   274
Eenzijdige professional   264

Efficiëntie van administratieve processen 375
Enterprise Resource Planning 335
ERP-pakket 407
Event identification 58
Extractieve bedrijven 117

F
Fasen van systeemontwikkeling 329
Financieel directeur 365
Frequentie 231
Functie- en taakomschrijvingen 399
Functionele cultuur 211
Functionele structuur 195

G
Gebruikersacceptatietest 332
Gedivisionaliseerde structuur 197
General controls 341
Geografische structuur 195
Gestandaardiseerde kostencentrum 199
Globaal-processchema 393

H
Handelsbedrijven die in hoofdzaak op rekening leveren 104
Handelsbedrijven die leveren tegen contante betaling 106
Heterogene massafabricage 109
Hiërarchisch processchema 392
Hoofd van de administratie 363

I
Individuele managementstijl 203
Informatiecontrole 79
Informatieplan 321
Informatiesysteemmodel 321
Information and communication 50
Inkoopproces 148
Input controls 349
Integrale benadering 386
Interactive control systems 37
Internal control 42
Internal environment 56
Intern betrouwbaarheidssysteem 79
Interne beheersingssysteem 25
Interne controle 82
Investeringscentrum 201
IPO-schema 393
IT Boundary controls 348

K
KAD-model 65
Kritische succesfactor 179

L
Levenscyclus van een geautomatiseerd informatiesysteem 329
Losse delegatie 206

M
Maatregelen van interne controle 82
Maatschappelijke professional 258
Maatwerkproces 68
Machinebureaucratie 196
Magische cultuur 210
Markt- of klantgerichte structuur 195
Midden van de tol 185
Minder beheersbare processen 190
Missie 179
Monitoring 52
Mythische cultuur 209

N
Netwerkorganisatie 267

O
Objective setting 57
Onafhankelijke kosten- (of uitgaaf) centrum 200
Onderkant van de tol 203
Ondernemer 205
Ongericht concern 254
Ongerichte bureaucratie 244
Ongoing monitoring 54
Ontologische cultuur 211
Ontwerpen van administratieve processen 291
Oordeelsvorming ex post 94
Opbrengstencentrum 200
Operationalistische cultuur 212
Operationele systeembeheer 344
Opslagproces 155
Organisatieveranderingsproces 281
Organogram 397
Output controls 352
Outsourcing 379
Overheidsorganisaties 140
Overige dienstverlenende beroepen 132

P
Personeelsproces 167
Pionier 225
Politiek manager 205
Preventieve maatregelen van interne controle 85
Procedure 89
Procesbeheersing 406
Procesmanagement 406

Procesmodule 66
Processing controls 351
Productgerichte structuur 195
Productieproces 157
Productmodule 65
Professionele bureaucratie 196
Prototyping 333

Q
Quality assurance controls 345

R
Rapportageset 231
Rationele beheersing 190
Real-time manager 205
Regeling invoer 66
Regeling uitvoer 67
Regelkring 25
Relevantietypologie 222
Repressieve maatregelen van interne controle 93
Resultaatcentrum 200
Risicoanalyse 85
Risicomanagement 55
Risicomatrix 403
Risk assessment 48
Risk response 60
Robert Simons 31
Rubricering 231

S
Samengesteld proces 68
Sarbanes Oxley-wet 368
Schadeverzekeringsbedrijven 135
Security control framework 342
Separate evaluations 54
Service Level Agreement 345, 379
Shared service center 377
Standaardproces 68

Stichtingen 144
Strakke delegatie 206
Strategie 181
Structureren 194
Structuurmodule 69
Stukproductie 111
Substantialistische cultuur 211
Superusers 349
System Development Methodology (SDM) 330

T
Teammanager 205
Three lines of defense 369
Tien rollen van Mintzberg 203
Tolmodel 174
Totaaloverzicht 400
Treadway commissie 41

V
Vastleggen van processen 391
Veeteelt 114
Verbandscontroles 95
Verenigingen 142
Verkoopproces 161
Vijf managementprofielen van Bots en Jansen 205
Vormen van beheersing volgens Hofstede 190
Vormen van besluitvorming 192

W
Waarneming ter plaatse 98
Werkinstructies 396

X
XBRL 80

Z
Zwerver 233

Relevantietypologie

	1 Charismatische organisaties		2 Bureaucratieën	
Factor uit het tolmodel	1a De pionier	1b De zwerver	2a De doelgerichte bureaucratie	2b De ongerichte bureaucratie
Bovenkant	Missie is van groot belang	Doelen zijn onduidelijk	Methode toepasbaar. Balanced scorecards zijn mogelijk. Nadruk op financieel-economisch concept	Doelen zijn onduidelijk
Structuur				
Functioneel/ product	Product		Functioneel	
Typologie Mintzberg	Eenvoudig		Machinebureaucratie	
Staf/lijn	Lijn		Staf relatie veel nadruk	
Kosten/opbrengst/ resultaat/ investeringscentrum	Geen behoefte aan deze indeling		Kosten- en opbrengstcentra	
Processen				
Beheerst/minder beheerst	Beheerst	Niet beheerst	Beheerst	Niet beheerst
Functioneel	Variabel		Variabel	
Standaard/ samengesteld of maatwerk	Variabel		Standaard	
Onderkant				
Managementstijl	Contactpersoon, ondernemer	Politiek en real time manager	Teammanager	Politiek en real time manager
Collectieve managementstijl	Strak		Strak	
Cultuurtype	Mytisch	Magisch	Ontologisch	Substantialistisch